U0949784

全国高等教育自学考试指定教材

新闻学专业（本科段）

外国新闻事业史

（附：外国新闻事业史自学考试大纲）

全国高等教育自学考试指导委员会组编

主　编　张允若

武 汉 大 学 出 版 社

图书在版编目(CIP)数据

外国新闻事业史/全国高等教育自学考试指导委员会组编;张允若主编.—武汉：武汉大学出版社,2000.7(2022.3 重印)
全国高等教育自学考试指定教材 新闻学专业(本科段)
ISBN 978-7-307-03011-4

Ⅰ.外… Ⅱ.①全… ②张… Ⅲ.新闻工作—文化史—世界—高等教育—自学考试—教材 Ⅳ.G219.19

中国版本图书馆 CIP 数据核字(2000)第 25606 号

责任编辑:蔡先保　　责任校对:杜　强　　版式设计:支　笛

出版发行:**武汉大学出版社**　(430072　武昌　珞珈山)
(电子邮箱:cbs22@whu.edu.cn　网址:www.wdp.com.cn)
印刷:武汉中科兴业印务有限公司
开本:880×1230　1/32　印张:14.875
版次:2000 年 10 月第 1 版　2022 年 3 月第 19 次印刷
字数:422 千字
ISBN 978-7-307-03011-4/G · 506　定价:36.00 元

组 编 前 言

当您开始阅读本书时，人类已经迈入了21世纪。

这是一个变幻难测的世纪，这是一个催人奋进的时代。科学技术飞速发展，知识更替日新月异。希望、困惑、机遇、挑战，随时随地都有可能出现在每一个社会成员的生活之中。抓住机遇，寻求发展，迎接挑战，适应变化的制胜法宝就是学习——依靠自己学习、终生学习。

作为我国高等教育组成部分的自学考试，其职责就是在高等教育这个水平上倡导自学、鼓励自学、帮助自学、推动自学，为每一个自学者铺就成才之路。组织编写供读者学习的教材就是履行这个职责的重要环节。毫无疑问，这种教材应当适合自学，应当有利于学习者掌握、了解新知识、新信息，有利于学习者增强创新意识、培养实践能力、形成自学能力，也有利于学习者学以致用、解决实际工作中所遇到的问题。具有如此特点的书，我们虽然沿用了“教材”这个概念，但它与那种仅供教师讲、学生听，教师不讲、学生不懂，以“教”为中心的教科书相比，已经在内容安排、形式体例、行文风格等方面都大不相同了。希望读者对此有所了解，以便从一开始就树立起依靠自己学习的坚定信念，不断探索适合自己的学习方法，充分利用已有的知识基础和实际工作经验，最大限度地发挥自己的潜能，达到学习的目标。

欢迎读者提出意见和建议。

祝每一位读者自学成功。

全国高等教育自学考试指导委员会

1999年10月

目　　录

第一章　外国新闻事业的起源

新闻事业是人类社会发展到一定历史阶段的产物。它同人类社会各种文化现象一样，有其发生发展的过程，而这种发生发展又总是和人类的物质生产状况紧密相关，同人类的经济政治发展进程相适应的。

在新闻事业问世之前的古代社会，由于物质生产水平低下，社会经济政治尚不发达，人类只有初级的新闻传播活动，这是一种没有专门传播机构的、小型且分散的传播活动。但正是在这种初级新闻传播活动长期演进的基础上，随着资本主义商品经济的兴起，孕育和诞生了拥有专门机构和人员、面向公众进行广泛的新闻传播的社会行业，即新闻事业。因此，学习和研究外国新闻事业的历史，不能不追本溯源，理清这种由古及今的孕育和诞生的过程。

第一节　古代的新闻传播

人类古代的新闻传播活动源远流长，几乎是伴随着人类的诞生而出现的。① 依据形式的演进，大致上经历了口头新闻传播、手写新闻传播、印刷新闻传播三个发展阶段。

一、口头新闻传播

人类从动物界分离出来之时，在群居生活中，为了协调行动，

---

① 世界历史通常划分为古代、中古(中世纪)、近代、现代四个时期。为了行文方便，本书将新闻事业诞生之前的古代和中古前期，都作为古代来叙述。

谋求生存，相互间就有某些简单的信息传播。这是一种蒙昧状态下的十分原始的信息传播。但是日复一日、年复一年，其中有些是经常重复的信息，有些则是新发生、新出现的信息。对后者的传播实际上是新闻传播活动的萌芽。这一切都是应人类谋求生存的需要而产生的。

在漫长的人类进化史上，最早使用的传播方式是十分简单的、源于其身体器官的呼唤、手势、体态，这是前语言时期的原始型的人际传播。以后随着劳动的进行，人类的大脑逐渐发达，发音器官逐渐完善，思维能力逐渐发展。大概在几十万年前产生了音节语言。语言的产生是人类传播史上第一个重要的里程碑，从此以后，口头的语言传播就成了人类主要的传播形式，成了联系社会成员的纽带。

随着社会的发展，口头语言传播的具体方式不断丰富，日趋多样。有个人之间的交谈，三五成群的议论，氏族、部落的集会，田边地头的传闻，口口相传的民谣，行吟诗人的说唱等，其中都包含着人们需要的新闻信息。而新闻性最强的口头传播，往往出现在战争或其他重大事变中。公元前500多年，古代波斯帝国国王大流士一世曾经在国内许多山头上派驻家臣，通过高声呼喊、语言接力的办法，向各地传达命令。公元前490年9月，波斯帝国派遣重兵大举侵犯希腊城邦，在雅典东北部的马拉松平原登陆。希腊人奋起抗击，以弱敌强，取得了辉煌胜利。士兵菲迪皮茨奉命从马拉松战场以最快的速度跑回40多公里外的雅典。他向聚集在中央广场的人群激动地喊道：“我们胜利了，雅典得救了！”喊完就倒地牺牲了。这可以说是古代最著名的一次口头新闻传播。

由于口头传播在时间和空间上存在局限性，古代人类往往要用标记、声光、图式等多种手段辅助新闻信息的传播。

标记传播是指借助一定的物品或记号来传递信息，例如实物借代、结绳记事、珠贝传令等。这些方法，在某些至今仍然处于原始状态的部落中还可以看到。有材料说，锡兰岛的辛哈列人，把死人的头发缠在树枝上，用布或树叶包起来作为讣告。生活在南美的印第安人，结绳计数，一根绳子最多打九个结，两根相邻绳子上的结表示十位数，三根相邻绳子上的结表示百位数。各个村镇都有结绳官员，负责结绳，记载或呈报有关资料。北美易洛魁人(属印第安族)的酋长往往把紫色、白色或其他颜色的贝壳排列成各种图形，串成各种珠带，一定图形的珠带表示一定的意思，以此来传达通知和命令。

声光传播指借助声光信号来传递信息，例如敲击响器、吹奏号角、点燃烽火、挥动旗幡等。声光传播的距离比较远，排列组合有较多的变化，表达的意思也可以更加复杂，特别是在作战或遭遇突发事件之时，可及时传达命令、互通消息。据人类学家考察，南美的土著部落，往往二三百人一组，分头进行狩猎，相互之间依靠点燃火光作为信号，进行联系。在非洲，许多民族有专门的鼓语。曾经在喀麦隆做过传教士的伯兹对此有过生动的记述："依大鼓语，关于一切事情，就是距离数公里人们也能听见。能述说历史，能报知新闻，能布告法律，并且能做关于某种的质问、呼喊、谩骂、诽谤。"在争吵的时候，"争斗的一方(多半是在深夜)，乘着独木舟划行到河的正当中(为能传闻到远方起见)，击大鼓来骂对手；对手也用大鼓回骂，一天中都不休息"①。有人把这种鼓语称为"大鼓电报"。这种原始的声光传播确实启迪了现代通讯方法，鼓点的疏密组合，实际上是电报代码的先导。

图式传播是指用简单的符号或图画来表达意思、传递信息。它是较为高级的辅助手段，通常被认为是文字传播的发轫。这类简单的图记符号，在世界许多地方的考古活动中都有发现，在近代一些原始部落中仍有所见。普列汉诺夫在他的《论艺术——没有地址的信》中列举了许多原始部落用简单的图式传递信息的情况。其中有这样一件事：德国人种学家斯坦恩在巴西一条河的河岸上看到土人画的一条鱼，他就让随从的印第安人在河里撒网，果然捞出了几条同河岸上画的一样形状的鱼。可见土人画鱼正是为了向伙伴传递"这里有鱼"的信息。

这种口头传播为主的时期，是人类传播史上延续最久的时期。

---

① 任伯涛：《综合新闻学》，商务印书馆 1941 年版，第 331 页。

正如传播学家威尔伯·施拉姆所说的，如果把人类传播的历史看作是一天的话，那么今天我们所使用的大众传播工具只是在这“漫长的一天的最后一秒钟”才产生的。① 而且，即使在种种新的传播方式出现以后，口头传播仍是人类生活中须臾不可缺少的传播方式。至于标记、声光、图式传播也在继续使用着，只是它们的形态已经完全现代化了。

二、手写新闻传播

随着文字和书写工具的诞生，出现了手写新闻传播，后来它又渐渐上升为主要的新闻传播形式。

最早的文字产生于奴隶社会初期。大约在公元前三四千年，中国、埃及、印度和两河流域(幼发拉底河、底格里斯河)，分别出现了早期的象形文字。古埃及的文字一般写在纸草上，称为纸草文字；古印度的文字主要保存在石、陶、象牙等制成的印章上，称为印章文字；两河流域苏美尔人的文字最初刻在石头上，以后用尖头的芦秆、骨棒刻画在黏土制成的泥板上，笔画形状像木楔，故而称为楔形文字。随着社会的发展，古代文字大部分由表形向表意、表音演进，衍生出各种字母文字，而且形体日益简化，书写日益便利。

早期的书写工具是各种简陋的自然材料，包括石壁、黏土、兽皮、兽骨、竹简等。埃及沼泽地带盛产高秆植物纸草，将茎部剖成薄片并用树胶粘连起来，就成为地中海地区古代通用的书写材料。公元元年以后，一些重要文件改为用羊、兔等兽皮制成的羊皮纸、兔皮纸书写。人工造纸的技术则起源于中国。公元 105 年(东汉时期)，我国的蔡伦总结前人经验，用树皮、麻头、破布、旧渔网为原料造纸成功，这一技术后来经中亚、阿拉伯地区传入欧洲，为各国采用。

文字的出现，是人类传播史上第二个重要的里程碑。它标志着

① [美]威尔伯·施拉姆:《传播学概论》，新华出版社 1984 年版，第 17 页。

人类原始时代的结束、文明时代的开始。有了文字书写，就有了手写的新闻传播，这种传播突破了口头传播在时间和空间上的局限，可以使信息传播的容量更大、内容更准确、距离更远、留存的时间更长久。但是，它是在人类进入阶级社会以后出现的，因此一开始就受到统治阶级的垄断，用以维护他们的利益，反映他们的意志，为他们的统治服务。平民百姓没有认字识字的条件，也无力拥有书写工具，在很长时期内与手写传播无缘。

在古代外国的手写新闻传播活动中，有两种形式历来受到史家的注意：一种是公告式的，即原始形态的官方公报；另一种是书信式的，即新闻信。

官方公报最早出现在古罗马时期。公元前 59 年，古罗马执政官尤列乌斯·恺撒下令公布元老院及公民大会的议事记录，用尖笔书写在罗马议事厅外一块涂了石膏的特制木板上，后人称之为《每日纪闻》(*Acta Diurna*)。当时罗马正处在奴隶主城邦共和制的后期，极少数豪门贵族把持着最高国家机构元老院，压制平民和骑士阶层，反对任何具有进步性的变革，因此贵族派和民主派的斗争十分激烈。恺撒是民主派的新首领，他创设《每日纪闻》这种公告牌的目的，就是要把上层会议的内容公之于众，争取舆论的支持，扩大自己的政治影响。

公元前 44 年恺撒遇刺身亡，经过一番权力争夺，他的养子恺撒·屋大维成了罗马的最高统治者。公元前 27 年起，屋大维集军政大权于一身，奴隶主的罗马共和国从此转变为罗马帝国。屋大维在公元前 6 年恢复《每日纪闻》，从此这一官方公报断断续续刊布到公元 330 年迁都君士坦丁堡为止。公报的内容有议事记录、帝国法令、战争消息、司法案件、官员任命、宗教活动，以及贵族的结婚、生育、死亡，等等。除了缮写在布告牌上面，还抄写、颁发给各地驻军首长。这一公报沟通了统治机构的内部联系，起到了维护帝国统治的作用。

新闻信指的是传递新闻、交流信息的书信，它是西方古代历史上流传最久的手写新闻传播形式。史书记载，早在公元前 500 多年，古罗马就开始出现新闻信，直到西罗马帝国灭亡(公元 476

年)，新闻信绵绵不绝。因为这个奴隶制国家幅员广阔，环绕地中海，地跨欧洲、亚洲、非洲，首都罗马和各行省、属地之间，无论是官方还是私人，都要靠新闻信保持联系。

官方的新闻信常有传递政情军情的性质。例如公元前 47 年，恺撒由埃及快速进军小亚细亚，征讨本都王国。战争顺利结束后恺撒立即写信向罗马告捷，信上只用了三个词：“我到，我见，我胜。”(拉丁文为三个单数第一人称的动词：Veni，Vidi，Vici)

私人的新闻信主要流行于上层社会。罗马共和国末期的政治家、哲学家和文学家西塞罗，一生就写了许多书信，有给亲友的，也有给当时权势人物的，其中不少生前就在社会上流传。他死后留下了 900 多封信(包括部分别人写给他的)，其中记述了当时许多重大事件和人物，记录了罗马的生活、外省的情况，以及民间习俗、竞技游乐等。这些信件现在是珍贵的历史资料，当时则是互传信息的新闻信。在西塞罗之后一个多世纪，另一位罗马作家小普林尼，也是杰出的新闻信作者。他留下《通信集》10 卷，包括书信 300 多封，记述了上层社会的许多事件和生活情况。其中有一封叙述了发生于公元 79 年的维苏威火山爆发的详细过程，行文生动感人，是一篇十分优秀的通讯。

罗马时代已经出现了以撰写新闻信为业的人，他们专门给远离首都的军政长官、王公贵族、税吏、巨商写信，提供首都的消息。发展到中世纪，欧洲许多国家都有新闻信流行，上层社会主要依靠它获得外地消息。以后随着资本主义经济的兴起，商业航海业的发展，新闻信又逐步扩散到商人和平民中去。

手写新闻传播在人类历史上已经延续了几千年，今天它仍然是人类新闻活动的一个重要组成部分。看来在电脑全面普及之前，手写传播仍将是人们之间传递新闻的重要手段。

三、印刷新闻传播

印刷术的发明，在人类传播史上树起了第三座重要的里程碑。它也使印刷新闻传播成为可能。

印刷术最早出现在中国。早在隋唐年间(6—7 世纪)我国就有了雕版印刷。北宋仁宗庆历年间(1045年左右)，毕昇首创胶泥活字排版印刷，之后又有人发明了木活字印刷，这种木活字印刷在南宋时期(12—13世纪)由中原传至西夏、新疆等地。南宋时期中国还出现了锡合金铸成的金属活字。中世纪后期，中国的印刷技术渐渐传到中亚和欧洲。14、15世纪之交，欧洲也有了雕版印刷和木活字印刷。

1450年前后，德国美因茨的工匠谷登堡(Johnnes Gutenberg，约14世纪90年代—1468年)，成功研制出适合西文特点的金属活字印刷技术。他浇铸出了以铅、锡、锑合金为材料的活字，并形成了由拣字、组版、填空、齐行和印刷还字等步骤组成的印刷工艺。他还制成了木质的、靠螺旋在印版上加压力的印刷机，代替了纯粹的手工操作，从而提高了印刷的质量和效率。随后他印出了《拉丁文文法》(1450年)、《四十二行圣经》(1455年，共两卷1282页，每页42行，故名)、《教堂课读》(1460年)等重要书籍。以后几十年间，谷登堡的印刷术在整个欧洲扩散，意大利(1465年)、瑞士(1468年)、法国(1470年)、尼德兰(1475年)、西班牙(1475年)、英国(1476年)、丹麦(1482年)，先后引进了金属活字印刷。到1500年欧洲各国已兴建印刷所250家。16世纪起这一技术又传到了墨西哥(1539年)、美国(1638年)以及其他地区。①

印刷术的应用和推广，在人类传播史上揭开了新的一页。印刷可以大量而迅速地复制信息，以便向广大公众传播，这就深刻地影响了人类的精神生活和文化发展。原先为奴隶主、封建主或是教会上层垄断的文化知识扩散开来了，新的思想、新的信息随着印刷时代的到来变成了统治者无法遏制的潮流。正如恩格斯所描述的那样：原先“禁锢在独卷手抄书内的思想，无法传扬到四面八方”，而在印刷术扩展以后，“欧罗巴吵吵嚷嚷”，“多么激动，多么震

---

① 潘吉星：《中国、韩国与欧洲早期印刷术的比较》，科学出版社1997年版，第183~195页。

惊；熊熊的火焰，宛若狂飙，喷射而出”①，但是，印刷术在外国扩散的初期，如同在中国一样，主要还是用于印刷书籍，其中也有不少是圣经、赎罪卷一类的宗教材料。这一方面是由于封建统治者在政治上的压制、限禁所致，另一方面也和社会经济发展的程度有关。只有到资本主义商品经济兴起之时，印刷术才会广泛地运用于新闻传播的领域。

不过，从 15 世纪末叶起，一些印刷商已经开始印刷某些记事性的小册子，记述近期发生的大事，例如重大战役、自然灾害、节日庆典、王公葬礼之类。这些内容说不上什么时效，但对于一般读者仍不失为新鲜的信息，从而带有某种新闻性。小册子篇幅不等，有时还附有木刻插图，通常在大城市的书店里出售，或者由小贩沿街兜售。其中比较著名的有：1482 年奥格斯堡发行的《土耳其侵犯欧洲新闻》，1493 年西班牙发行的《哥伦布发现新大陆记》，1508 年奥格斯堡发行的《巴西探险记》等。它们是印刷新闻的萌芽。

综上所述，古代新闻传播活动尽管形式在不断演进，但是一般来说规模比较小，通常面向某个或某些特定的对象而不是整个社会，没有以采集和传播新闻为宗旨的专业机构，因而还不成其为新闻事业。这是前新闻事业时期新闻传播的一般特点。但是随着社会的发展，尤其是印刷术的进一步推广，情况在逐步转变。

第二节　16 世纪：手抄小报和新闻书

在古代新闻传播活动长期发展的基础上，16 世纪的欧洲出现了手抄小报和新闻书。这两种传播媒介的兴起，是古代新闻传播向近代新闻事业的重要过渡。

16 世纪是欧洲也是世界历史的一个重要转折点。马克思指出："虽然在 14 和 15 世纪，在地中海沿岸的某些城市已经稀疏地出现

---

① 《马克思恩格斯全集》(第 41 卷)，人民出版社 1982 年版，第 43～44 页。

了资本主义生产的最初萌芽，但是资本主义时代是从16世纪才开始的。”①进入16世纪以后，商品生产在封建社会的躯壳里迅速发展。在城镇，手工工场大量出现，它们为交换而生产，为市场需要而生产。在农村，富裕农民建立农场，并雇工耕作，自给自足的庄园经济纷纷解体。城乡商品经济的发展，使得国内外市场空前扩大，地区之间和国家之间的交往更加频繁。而发生在15、16世纪之交的“地理大发现”，又加速了这一进程，增进了欧洲和世界各地的经济文化联系。

随着封建主义生产方式逐步向资本主义生产方式转变，旧的社会秩序开始瓦解，强烈的社会动荡接连不断。在16世纪的欧洲发生了两件影响深远的大事：一是以马丁·路德为首的宗教改革运动，这是一场打着宗教旗帜的反封建运动，自1517年从德意志境内开始，随后扩展到全欧，并且延续了大半个世纪；二是尼德兰革命。在西班牙统治下的尼德兰地区，从1566年起爆发了长达40多年的反对民族压迫和封建统治的革命战争，最后在1609年建立了独立的尼德兰共和国(即荷兰)，这是历史上第一个资产阶级共和国。

正是在这个历史的重要转变时期，人类的新闻传播活动也在孕育着新的飞跃。随着商品经济的广泛兴起，政治动荡的不断加剧，社会信息量空前增加，作坊主、手工业者、商人、银行家都需要了解各地的经济信息，以及与此有关的政局战况；王公贵族、政客、僧侣更是惴惴不安地关切着各地的局势。于是，在新闻信息频繁传递的基础上，出现了手抄小报和新闻书这样新的传播媒介。

手抄小报发源于意大利境内的威尼斯。威尼斯位于地中海北岸，早在10世纪末就是个富庶的商业共和国，东西方交通枢纽和贸易中心。15世纪时，资本主义生产方式开始在这里萌芽，造船、纺织、玻璃等行业相当发达，手工工场林立，工人达19万人之多。这里的手工业主、商人、航海界人士十分关心商品的销路、各地的物价、来往的船期，于是有人专门打听这些消息，抄写后出售。后

① 《马克思恩格斯全集》(第23卷)，人民出版社1972年版，第784页。

来，需要相同消息的人多了，他们就抄写多份，谁需要就卖给谁，这就是手抄小报。有资料认为：1536 年威尼斯已有专门采集消息的机构和贩卖手抄小报的人。1563 年同土耳其发生战争期间，威尼斯政府也曾发行手写的小报。1566 年这里又出现定名的小报，叫做“手抄新闻”(Notizie Scritte)。以上各种小报的内容主要是商品行情、船期和交通信息，间或也报道政局变化、战争消息和灾祸事件，因为这些都会影响贸易和交通。小报不定期，沿街兜售，每份一个铜元(一说张贴在公共场所，凡入内阅读须付一个铜元)。当时的铜币叫做“格塞塔”(Gazzetta)，后来这种小报流传到罗马以及欧洲各国，就称为“Venice Gazette”(威尼斯小报)。而“Gazette”一词也就成为欧洲各国早期报纸的名称。

在 16 世纪，意大利的其他城市以及德、英、法等国都有手抄小报的发行。有些大的商行或银行，在总行与分支机构之间常有互通消息的信件，主要供业务参考，也有选择地摘抄一些售与外人阅读。当时德国富商富格尔家族曾在奥格斯堡开设富格尔金融贸易所，它的分支机构遍及欧洲各大城市，该所编集的“富格尔商业通讯”就很有名。据悉，现在维也纳图书馆里还收藏有其 1588—1605 年间编的商业通讯 27 册，梵蒂冈图书馆则存有当时人们汇集的 1554—1585 年来自欧洲某些城市的手抄小报。

大致在手抄小报流行的同时，西欧等地陆续出现了一些不定期的新闻印刷品，内容常为某些重大事件的报道，与上节所述记事性小册子相比，新闻性明显增强。其多为书本形式，被称为新闻书(Newsbook)，也有单页的新闻传单(Newssheet)，通常在书店、集市或街头出售。自从通往美洲以及经非洲南端去远东的新航路开辟以后，欧洲的贸易集散地逐渐移到大西洋沿岸，尼德兰、法国、德国、英国都出现了一些重要的商业城市，它们取代威尼斯等地中海城市而成为新的信息中心。德意志是金属活字印刷的发源地，又是南欧和北欧交通贸易的联结点，因而这种新闻印刷品发展得比较早。尼德兰的安特卫普(现属比利时)是欧洲重要的贸易中心，尼德兰革命后政治环境较为宽松，这里的新闻印刷品也比其他国家更早出现，有些小册子往往先在这里出版而后翻译成英、法等国文字，向其他国家传布。

根据现有记载，德意志境内1502年出版过报道打败土耳其人的印刷品，并且首次使用了“Zeitung”(报纸)一词。英国1513年出版过有关苏格兰战争的新闻书；到16世纪末，英国的新闻书逐步多起来，1590—1610年有过大约450种，在书名中常带有真实的“新闻”(True News)、“真实的报道”(True Relation)等词。法国在1529年以后出现不少活页印刷品，内容多与宗教改革有关。意大利1549年出版的“特兰特会议新闻书”，报道天主教会议的新闻，曾译成德文和英文再版，影响比较广泛。美洲的墨西哥城1541年9月出版过一份报道危地马拉地震的新闻传单，此后这类印刷品又断断续续地在墨西哥出现。

16世纪后期，逐渐出现了定期的新闻印刷品，并且有了固定的名称。在德意志境内有一种半年一期的大事汇编之类的出版物，最早的是1588年奥地利人迈克尔·冯·艾津出版的《博览会编年表》，在法兰克福一年两度的博览会上出售。另外在科伦有一种拉丁文出版物，名为《法比信使》，每年一期，发行于1594—1635年，曾行销到英国等地。以后在奥格斯堡、安特卫普等地又有过一些编年表式的月刊、半月刊，但都不太稳定。

总体来看，手抄小报和新闻书曾在相当时间内并存发展，它们是近代报刊的雏形，是古代新闻传播向近代新闻事业的过渡。因为它们的出现，使绵延千百个世纪的古代新闻传播活动发生了质的变化。新闻传播的规模扩大了，从特定的对象转而面向整个社会了，专门采集和公开发布新闻的机构逐渐出现了，从事这项活动的行业队伍逐渐形成了。于是，经过漫长岁月孕育、准备的近代新闻事业即将降临人间。

第三节 17世纪：从定期报刊到日报

进入17世纪，随着社会政治经济变动的加剧，社会信息量以及对信息需求的增长，物质技术条件的逐步改善，原来的手抄小报逐步改为印刷出版，不定期的新闻书逐步定期化。定期化的实现，先是一年、半年，由于刊期过长，只能称为定期出版物；以后随着邮政事业的发展，邮件稳定在每周送达一次，便有了新闻性较强的周刊或周报，这便是定期报刊。通常认为，定期报刊的出现标志着近代报业，也就是近代新闻事业的诞生。

这种定期报刊产生于17世纪初，大约在1605—1610年。其发源地之一是德国。1609年德意志地区出现了两种周报：《通告——报道或新闻报》(*Avisa Relation order Zeitung*)，在沃尔芬比特尔(一说奥格斯堡)发行，每周一张，一张上只有一则新闻。《报道》(*Relaion*)，在斯特拉斯堡出版，1609年9月4日曾刊登著名天文学家伽利略制作一台新的望远镜的消息。这两份周报依靠新闻信获得世界各地的消息并加以刊载。一般认为它们是世界上最早的定期报刊。① 当时在德意志地区的周报或周刊还有：《法兰克福新闻》(1615—1902年)、《法兰克福邮报》(1616—1866年)、《马格德堡新闻》(1626—1955年)等。

定期报刊的另一个发源地是尼德兰。有材料说1605年亚伯拉罕、费尔赫芬在安特卫普出版过半月刊《安特卫普新闻》。因为刊期较长，所以在新闻史上的地位要逊于上述德意志地区的周报。当时安特卫普还有一些用英语、德语、法语出版的报刊，常用Corantos(报纸)的名称，定期或不定期地刊登欧洲新闻，向邻近国家发行。

英国最早的定期报刊是《每周新闻》，1621年9—10月连续出版了6期，单张印刷。这是经封建王朝特许出版的，只刊登译自国外出版物的消息。法国的定期报刊出现于1631年。这年1月，《各地见闻》周刊在巴黎出版，但是不久便被同年5月创办的《报纸》所兼并。《报纸》是国王特许出版的四页周刊。在此前后，其他国家，如瑞士(1610年)、奥地利(1620年)、丹麦(1634年)、意大利(1636年)、西班牙(1641年)、瑞典(1645年)、波兰(1661年)等

---

① 关于最早的定期报刊，历来说法不一。此处主要根据《不列颠百科全书》(1985年版，第474页)；参见彼·阿尔贝等的《世界新闻简史》、李瞻等的《世界新闻史》、埃默里的《美国新闻史》等书。

也陆续出现了定期报刊。

总的来说，早期的定期报刊形式不一，有书本型的、有单张的。由于封建政权的压制，这些报刊开始只刊登国外新闻，后来才增加为当局所许可的国内新闻和言论。在定期报刊增多的基础上，欧洲各国先后出现了日报。

最早的日报诞生于德意志地区。这不仅由于这里有着印刷新闻的传统，而且当时这里的邮政制度也比其他国家发达，许多城市能够每日递送邮件。1650年莱比锡一位书商创办的《新到新闻》通常被认为是世界上第一张日报。①

英国第一张日报是1702年在伦敦出版的《每日新闻》，该报开始时单面印刷，以后改为两面印刷，每面两栏，初步具备近代日报的形式。法国第一张日报是1777年元旦创办的《巴黎新闻》，以报道新闻为主，内容多样，并有广告。美国第一份日报是费城的《宾夕法尼亚晚邮报》，1775年创办时为周三刊，到1783年改为日报，小张两面印刷，存在时间不长。

从17世纪初定期报刊问世，到17、18世纪日报陆续创办，这是近代新闻事业的初创阶段。首先，报刊从一般的印刷物中分离出来，同书籍区别开来，形成了独立的报业。其次，报纸和期刊(杂志)也开始分流，形成了报业中的两个分支。报纸已具备散张、两面印刷、分栏编排的形式，内容有新闻、评论、广告三个主要部分，刊期短，有日报、周报等。期刊(杂志)保留成册装订的书本形式，有政治时事性、科学性、文艺性等类别，刊期比报纸长，有周刊、半月刊、月刊等。

近代意义上的期刊(杂志)，最早出现于1665年。这年1月在巴黎出版了《学者杂志》，内容有新书介绍、科学发明等，起初是周刊，后改为月刊。同年英国皇家学会创办的学术性季刊《皇家学会哲学汇刊》，直到今天还在出版，历时300多年。

---

① 关于世界上第一份日报也有不同说法。这里根据的是[英]安东尼·史密斯:《国际报业史》，伦敦1973年版，第24~25页；陈力丹:《世界新闻史纲》，福建人民出版社1988年版，第31页。

还应该指出，在定期报刊、日报、杂志不断兴办的情况下，作为大众媒介早期形态的手抄小报和新闻书之类印刷品，并没有销声匿迹。它们在17、18世纪继续流行，特别是在资产阶级革命和社会大动荡中显得十分活跃。从个体来看，它们比较零散，生存期不长，大多没有留下名字和实物；但从整体来看，它们流行广泛，影响巨大，是近代报业的重要补充。

第四节　新闻事业诞生的历史必然性

上述客观进程表明，新闻事业的诞生有着深刻的社会历史背景。归根结底，是资本主义市场经济的兴起以及由此而来的社会变化，形成了对新闻事业的需要，同时也提供了产生新闻事业的物质手段和社会条件。

“没有需要，就没有生产。”①马克思的这一论断不仅适用于物质产品的生产，同样适用于精神产品的生产。推而广之，人类历史上任何新生事物的产生，都有这种社会需要的呼唤，如果没有资本主义市场经济兴起过程中整个社会对新闻信息的大量需求，小规模的、定向传播的新闻活动，也就不会发展成为大规模的、面向社会公众的新闻事业。

这种社会需要可以概括为两个方面，从经济上看，资本主义市场经济的兴起，使得社会分工更加发展，人们为市场而生产，又从市场取得生活必需品。这种市场联结着百里千里之遥的地区，原料来自远方，产品销往外地，整个民族、国家真正连成一体。而且随着航海事业和对外贸易的发展，国际交往也不断增加。这就使得人们不仅需要了解本地的情况，还要知道国内和世界各地的重大事变。而在重要的商业城市或贸易港口，对新闻信息的需求就更加集中和突出，这些地方自然就成为早期新闻事业的发源地。从政治上看，资本主义市场经济的兴起，打破了长期停滞的封建秩序，加速了社会政治变动，阶级矛盾日益激化。特别是同宗教改革交织在一

① 《马克思恩格斯全集》(第12卷)，人民出版社1962年版，第742页。

起的反封建浪潮，声势浩大的资产阶级革命运动，风起云涌，连绵起伏。这就使得社会信息量大为增加，社会各个阶层都不得不关注新闻信息，以适应事态的变化。特别是新兴的阶级和政治力量更加迫切需要传播信息、宣传观点、左右舆论，以促进社会的变革。

就在这种社会需要增长的同时，有关的社会和物质条件也在发展。这些条件主要有：

第一，印刷和造纸工业日益发展。近代报业诞生前的一个多世纪，活字印刷已经推广到整个欧洲，手摇印刷机也已普及，人造纸已经取代了昂贵的羊皮纸和简陋的埃及草纸。这样印刷效率有所提高，生产成本明显降低，新闻印刷品就有可能批量生产。

第二，交通和邮政事业日趋发达。16 世纪前后，欧洲各国行走马车的公路大量兴建，内河航运不断改善，地理大发现以后各国竞相发展远洋航运，因此人员往来、信息交流日趋便利。法国(1464 年)、英国(1478 年)、德意志(1502 年)等国先后开设为民众服务的邮政业务，到 17 世纪初许多城市的邮班已缩短到每周一次，使得报刊定期发行成为可能。

第三，人口集中的城市逐步增多。农村人口不断向城市流动，以英国为例，17 世纪初已有 1/5 的人住在城市里，著名的工业城市曼彻斯特、利物浦、伯明翰等正在形成。这种情况使得社会联系更为紧密，既增加了信息的来源，也增加了信息的需求，造成了新闻采集和传播的良好条件。

上述条件的具备和发展，使得新闻事业的诞生有了现实的可能。正是这种社会需要和实际条件的结合，形成了新闻事业诞生的必然性。

但是，由于新闻事业诞生在封建社会末期，它又和资产阶级的经济政治需要息息相关，这就不可避免地要遭到封建统治者的敌视和压制。它同其他一切随着资本主义经济来到世上的新生事物一样，被封建统治者视为洪水猛兽而严加防范。尽管封建阶级也需要了解各方面的信息，但他们绝不允许不利于本阶级的信息在社会上流传。他们一贯奉行愚民政策，阻挠社会信息的自由传播。因此，新闻事业的诞生过程又是充满矛盾和斗争的。

早在手抄小报时期，当传播内容由一般商业信息扩展到社会政治、宗教问题以后，反封建反教会的倾向逐渐明显，封建势力就惊恐不已，横加迫害。16世纪就有多起手抄小报的传播者被罗马教廷处死的事件。印刷传播问世后，各国封建王朝更是严加管理(我们将在下一章对此作进一步叙述)。但是尽管如此，欧洲各国的报刊仍在陆续问世。许多违背封建政权意向的报刊，或是秘密印刷发行，或是在国外出版后偷运进来，尽管政治倾向参差不一，但却汇成了一股不可阻挡的潮流，冲击着封建旧秩序的堤防。总之，封建压制和反压制的矛盾是同新闻事业相伴而生、相伴而长的。这一矛盾在以后资产阶级革命过程中才逐步获得解决。

复习思考题

1. 人类古代的新闻传播活动经历了哪些阶段？外国最早的公告式新闻和书信式新闻出现在什么年代？古登堡印刷工艺是怎样产生和扩散的？

2. 简述近代报业由孕育到诞生的年代、地域和过程。手抄小报和新闻书在这一过程中的历史地位是怎样的？

3. 列举世界上最早出现的定期报刊、日报和杂志(名称、年代、出版地)。

4. 为什么说新闻事业的诞生是历史的必然？试分析其诞生的历史背景以及贯穿其间的矛盾和斗争。

第二章　发达国家近代报业的产生和发展

第一节　概　　说

从17世纪初定期报刊问世到19世纪末，这300年间的新闻事业通常称为近代新闻事业，其内容主要是报业。从世界范围来看，近代报业首先兴起于资本主义的发源地欧洲和北美，也即是如今的西方发达国家，在这里发展壮大，并向其他地区扩散。因此，了解和研究外国近代报业，不能不把目光首先集中在这些国家和地区。

近代报业诞生之初，有过少量的封建阶级报刊，到了发展后期又出现了无产阶级报刊。但从整体而言，资产阶级报刊是近代报业的主体。资产阶级报刊是资产阶级沟通信息、影响舆论的工具。在经济上，资产阶级利用它谋取利润，并为商品经济的发展服务；在政治上，资产阶级利用它反对封建主义，推动资产阶级革命，而后又利用它维护资产阶级统治，发展资本主义制度。

资产阶级报刊的产生和发展，同资本主义经济、政治的发展紧密联系、交互作用，大致上是同步前进的。在世界近代史上，自从尼德兰人民揭开了资产阶级革命的序幕后，英国、美国、法国先后进行了具有世界影响的资产阶级革命。这几个国家在革命前后发展起来的报业，在世界近代报业史上具有重要的地位和典型意义。德国、意大利、日本等国社会变革较为缓慢，19世纪中叶以后才通过民族统一战争或自上而下的变革，从封建社会演进到资本主义社会。它们的报业发展，为近代报业史提供了另外一种不同的类型。

将近300年间，近代资产阶级报业经历了许多曲折和反复，充满了种种矛盾和斗争。由于各国国情不同，这种曲折前进的历程也有很大的差异，但是异中有同，封建统治和保守势力的压制和资产阶级民主势力的反压制，是贯穿其间的基本矛盾。围绕这一基本矛盾，随着政治经济的发展，各国资产阶级报业有一些大致相似的发展轨迹。

第一，资产阶级革命以前，资产阶级报刊毫无例外地受到封建统治者的压制。各国封建统治者对报刊都有严厉的管理措施，他们一方面出版封建官报，为自己的政治需要服务，另一方面又通过出版许可制、内容审查制以及各种政治制裁手段，压制异己思想和信息的传播。作为封建秩序叛逆者的资产阶级报刊，只能在十分困难的处境下，时而合法、时而非法地谋求生存发展。至于生存空间的大小、发展进程的快慢，则取决于整个社会变革的进程。

第二，在资产阶级革命发动和进行过程中，资产阶级报刊纷纷兴起。它们举起新闻出版自由的旗帜，冲破封建压制，传播群众运动信息，宣传民主自由观念，积极推进革命进程，而革命的进展又在不同程度上为资产阶级报刊解除了桎梏，开辟了进一步发展的道路。这一时期出现的新闻出版自由口号，是资产阶级报刊战斗实践的锐利武器，也是人类文明发展的重要成果。

第三，资产阶级革命后，一般来说，资产阶级报刊成了新的统治阶级的舆论工具。但是由于革命的彻底程度不同、民主政治实现情况不同，各国资产阶级报刊的实际处境仍有很大差别。有的国家(如英国)对封建传统破除不彻底，新闻出版仍受诸多限制，报业发展比较迟缓；有的国家(如法国)政局多变，时有封建复辟或专制政体出现，报业发展屡屡遭受挫折。因此争取资产阶级新闻出版自由的斗争仍在继续，而且是政治民主化进程的有机组成部分。只有随着资产阶级民主政治的逐步完善和稳定，才会在法律上确认新闻出版自由的原则，在实践中逐步消除对资产阶级报刊的政治压制和经济束缚。

第四，资产阶级革命后，随着议会民主和多党政治体制的确立，各国都经历了一个政党报刊为主的时期。不同党派纷纷创办或控制报刊作为政治斗争工具，宣传政见，争取舆论，甚至党同伐异，激烈论战。这些报刊在政治上有明显的党派性，在经济上依赖执政党或在野党的支持，内容上侧重于时政新闻和言论，读者对象主要是政界和上层社会。但是各国报刊党派性的鲜明程度互有不同，政党控制报刊的方式各有千秋，政党报刊持续的时间也有长短，少数国家政党报刊一直延续到现代报业阶段。

第五，18 世纪后期起，欧美主要国家先后开始工业革命，工业革命的推进引起社会经济、政治、文化各方面的重大变化，也给近代报业带来了重大影响。

(1)随着社会经济的飞跃发展，各地区、各国家间的联系和交往更加密切，人们对外地、外国新闻信息的需求大增；而农村人口大量流向城市，人口加速集中，城市化进程加快，也进一步提高了城乡民众对新闻信息的需求。

(2)经济的发展需要大量管理人才、技术工人，也要求普遍提高劳动者素质，于是国民教育有所普及，粗通文字的平民增多，形成了新的广大读者群。

(3)由于邮电通信、印刷出版、交通运输的新进步，电报、电话、轮转印刷机、火车、轮船等新事物的出现，使得新闻的采集和传递更加迅速便捷，报纸也能印得更快、更多，发行更加及时、便利。

(4)随着工商业的繁荣，广告数量大为增加，报纸不仅能在经济上自立，而且还能不断更新设备、扩大再生产，成为赚钱的企业。

(5)从政治上看，工业革命后阶级力量发生了新的变化，新兴的工业资产阶级要求有更多的政治权力，逐步成长的工业无产阶级也在为自身的民主权利而斗争，这就推动了各国政治变革的进程，使得办报的政治环境逐步改善。

上述诸因素的共同作用，使得资产阶级报业有了新发展，出现了新格局，逐步由政党报刊为主的阶段进入到政党报刊和非政党报刊并存发展的阶段。

第六，非政党报刊，一般是民营的商业报刊，其商业化程度是随着经济的发展而发展的。

工业革命过程中出现较早的商业报刊，仍然是面向社会中上层的。它们代表工商资产阶级利益，在政治上标榜独立，不受制于某个党派，在经济上自主经营，不依赖政府或政党的津贴，因而被视为“独立报业”。它们在业务上提倡客观报道，致力于全面提供政治经济诸方面的硬新闻，读者对象主要是政界、工商界或知识界人士。所以通常称为上层报纸（High-quality Newspaper，也有人译为“高级报纸”）。

工业革命后期，各国先后出现了面向社会中下层的通俗报刊，因售价较低，通常称为廉价报纸（Cheap Newspaper），又因读者均为平民大众，也称为“大众化报纸”（Popular Newspaper）。这是一种新兴的资产阶级商业报纸，内容上注重地方新闻、社会新闻以及各种消闲性趣味性的软新闻；形式上文字通俗、版面活泼，可读性强；经营上完全商业化，大量刊登广告，以此来降低售价，扩大发行，进而赢得更多的广告。廉价报纸的出现使商业报纸更加兴盛，逐步成为资产阶级报业的主体，并为其向现代报业演变奠定了基础。

西方近代报业发展的后期，各国都出现了无产阶级报刊。它们是在工业革命之后，随着工人运动的兴起而创办和发展起来的。这场工业革命，既空前地提高了生产力，促进了生产的迅猛发展，也使资本主义社会的基本矛盾日益明显地暴露出来，整个社会日益分裂为两大对立的阶级：工业资产阶级和工业无产阶级。前者在生产发展中聚敛了巨大的财富，而后者却日益贫困化。这就迫使工人们组织起来，为改善生存条件、为争取民主权利而斗争。斗争需要交流信息，更需要宣传鼓动，于是各种工人报刊随之诞生。所以无产阶级报刊是工人运动的产物，它是同工人运动紧密相连、相互推动、同步发展和提高的。

无产阶级报刊的发展大体上有三个阶段：工人报刊、无产阶级政治报刊、无产阶级政党报刊。这是各国无产阶级报刊发展的共同轨迹。早期的工人报刊大多由联谊会、互助会之类的工人组织创办，主要为团结工人共同进行经济斗争服务。由于缺乏科学理论的指导，存在种种历史局限，印刷出版也很简陋，但它们在揭露资本主义剥削、启发工人觉悟方面起过重要的作用。19 世纪 40 年代，马克思主义诞生并逐步与工人运动相结合，工人运动逐步由经济斗争发展为政治斗争，不少工人报刊也就演变为无产阶级政治报刊。这些报刊为传播科学社会主义，为推动实际革命斗争，为创建无产阶级政党，作出了重要贡献。19 世纪后期，随着共产国际和欧美各国无产阶级政党的建立，无产阶级政治报刊进而发展为党报，成为无产阶级政党动员和组织群众，为推翻资本主义统治、建立无产阶级政权而斗争的重要武器。

无产阶级报刊的成长道路，充满着艰辛和曲折。尽管无产阶级及其报刊，曾经积极支持并参与资产阶级及其报刊向封建势力和各种保守势力的斗争，推进了资本主义民主秩序的建立。但是国家的政权、社会的财富始终掌握在资产阶级手里，资产阶级一面向封建势力争得了新闻出版自由，另一面用政治的、法律的、经济的手段来限制和扼杀无产阶级报刊的新闻出版自由。无产阶级报刊不得不采取各种合法与非法的斗争方式，维护自己的生存和发展，争取本阶级的新闻出版自由，并为本阶级的完全解放而呼号与战斗。总之，资产阶级的压制和无产阶级报刊的反压制始终是无产阶级报业发展过程中的基本矛盾。

无产阶级报刊具有同资产阶级报刊完全不同的特点。它的办报宗旨在于宣传本组织的纲领，追求特定的社会目标或政治目标，而不在于追求商业利益或经济目的。它的内容具有很强的战斗性，为了维护阶级的利益，追求阶级的解放，它必定要批判旧世界，同形形色色的阶级敌人作战，也要同工人运动内部种种错误思潮和资产阶级影响作斗争。它的活动具有很强的群众性，同劳动群众保持广泛而密切的联系，为群众办报，靠群众办报。报道群众的生活和斗争，刊登群众的来稿来信，争取群众的经费支持，依靠群众出版发行。在体制上，它通常同主办的组织（工会或政党）结为一体，作为主办组织的宣传机构，该组织的领导人往往就是报纸的负责人或主编。

马克思、恩格斯、列宁等革命导师在无产阶级报业发展过程中发挥过巨大的作用。他们的理论活动、革命斗争和他们的报刊活动紧密联系。他们的新闻实践在近代新闻史上占有重要的地位，闪耀着灿烂的光辉。他们的新闻思想是无产阶级新闻事业的宝贵财富，值得认真学习、继承和发扬。

第二节　英国近代报业

一、在封建统治后期问世

英国在 1476 年引入印刷术以后，至 1523 年已有印刷所 30 多家，主要印刷书籍和小册子。随着宗教改革的发展，印刷物中反封建、反旧教的成分日渐增多，引起了封建统治者的恐惧和不安。封建王朝陆续采取了种种控制印刷出版的措施。

1528 年，英王亨利八世下令限制印刷业的发展，1538 年正式建立皇家特许制度，规定所有出版物均需经过特许，否则禁止出版。1557 年，玛丽女王下令成立皇家特许出版公司，规定只有经过女王特许的印刷商才能成为公司的会员，只有公司会员和其他特许者才能从事印刷出版。1570 年，伊丽莎白女王将参议院司法委员会独立为“星法院”，以加强封建统治。1586 年，星法院颁布特别法令，严厉管制出版活动，其中规定：一切印刷品均须送皇家出版公司登记；伦敦市以外，除了牛津、剑桥大学，一律禁止印刷；印刷任何刊物均需事先请求许可；皇家特许出版公司有搜查、扣押、没收非法出版物及逮捕嫌疑犯的权力，等等。这项法令一直执行到资产阶级革命爆发，以后又为历次复辟者效法，对英国出版业的影响长达一个多世纪。

但是，封建统治者的压制措施，不断遭到一些印刷商的抵制。尤其在 16 世纪末期，人民群众对封建专制的不满日益增长，资产阶级和新贵族也力图变革旧的封建秩序。在这种背景下，各种不满现状的印刷品和新闻书在民间悄悄流传，要求出版自由的观念也在和一般民主自由思想一起萌芽滋长。

17 世纪初，在不定期新闻书增多的基础上，出现了定期报刊。1621 年，英国最早的周报《每周新闻》(*Weekly News from Italy*,

Germanie, Hungaria, Bohemia the Palatinate, France and Low Countries)在伦敦问世。这份经过官方特许的刊物自9月至10月共出了6期，基本上是荷兰文报纸的翻版。1622年2月又有同名的《每周新闻》和《新闻》(*News*)出版，但时间不长。后来又有《报纸》(*Coranto*，1622—1632年)、《不列颠信使》(*Mercurius Britanicus*，1625—1627年)等出现。这些报刊只登国外消息，而且大多摘译自外国出版物，但也多少反映了动荡不安的欧洲面貌。除了这些经官方许可的以外，当时也不断有一些非法报刊秘密出版。有人估计在1620—1642年，英国出版的新闻书和报刊约有1000种，发行4万多份，只是生存期大多不长，保存下来的极少。

二、在资产阶级革命进程中兴办

英国革命开始于1640年。这年4月，国王查理一世为筹措军费，不得不召开已停止了12年的国会，但会议无果而散。同年11月查理一世重又召开国会，这时在国会中占多数席位的资产阶级、新贵族同国王发生了激烈冲突。国王不但拒绝了议员们的改革要求，反而宣布讨伐国会，从而爆发了资产阶级革命。经过1642—1648年的两次内战，代表资产阶级的独立派领袖克伦威尔率兵击溃了国王的军队，并把查理一世送上了断头台。1649年5月，宣布成立共和国，但实际上却建立了克伦威尔军事专政。1658年克伦威尔死后，流亡国外的查理二世策动王党叛乱，1660年复辟了封建王朝。1688年，资产阶级、新贵族与部分封建土地主联合发动宫廷政变，推翻了继查理之后继位的詹姆斯二世的统治，敦请信奉新教的荷兰执政威廉和他的妻子玛丽(詹姆斯二世的女儿)当英国国王，史称“光荣革命”。至此，英国革命以建立君主立宪的、大资产阶级和新贵族联合执掌的政权告终。

在长达半个世纪的革命过程中，英国报刊逐步增多。尽管并没有出现具有鲜明资产阶级纲领的著名报刊，但是，此起彼伏的各种新闻出版物，同书籍、小册子一起在运动发展中起了重要的传播信息、启蒙宣传的作用。

革命爆发之初，封建王朝对出版物的压制措施就自动失效。

1641 年 7 月，封建王朝的“星法院”正式被取消。于是，各种报刊和新闻印刷品犹如雨后春笋，纷纷涌现，在 1640—1660 年共有 300 多种。这些报刊一改以往只报道国外消息的状况，争相报道国内新闻。它们多数仍保持书本形式(习惯上仍称为“新闻书”)，但第一页不再是封面图案和书名，而改用了报名，下面直接登载新闻或新闻要目。其中最有影响的是：1641 年 11 月创刊的《国会议程纪要》、1642 年 1 月出版的《国会议程每日纪闻》、1643 年出版的《不列颠信使》等，这几家都是倾向革命的周刊。至于保皇派的刊物则有《宫廷信使》《公民信使》等。

克伦威尔军事独裁时期，对印刷出版重又采取了严厉的管制手段。1649 年克伦威尔颁布规定，除特许者外，一律不准出版印刷品。他还恢复了皇家出版公司，让该公司独占出版业并查处一切非法出版活动，政府还派专人监督指挥。这样革命初期一度兴盛的定期报刊纷纷消失，最后只剩下效忠于克伦威尔的两份官报《政治信使》(周刊，1650—1660 年)和《公众情报员》(周刊，1655—1660 年)。

查理二世复辟后，封建王朝的出版管制代替了克伦威尔军事管制。支持克伦威尔的报刊遭到查封，保皇派的两份周刊被指定为官方刊物，一份是《国会情报员》(1659—1663 年)，另一份是《大众信使》(1660—1663 年)。1660 年 6 月复辟派国会颁布决议，规定未经许可不准刊登国会消息。1662 年又制定出版法案，全面恢复以往星法院的一系列规定。1663 年查理二世任命了皇室新闻检查官，严厉管制印刷出版业。

查理二世复辟期间，有一份名为《牛津公报》的官报于 1665 年 11 月发刊。这一年伦敦瘟疫流行，宫廷迁至牛津，该报创办于此，出至第 24 期才迁回伦敦出版，改名为《伦敦公报》(*London Gazette*)。这份报纸每周两期，内容都是一些官方消息，并无特色。但是它一改以往的新闻书模样，首次采用单页两面印刷，每面分为两栏，从而为近代报纸版面形式开了先河。这份公报一直出版至今，是世界现存历史最久的报纸。

1688 年的“光荣革命”使资产阶级正式参与执政。备受压制的报业和出版业重新复苏，它们纷纷要求取消限禁，真正实现出版自由。在这一形势下，被克伦威尔恢复的皇家特许出版公司也就名存实亡，失去了作用。1694 年议会又正式废除了旧王朝 1662 年制定的出版法案。于是资产阶级报业如释重负，出现了一个新的办报热潮。

三、密尔顿和出版自由

在英国革命过程中，随着资产阶级民主自由思想的传播，随着反对压制印刷出版的斗争的发展，人们逐步提出了“出版自由”的口号。这是英国革命对世界新闻和出版事业发展的一个重要贡献。200 多年后，列宁曾高度评价这一口号的历史意义，他说：“‘出版自由’这个口号从中世纪末直到 19 世纪成了全世界一个伟大的口号。为什么呢？因为它反映了资产阶级的进步性，即反映了资产阶级反对僧侣、国王、封建主和地主的斗争。”①

当时，正式提出出版自由的主张并加以深刻论述的人，是约翰·密尔顿(John Milton，1608—1674 年)。密尔顿是英国资产阶级政论家和诗人，他在革命爆发后发表了许多文章和政论小册子，抨击封建统治，阐述主权在民的思想。1643 年，大资产阶级和新贵族代表操纵国会通过法案，规定未经出版检查官审阅批准，不许印刷任何出版物。密尔顿对这一法案十分蔑视，径自出版了几本小册子，为此于 1644 年被召至国会答复质询，他乘机慷慨陈词，发表了一篇以后被译为《论出版自由》的演说。

在这篇演说中，密尔顿全面批评了出版检查制度的弊端，认为这一制度无疑是“让 20 个横行霸道的统治者建立起寡头政治，给我们的心灵再度带来饥荒，使我们除了经过他们用斗衡量过的东西以外就不知道旁的东西”，其后果只能是“破坏学术，窒息真理”。密尔顿强调人民的言论出版自由是与生俱来的权利，主张让人们“有自由来认识，各抒己见，并根据良心作自由的讨论，这才是一切自由中最重要的自由”。他认为这种自由“是一切伟大智慧的乳

① 《列宁全集》(第 42 卷)，人民出版社 1987 年版，第 85 页。

母”，限制这种自由只会伤害真理，只有保障言论出版自由，才能使真理在争论中战胜谬误。他认为对于真理，“我们如果怀疑她的力量而实行许可制和查禁制，那就是伤害了她。让她和虚伪交手吧。谁又看见过真理在放胆地交手时吃过败仗呢?”①

应该指出，当时英国的报业还刚刚从一般出版业中分离出来，所以密尔顿论述的仍然是一般意义上的出版自由。到 18 世纪这份小册子重新发行，并在法国资产阶级革命中广为传布时，其影响才由出版界推广到新闻界，从此以后它便成了资产阶级和广大群众反对封建统治、争取新闻出版自由的锐利武器。书中阐述的思想是为当时反对封建势力的政治需要服务的，带有时代的印痕和阶级的局限，但在人类新闻出版思想的发展史上毕竟有着重要的地位，应该视为人类文明发展的重要成果。

四、革命后的报业和政党报刊

随着资本主义社会体制的建立和旧出版法案的废除，英国的报业逐步活跃起来。18 世纪初，出现了日报。其中最早的是 1702 年创刊的《每日新闻》(*Daily Courant*)。该报开始为半张，单面印刷，每版两栏，主要刊登国外新闻；以后扩充版面，改为两面印刷，并且刊登船期消息和广告。1735 年因政府津贴减少，经费困难，并入《每日公报》。与此同时，还出现了一些有影响的期刊。最为著名的有：①《评论》(1704—1713 年)，周二刊，后改为周三刊，为丹尼尔·迪福主编。②《闲谈者》(1709—1711 年)，周三刊。③《旁观者》(1711—1712 年)，每日出版，但通常作为杂志看待。后两种均由著名作家斯蒂尔和艾迪生合编。这些刊物除了少量新闻外，主要刊登社会政治性的短论、小品、随笔、故事等，文字优美生动，笔调诙谐幽默，颇受各界欢迎。

当时英国已形成了两大政党：一是代表土地贵族和高级教士利益的托利党，二是代表工商资产阶级利益的辉格党，它们分别是保

---

① [英]约翰·密尔顿：《论出版自由》，商务印书馆 1989 年版，第 5、34、44、46 页。

守党和自由党的前身。为了影响选举、争权夺利，两党分别创办报纸，于是在世界报业史上出现了第一批政党报纸。

在这方面托利党的行动占先。1710年托利党领袖亲自主持出版了党的刊物《考察家》(1710—1714年)，聘著名作家斯威夫特为主笔，经常以尖刻泼辣的文章批评辉格党。1720年创办《每日新闻报》，1726年出版《艺人报》，并且出资补贴《评论》等杂志。辉格党不甘示弱，也先后创办或资助了一批报刊，其中有：《辉格考察家》(1710年)、《自由人》(1715—1716年)、《自由英国人》(1729—1735年)，以及《闲谈者》、《旁观者》等。后来又将《自由英国人》和其他两份接受资助的报纸《每日新闻》《伦敦新闻》合并为《每日公报》(1735—1748年)，以集中力量。18世纪中期，辉格党的报刊随着该党在议会中势力的加强而渐居上风。

五、报业领域的压制与反压制

英国革命是以资产阶级和封建贵族的妥协告终的。因此，资产阶级报业所承受的桎梏并没有完全解除。统治当局继续用多种手段控制报业，只是这些手段增添了更多的资本主义色彩。

1. 征收印花税

1712年5月，国会通过法案，规定所有报刊一律征收印花税，同时对报刊使用的纸张征收纸张税，刊登的广告征收广告税(三者合称为“知识税”)。如有违反，则课以罚款或吊销执照。“知识税”是英国政府的新发明，既可为政府增加财源，又能达到寓禁于税的目的。开征以后许多报刊不堪负担，被迫停刊，半年之内伦敦12家报刊就停了7家。以后政府又多次提高税率，至1815年一张报纸的印花税高达4便士。

2. 运用法律制裁

18世纪英国法律对出版事业的制裁有四种名目：①叛逆罪：这是最严厉的处罚，应用较少；②煽动诽谤罪：凡批评国王、宫廷、内阁大臣及高级官员，不管批评是否合理均以煽动诽谤罪论处；③侵犯国会特权：凡批评议员、批评国会，都被认为侵犯国会特权，而且自1660年起就禁止报道国会辩论，以后又一再重申此令；④总逮捕令；凡触犯上述任何一种罪名，国务大臣均可下令对有关人员进行搜捕、审讯，对有关出版物均可没收、焚毁。

3. 实行津贴收买

英国政府为控制舆论，常给报人或报刊以津贴，实际上是贿赂收买。前面提到的著名报人迪福、斯蒂尔、艾迪生，长期接收政府的年金。不少报人拿钱后就为政府歌功颂德，有时因吹捧有功还被封以官职。辉格党人沃尔波尔出任首相共23年（1715—1717年，1721—1742年），对报刊的津贴收买达到高峰，每年花去5万英镑。辉格党的做法固然抑制了更为保守的托利党报刊，但也钳制了舆论，使其他民办报刊无力与之竞争。

上述手段软硬兼施，成了加之于资产阶级报刊的新枷锁，使得广大报刊，特别是敢于评论时政的民办报刊备受压抑，于是，从18世纪到19世纪，报界进步力量同执政当局的压制措施进行了长期反复的斗争，这是争取新闻出版自由的继续，也是新兴的工商资产阶级同土地贵族、大资产阶级政治斗争的一种反映。

反压制斗争首先集中在报道国会的问题上。18世纪初，有的刊物就采取省略字母的办法报道国会议员和政界人物。1731年爱德华·凯夫创办《绅士杂志》月刊（这是历史上第一次使用Magazine作刊名的期刊），5年后，致力于报道国会新闻，涉及人名时，就把某些字母省去不写（如把Walpole写成W-le）。后来又用《格列佛游记》中描写的小人国议会来影射英国议会。这些做法很受读者欢迎，刊物销数高达15000份。1769年创刊的《早晨纪事报》主编威廉·伍德福，记忆力过人，潜入议会旁听时不用记录，回来后能把情况叙述得分毫不差，第二天就能见报。这种迅速准确的报道常使社会为之震惊。国会对这类事件虽然一再干预，并处以罚金，但却屡禁不止。

反压制斗争还表现在批评当权人物方面。1762年，议员约翰·威尔克斯创办《北方不列颠人》杂志，经常报道或批评重要人物，后来还载文批评国王乔治三世的某次讲演，结果被司法大臣认定犯了煽动诽谤罪，颁发总逮捕令将作者、印刷者、发行者、贩卖者共48人逮捕。这件事在伦敦引起强烈反响，群众纷纷集会示威进行抗议。后来政府害怕引起骚乱，不得不将被捕者全部释放，首席法官还判定此次总逮捕令为非法。

1771 年国务大臣又以侵犯国会特权为由，逮捕了伦敦两家报道了议会辩论的报纸的发行人。这时已担任伦敦代理市长的约翰·威尔克斯指责此事为非法捕人，同国务大臣及国会展开了激烈的争执。许多伦敦市民激于义愤，自发地集合起来，在国会辩论此事时进行抗议和骚扰。结果有关人员被宣告无罪释放。从此以后，国会对报道议会新闻的做法采取了默认态度。不过，直至 1803 年国会才正式作出决定，准许记者在国会后排旁听，1831 年才正式设立记者席。

六、独立报业的发展和《泰晤士报》

18 世纪后期，英国先于其他国家开始了工业革命。工业革命使阶级关系发生了变化，工业资产阶级和工业无产阶级的队伍同时在壮大。工商业进一步繁荣，广告日益增多，这些都给报业发展提供了新的条件和活力。于是报刊的种数和销量不断增加，1724 年仅有日报 3 家，1776 年增至 53 家，全国报刊发行总数 1771 年为 200 万份，1778 年增至 1400 多万份。报刊的内容也有所扩展，有关国内情况的报道和评述增多，经济新闻、文艺小说、读者来信也不断增加。尤其重要的是，尽管许多报刊仍然保持一定的党派背景，但是报业独立自主的倾向日益增长。

这段时期比较著名的报纸有：

(1)《每日广告报》(1730—1807 年)。这是一份商业性报纸，除了广告之外，适当刊登经济消息、商业行情、金融行情以及社会新闻，开创了依靠广告收入而自立的先河。

(2)《大众广告报》(1752—1798 年)。这是由著名出版商亨利·伍德福和他的儿子桑普林·伍德福出版的日报，1769 年前后因连载批评国王的“朱尼厄斯信件”而名噪一时。①

---

① 当时在伦敦流传署名“朱尼厄斯”的人寄给某政治家的一系列信件，信中激烈抨击国王侵犯国会权利，并揭露议会选举中的丑闻、大臣和议员的腐败行为。

（3）《早晨纪事报》（1769—1862年）。为桑普林·伍德福的弟弟威廉·伍德福创办的日报，由于迅速报道国会新闻而为社会瞩目。1789年伍德福退休后报纸三易其主，一度为辉格党的机关报，但在报道国会以及报道法国大革命等方面一直颇有影响。

（4）《晨邮报》（1772—1937年）。该报1795年后在著名报人斯图亚特经营下，强调经济自立，提高新闻的趣味性，因而声誉日增。斯图亚特当时就已提出“广告既能增加收入，又能吸引读者，增进发行；而发行增加，又可吸引更多广告”的经营思想。

在上述报纸开创的报业独立化趋势下，18世纪末另一份报纸脱颖而出，其影响远远超过同期其他报纸，成为英国资产阶级非政党报刊的主要代表，这便是《泰晤士报》。

《泰晤士报》（*The Times*）发刊于1785年元旦，原名《每日环球纪录报》，创办人为印刷商约翰·沃尔特，三年后报名改为《每日环球纪录报或泰晤士报》，1788年3月正式定名为《泰晤士报》。该报创刊时并不显眼，但它致力于详尽而迅速地报道国内外新闻，整版刊登国会辩论实况，及时报道法国大革命的进程，几年后便跻身伦敦第一流报纸的行列。

1803年，沃尔特的次子小约翰·沃尔特接办该报，开始时，自任主编，1817年起先后任命了两位得力的主编托马斯·巴恩斯（主持笔政25年）、约翰·德莱恩（主持笔政35年），励精图治，开拓前进。在经营方面，该报完全割断和政府的联系，依靠广告和发行收入而充分自立。在报道方面，它大量刊登国内外要闻，还派遣干练的记者奔赴国内外热点地区采访，获得许多独家新闻，使许多重大消息（如1815年拿破仑滑铁卢战败）抢先见报。在言论方面，它标榜独立，经常通过遍布全国的记者网了解各阶层的情绪和意见，作为评论的依据，因此逐步成为舆论界的重要力量。另外，该报重视采用新技术，率先使用蒸汽印刷机、轮转印刷机，不断提高印刷质量和速度。于是，经过半个世纪的经营，《泰晤士报》成了英国首屈一指的大报，到1847年小沃尔特去世时销量已达3万来份，超过伦敦其他大报发行量的总和。

《泰晤士报》是一份非党派的报纸，并无明确的政党背景，但同样有自己的阶级立场和政治倾向。它是工商资产阶级的代言人，和统治集团又有千丝万缕的关系，因而能在工业革命后的形势下，成为影响英国政局的重要力量。它的言论和批评往往影响议会的辩论和决议，甚至导致某些大臣的辞职和内阁的倒台，因而获得了“大雷神”的谑称。当时大英帝国正处在上升时期，因此，《泰晤士报》在国外也有很大影响，它的驻外记者常被视为“第二大使”。所写的国际报道常常使有关国家刮目相看，这些国家不得不掂量一下它的分量。

七、围绕“知识税”的斗争

18 世纪后期，资产阶级报业的处境有所改善，但在经济上受到的“知识税”的束缚，却长期没有减弱。进入 19 世纪后，有些报纸为了降低售价，扩大发行，往往逃避纳税。更有许多新办的报刊，干脆不贴印花，径自在社会上发行。对于这些无印花的报纸，英国政府查处甚严，税收机关设有专门的侦缉队追踪查访，一经查出就严加惩办，但是逃税报刊却越查越多，至 1836 年 2 月其发行量已超过纳税报刊。

英国无印花报纸的增长是和 19 世纪二三十年代日益高涨的政治浪潮改革相联系的。当时新兴的工商资产阶级要求更多地参与政治，重新分配国会权力。正在成长壮大的工人阶级则要求保障公民权利，改善生活处境。在这种背景下，反映各种思潮的无印花报刊此伏彼起，行销各地，政府的每一次查禁都会带来一阵抗议，群众自发地集会示威，法院往往只好宣判被捕者无罪。有鉴于此，某些社会上层人士建议彻底废除“知识税”，以利于国家治理。议员李顿爵士 1832 年 6 月就提出过议案，他认为印刷者和出版物能够比监狱看守和刽子手更好地为一个自由国家的和平和荣誉服务，廉价的知识与经费巨大的惩罚制度相比是更好的政治工具。李顿的主张显然反映了工商资产阶级的利益和意图。后来，一些知名人士还发起成立了“废除知识税联合促进会”“废除广告税伦敦委员会”(后改为“争取废除纸张税联合会”)等组织，利用各种方式向社会宣传、向议会请愿。

在各方面的压力下，政府不得不逐步降低“知识税”。1836 年印花税从每份报纸 4 便士降为 1 便士，报纸发行量很快就有了明显上升。以后又经过一系列斗争，终于使议会在 1853 年决定取消广告税，1855 年取消了印花税，1861 年又取消了纸张税。至此，英国报业背负了一个半世纪的沉重经济包袱终于解除。

“知识税”废止后，英国报业活力大增，明显加快了发展的步伐。1855 年内就有多家周报改为日报，并有 17 家省报创刊。全国报刊数量，1836 年有 221 家；1851 年有 563 家；1862 年报纸有 1165 家，杂志有 213 家；1880 年报纸有 1986 家，杂志有 1097 家；1900 年报纸有 2234 家，杂志有 1778 家。

八、廉价报纸的兴起和《每日电讯报》

早在 19 世纪初，英国就出现了一些面向平民大众的通俗而廉价的报刊。它们是工业革命后顺应社会需要的产物。这些周报多数是非政治性的。例如，1801 年在伦敦出版的《每周快讯》，自称办报宗旨为“教育和娱乐兼顾”，它广泛采集和报道体育新闻、法院新闻、社会新闻，很受读者欢迎，报价明显低于一般报纸。

当时也有少量廉价的政治性周报。例如 1802 年威廉·科贝特在伦敦创办《政治记事周报》，鼓吹政治改革，反对印花税政策，批评政府的腐败行为。1816 年他增办《政治记事周报》大众版，报价为 2 便士，此举十分成功，报纸很快销遍全国，发行量达 4 万份，使得统治者大为不安。1819 年政府强制规定报刊售价不得低于 6 便士，该报大众版才被迫停刊。

由于“知识税”的重压，上述廉价报刊处境艰难。但是它们在社会需要的支持下，仍在顽强生长，至三四十年代，一方面不贴印花的逃税报刊已达百种以上。它们名目繁多，有的政治色彩较浓，抨击时政，议论改革；有的政治色彩较淡，侧重于社会新闻、法院新闻、体育新闻以及各种趣味性、娱乐性材料。它们的共同特点是以中下层普通百姓为对象，适应这些读者的信息需要和阅读水平，售价为一二便士。另一方面，也有些纳税报刊，仍在努力开拓平民市场，例如，1842 年的《劳埃德图画星期报》（后改名为《劳埃德新闻周刊》)、1843年的《世界新闻》，都是以平民大众为对象的星期日报。尤其是《世界新闻》的内容十分广泛，每份8页，售价3便士，较为低廉，创办了2年后，发行量就达3万份。

19世纪50年代“知识税”取消后，报纸的降价有了现实可能，于是面向社会下层的廉价报纸如释重负蓬勃兴起。仅1855年内就有好几家“便士报”创办，其中最为成功、最有影响的要数《每日电讯报》。

《每日电讯报》(*Daily Telegraph*)创办于1855年6月29日，即下院通过废除印花税的前一天。该报原名《每日电讯邮报》，每天小张2版，售价4便士。由于经营不善，财政困窘，不久为《星期日泰晤士报》的业主约瑟夫·摩西·利维买下。利维将报纸改用现名，降价为每份1便士，表示要办一份社会各阶层都买得起的高尚报纸。几个月后发行量就达到2.7万份，约为当时《泰晤士报》销数的一半。《每日电讯报》真正发展为英国报界举足轻重的力量，则是在利维之子爱德华·利维·劳森经营时期。劳森认为时代的发展需要面向社会中下层的报纸，于是果断地进行了革新。首先，扩大新闻报道面，重视报纸的趣味性，把平铺直叙的记录变为文情并茂的报道。注意社会新闻，曾经详细揭露伦敦的卖淫活动等阴暗面，引起很大反响。努力采写独家新闻，派遣了一些干练的记者分赴国内外进行“热点”采访。1873年曾与纽约《先驱报》组成中非探险队，探险队发回的非洲通讯吸引了许多读者。其次，改革版面编排，率先借鉴美国报纸的做法，对重大消息采用大字多行标题，使之鲜明醒目。如1865年美国总统林肯被刺，该报用了四行题；1870年普法之战，路易·拿破仑兵败被俘，该报用了十行题，占了全栏的1/4位置。再次，劳森十分重视延揽人才，加强编辑和记者队伍。该报拥有当时英国许多一流的记者、作家、评论家，依靠他们的努力，大大提高了报纸的声誉。上述措施使该报的发行量不断上升，1871年每期发行20万份，1888年为30万份，直至19世纪末，一直是英国发行量最大的日报。劳森后来被封为伯纳姆勋爵，并被新闻界尊为“英国报业之父”。

九、工人报刊的成长和《北极星报》

在近代报业发展的后期，在工人运动兴起的过程中，逐步出现了工人报刊。英国工人运动开始于 18 世纪末期。1794—1796 年，英国最初一批工人团体在羊毛加工工业和缝纫业工人中建立起来。随后工人组织不断增多，各地工人经常罢工。19 世纪 20 年代，工会机关报相继出现，其中最早的是 1825 年夏伦敦各行业代表委员会创办的《各行业新闻和工匠新闻》周刊。1830 年，纺织工人领袖约翰·道尔蒂组建全国劳工保护协会，协会创办了《联合行业周报》，从 1830 年 3 月 6 日起至同年 10 月 2 日止，共出了 31 期。此后协会又创办了《人民之声》周刊，从 1831 年 1 月出版到 9 月，详细报道了全国劳工保护协会在曼彻斯特、诺丁汉开会情况，支持各地罢工运动，积极宣传“10 小时工作制法案”，销数达 3000 份。

英国早期的工人报刊，在捍卫工人利益的斗争中逐步认识到新闻出版自由的重要性，并且提出了争取工人阶级新闻出版自由的口号。创刊于 1830 年 1 月 1 日的《贫民导报》(*Poorman's Guardian*)就是这些工人报纸中比较重要的一家。该报原名《人民便士报》，创刊第二年改用此名，主编为赫瑟林顿和奥布林。该报公开抵制英国政府征收“知识税”的做法，率先提出工人阶级的新闻出版自由等政治要求。它在发刊词中明确指出：“我们将在防护和确认之下创造这个最重要堡垒，以捍卫我们的全部权利，我们所有自由的关键——报刊自由。”这家报纸还提出“为了表示抗议而出版，以公理对抗强权”的口号，为工人阶级的新闻出版自由顽强地奋斗了五年(1830—1835 年)。在这 5 年间，报纸不断揭露剥削者对劳动人民的压榨，运用生动通俗的语言，向工人介绍了空想社会主义的思想，在英国社会产生了广泛影响。在它的直接影响下，1836 年 4 月在伦敦成立了“争取廉价与正直报刊工人协会”(后来发展成为“伦敦工人协会”)。

1832 年，英国进行了议会改革。但新选举法只是加强了工业资产阶级在议会中的地位，在改革浪潮中起了主力军作用的产业工人和手工业者却没有获得选举权和其他民主权利。这激起了工人的愤怒，他们逐步联合起来，并在斗争中提出了《人民宪章》，要求实现普选权和工人的经济权利，并号召人民在宪章上签名。他们还宣布，资产阶级独占政权是一切祸害的根源，要求按民主原则改组下议院，让工人有权参与国家管理。这便是英国历史上有名的宪章运动。这一运动开始于 1836 年，当年 6 月一批工人和手工业者在伦敦成立工人协会，1840 年发展为全国宪章协会。在协会领导下，1840 年、1842 年、1848 年先后掀起三次群众性的向议会请愿运动，在请愿书上签名最多的一次达 300 多万人，占当时英国成年男子一半以上。尤其是 1842 年协会领导的罢工运动遍及全国，个别大城市曾发动武装起义，占领了市政机关。宪章运动的三次高潮虽然都归于失败，但它在国际工人运动史上具有重要历史意义。列宁认为它是“世界上第一次广泛的、真正群众性的、政治性的无产阶级革命运动”。

宪章运动从一开始就注意公开的宣传鼓动工作。1837 年 11 月，宪章派左翼领袖菲格斯·奥康瑙尔创办了《北极星报》(*The Northern Star*)。该报起初在利兹出版，1843 年 11 月起迁往伦敦，1852 年停刊，出版达 15 年之久，产生过重大影响。

《北极星报》高举“人民宪章”的旗帜，广泛宣传宪章派左翼的各项政治主张，及时报道英国各地区宪章派的活动，有力地指导了英国工人阶级的斗争。对于欧洲各国无产阶级和被压迫民族的革命运动，该报也给予了极大的关注。《北极星报》主张一切国家的工人阶级联合起来。它把支持各国无产阶级和被压迫民族的革命运动看成是英国无产阶级的义务。进入 19 世纪 40 年代后，该报有关欧洲各国革命运动的宣传报道，特别是揭露俄国沙皇统治集团压迫波兰人民、反对英国吞并爱尔兰、支持 1848 年巴黎二月革命的宣传报道，表现了十分鲜明的国际主义立场。

《北极星报》还注意用生动、形象的语言激发读者的感情。在报道工会运动惨遭资产阶级和反动势力的血腥镇压的文章中，该报鲜明地指出：要在资本家和工人之间建立一致的感情和利益，比让猛虎和羔羊媾和还难。旗帜的鲜明、观点的明确和文字的通俗生动，使《北极星报》赢得大量读者，最高销量达 10 万余份，比当时

"英国出版界的庞然大物"(马克思语)——《泰晤士报》的销售量(1847年日销3万份)还高得多。

《北极星报》是英国近代无产阶级政治报纸的卓越代表。马克思、恩格斯曾给予高度评价，称它是"真正民主的""没有民族的和宗教的偏见"的报纸，"在各方面都成了欧洲最优秀的报纸之一"。①

宪章运动的另一位左翼领袖厄内斯特·琼斯于1852年5月在伦敦创办的《人民报》是英国宪章运动中另一份重要的报纸。由于它英勇地捍卫工人阶级的利益，组织工人的革命斗争，成为宪章运动后期的一面旗帜。1856年4月14日，在纪念《人民报》创刊四周年的大会上，马克思应邀发表了著名的演说，揭示了无产阶级革命必然发生的历史规律和革命的历史意义，展望了革命的前景。马克思在演说中热情洋溢地赞扬了英国工人阶级，并且深刻地指出："要使社会的新生力量很好地发挥作用，就只能由新生的人来掌握它们，而这些新生的人就是工人……历史本身就是审判官，而无产阶级就是执刑者。"②

十、国际工人协会在英国的报刊

19世纪60年代初，国际工人运动和民族解放运动重新高涨。各国工人在斗争中认识到加强国际团结的必要性，自发地建立起各种国际联系。1864年9月28日，英、法、德、意、波等国工人代表在伦敦圣马丁教堂举行大会声援波兰人民反对沙俄的正义斗争和商讨加强各国工人团结的大事。会议经过热烈讨论，成立了国际工人协会。马克思应邀出席了这次大会，并被选为德国通讯书记。国际工人协会当时简称"国际"，1889年第二国际成立后，改称为"第一国际"。

由于条件的限制，国际工人协会无力创办自己的机关报刊，只

① 《马克思恩格斯全集》(第2卷)，人民出版社1957年版，第668页。

② 《马克思恩格斯选集》(第2卷)，人民出版社1972年版，第79~80页。

能利用已有的工人报刊进行宣传工作，其中曾两次借用英国的工人报刊。

1864 年 11 月，国际中央委员会(后改称总委员会)确定英国的《蜂房报》为自己的机关报。该报原是英国工联的机关报，1861 年 10 月在伦敦创刊，每星期六出版，创办人和主编是右翼工联主义者、伦敦工联理事会理事乔治·波特尔。国际成立前，该报不时报道英国和各国工人运动的动态，对促进欧洲各国工人的团结合作起过一定作用。国际成立后该报曾热情地报道了成立大会盛况以及临时委员会最初几次会议的情况，刊登了国际的成立宣言和临时章程。但该报在被宣布为国际机关报后，控制权并未移交，只是达成一种默契：按互惠条件，报纸无偿提供版面，定期报道委员会会议和刊登文件；委员会按每份 2 便士计价，订阅该报，分送给各位委员和各分部。《蜂房报》在国际的宣传活动中曾作出过贡献，但波特尔始终没有放弃改良主义的错误倾向，后来甚至经常在报道中对国际所提供的情况任意篡改和删节。1869 年底，《蜂房报》又更换了所有者，完全陷入自由派投机分子的控制之下。1870 年 5 月 17 日，经马克思建议，国际总委员会通过决议同它断绝一切联系。1876 年，《蜂房报》停刊。

1865 年夏天，国际总委员会委员、大不列颠矿工联合会的机关报《矿工和工人辩护士报》的所有者利诺，决定把报纸交给总委员会支配。为此，总委员会集资建立了一个“工业报纸公司”，并在 1865 年 9 月将该报更名为《工人辩护士报》。起初，该报在宣传国际的原则、广泛介绍各国工人运动、支持爱尔兰人民民族解放斗争等方面做了不少工作。但是报纸公司理事会里改良主义者总是采取同资产阶级分子妥协的办法，以取得他们的资助。作为理事之一的马克思不得不经常同这种企图作斗争。1866 年 2 月初，理事会内的一些人趁马克思因病没有出席总委员会的机会，改组了编辑部，把《工人辩护士报》更名为《共和国报》，篡改了报纸的性质，提出了一个不包含工人阶级特有要求的纲领。尽管马克思做了许多努力，还是未能防止该报的蜕变。由于工联机会主义分子对《共和国报》的控制日益加强，1866 年 6 月 9 日，马克思退出了“工业报纸公司"理事会。9 月 8 日起，该报宣称自己是"改革运动机关报"。1867 年 7 月 20 日，该报停刊。

第三节 美国近代报业

一、殖民地时期的报刊

北美东部地区从 17 世纪起成为英国的殖民地。随着经济的发展和欧洲文明的影响，北美逐步出现了本地的印刷出版业。1638 年这里有了第一架印刷机，随后有了书籍出版，并陆续出现了不定期的新闻书或单张新闻纸。例如，1690 年 9 月 25 日，波士顿的印刷商本杰明·哈里斯出版了一份名为《国内外公共事件》的新闻纸，本来打算每月出版一次，但是由于未经殖民当局允准，出版第一期后就被下令停办。

北美殖民地第一份连续出版的报纸诞生在 1704 年。这年 4 月 24 日，波士顿邮政局长约翰·坎贝尔经官方核准，创办了周报《波士顿新闻信》(*Boston News Letter*)，单张两面印刷，内容大部分为英国的政治、宫廷新闻和欧洲的战争新闻，其余为当地的短讯，如船舶到达、官吏任命、传教活动、天灾人祸等，最后还有一栏广告。该报延续达 72 年之久。1719 年，接替坎贝尔任邮政局长的布鲁克创办了另一份周报《波士顿报》(*Boston Gazette*)。该报也经政府核准发行，先后有五任邮政局长担任它的主编和发行人，直至 1741 年才转给印刷商承办。随后，定期报刊陆续在北美最早兴建的城市波士顿、费拉德尔菲亚、纽约创办，它们通过不同方式从不同侧面传播了欧洲大陆反封建斗争的思潮和信息。

北美殖民当局对报刊的兴办十分不安，它们承袭了英国本土的做法加以压制。首先是实行出版许可制。尽管这一制度在英国国内已被废除，但是直到 1730 年，殖民当局仍然规定不经许可不得印刷任何印刷品。其次是实施诽谤法，任意指控报刊犯有煽动、诽谤罪，加以取缔或迫害。再次是贿赂和收买某些报业主，例如 1725 年创办的《纽约报》，曾接受殖民当局的津贴，享有承印政府文件的好处，因而成了保皇派的喉舌。但是，随着殖民地人民同殖民当局政治、经济矛盾的加剧，大部分报刊反对殖民当局统治、争取新闻出版自由的趋势也日益强烈。

当时报界反压制斗争的一个突出事例便是曾格案件。曾格(J. P. Zenger)是纽约市的印刷商。1733 年 11 月他在当地一些反对殖民当局的人士推动下创办了《纽约周报》(*N. Y. Weekly Journal*)，发表了一系列批评殖民总督科斯比的文章和消息，结果被指控为"诽谤政府"，于 1734 年 11 月被捕。1735 年 8 月法庭开审，80 岁高龄的著名律师安德鲁·汉密尔顿出庭为曾格辩护。按照当时英国和北美的惯例，凡是对政府进行批评，不管内容是否属实，一概视为诽谤。汉密尔顿针锋相对地指出：只有谎言才构成诽谤，除非曾格刊登的议论是诽谤性的，也就是假的、恶意的、煽动性的，否则他就是无罪的。因为每个公民都有"陈述无可非议的事实真相的自由"，都有"把事实真相讲出来，写出来以揭露和反抗专断权力的自由"。最后陪审团不顾法官的阻挠，裁定曾格无罪。这一案件在很大程度上鼓舞了北美人民争取新闻出版自由的斗争。

殖民地时期的报业发展中，本杰明·富兰克林的办报活动有着重要的地位。富兰克林是杰出的政治家、科学家，早年也是著名的报人。他从 12 岁起在哥哥詹姆斯办的印刷所当学徒，经常匿名给詹姆斯出版的《新英格兰报》写稿。17 岁起外出谋生，先后在伦敦和费城当印刷工。1729 年他买下了费城印刷商凯默在上一年创办的《宾夕法尼亚报》(*Pennsylvania Gazette*)，经过 18 年的亲自经营，使该报成了当地最受读者欢迎的报纸。富兰克林的办报活动高人一筹，独具特色。他在言论上采用平衡手法，以对付殖民当局的干预。他的报道内容广泛，注重介绍欧洲文化，传播科学知识，启发民主自由思想，而形式又生动活泼，富有文学色彩。他还善于经营管理，把广告放在重要位置，常常增加 6~8 页刊登广告，因而财源不断、业务兴旺，他也很快压倒竞争对手，成为出版界的富商。他的办报活动扭转了当时人们对报业的轻蔑态度，提高了报业的社会地位。

二、独立战争中的报刊和报刊活动家

18 世纪后期的北美独立战争，也是一次影响重大的资产阶级革命。这场战争的实际进程约为 6 年，但是从准备、发动一直到美国资产阶级政权的建立，历时 20 多年。

1765 年北美人民的反印花税斗争是这场革命的前奏。这一年英国政府在北美开征印花税，规定商业执照、合同文书、书籍报刊等都必须加贴印花，此举涉及各阶层的利益，因而遭到强烈的反对。人们游行示威，殴打税吏，拒绝纳税，并且到处抵制英国货。在这场斗争中反英报刊起了重要的推波助澜的作用。它们一方面详细报道抗议运动的消息，登载愤怒的读者来信，发表各种评论；另一方面本身也采取各种方法抗税。1766 年英国政府被迫撤销了印花税条例，但却又颁布了一系列其他征税法令。于是北美人民的反英斗争更趋激烈，多数报刊的革命宣传也进一步发展。当时北美殖民地共有 30 多家报刊(多为周报或周二、周三刊)，其中 2/3 以上属于爱国派(反英派)，将近 1/3 属于保皇派(亲英派)。

爱国派中坚力量是主张武装抗英、彻底独立的资产阶级革命派。他们的报刊主要有：①《波士顿报》，这份 1719 年创办的老报这时已由激进分子主持，在它周围集结了以塞缪尔·亚当斯为首的一批革命活动家，成为革命力量的中枢；②《马萨诸塞侦探报》，1770 年艾塞亚·托马斯在波士顿创办的报纸，它的影响几乎和前者相当；③《宾夕法尼亚报》，这时已由富兰克林移交他人掌管；④《宾夕法尼亚新闻报》，1742 年创刊；⑤《宾夕法尼亚邮报》，1714 年创刊。以上三家都在费城出版，并称为费城三大革命报纸；⑥《新闻报》，1766 年创办于纽约。这些报刊除了结合斗争的发展作种种宣传外，还大量介绍欧洲资产阶级启蒙学者的理论和学说，如洛克的“主权在民”思想、卢梭的“社会契约”理论，为北美人民提供了反英斗争的思想武器。

爱国派方面也有某些保守报刊，他们害怕群众运动，只想同英国妥协。保皇派的报刊则站在殖民当局一边，接受殖民当局的津贴并为之效劳。

1775年4月，波士顿的英国军队进袭西北部的反英民兵基地，途经列克星顿时与民兵交火，战争正式爆发。1776年7月，由各殖民地代表参加的大陆会议通过《独立宣言》，正式宣告北美各州脱离英国而独立。以后北美人民组织的大陆军经过艰苦的斗争，终于在1781年彻底打败了英国殖民军。在战争发展的前期，大陆军处境困难，陆续从波士顿、纽约、费城等地撤出，这些城市爱国派报刊大多随军迁移到后方出版，有的暂时停刊，也有的倒戈为保皇派服务。随着战局的扭转，大陆军每收复一城，爱国派就在那里恢复旧报或创办新报，而保皇派报刊则随之消失。经过这番变化，战后报刊数量超过了战前，达到50多家。

1783年英国政府正式签约承认美利坚合众国独立。1787年美国国会通过宪法，1789年4月联邦政府正式成立。在这一期间，美国出现了日报。费城的《宾夕法尼亚晚邮报》(1775年创办)原来每周出刊二三次，1783年5月30日率先改为每日出版。1784年9月，《宾夕法尼亚邮报》也改为日刊。日报的出现是政局趋于稳定、商业和邮政事业进一步发展的结果。

在美国独立战争中，有过一些卓越的报刊活动家，他们的宣传鼓动工作，对革命的进程产生了重要的影响。其中最为著名的是：

(1)塞缪尔·亚当斯(Samual Adams，1722—1803年)。他毕业于哈佛学院，1748年任波士顿一个俱乐部所办的《独立广告报》的编辑，经常抨击英国政府横征暴敛的政策。翌年，《独立广告报》停办，他便经常在其好友所办的《波士顿报》上发表文章，宣传反抗殖民统治的主张。随着斗争的深入，他积极敦促殖民地人民联合起来，脱离英国，成立独立的国家。他认为英国政府剥夺了殖民地人民的基本权利，完全违背了社会契约的原则，因而殖民地人民也不再有服从英国政府的义务，殖民地脱离母国而独立是完全合情合理的。这一观点后来成为革命派的重要思想武器。亚当斯不但是一位宣传家，而且是一位杰出的革命组织者。反印花税斗争广泛开展以后，波士顿成了运动的中心。亚当斯将集合在《波士顿报》周围的革命分子组织起来，成立了“自由之子社”，并且在各地建立分社，开展活动。1772年他又组织了“通讯委员会”，以便在马萨诸塞州各地间互通情况，传布消息。1775 年 4 月，列克星敦民兵就是得到通讯委员会报告后打响独立战争第一枪的。亚当斯在 1774 年后一直担任马萨诸塞州出席大陆会议的代表，独立战争后他长期担任该州的副州长、州长。

(2)艾赛亚·托马斯(Isaiah Thomas，1749—1831 年)。他是印刷工出身，反印花税斗争中因为公开传播革命派观点而被老板解雇。1770 年他在波士顿与人合办《马萨诸塞侦探报》，不久，买下全部产权，独自经营。随着反英斗争的发展，他参加了“自由之子社”和“通讯委员会”，在报上公开宣传独立。列克星敦战斗打响后，他率先发表了详细报道，并大声疾呼，要美国人民“永远不要忘记列克星敦之战”，永远不要忘记英国军队的“血腥屠杀和抢劫”，永远铭记“先烈们高尚的大无畏行为”，用来“鼓舞我们打败可憎的专制暴君”。他的一系列文章有力地鼓舞了人民投入战斗。战争胜利后，他主要从事出版事业，以后又进行新闻史研究，著有《美国印刷史》(1810 年出版)。

(3)托马斯·佩因(Thomas Paine，1737—1809 年)。他出生于英国一个贫民家庭，1774 年来到费城，担任《宾夕法尼亚杂志》编辑，经常撰写散文、评论，指责英国的专横无理，宣传取缔黑奴制度。独立战争爆发后，不少人对北美殖民地究竟能否独立，应不应该脱离母国而独立，仍然心存疑虑，甚至在大陆会议上都有争论。正是在这重要时刻，1776 年 1 月他出版了政论小册子《常识》，用通俗的语言、锐利的笔调抨击了英国的暴虐统治，批判了妥协和解的谬论，旗帜鲜明地指出争取独立是个常识问题，继续从属于英国有百害而无一利。这本小册子切中人们的思想实际，一出现就产生了极大的反响，不到 3 个月就发行了 12 万册，总销数达 50 万册，各报还争相刊载。当时北美大约有 300 万人口，从前方到后方，对它几乎家喻户晓。它鼓舞了人民战斗的决心和勇气，被认为是独立战争的响亮号角。半年以后，大陆会议顺利通过了《独立宣言》。随着战局的发展，佩因又先后发表了 13 篇题为《危机》的文章。这些文章有些是在危急关头鼓舞士气的，有的是抨击英国议和使者的，有的是揭露保皇派阴谋的。其中第一篇写于 1776 年冬，刊于

《宾夕法尼亚新闻报》上，当时大陆军屡次战败、处境困苦、士气低落。统帅华盛顿发现这篇充满革命激情的文章后，下令在士兵中宣读，有效地振作了士气，连续打了几个胜仗，扭转了战局。战争结束后，1787 年佩因离美返欧，曾经参加法国大革命，著有《人权论》《理性的时代》等书。

三、杰弗逊和新闻自由

美国独立战争前后，资产阶级报业的发展同新闻自由思想的增长是互相促进的。著名资产阶级政治家杰弗逊是当时资产阶级民主派的主要代表，也是资产阶级新闻自由的热烈提倡者和积极实践者。

托马斯·杰弗逊(Thomas Jefferson，1743—1826 年)在大学时代便接受了欧洲启蒙学说。1767 年他当选为弗吉尼亚州议员，积极参与并领导反英独立运动。1775 年代表弗吉尼亚参加第二届大陆会议，受命起草《独立宣言》。战争期间，他担任弗吉尼亚州长，1784—1789 年出使法国，1789 年起担任联邦政府国务卿，1797—1800 年任副总统，1801—1808 年两次连任总统。

杰弗逊执笔起草的《独立宣言》是资产阶级革命的重要文献，是资产阶级民主政治理论的精辟概括，马克思曾称其为人类“第一个人权宣言”。但是《独立宣言》表述的某些重要原则，由于保守力量的阻挠，在 1787 年制定的美国宪法中没有得到充分体现，宪法并没有载入保障公民自由权利的条款。当时杰弗逊身在法国，并未参加制宪会议。后来，经过以他为首的民主力量的斗争，国会才于 1789 年另外制定宪法修正案，即“人权法案”(1791 年经各州议会批准生效)。法案共 10 条，其中第一条写道：“国会不得制定关于下列事项之法律：确立宗教或禁止信仰自由；剥夺人民言论或出版自由；剥夺人民和平集会及向政府请愿的权利。”

杰弗逊的民主思想中，新闻自由的思想占有重要的地位。他在这方面的主要贡献是：

1. 率先提出并积极努力为新闻自由立法

早在 1776 年他在为弗吉尼亚州起草的宪法草案中就写道：“出

版事业应当是自由的。除非报纸犯了损害人的名誉的罪，才能对它提出私人控诉。”1787 年美国宪法在国会通过后，他多次表示反对该宪法“没有制定权利法案来保障自由”。他在列举需要保障的权利时每次都强调了新闻出版自由。① 后来经过他和民主派的不懈努力，终获通过的“人权法案”成了美国保障新闻自由最具权威的法律。

2. 正确指出了新闻自由在行使民主监督方面的作用

杰弗逊认为，“任何政府如果单纯托付给人民的统治者，就一定会蜕化。所以，只有人民本身才是政府的唯一可靠的保护人”②。“人民是其统治者的唯一监督”，为了使人民对政府进行有效的监督，“办法是通过公共报刊的途径让他们充分了解他们事务的全部情况，并且努力使这些报纸深入到全体人民群众中去”③。

3. 深刻阐述了新闻自由对探索真理的意义

杰弗逊从人都有理性的信念出发，认为依靠新闻自由能有效地辨明是非。当他任总统期间遭到反对派攻击诽谤时，他一再表示人民终将作出正确的判断。他说：“我们的第一个目标是给人们打开所有通向真理的道路。迄今为止，找到的最好的办法是新闻自由。”他认为，“打开通向真理的门户，巩固用理性来检验每一件事情的习惯，是我们能传给我们的继承者的最有效的约束物，以这种约束来防止他们用自己的意见来约束人民”④。

杰弗逊的上述观点在新闻思想发展史上有着重要的地位和深远的影响。在当时的历史条件下，他倡导的新闻自由当然是为资产阶级政治秩序服务的。但是这种新闻自由思想对人类的文明进步仍然具有普遍性意义。

---

① 《外国新闻事业史参考资料》，中国人民大学出版社 1989 年版，第 56~58 页。

② 《外国新闻事业史参考资料》，中国人民大学出版社 1989 年版，第 54~55 页。

③ ［美］埃默里：《美国新闻史》，新华出版社 1982 年版，第 123 页。

④ ［美］施拉姆等：《报刊的四种理论》，新华出版社 1980 年版，第 55 页。

四、革命后的政党报刊时期

美国独立战争以后建立了共和体制的资产阶级政权，政局没有大的反复，因此报业生存的总体环境比英、法两国革命后的情况为好。但是革命之后资产阶级两大党派对峙，报纸的党派性强烈，出现了壁垒分明的政党报刊的时期。

美国的两大党派是在制定宪法的过程中出现的。以宪法起草人亚历山大·汉密尔顿为首的一派代表大资产阶级和奴隶主的利益，主张实行强有力的中央集权制，削弱各州权力，限制公民权利。这些人后来被称为联邦派。与此同时，在杰弗逊周围聚集了另一派力量，他们代表农场主和中小资产阶级利益，主张给各州更多的权力，尤其指责宪法没有保障公民权利的条款。这些人被称为反联邦派或民主共和派。经过一番斗争，最后各州虽然接受了宪法，但又迫使国会通过了宪法修正案（人权法案）。1789 年成立了以华盛顿为总统的、有两派参加的联邦政府，但是双方在政策问题上的矛盾不断发展，并且用报刊互相批评指责。

当时联邦派的主要报纸有：《合众国报》（1789—1818 年），半周刊，主编芬诺，创刊于原首都纽约，后来迁往新首都费城。《智慧女神报》，日报，1793 年韦伯斯特创办于纽约，1797 年改名为《商业广告报》，发行了 100 多年。《箭猪报与每日广告报》（1797—1800 年），英国记者科贝特在费城创办。反联邦派的主要报纸有：《国民报》（1791—1793 年），半周刊，由弗伦诺在费城出版。《综合广告报》，1790 年由富兰克林的外孙贝奇在费城创办，1794 年改名为《曙光女神报》。

两派报纸的争论开始是在一些政策问题上展开的。例如联邦派主张建立国家银行，实行保护关税政策，对外联络英国，敌视法国；反联邦派则主张减轻人民捐税，降低关税以利于降低工业品价格，对外同情法国革命，等等。但是随着争论的激化，常常伴随着人身攻击，而且以牙还牙，愈演愈烈。《国民报》的弗伦诺攻击财政部长汉密尔顿有舞弊行为，汉密尔顿则撰文指责弗伦诺拿了国务院的津贴，捏造罪名，为国务卿杰弗逊效劳。《曙光女神报》的贝奇，由于某些人污辱了富兰克林的雕像，便攻击谩骂联邦党人。而联邦党人作为报复随即砸了《曙光女神报》的营业所，殴打了贝奇，后来《合众国报》的芬诺与贝奇在街头相遇，竟也扭打起来。

1796年华盛顿卸任，联邦派的约翰·亚当斯当选为总统。联邦党人为了压制反对派，操纵国会通过《外侨法》和《煽动法》。前者是为了制约往往倾向于反联邦派的外来移民的，后者是用以约束反对派报刊的，几年间援引该法拘捕过几十名记者。1800年大选中联邦派败北。自1801年起杰弗逊两次连任总统，而他所代表的民主共和派，连续执政直至1840年。杰弗逊就职后废除了《外侨法》和《煽动法》，注意保障新闻自由等公民权利，并且采取了一些其他改革措施，推进了资产阶级民主政治。

19世纪初，民主共和派有报纸158种，联邦派有157种。前者的主要报纸是1800年杰弗逊约请史密斯创办于首都华盛顿的《国民消息报》，该报先是周三刊，1813年改为日报，长期充当民主共和派的喉舌，直至民主党领袖杰克逊上台为止。后者的主要报纸是1801年汉密尔顿约请科尔曼创办的《纽约晚邮报》，该报在联邦派瓦解后改而支持杰克逊。

19世纪20年代，政治力量出现了新的分化和改组。保守的联邦派日趋没落以至瓦解。而执政的民主共和派又逐渐分化出了一个代表工业资产阶级的派别，称为辉格党或自由党（现共和党的前身）。民主共和派留下的部分人员在1828年组成民主党，领袖为杰克逊，曾两次连任总统（1828—1836年）。两个新的政党在政坛上开始了新的角逐，它们各自办了报纸，原有的报刊在新的角逐中又重新站队，从而形成新的对峙局面。

19世纪30年代起，民主党的主要报纸为杰克逊的亲信布莱尔等人1830年所办的《华盛顿环球报》，还有从联邦派转变过来的《纽约晚邮报》。辉格党的主要报纸是华盛顿的《大众消息报》和纽约的《信使与问询报》，后者1829年创办时曾支持杰克逊，之后改而支持辉格党。

总的来说，美国革命以后至19世纪中期，经历了70来年的政党报刊时期。这一时期报刊的内容侧重于政治问题，大量篇幅用于政治争论，还详尽刊登国会辩论、名人演说、政府各部门的报告等。国际新闻也很受关注。地方新闻有商业消息、物价行情、船舶航期、诉讼案件等。读者对象主要是政界、商界、社会的中上层。

这一时期美国报业在规模上已大有发展。1783 年各种报刊约有 50 多家(明显少于英国或法国)，1800 年上升为 512 家(其中日报 24 家)，1833 年达到 1200 家(其中日报 65 家)，已远远超过英法。美国的众议院在 1789 年建立后便准许记者采访，参议院在 1795 年设立记者席；至 1802 年时记者已获准直接进入议员席，在这一点上美国也已走在英国前头。

五、廉价报纸和独立报业的发展

进入 19 世纪以后，随着工业革命的兴起，美国经济发展迅速。二三十年代又出现了资产阶级民主改革的浪潮。议会废除了禁止工人结社的法律，各州相继取消了选民的财产资格限制，并且纷纷实行初等义务教育。社会中下层的文化程度逐步提高，参政意识不断上升。

在这种形势下，美国报业逐步向社会中下层扩展。19 世纪三四十年代，在东北部工商业发达的大城市，率先出现了一批面向平民大众的廉价报纸，以后这类报纸迅速蔓延到全国各地。应该指出，美国廉价报纸的创办受到英国早期无印花报纸的启发和影响，而美国在这方面的成功又极大地影响了英国以及欧洲报业的演变。

廉价报纸大多是民营的商业性报纸。但是廉价报纸出现之初，美国报坛居主导地位的仍是政党报刊，而且有些廉价报纸本身就和政党有着密切的关系。随着时间的推移，报纸的独立化趋势不断发展。大致在南北战争(1861—1865 年)以后，独立的民营报纸才全面取代政党报纸，确立了在报坛的主体地位。1880 年全国有 7000 多家报纸，大部分是民营的商业报纸。

19 世纪中期，美国著名的报纸都在纽约，其中最有代表性的有：

1. 纽约《太阳报》(*The Sun*)

这是美国第一份成功的廉价报纸，为本杰明 · 戴(Benjamin

Day）1833年9月3日创办。本杰明·戴是印刷学徒工出身，1831年来到纽约开设印刷所。鉴于当时的政党报纸充满着政治新闻和评论，报价昂贵，于是他决心办一份面向平民百姓的报纸。

首先，《太阳报》坚持低价发行，每份四版，售价1美分（即1个便士），主要在街头零卖。他还给报贩很大的折扣，100份报纸批发价只有67美分，以促进发行。其次，《太阳报》的内容主要是地方新闻、社会新闻以及种种人情味故事。报纸请了一些善于采访警事新闻的英国人当记者，他们写出的报道很能吸引读者。再次，《太阳报》凭借自己能够传播到千家万户的优势，大量吸引广告。充裕的广告收入使报社有可能更新设备。1837年起采取当时最先进的滚筒印刷机，每小时印报4000份，这又使大量发行有了物质上的保证。

《太阳报》的上述做法，为美国开了商业小报的先河。应该说，这家报纸的格调是不高的。为了招徕顾客，报上充满低级、庸俗、耸人听闻的东西，甚至不惜弄虚作假，任意编造。例如1835年8月，该报刊登了关于英国科学家在非洲好望角以特大天文望远镜观测月球的连续报道，编造说发现月球上有鸟兽，后来又发现了月球人，并且绘形绘色地描述了这种有翼能飞、状如蝙蝠的月球人的种种细节，一时引起很大轰动。后来骗局被戳穿，同业群起而指责。但是，这家报纸的商业经营手法却获得了明显的成功。它创刊时印行1000份，4个月后就销售5000份，居纽约各报之首；1年后达1万份，3年后又达3万份，震动了报界。随着发行量上升，广告也急剧增加，办报人大发其财。

1837年，本杰明·戴把《太阳报》卖给他人。1868年著名报人查尔斯·达纳接办，并担任主编长达29年，这使得《太阳报》出现了一个中兴阶段，销数再度领先，1876年曾达13万份。达纳主张简洁明了的新闻文体。他认为普通美国人工作很辛苦，他们需要含有温情和兴味的消息，报纸要"以极其简明易懂、生动活泼"的形式，呈现"全世界每日活动的真正景象"。达纳之后，该报几度易主，1920年停办，剩下的《太阳报》晚刊于1950年并入他报。

2. 纽约《先驱报》（*Herald*）

1835 年 5 月 6 日发刊。创办人詹姆士 · 戈登 · 贝内特(James Gordon Bennet)担任过《信使和问询报》副主编。他在《先驱报》发刊词中表示，要办一份超党派的独立报纸，致力于记录事实，公正独立地进行报道，并适当予以评论。他把读者对象确定为“社会的广大群众”，报纸定价 1 美分(第二年扩大篇幅，改为 2 美分)。

作为一份廉价报纸，《先驱报》同样热衷于耸人听闻的题材，但它的报道内容更加广泛，更重视全方位的新闻报道。它致力于采写地方新闻，但又注意全国性信息和国际新闻。该报首创金融新闻栏，贝内特亲自深入华尔街金融市场，撰写报道和评论，引起金融界的瞩目。该报首创社交新闻，专门采写豪门望族的社交集会，为社会各界所关注。该报率先提供体育新闻以吸引球迷，开辟读者来信栏以反映民情民意。从 1841 年起《先驱报》派记者常驻华盛顿，及时报道首都政局和国会辩论情况。它在各大城市也派有记者，南北战争期间有 40 多名记者分布于各个战场，战事报道的数量超过了所有竞争者。《先驱报》这些做法收到了显著的效果，创办 6 个月，销量就接近《太阳报》，1850 年，发行量超过 3 万份，60 年代达到 6 万份，居全国各报之首，并在欧洲广有读者。

1871 年，该报曾派遣记者斯坦利前往非洲腹地寻找失踪的探险家利文斯通；两年后，该报又同英国《每日电讯报》合作让斯坦利带领探险队继续完成中非探险。此后该报还组织过北极探险、中亚沙漠探险等，刊发通讯，吸引读者。19 世纪七八十年代销量为 15 万份左右，以后渐趋衰落，1924 年与《论坛报》合并为《纽约先驱论坛报》。

3. 纽约《论坛报》(*Tribune*)

1841 年 4 月 10 日发刊。创办人霍勒斯 · 格里利(Horace Greeley)是一位主张社会改良的报人和政治活动家，他出身印刷工，与人合办过印刷所。19 世纪 30 年代在辉格党的《宪法报》当编辑，并加入辉格党。之后他在州长选举和总统选举中为辉格党编报竞选，获得成功，从而成为纽约辉格党的三巨头之一。在这样的背景下，他创办的《论坛报》同辉格党的政治活动常常是难解难分的。

《论坛报》同其他廉价报纸相比，有它自己的特点。首先，它摒弃煽情主义的做法。尽管它也有社会新闻和警事报道，但主要在于说明经过，并非一味追求刺激，为此曾获得“道德机关报”的雅号。其次，它重视言论，大量刊登鼓吹社会改革的文章。它的言论紧密结合下层群众关心的问题，包括宣传社会主义(空想社会主义)，提倡开发西部，要求打击投机商人，严惩贪官污吏，提倡禁烟禁酒、保护关税等，因而产生过重要的影响。

《论坛报》的改革言论中影响最大的有二，一是提倡开发西部。这是当时美国经济发展的必然趋势，也是城市贫民的一条谋生之路。报纸提出了“青年人，到西部去”的响亮口号，在19世纪40年代美国人向西部进军的浪潮中起了重要作用。报纸还积极敦促政府修筑铁路，架设电线，制定“宅地法”(给西部移民购买土地以优惠)，并且宣传科学种田的知识，很受西部农民的欢迎。二是反对奴隶制度。19世纪50年代全国废奴运动高涨，《论坛报》曾积极为此宣传。格里利还参与创建主张废奴的共和党，帮助林肯入主白宫，后来又推动了讨伐南方的战争。1861年6月该报的社论《向里士满进军》，成了北方军民的进军号令。1862年8月该报社论《二千万人的祈祷》要求在已征服的地区迅速解放奴隶，三天后林肯就发表公开信作了肯定回答，一个月后又公布了《解放奴隶宣言》。所以美国史学家高度评价《论坛报》在废奴运动中的作用，认为其影响仅次于林肯本人。

《论坛报》在办报中重视延揽人才，并吸引各方面有识之士写稿。马克思曾长期担任该报驻英国的通讯记者，1851—1862年先后为该报写过500多篇有关欧洲问题的述评，很大程度上提高了该报的声誉。

《论坛报》创办时售价1美分，第二年改售2美分。发行量略少于《太阳报》《先驱报》，但在社会上的影响则远远超过这两家，尤其在中西部地区几乎家喻户晓。1924年，该报并入《纽约先驱论坛报》(1966年停办)。

以上三家报纸当时并称为纽约三大“便士报”。

4.《纽约时报》(*New York Times*)

1851年9月18日亨利·雷蒙德(Henry J. Raymond)与两位同

事合伙创办了该报。雷蒙德 1841 年大学毕业后先后在《论坛报》《信使与问询报》《哈泼斯月刊》工作过，并热心参加政治活动，1851 年当选为纽约州议会议长。

该报初办时名为《纽约每日时报》，大张四版，售价 1 美分，第二年改售 2 美分，1857 年改名《纽约时报》。该报摒弃了《太阳报》《先驱报》的煽情主义作风，也排除了《论坛报》政治激进的态度，主张新闻翔实、言论平和，以适应当时阅读水平不断提高的读者的需要。报纸出版 3 个月时，期发 2 万份，第四年达到 4 万份。南北战争时它已成为美国杰出的日报。当时该报派遣了 30 多名战地记者，雷蒙德还亲自随军采访，对战争的报道十分出色。为了说明南方各州企图脱离联邦的错误，雷蒙德给南方读者写了四封公开信，既对南方的观点表示理解，又平心静气地作了反驳，这也充分显示了报纸“平和”的基调。

《纽约时报》主编雷蒙德一直从事政治活动，担任过纽约州议长、副州长、共和党全国委员会主席、国会议员的职务。所以报纸尽管标榜独立，但是实际上始终反映他的党派倾向。雷蒙德去世时，合伙人琼斯接办，至 19 世纪 80 年代才正式摆脱共和党的影响，成为完全独立的报纸。

六、工人运动和工人报刊的出现

18 世纪 90 年代，美国出现了第一批工人组织。19 世纪二三十年代，美国工人普遍开展了“争取 10 小时工作日”运动，并且陆续组织了技工工会联合会，到 1836 年底已有 13 个城市成立了全市性的工会联合会。美国第一个全国性工人组织全国总工会成立于 1834 年 8 月，存在了 3 年。1828 年夏，费城各工会组织了工匠党（Workingmen's Party）。这是美国第一个面向劳工的政治组织，至 1828—1834 年，有 61 个城镇组织了工人党。这些发展表明工人们已经意识到自己是一个独立的阶级，并决心为本阶级的利益而共同战斗。

费城是美国第一个工会组织和第一个工人党建立的地方，也是美国第一份工人报纸的诞生之地。1827 年，费城技工工会联合会成立时即创办了报纸《技工雇工辩护者》，但出版一年便停刊了。第二年又创办了《技工自由先驱》和《技工自由报》等工人周刊。1828—1834 年，在各城镇纷纷组织工人党的时期，工人报刊也呈现出繁荣的景象，各地共出版了 50 多种周报。

工人周报中最出色的是工匠党主办的《工人辩护者报》，在当时各工人报刊中居于领导地位。该报于 1829 年 10 月 31 日创刊于纽约，发行人和编辑是来自英国、当过印刷工的乔治·亨利·伊文思。该报以争取"平等教育、平等权利"为自己的奋斗目标和主要宣传内容。它在第一篇社论中就宣称：在压迫工人阶级的势力全部被消灭之前，工人阶级决不会放弃斗争。该报影响较大，不仅限于纽约，在美国其他州和城市也有订户。1836 年，因伊文思健康状况不佳，该报曾停刊过一段时间。1844 年伊文思康复后该报又重新出版。

1834 年美国全国总工会成立，创办了《全国总工会报》。该报在工资工时、币制改革、工厂法规、国民教育、劳役犯人、自由土地等问题上积极为工人说话。

1837 年美国爆发了第一次全国性经济危机，生产停顿，工人失业，资本家拒绝雇佣工会会员，各地工会、全国总工会和工匠党相继解体，早期工人报纸也都随之停刊。

第四节　法国近代报业

一、封建统治下出现

资产阶级革命前的法国，长期实行中央集权的封建统治。16 世纪宗教改革运动以后，政府建立了印刷出版特许制和审查制，此后又一再颁布法令来强化这方面的管理。

法国早期的正式报刊都是经国王特许发行的。第一张持续出版的周报是 1631 年勒诺多创办的《报纸》(*Gazette*)，该报经首相推荐、国王路易十三特许出版，国王和首相还亲自为之撰稿。开始时以报道国外新闻为主，以后增加国会消息、国王谕旨等国内新闻和广告，还有政治评论。所以它实际上是官方的喉舌。勒诺多家族经营该报 131 年，至 1762 年报纸为外交部接办，改名为《法兰西报》，1780 年转卖给出版商庞库克，于资产阶级革命爆发前停刊。法国最早的两份杂志也是特许出版的，一份是科学性刊物《学者杂志》(*Journal des Savants*)，1665 年办于巴黎；另一份是文艺性刊物《文雅信使》(*Le Mercure Glant*)，1672 年创刊于里昂。

但是，在法国革命前也有些未经允许的民间报刊在各地流传。其中有回避政治、专谈文学艺术的；也有把矛头直指封建统治者、揭露王公大臣的腐败行为的。后者通常被称为"抨击性报刊"。例如 17 世纪后期勒诺布尔创办的月刊《政治试金石》就颇有影响。该刊在 1689—1691 年共出版了 30 多期，后来被政府查禁，又多次更换刊名，重新出版。另外，许多政治上的反对派往往在国外(主要是荷兰)出版报刊，然后秘密运进法国，其中最为著名的是 1684—1687 年在阿姆斯特丹出版的《共和国文学新闻报》。

法国第一张日报是 1777 年元旦创办的《巴黎新闻》(*Le Journal de Paris*)。它是由两位实业家经官方批准创办的，一般不卷入政治斗争，内容有文学、戏剧、法院新闻、金融行情、卫生报道、时装、广告等。正因为侧重于非政治性的内容，才得以在封建统治下生存，直至 1789 年革命爆发时停刊。

革命前法国出现过一批卓越的启蒙思想家，包括伏尔泰、孟德斯鸠、卢梭、狄德罗等人。他们出版了许多具有重大影响的著作，提出了一系列资产阶级的政治、哲学思想，为法国资产阶级革命作了充分的思想准备，也直接推动了人们争取言论和出版自由的斗争。但是，这些启蒙思想家主要依靠书籍和小册子宣传自己的学说，几乎没有在报刊上发表文章，而且常常对文字粗糙的报刊持轻蔑的态度。这表明书籍出版和报刊出版方面的反封建斗争暂时还没有结合起来。这种情况直到革命爆发后才有所改变。

二、资产阶级革命风暴中发展

1789 年资产阶级革命的风暴在法国兴起。这年 5 月国王路易十六在群众运动压力下被迫召开有僧侣、贵族、平民三个等级的代表参加的三级会议。不久第三等级代表因受歧视，退出会议，自行召开国民会议，和王室发生冲突。至 7 月 14 日，这一斗争转变为革命人民的武装起义。此后革命的发展经过了三个阶段：1789 年 7 月至 1792 年 9 月，由主张君主立宪的斐扬派执掌政权；1792 年 9 月到 1793 年 6 月，代表工商资产阶级的吉伦特派控制国民公会并执掌政权；1793 年 6 月至 1794 年 7 月，代表小资产阶级利益的雅各宾派取代吉伦特派，采取一系列激烈的推进革命的措施，并且建立了雅各宾派专政。

革命风暴兴起之后，封建王朝对报刊出版的种种限令全告失效，各种报刊、传单、小册子纷纷涌现。第三等级的不同阶层和派别都在提倡新闻自由。原属第二等级(贵族)的米拉波伯爵将英国政论家和诗人密尔顿的《论出版自由》译成法文广泛发行，并在议会慷慨陈词，主张给报刊以“永久的、不可侵犯的、无限制的”自由。由于有了长期的思想启蒙和舆论准备，1789 年 8 月国民会议顺利通过《人权宣言》，其中第十一条明确规定：“自由传达思想和意见是人类最宝贵的权利之一，因此，各个公民都有言论著述和出版的自由，但在法律规定的情况下，应对滥用此项自由负担责任。”①这是人类历史上第一个明确规定出版自由的正式文件。1791 年法兰西共和国的第一部宪法，又正式将出版自由写入法典。

根据记载，革命爆发前夕的 1788 年法国约有报刊 60 种，1789 年则有报刊 250 种，整个革命时期出现过的报刊达 1350 种。其中有不定期的刊物或小册子，也有期刊和日报，一般都有鲜明的政治倾向，笔调犀利，论战激烈。但是出版最活跃的还是在革命前期，至 1792 年吉伦特派执政后就有所限制，雅各宾专政时期实行革命的恐怖政策，取缔了许多反对派报刊，只允许为数不多的革命报刊继续出版。

革命时期各派报刊中最为著名的有：斐扬派米拉波主办的《普罗旺斯邮报》；吉伦特派布里索主办的《法兰西爱国者报》；雅各宾

---

① 蒋相泽：《世界通史资料选辑：近代部分(上)》，商务印书馆 1983 年版，第 124 页。

派的《人民之友报》《杜歇老爹报》《法国和布拉班革命报》；社会俱乐部的《铁嘴报》(宣传分配土地，主张财产均等)；保皇派的《政治及国家报》《国王之友》。另外，也有的报纸政治上比较超脱，不过多地介入革命进程。例如1789年先后发刊的两份日报《论辩及旨意报》(后称《论辩报》)和《国民新闻或普遍箴言报》(简称《箴言报》)便是如此。它们的生存期都比较长，前者由地方议员创办，后者由出版商庞库克创办，不过革命结束以后(尤其在拿破仑执政时期)它们终究没有摆脱政治斗争的漩涡。

雅各宾派是法国大革命中最为激进的革命派，它们的报纸在革命进程中发挥了极为重要的宣传鼓动作用。下面着重介绍其中几份主要的报纸。

1. 马拉的《人民之友报》

马拉(Jean Paul Marat，1743—1793年)原是著名的医生，革命爆发后投入战斗，为雅各宾派的领袖之一。他在1789年8月创办过报纸《爱国者指南》，只出了一期。9月12日创办《巴黎记者报》，四天后改名为《人民之友报》，1792年9月22日又改称《法兰西共和国报》。

《人民之友报》(*L'Ami du Peuple*)是资产阶级革命民主派的主要喉舌，是法国大革命中最有影响的报纸。该报结合革命进程有力地抨击封建势力的腐朽本质和反革命阴谋，及时揭露大资产阶级的两面性和叛变倾向，坚定地主张依靠人民，实行革命的专政。巴黎人民第一次起义取得胜利后，国王路易十六龟缩在凡尔赛宫，秘密调集反动军官，策划反革命政变。该报及时作了报道和揭露，号召人民向凡尔赛宫进军，制止敌人的反扑。巴黎人民立即起而响应，把国王押回巴黎，挫败了敌人的阴谋。革命过程中由于奸商横行，粮食供应紧张，物价暴涨，人民生活艰难。该报在“工人通讯栏”和各种报道中及时反映人民的呼声和要求，主张颁布限价法，严惩情节恶劣的奸商，这些主张后来在雅各宾专政下陆续付诸实现。

马拉一直深入群众进行革命活动，并且在极端困难的情况下坚持办报。斐扬派执政时期他曾多次遭到追捕，不得不秘密活动，经常忍饥挨饿、通宵不眠，甚至躲在地窖或下水道里秘密写稿，千方百计使报纸出版，大致上每天一期。1792 年巴黎人民第二次起义后他当选为国民公会代表，但仍继续办报，并且始终坚持革命方针，不断揭露吉伦特派的反人民政策。1793 年 6 月 1 日晚，在巴黎人民反对吉伦特派的第三次起义的热潮中，马拉亲自敲响市政厅塔楼的钟声，向群众发表演说，号召人民积极奋起，保卫革命。第二天吉伦特派代表被驱逐出国民公会，政权转入雅各宾派手中。但是马拉却在不久以后被吉伦特分子暗杀。

恩格斯曾经高度评价这位杰出的革命报刊活动家。他 1884 年在《马克思和〈新莱茵报〉》一文中写道："当我后来读到布日尔论马拉的一本书时，我便发觉，我们在许多方面都不自觉地仅仅是模仿了真正的(不是保皇党人伪造的)《人民之友》的伟大榜样。"①

2. 阿贝尔的《杜歇老爹报》

阿贝尔(J. R. Helbert，1757—1794 年)出身城市贫民，革命初期是科尔得利俱乐部的成员，担任过巴黎革命政权的副检察长，曾积极推动雅各宾派政府抗击外国干涉、镇压反革命和普遍限价政策。他在革命高潮中创办了《杜歇老爹报》(*Le Pere Duchesne*，1790—1792 年)。这份报纸态度鲜明，言论泼辣，文字通俗，很受群众欢迎。报名中的"杜歇老爹"是法国民间喜剧中的角色，机智灵活，嫉恶如仇，是法国人民喜闻乐见的艺术形象。雅各宾专政后期，阿贝尔成为极左集团的代表，密谋反对罗伯斯庇尔的公安委员会，失败后被处死。

3. 德穆兰和《法国及布拉班革命报》

德穆兰(C. Desmoulines，1760—1794 年)当过律师，革命后成为科尔得利俱乐部领袖之一，后加入雅各宾派。1789 年 7 月，他向群众发表演说，号召起义，并带领群众攻打巴士底监狱。他主办的《法国及布拉班革命报》(1789. 11—1791. 7)激烈抨击封建统治，积极宣传共和制度，是革命前期颇有影响的报纸。雅各宾专政后期德穆兰和丹东一起反对革命专政和普遍限价政策，成了雅各宾派的右翼，后被公安委员会处死。

---

① 《马克思恩格斯选集》(第 4 卷)，人民出版社 1972 年版，第 182 页。

三、19世纪前期：官报和政党报纸统治报坛

法国大革命发展迅猛、斗争激烈，它曾给法国和欧洲大陆的封建制度以沉重的打击，给世界历史发展以巨大的影响。但是，革命以后道路曲折，法国人民经过上百年的反复斗争，才在19世纪70年代确立了稳定的资产阶级民主共和体制。革命后的报业随着政治的反复，历经顿挫，几度兴衰起落。在这种情况下，生存期长、历经风浪而不倒的报纸很少。但是，政治的反复并不是历史的简单重复，因为每次反复都使封建势力受到新的打击。同样，报业的兴衰起落也不是循环踏步，因为随着社会的进步，报业生存的政治环境逐步改善，报业规模也不断扩展，从1815年到1870年，日报的总发行量就增加了19倍。总的来看，从革命结束到19世纪末，法国资产阶级报业的演进轨迹大致为：19世纪前期，官报和政党报刊占报业的统治地位；19世纪中后期，随着廉价报纸的兴起，出现了政党报刊和商业报刊并存发展的局面。

19世纪前期，法国经历了两个政治时期：

(一)热月党执政和拿破仑称帝时期(1794.7—1814.3)

1794年热月政变结束了雅各宾派的统治，政权转入资产阶级右翼手里。1795年热月党人建立了新的行政机关督政府。督政府一方面不断封闭反对派的报纸，另一方面又补贴和创办支持政府的报纸。至1799年为止，共封闭报刊97家，继续保留和新办的共73家。与此同时，督政府重新建立了新闻检查制度，并仿效英国实行出版物印花税法(1796年起)，给报业套上新的枷锁。

1799年11月拿破仑发动政变，夺取了督政府的大权，建立起资产阶级的军事独裁政权，1804年正式称帝。他一方面在国内巩固资产阶级经济和政治秩序，另一方面转战欧洲大陆，扩张领土，建立了显赫一时的法兰西帝国。拿破仑十分懂得报纸的威力，认为“一张报纸抵得上三千毛瑟枪”，因而严格控制报业。他恢复了印刷出版经营许可证制，对各报馆派驻了新闻检查官。1800年时把巴黎73家报刊大部分取缔，只留下13家；1804年称帝后只准许保留4家，而且一律成为官报。这四家报纸是：《箴言报》《巴黎新闻》《法兰西报》和

《帝国日报》(为《论辩报》被没收后改名)。他又规定巴黎之外每省只保留一份报纸，其政治新闻都得仿抄《箴言报》。

(二)波旁王朝复辟时期(1814.3—1830.7)

在欧洲称雄一时的拿破仑，后来逐步陷入内外交困的境地。1814年3月，欧洲各国反法联军攻入巴黎，波旁家族的封建王朝随之恢复对法国的统治。其间拿破仑曾有过反扑，但是1815年6月滑铁卢一战后彻底溃败。

波旁王朝的路易十八复辟后，不得不接受法国大革命以来已经发生的政治和经济变化，1814年为此颁布了新的宪章。他在报业方面仍然保持了出版许可证制、预审制、印花税制。1819年在司法部长塞尔的推动下制定了第一部新闻法，废止了预审制、印花税制，报业管理有所放松。当时比较有影响的报纸是：保皇派的《法兰西报》，立宪派的《立宪党人》，自由派的《国民报》《论辩报》。

但是，继路易十八之后即位的查理十世(1824—1830年在位)则是极右势力的代表，上台以后猖狂进行反攻倒算。1830年7月连续颁布密令，解散不听话的众议院，取消工商业主的选举权，恢复对报刊的种种限制，严厉镇压反对派。这些反动措施顿时激怒了社会舆论。《国民报》等反对派报刊联合发表声明，号召反对七月敕令，打倒波旁王朝。以工人和手工业者为主力的巴黎人民奋起发动了“七月革命”，推翻了查理十世的政权。

四、19世纪中后期：廉价商业报纸兴起

19世纪中后期，法国经历了四个政治时期：

(一)七月王朝时期(1830.7—1848.2)

1830年七月革命后，政权落到资产阶级立宪派手里。他们把王冠授予波旁王朝的旁系、奥尔良家族的路易·菲力浦公爵，建立了较为完备的资产阶级君主立宪政权。这是个代表工商业和金融资本家利益的资产阶级政权。这一年通过的新宪法取缔了一些封建特权，扩大了选民范围和议会权力，并规定了新闻自由的条款。1830年10月和12月，政府颁令减少出版保证金的数额，规定出版诉讼中陪审团有裁决权。法国报业暂时获得了较为宽松的环境，有了较

为明显的发展。政党报刊增多了，廉价报纸兴起了，杂志出版也有了进展，出现了一些优秀的文学刊物、画刊。但是，七月王朝所给予的新闻自由毕竟是有限的。当王朝感受到反对派报刊的威胁时便又加紧对报刊的控制。1835 年发生了图谋杀害国王的事件，议会以此为借口通过法令，将出版保证金增加一倍，并建立对报刊漫画的预审制度。

这一时期的党派报纸，有亲政府的《论辩报》《立宪党人》，自由派的《国民报》，民主共和派的《改革报》，天主教的《宇宙报》，还有拥护波旁王朝的《团结报》《法兰西报》等。

这一时期出现了两份著名的廉价商业报纸《新闻报》和《世纪报》，它们都是日报，同时于 1836 年 7 月 1 日创办于巴黎。

《新闻报》(*La Presse*)是资产阶级报人、亲政府的议员吉拉丹(Emile de Giradin)所办。吉拉丹在此之前曾经成功地创办过几份廉价杂志。当时一般日报年订价为 80 法郎，而《新闻报》只有 40 法郎，每份 1 苏钱，很受读者欢迎，创办三个月后发行量为 1 万份，1848 年达到 7.8 万份。《新闻报》的特点是：①减少政治新闻和言论，大量刊登社会新闻和法院新闻；②多刊登有关卫生、健康、食品、服装、家庭等方面知识性、实用性材料；③多刊登文学作品，1836 年连载巴尔扎克的小说《老处女》，开长篇连载的先河；④改革报业经营，通过增加广告收入来降低报价，这在法国还是首创。

《世纪报》(*Le Siecle*)的创办人为杜塔克(Dutacq)。该报在政治上是温和共和派的支持者，但是报纸的性质和内容却不同于政党报纸，而是独立经营的商业报纸。它报道广泛，注重社会新闻、法庭案件，对犯罪新闻的报道比《新闻报》更加耸人听闻。它率先刊登短篇小说。当《新闻报》开始连载长篇小说后，《世纪报》也不甘落后，1836 年发表了巴尔扎克的《保尔船长》，1844 年连载了大仲马的《三剑客》等名著。报纸每份售价也是 1 苏，全年 40 法郎，发刊第二年销售达 1 万多份，1847 年为 4 万份，广告收入逐年上升。后来还组建广告公司，包揽几家大报的广告业务。

廉价报纸兴起于七月王朝时期并非偶然。自 19 世纪 30 年代起，工业革命在法国逐步兴起，广告需求在增加，人口向城市集中，文化教育有所普及，国民识字率在1826—1846年提高了50%，这些都为廉价报纸的出现准备了条件。而长期以来政局多变也使一些办报人尽量避开政治斗争的锋芒，转而办消闲性、实用性的商业报纸以谋利。廉价报纸出现以后，推动了其他报纸的商业化，它们也仿效廉价报纸的某些做法，以利于竞争。如《论辩报》《立宪党人》都刊登了长篇小说，各报都加强了新闻报道。巴黎报刊的总发行数在1836年到1847年间由8万份上升到18万份。

（二）第二共和时期（1848.2—1851.12）

1848年资产阶级革命浪潮在欧洲兴起。当年2月，法国人民起义推翻了七月王朝，资产阶级组织了临时政府，开始了法兰西第二共和时期。3月间，政府颁令废除印花税、保证金等一切限制报业的措施，使新闻界享有充分的自由。一时间巴黎和外省各种政治倾向和风格的报纸纷纷涌现，总数达450家之多，售价普遍十分低廉。但是，同年6月巴黎工人起义被政府镇压后，种种限制新闻自由的措施如保证金制等重又恢复起来。

（三）第二帝国时期（1852—1870.9）

1852年12月路易·拿破仑·波拿巴（1848年12月起任总统）发动政变，翌年称帝，为拿破仑三世，建立了法兰西第二帝国，从此报业又受到严厉的限制。拿破仑三世规定：限制报刊数目，取缔反对派报刊，巴黎只留11家报纸；恢复报刊预审制，报纸有义务刊登官方文告；外省政府可以随时警告和处罚当地报纸。不过从1860年起，帝国统治逐步削弱，拿破仑三世对报业的限制有所放松，并且允许一些新报创办。1868年5月正式废除新闻预审制，允许创办新报，报业生存环境又趋好转。

第二帝国时期的主要官方报纸是《箴言报》（1868年改名为《法兰西帝国公报》）。主要的党派报纸有中间偏右的《论辩报》《立宪党人》，天主教的《宇宙报》，封建正统派的《团结报》《法兰西报》等。廉价报纸《新闻报》《世纪报》继续在发展，在政治上前者亲政府，后者倾向共和派。

第二帝国后期创办的新报中影响大的有：

（1）《费加罗报》，为维尔梅桑1854年创办，开始是周报，侧重巴黎地方新闻，崇尚耸人听闻的手法，主张“报纸每天要把一块石头投进池塘”。1866年改为日报以后，加强了政治报道，立场保守，巴黎公社失败后曾鼓吹对公社社员“格杀勿论”。

(2)《时报》，内弗泽1861年创办，是自由派的喉舌，以后成为一份重要的言论性报纸，很受欧洲政界重视，出版到第二次世界大战时停刊。

(3)《觉醒报》，1868年创刊，初为周报，次年改为日报。创办人为共和派的德勒克吕兹，发刊后致力于推翻帝制、重建共和，1870年被封闭。

(4)《灯笼》周刊，亨利·罗什福尔1868年5月创办，经常抨击嘲讽包括拿破仑三世在内的政界要人，言辞激烈，笔锋犀利，发行量达10万份，由于当局的迫害，1868年8月转到布鲁塞尔出版，第二年11月停刊。

(5)《小新闻报》，1863年2月米劳德创办，是当时众多新办廉价报纸中最成功的一家。每天4版，售价5生丁(相当于半苏)，不过问政治，以社会新闻和连载小说吸引读者。创刊两年后销量达20万份，1869年为35万份，1880年为60万份。1867年采用新近发明的马里诺尼轮转印刷机，每小时可两面印刷1.8万份，为大量发行奠定了基础。在销数增加的基础上，报纸广告收入大为增加。

总之，第二共和和第二帝国期间，法国报业环境经历了从宽松到严紧又到相对松弛的过程，党派报纸和商业报纸(特别是廉价报纸)在并存发展。自1852年到1870年，巴黎报刊的发行量由15万份上升到100万份，外省报刊由45万份增至90万份。

(四)第三共和前期(1870.9—19世纪末)

1870年7月法国因西班牙王位争端向普鲁士宣战。普法战争爆发不到两个月时间，法军战败，拿破仑三世在色当投降。9月4日巴黎人民起义推翻第二帝国，重建共和体制，但是政权落入资产阶级手中，由资产阶级共和派和保皇派共同组成国防政府。1871年资产阶级政府残酷地镇压了巴黎公社起义。以后资产阶级共和派同保皇派经过多年的较量，终于在1875年使国民议会通过宪法，确认共和体制。1879年共和派获得议会多数，正式执掌政权，第三共和的政局才趋于稳定。

1881年7月29日，法国议会通过了《出版自由法》。这是发达国家中较早出现的正式的新闻法律。它是法国大革命以后新闻出版自由发展进程的全面总结，是法国新闻界为争取新闻出版自由而进行的长期斗争的成果。这份沿用至今的法律明确规定：印刷和出版享有自由权；日报或定期出版物只要向检察院申报其名称、出版方式、经理姓名地址、报刊承印人，履行了这一手续即可出版，无需事先批准，无需交纳保证金。法律也对新闻和其他出版物煽动犯罪、妨害公共事务、侵犯个人权利等行为，规定了某些界限、处罚办法和诉讼程序。因此，这一法律是《人权宣言》宣告的言论出版自由的具体化，对于法国此后的报业发展有着重要的意义。

第三共和前期(第三共和到1940年德国入侵时结束，这里所说的前期大致到19世纪末)法国主要资产阶级报纸有了新的消长变化。原有的《论辩报》《费加罗报》《时报》《宇宙报》等继续保持重要的影响。新办的日报有激进派的《震旦报》(1879年办)、《正义报》(1880—1930年)，共和派的《不妥协报》(1880—1948年)等。商业报纸有新的发展，除了原有的《小新闻报》等，1876年创办的《小巴黎人报》又壮大了它们的队伍，一起推动着资产阶级近代报业向现代报业的过渡。

五、工人运动和工人报刊的兴起

资产阶级革命以后，法国工人运动逐步兴起。19世纪20年代，工人罢工次数日益增多，而且逐步由自发的经济斗争发展为政治斗争。由于罢工示威遭到军警袭击，里昂工人在1831年11月和1834年4月曾两次发动武装起义，但都被反动政府镇压下去。

法国工人运动受空想社会主义思潮的影响比较大。早在法国大革命时期，平等派领袖巴贝夫就提出过建立平等共和国的思想，并办过《出版自由报》进行宣传。19世纪以后，以圣西门、傅立叶、欧文为代表的空想社会主义思想在法国广为传播。因此法国工人运动往往和一些空想社会主义者的名字联系在一起，许多工人报刊也是由他们或在他们帮助下创办的。

19世纪二三十年代，随着法国工人运动的高涨，许多工人组织纷纷出版自己的报纸。重要的有《工人报》《手工业者报》《工场回声报》等。这些报纸虽然印行份数不多，存在时间不长，但都已意识到工人阶级的力量，在教育劳动者加强团结，以及揭露资本家的压迫和欺骗方面做过不少工作。《手工业者报》写道：人民不是什么别的，人民就是工人阶级。开发资本，为资本创造价值的是工人阶级。国家的商业和工业所依赖的也是工人阶级。《工场回声报》说：劳动者只有兄弟般团结起来，才能改善自己的命运。工人劳动者的利益是一致的，不应该互相仇视，应该彼此帮助。里昂《工场回声报》在缅怀1831年里昂纺织工人起义时曾经深情地写道："安息吧，十一月起义的烈士们！愿压在你们身上的泥土不至于使你们感到沉重！……你们的鲜血滋润了这片土地，从那里一定会生长出无产者解放之树！"

进入40年代以后，法国政府除了采取高压政策外，还企图用提高保证金的办法压制工人报刊，但法国的工人报刊还是在发展。其中比较著名的有：《人民的蜂房报》(1839.12—1849.12)、《1841年人民报》(1841—1852年)、《同盟月刊·工人自己编辑和出版的通报》(1843.12—1846.9)等。

这里特别值得一提的是《1841年人民报》的主编埃蒂耶纳·卡贝(1788—1858年)。他是法国著名的空想共产主义者和报人，参加过1830年的七月革命，后来因反对七月王朝，被迫流亡英国，受到欧文的空想社会主义学说的影响。1840年发表了自称"哲学和社会小说"的《伊加利亚旅行记》，全面阐述他所设想的共产制的国家——"伊加利亚"的种种情形，其中包括他对新闻事业的种种设想。他认为报纸要由整个国家和社会来办。这样可以从根本上消除报纸之间的毫无意义的互相敌视、谩骂和造谣。报纸的编辑任务要委托给由人民或者他们的代表选举出来的公务人员，他们公正无私，有一定任期，而且随时可以撤换。报纸只起一种书面记录作用，记者只报道，不发表议论。记者和其他公民一样，只能在他所属的公民大会上提出自己的意见，由公民大会经讨论决定是支持还是驳斥。卡贝认为，这就是出版自由，这样就能使报纸得以表达公众舆论。卡贝还预见到由于铁路、火车、轮船、电力这样一些工业和科学上的重大发明的出现，不仅会引起科学和工业的革命，也会导致社会与政治革命。“当各种事实真相和舆论观点可以风驰电掣地在各地往来传播时，设置出版障碍就是毫无意义的事。”这些主张尽管有不少认识上的局限性，却不乏有价值的设想。他所创办的《1841 年人民报》共出版了 11 年，由月报逐步改成周报、日报，宣传他的经由和平方式建立理想社会的思想，在工人中有着广泛的影响。①

六、巴黎公社时期的报刊

1870 年普法战争后期，巴黎人民由于严重不满拿破仑第三的内政外交政策，发动起义，推翻了第二帝国的统治。可是政权落入资产阶级的国防政府的手中。以梯也尔为首的新政府，非但没有解决帝国时期的各种矛盾，反而加紧了镇压人民、卖国投降的活动。1871 年 3 月 18 日梯也尔政府袭击巴黎人民组织的国民自卫军阵地，以巴黎工人为骨干的国民自卫军毅然反击，举行起义，并于 3 月 26 日通过民主选举成立了巴黎公社。公社的诞生是对旧世界的致命威胁，一切反动势力都千方百计地企图扼杀这个新生的政权。在梯也尔纠集的反动军队的围攻下，从 5 月 21 日到 5 月 28 日下午，经过整整一周(“五月流血周”)极其悲壮的殊死搏斗，公社手中的最后一个街垒终于陷落。

巴黎公社是人类历史上无产阶级专政的第一次尝试。当时巴黎约有近 40 种支持公社的报纸。这是无产阶级专政条件下出版的第一批革命报纸，是公社事业的一条重要战线。这些报纸阐述公社的任务和目标，公布公社的各项法令和决议，向人民解释法令、决议的内容和意义，揭露“国防政府”的投降卖国政策，反映群众要求，从而形成了强大的社会舆论，为捍卫历史上第一个无产阶级政权作出了巨大贡献。在这些报纸中，最重要的有：

---

① [法]埃蒂耶纳·卡贝：《伊加利亚旅行记》(第 1、2、3 卷)，商务印书馆 1976 年版，第 265、232~234 页。

(1)《法兰西共和国公报》。这是巴黎公社时期最重要的报纸。原为梯也尔政府机关报，1871 年 3 月 18 日起被国民自卫军接管，3 月 30 日改为巴黎公社的机关报，自 3 月 20 日至 5 月 24 日共出 66 期。该报除发布公社各项重要宣言、法令、决议和指示外，还报道有关军事、社会、政治、经济和文教方面的时事新闻和公社委员会会议记录。但该报报价昂贵，文风刻板，印刷发行业务又为私人控制，销行仅 3000 份左右，大大限制了它的影响。

(2)《杜歇老爹报》。这是亲布朗基主义者的报纸，为公社时期影响最广、发行量最大的报纸。每天发行 6 万~7 万份，以小册子形式出版，自 1871 年 3 月 7 日至 5 月22日，共出 68 期。该报坚决主张镇压反革命，敏锐地反映现实问题，经常评价公社措施，尤其重视大量刊登读者来信，及时反映人民群众的要求并主动向公社提出建议。该报读者对象是广大群众，语言浅显通俗，很受读者欢迎。

(3)《社会革命报》。是很有影响的蒲鲁东派报纸，发行 5 万份，自 1871 年 3 月 31 日至 5 月 7 日共出 48 期。该报主张坚决同反动政府作斗争，以大量的篇幅报道国民自卫军战士的英勇业绩。该报也很注意探讨诸如住宅、粮食供应等社会问题。辟有“无产者论坛”专栏，专门刊登读者来信，讨论相当活跃。5 月 3 日该报刊登的《巴黎公社社员告农村劳动人民书》是公社期间论及工农联盟思想、阐述公社政策的重要文件。在公社大多数委员对农民问题认识尚不一致的情况下，刊登这样观点正确的纲领性文件尤为可贵。该报最后几期还公布了有关“国防政府”叛国活动的调查材料。

(4)《公社报》。是蒲鲁东派另一份有影响的报纸，自 1871 年 3 月 20 日至 5 月 19 日共出 60 期。该报发表了许多讨论公社的社会和经济任务的评论文章，也广泛报道了各方面的消息。5 月 1 日公社再一次改组权力机构，在是否成立拯救委员会问题上，公社委员中蒲鲁东主义者与布朗基主义者意见分歧，分裂为多数派(主张成立拯救委员会，集中权力挽救危局)和少数派(反对成立，认为集中权力会导致专制)。《公社报》维护少数派，猛烈抨击多数派和拯救委员会，5 月 19 日被勒令停刊。

公社时期的革命报纸积极宣传巴黎公社的方针、政策和任务，密切联系群众，及时反映劳动人民的呼声，为捍卫公社进行了顽强的斗争。它们的经验是无产阶级新闻工作的宝贵财富。但由于斗争形势复杂，由于公社内部存在着两派分歧，不少报纸卷入了内部斗争，有的还发表过一些为敌人张目的错误言论，造成了很坏的影响。从全局来看，公社领导的新闻政策失之过宽，这更是一个深刻的教训。当时巴黎共有130种报刊，除了将近40种支持革命的以外，还有不少报刊是敌视公社并且攻击诽谤公社政策的。公社领导人对此没有采取果断措施，只是后来在公社检察长、公安委员会代表拉乌尔·里果等少数委员的坚持下，查封了30家资产阶级反革命报纸，但为时已晚。这些反动报刊的造谣污蔑，使得公社失去了中间阶层特别是农民的支持，这是公社失败的原因之一。公社陷落后，凡尔赛反动政府立即封闭了所有革命报刊并残酷迫害公社报刊活动家，有的被处决，有的被流放。

第五节　德国近代报业

一、近代报业的初创(17世纪)

17世纪初，德意志地区诞生了世界上最早的定期报刊。在此之前，这里已陆续有种种不定期的新闻印刷品出现，甚至还有半年一期、每月一期的欧洲大事记之类印刷品，但是这还不能算是新闻性的报刊。直至1609年两份周报的问世，才标志着德国近代报业的开端。

如第一章所述，这两份周报，一份叫做《通告—报道或新闻报》，海因里希·朱利叶斯公爵创办并在沃尔芬比特尔出版；另一份叫做《报道》，约翰·卡罗吕斯在斯特拉斯堡出版。这两份周报内容都相当简单，通常只有一条新闻。稍后于1615年，爱格诺尔弗·艾莫尔在法兰克福创设的另一份周报《法兰克福新闻》(1615—1902年)，每期刊登几条新闻，该报出版时间也更长，在德国报业史上占有重要地位。

当时德意志还处于四分五裂的诸侯割据状态，形式上的最高统治者为神圣罗马帝国皇帝，他是由境内主要诸侯推选产生并由罗马教皇加冕后即位的。1608 年神圣罗马帝国皇帝鲁道夫二世规定由教会或地方行政长官对印刷出版物实行预审。1628 年皇帝斐迪南二世开始采用特许出版制。获得特许出版权的大多是德国各大城市的邮政局长和印刷所长。

随着邮路的改进，定期报刊的刊期逐步缩短，以至有可能发行日报。德国的第一份日报(也是世界上第一份日报)诞生在莱比锡。1650 年书商蒂莫休·里兹赫在这里出版了最早的日报《新到新闻》(*Einkommenda Zeitung*)。10 年后，里兹赫又创办了新的日报《最新战争和世界贸易新闻》。同年莱比锡的一位印刷所长创办了周报《莱比锡新闻》(*Lepziger Zeitung*)，这家报纸在 1663 年也改为日报。日报创办的成功，是德国对世界报业发展的又一重要贡献。

二、封建桎梏下缓慢发展(18 世纪)

17—18 世纪德意志境内，封建割据，邦国林立，政治、经济远比英法落后。这些都给报业发展带来极大的制约。近代报业虽然最早在此间发轫，但是前进的步履艰难，发展十分缓慢。

18 世纪初，勃兰登堡的诸侯霍亨索伦家族建立了普鲁士王国，首任国王为弗里德里希一世(旧译腓特烈一世，1701—1713 年在位)。从此以后，普鲁士逐渐发展为德意志境内最大的邦国，并同奥地利争夺对德意志的控制权。1704 年职业报人福斯获得官方的特许，在柏林创办了《福斯新闻》(Vossiche Zeitung)。经过几十年断断续续的发展，至 1776 年时该报发行量达 2000 份。1785 年曾经更名为《柏林政治和学术问题王国特权报》，在德国和欧洲颇有影响。

普鲁士的第二任国王弗里德里希-威廉一世(1713—1740 年在位)即位后加强了对报业的压制。他禁止各种民办报刊出版，只允许官方报纸《柏林特权报》(1721 年创办)发行，作为通告法令的喉舌。1728 年他又下令全国各大城市出版官办的广告报，这些报纸主要刊登广告，只在附刊登载部分商业新闻。按照规定，除了这些官办的广告报外，其他出版物一律不得刊登广告。这种做法既增加了政府收入，又控制了其他报纸的经济采源。这一办法在德国延续一百多年，成为报业发展的一大障碍。

普鲁士的第三任国王史称弗里德里希大帝(即弗里德里希二世，1740—1786 年在位)。他即位初期因受法国启蒙思想的影响，曾宣布给报纸"无限制的自由"。1740 年，报人施本纳乘机创办了《柏林政治和学术问题新闻》(俗称《施本纳报》)。该报颇受国王青睐，国王曾亲自为之写过战报，修改过稿件。1776 年《施本纳报》发行量达 1780 份，与《福斯新闻》同为 18 世纪德意志最有影响的报纸。弗里德里希大帝在位后期，由于几次战争的影响，收回了报刊自由的诺言，重新颁布了严厉的书报检查令。

与此同时，在德意志的另一大邦国奥地利，统治者对报业的控制也很严厉。18 世纪初，那里只有一家政府机关报《维也纳报》，该报在 1780 年更名为《奥地利帝国维也纳日报》(出版至 1931 年)。在长达 100 多年的时间内，这里的民办报刊始终没有发展起来

三、民主浪潮中起伏前进(19 世纪前期)

从 18 世纪末到 19 世纪中期，德意志境内有过两次大的民主浪潮，一次是法国大革命引起的，另一次是欧洲革命风暴带来的。

18 世纪末，法国大革命的声浪震撼整个欧洲，资产阶级民主自由思想越过国界，在德意志境内广泛传播。19 世纪初，拿破仑击败普、奥为首的反法联军，继而横扫欧洲大陆，占领了德意志的许多地区，莱茵地区的 16 个邦还在法国庇护下组成莱茵联邦，神圣罗马帝国就此宣告解体。拿破仑的入侵强烈地冲击了德意志的封建秩序，带来了法国资产阶级的政治思想和法典制度。在这种形势下，德国的报业有了新的起色。

在世纪之交，德国出现了一份有影响的资产阶级报纸《总汇报》(*Allgemeine Zeitung*)。该报发刊于 1798 年，创办人是出版商科塔，原在蒂宾根出版，因遭到各种政治压力，多次迁移，1810 年后在奥格斯堡立足，故而也称《奥格斯堡总汇报》。该报从创刊起就冲破神圣罗马帝国的禁令，大量报道法国大革命的进程，显示了

一定的民主主义倾向。1832 年科塔之子继任发行人，进一步扩大报道面，聘请名家撰稿。尽管报纸的政治倾向随形势而有种种变化，但是在 19 世纪三四十年代的欧洲革命动荡中该报消息及时、内容丰富，成为德国最为著名的报纸，曾被恩格斯比作德国的《泰晤士报》。该报一直出版到 1882 年。

在拿破仑占领过的地区，先后出现了一些带有自由主义色彩的报纸，如 1802 年创办的《科伦日报》、1807 年创办于斯图加特的《知识界晨报》等。1814 年在莱茵地区科布伦茨创办的《莱茵信使》周报尤其具有鲜明的民主主义倾向。该报创办人约瑟夫·冯·格雷斯认为报纸必须认真研讨政治现实，勇敢地反映民众意见，成为“人民之口、君主之耳”。该报积极宣传资产阶级民主思想，反对德意志各邦的反动政策。它的言论引起当局的恐慌。1816 年终于被当局查封。

1814 年拿破仑溃败后，德意志恢复了原先的疆土。1815 年德意志境内 41 个邦和自由市组成德意志邦联以取代神圣罗马帝国，奥地利宰相梅特涅任邦联议会主席。随着欧洲反动的“神圣同盟”的建立，德国封建统治重新得到加强。1819 年德意志邦联议会制定书报检查令，1822 年开始征收印花税。此后又多次下令禁止刊登政治新闻，不许批评君主和议会。德意志境内本来就为数不多的报刊，只得战战兢兢，不谈政治，侧重于报道社会新闻和外国消息。马克思称这个时期是德国报业的“晚刊阶段”，是“精神上的大斋期”①。

但是 30 年代以后，在法国七月革命的影响下，德国的民主思潮重新抬头。在一些君权统治较为薄弱的邦国，出现了若干新的具有民主倾向的报纸，如《莱比锡总汇报》(1837—1842 年)、《德意志电讯》(文学周刊，1838—1848 年)。进入 40 年代，民主思潮更加高涨，逐步形成要求“统一与自由”的全民族运动，无产阶级也开始登上历史舞台。为缓和社会危机，1840 年即位担任普鲁士国王的腓特烈-威廉四世于 1841 年颁布新的书报检查令，其中某些条

---

① 《马克思恩格斯全集》(第 1 卷)，人民出版社 1956 年版，第 45 页。

款比以往有所放宽。某些资产阶级自由派人士利用这一时机创办了新的报刊，其中有《莱茵报》(1842.1—1843.4)、《德国年鉴》(1841—1843年)等。

正是在这一时期，马克思开始投身于报刊工作和政治活动，并且逐步实现了从革命民主主义到共产主义思想的转变。

当时莱茵省科伦一些资产阶级代表人物为了维护自身的利益并推动经济改革，出资创办《莱茵报》。报纸在1842年元旦发刊，全名为《莱茵政治、商业和工业日报》。马克思从5月开始为报纸撰稿，10月被聘为主编，随后这家报纸的政治态度发生了重大变化，陆续揭示了许多重大社会问题，如农民问题、报刊检查问题、德国统一问题等，对普鲁士的反动统治和官僚制度进行了深刻的揭露和批判。报纸影响日增，发行量曾经达到3400份。由于报纸日益明显的革命倾向，它一再遭到检查官的刁难、政府当局的指责和资产阶级股东的埋怨。马克思不甘屈服，于次年3月辞职，不久报纸也被查封。

《莱茵报》时期马克思在同普鲁士当局的斗争中，深刻地阐发了新闻出版自由的思想。他在《评普鲁士最近的书报检查令》、《第六届莱茵省议会的辩论(第一篇论文)》等文章中，严厉抨击普鲁士政府的书报检查制度，主张通过立法保障报刊的新闻出版自由，解除对报道写作的限制，要让报刊把它“从生活那里倾听来的东西，公开地报道出来”，并且“做出自己的判决”。不能“怎么指示你，你就怎么说；命令你说什么，你就写什么”①。马克思十分重视出版自由在政治民主权利中的地位，他认为“出版物是个人表现其精神存在的最普遍的方法”，“没有出版自由，其他一切自由都是泡影”②。

《莱茵报》时期马克思还鲜明地提出并深刻论述了“自由出版物

① 《马克思恩格斯全集》(第1卷)，人民出版社1956年版，第187、93页。

② 《马克思恩格斯全集》(第1卷)，人民出版社1956年版，第90、94~95页。

的人民性"和"人民报刊"的思想。他在《〈莱比锡总汇报〉的查封》《摩塞尔记者的辩护》等文章中指出，人民报刊代表人民意志，是人民思想感情的表达者，人民精神的英勇的喉舌和无所不在的耳目。"它生活在人民当中，它真诚地和人民共患难、同甘苦、齐爱憎。"①他强调人民报刊同人民群众的血肉联系，指出："人民的信任是报刊赖以生存的条件，没有这种条件，报刊就会萎靡不振。"②

就在《莱茵报》《莱比锡总汇报》等报刊被查封几年之后，1848年整个欧洲兴起了一场大的革命风暴，短短几个月内，就席卷意、法、普、奥、匈、捷、罗、波等许多国家。这次革命的发生有其深刻的经济和政治原因。虽然各国面临的具体斗争任务不尽相同，但都属于资产阶级民主革命范畴。其中又以法国的斗争最为激烈，对全局的影响也最大。在法国二月间发生的斗争浪潮以后，奥地利和普鲁士相继爆发了"三月革命"，给各自的封建王朝统治带来巨大冲击，并且分别产生了新的资产阶级性质的内阁。原有的书报检查制度被废除，德意志境内一下子出现了数百家新办报刊，其中有无产阶级报纸《新莱茵报》、资产阶级自由派的《国家日报》(又名《十字架报》)等。原有的曾被恩格斯比作"德国的泰晤士报"的《总汇报》、被称为第二大报的《科伦日报》，也重新活跃起来。

但是这次革命运动，由于资产阶级的软弱和转向反动，不久便陷于失败，封建王朝的统治依然如故，各地的群众斗争和起义活动先后被镇压下去。1849年以后大部分民主派报刊再度消失，自由派报刊如《国家日报》《科伦日报》纷纷倒戈，与封建贵族妥协以求苟且生存。

在50年代，随着资本主义经济的发展，德意志地区还出现过一份重要的商业报纸《法兰克福报和商报》。该报1856年由出版商宗内曼创办，最初主要报道日益活跃的商业活动和经济信息，内容丰富，信息量大。50年代末，增加政治报道，逐步取代《总汇报》和《科伦日报》的位置，成为国内外有影响的大报，一直出版到

---

① 《马克思恩格斯全集》(第1卷)，人民出版社1956年版，第187页。
② 《马克思恩格斯全集》(第1卷)，人民出版社1956年版，第234页。

1943 年。

四、无产阶级报刊出现：马、恩和《新莱茵报》(19 世纪中期)

(一)早期社会主义报刊的出现

德国资本主义发展迟缓，19 世纪三四十年代才开始工业革命，无产阶级的力量比较弱小，所以早期工人报刊数量较少。而且由于国内实行严格的书报检查制度，仅有的一些工人报刊也大多由流亡者在国外出版。例如 1841 年空想社会主义者魏特林在日内瓦创办了《德国青年的呼吁》杂志，第二年改名为《年轻一代》，曾经有较大的影响，订户超过 1000 家，发行到德、美、法等国。该刊致力于揭露社会弊端，矛头指向资本主义私有制。40 年代中期德意志境内也曾出现一些反映各种社会主义思潮的刊物，并在劳动群众中流传。如《德国公民手册》《特利尔日报》等，它们往往用超阶级的“人性”“博爱”代替阶级斗争，后来马克思、恩格斯曾对这种“爱的呓语”作了严厉的批判。

马克思、恩格斯在从革命民主主义向共产主义立场转变过程中曾经创办或支持过一些社会主义报刊。1844 年 2 月，马克思曾和资产阶级激进分子阿·卢格在巴黎出版过德文刊物《德法年鉴》，其宗旨是“为真正独立思考的人们寻找一个新的集合地点”，对“现存的一切进行无情的批判”。在这份只出了一次第一、二期合刊号的杂志上发表了马克思、恩格斯的几篇早期论著，产生了广泛反响。恩格斯把它称为德国第一家社会主义刊物。但由于普鲁士当局的压力以及马克思和卢格的原则分歧，刊物没有继续出下去。

(二)《新莱茵报》的创办背景和经过

1848 年欧洲革命风暴到来之前，在马克思、恩格斯的推动下，一些国家的无产阶级先进分子已经团结起来建立了共产主义者同盟。这是世界上第一个建立在科学共产主义理论基础上的国际无产阶级革命组织。它的前身，是一批流亡在国外的德国工人在巴黎建立的团体“正义者同盟”。这个团体以后逐渐发展为国际性的工人组织。1847 年初，这个团体的领导人正式表示接受马、恩阐述的共产主义原理。同年 6 月，同盟在伦敦秘密举行改组大会，通过了由恩格斯和沃尔弗起草的新章程草案，用“共产主义者同盟”的名称代替了“正义者同盟”的旧称，用“全世界无产者联合起来”的口号代替了“人人皆兄弟”的旧口号。同盟还委托马克思、恩格斯起草正式的纲领，1848 年 2 月这份纲领问世，它便是划时代的文献《共产党宣言》。

共产主义者同盟成立后，就指定威廉·沃尔弗负责创办机关刊物《共产主义者杂志》。1847 年 9 月这份杂志在伦敦出版，内容有序言、社论和其他文章，共 16 页，印行 1000 份。杂志批判了各种错误思潮，包括种种空想共产主义、改良派观点，指出共产主义必须通过教育和组织人民起来反对压迫者，经过长期的革命斗争才能实现。由于资金、设备以及人员不足等困难，《共产主义者杂志》只出了一期便停刊了，但它却开创了共产主义组织的机关报刊的历史。

随后不久，轰轰烈烈的欧洲革命风暴兴起，继意大利和法国之后，柏林和维也纳相继发生群众起义。德国资产阶级竭力想把革命从街头引到议会中去，企图通过君主立宪的方式来统一德国。面对当时的形势，马克思、恩格斯接受同盟中央的委托，草拟了德国革命的政治纲领《共产党在德国的要求》。这一文件从当时德国的政治经济出发，规定德国革命的基本任务是推翻封建制度，建立统一的、民主的共和国。文件指出，无产阶级必须坚持把民主革命进行到底并努力推动革命前进，使之向社会主义的方向转变。

为了传播革命思想，贯彻共产主义者同盟在德国的政治纲领，领导分散在各地的盟员的斗争，马克思、恩格斯决定在德国创办大型日报。他们选定无产阶级比较集中、政治环境较为有利而且马克思曾经办过报纸的工业城市科伦为办报地点。为了继承《莱茵报》的战斗传统，又表明两者的区别，他们采用了《新莱茵报》(*Neue Rheinische Zeitung*)的名称。经过一番紧张的筹备，报纸在 1848 年 6 月 1 日正式创刊。

《新莱茵报》的编辑委员会由 8 人组成，马克思任主编，恩格斯是他的主要助手，并且负责撰写政治军事评论文章。其他编委大多是著名的政治家、作家，而且都是共产主义者同盟的盟员。这是个团结精干的战斗集体，工作繁忙，但效率极高。马、恩在不到一年的时间里共为报纸撰写了400多篇各种体裁的文章，它们都是无产阶级新闻史上的精品佳作。

《新莱茵报》开始是靠征集股份的办法筹措资金的。但是随着报纸革命色彩的日益鲜明，陆续有人退股，后来竟至全部退尽。为了坚持出版，编委会成员千方百计向友人借贷，向革命者募集，并且贡献出自己的积蓄和家产。马克思除了献出现金外，还把继承的全部遗产作抵押来偿还报社欠债。为了保卫《新莱茵报》这座革命要塞，他不惜战斗到只剩最后一发子弹。①

《新莱茵报》创办后除星期一外，每天出版。通常4版，新闻多的时候就出增刊。报纸十分重视时效，遇到重大消息就以传单形式出号外，有时一天出两次报纸。每期报纸和附刊的末尾还辟有"最新消息"栏，简告开印前收到的最新消息。尽管遇到种种阻挠，报纸的销量在3个月内就达到5000份，最高时达6000份。到1849年5月19日被迫停刊为止，报纸共出了301期。

(三)《新莱茵报》的办报思想和特色

《新莱茵报》是世界上第一份马克思主义的日报，它在无产阶级新闻史上有着重要的地位。列宁曾称赞它是"革命无产阶级最好的、无与伦比的机关报"。它的办报思想、内容特色和战斗传统，是无产阶级新闻事业的宝贵精神财富。其中主要特点有：

1. 坚持无产阶级立场，把宣传革命纲领作为首要任务

《新莱茵报》是共产主义者同盟在德国的政治思想中心。出于策略考虑，报纸刊头上印有"民主派机关报"字样，而实际上它始终站在无产阶级立场上从事宣传、报道和评论，坚决维护无产阶级的根本利益。正如恩格斯所说，"这个民主派到处，在各个具体场合，都强调了自己的特殊的无产阶级性质"，站在"无产阶级的那一端去参加运动并推动运动前进"的。②

正是从这种无产阶级立场出发，报纸始终不渝地宣传共产主义

---

① [德]弗·梅林：《马克思传》，人民出版社1972年版，第221页。

② 《马克思恩格斯选集》(第4卷)，人民出版社1972年版，第178页。

者同盟为德国革命制定的纲领和路线：对内彻底推翻封建制度，建立统一的、民主的共和国，对外推进反对沙皇的战争。这是德国革命的两项基本任务，因而也是《新莱茵报》宣传的两个基本方面。当时在国内问题上，对于如何实现统一，统一后建立什么样的国家，不同的阶级有不同的主张。《新莱茵报》不断揭露资产阶级企图以普鲁士王国或是奥地利帝国为中心实现统一的反动主张，批驳小资产阶级民主派主张君主立宪或建立联邦共和国的错误路线。在对外政策上，由于沙俄是欧洲反动势力的支柱和普鲁士王朝的帮凶，《新莱茵报》反复说明，只有联合欧洲一切被压迫民族共同反对沙皇俄国，德国才能取得民主革命的胜利并实现真正的统一。

坚持无产阶级立场，宣传革命纲领，《新莱茵报》的这一特色正是无产阶级报刊思想的具体体现，也是以后形成的无产阶级党报思想的先导。

2. 联系群众，代表人民，积极指导运动

马克思、恩格斯曾经说过："报纸最大的好处，就是它每日都能干预运动，能够成为运动的喉舌，能够反映出当前的整个局势，能够使人民和人民的日刊发生不断的、生动活泼的联系。"①《新莱茵报》在短短一年时间里，确实无时无刻不在反映运动，干预运动，充当"人民精神的千呼万应的喉舌"。

报纸通过各种渠道保持了同群众的紧密联系。一方面，它建立了广泛的通讯员网，这些通讯员经常及时给编辑部反映和报道运动的最新情况。报纸也十分重视读者来信，从中随时获得社会各方面的信息，了解群众情绪，据以撰写报道和述评，而且每期都要发一些读者来信，直接反映群众呼声。另一方面，《新莱茵报》又十分重视指导群众，给他们以理论武器。报纸连载了马克思的《雇佣劳动与资本》一文，用通俗的语言教育工人认识本身的历史使命，为阶级的解放而战斗。报纸发表的《西里西亚的十亿》等有关农村问题的文章，揭露了贵族地主对农民的贪婪榨取，号召农民在反封建斗争中团结奋起。报纸在革命发展各阶段及时发表的评论、提出的

---

① 《马克思恩格斯全集》(第7卷)，人民出版社1959年版，第3页。

口号，都为群众指明了方向。不仅如此，报纸编辑部成员还直接参加了火热的群众斗争。他们都加入了科伦工人联合会(马克思曾任主席)和民主协会，并且经常参加这些组织的集会，发表演说，散发传单。恩格斯后来还亲自参加了工农群众的武装起义。和群众的血肉联系，使报纸能够更好地代表人民，指导运动前进。

3. 强烈的革命爱憎，鲜明的战斗风格

《新莱茵报》从坚定的无产阶级立场出发，区别对待敌、我、友，表现了强烈的革命爱憎。对于封建王朝、地主贵族、反动官僚，报纸一贯进行无情的抨击和谴责，对于大资产阶级勾结封建势力、镇压人民的叛变行为，报纸进行了深刻的批判和揭露。对于小资产阶级，报纸采取又团结又斗争的态度，既报道他们的革命活动，支持他们和无产阶级相一致的斗争；又批评他们的动摇和幻想。对于无产阶级和劳动人民的斗争，报纸始终表现了满腔热情。1848 年 6 月巴黎工人起义遭到残酷镇压之时，欧洲大陆几乎没有一家报纸为他们说话，只有《新莱茵报》挺身而出，逐一报道了起义的详情。起义失败后，马克思在《六月革命》一文中又高度赞扬巴黎工人的英勇行为，坚定地表示："给这些脸色严峻阴沉的人戴上桂冠，是一种特权，是民主报刊的权利。"①

总之，《新莱茵报》的办报实践，是马克思、恩格斯无产阶级报刊思想的生动体现。这种报刊思想，是《莱茵报》时期人民报刊思想的继续和发展。1849 年 2 月，在反动当局挑起的《新莱茵报》诉讼案中，马克思在法庭辩护时严正指出："报刊按其使命来说，是社会的捍卫者，是针对当权者的孜孜不倦的揭露者，是无处不在的耳目，是热情维护自己自由的人民精神的千呼万应的喉舌。"②坚持无产阶级立场，忠诚地作人民群众的耳目喉舌；揭露反动统治，无情地批判黑暗的旧世界，这是马、恩当时无产阶级报刊思想的两个重要的方面。

《新莱茵报》坚定的革命立场和出色的宣传活动，使得普鲁士

---

① 《马克思恩格斯全集》(第 5 卷)，人民出版社 1958 年版，第 157 页。

② 《马克思恩格斯全集》(第 6 卷)，人民出版社 1961 年版，第 275 页。

王朝和与之勾结的资产阶级感到无比恐惧和憎恨，他们恼羞成怒，攻击该报是“一切可恶报纸中最可恶的报纸”，并且想方设法地加以迫害。在不到1年的时间里，反动当局针对该报编辑人员制造了23起诉讼案，马克思先后7次受到传讯。1848年9月25日该报多位编辑人员在参加群众集会时遭到反动当局逮捕，报纸一度停刊。以后，随着革命推向高潮，报纸发行的一些号外实际上是告人民的呼吁书，号召人民准备起义。莱茵省省长和警察厅对此惊恐万分，向马克思下达了驱逐令，还有几位编辑也作为“外国人”被驱逐，其余的人则受到法律追究，报纸被迫停刊。5月19日该报的终刊号套红印刷，发表了马克思的告别文章《致科伦工人》。文章满怀激情地写道：“《新莱茵报》的编辑们在向你们告别的时候，对你们给予他们的同情表示感谢。无论何时何地，他们的最后一句话始终将是：工人阶级的解放！”

(四)《新莱茵报·政治经济评论》的出版

1848年的革命失败后，马克思和共产主义者同盟中央的多数成员流亡到伦敦，着手整顿组织，改组中央委员会。为了帮助无产阶级群众总结经验教训，发展和宣传革命理论，迎接新的革命高潮，马克思和恩格斯于1850年3月6日创办了刊物《新莱茵报·政治经济评论》，该刊在伦敦编辑，在汉堡出版。

马克思和恩格斯在杂志出版期间认真总结了欧洲革命的经验，进一步研究了历史唯物主义。在该刊发表的马克思的《1848年至1850年法兰西阶级斗争》和恩格斯的《德国农民战争》等篇章，都标志着马克思主义的重大理论进展。杂志也没有忽视对当前时事政治问题的关注。马克思和恩格斯合写的《国际述评》按月、按国家和地区，分别就重大的政治经济事件进行了分析和评论，提出了许多精辟的见解和预见。

马克思和恩格斯本想在杂志出版后逐步改为周刊，然后再改为日报。由于警察的迫害和资金的短缺，这一计划未能实现。1850年11月底，在出了第5、6期合刊后，杂志就宣告停刊了。在杂志停刊前，共产主义者同盟中央委员会内部已经发生了策略分歧和斗争。1852年11月7日，同盟宣告解散。

五、国家统一前后的报业演变(19世纪后期)

1862年，俾斯麦出任普鲁士王国首相。俾斯麦是著名的铁腕人物，上台后便宣称要通过铁和血的手段，通过王朝战争实现德意志统一。他对内实行集权政治，对外发动对丹麦、对奥地利的战争，为统一德国积聚力量。1870年7月普法战争爆发。普鲁士政府乘应战之机，逐步结束了各邦割据的局面，然后入侵法国，进军巴黎，迫使法国国防政府接受城下之盟。1871年1月普鲁士国王威廉一世宣布成立德意志帝国，在巴黎凡尔赛宫加冕为皇帝，任命俾斯麦为宰相，从此实现了德国的统一(不包括奥地利在内)。

俾斯麦任职之初，曾在1863年颁布出版法令，规定报纸如"危害社会治安"，政府在经过两次警告后可令其暂时或长期停刊。与此同时，他积极扶持官办的《国家通报》以及几家半官方报纸，以控制舆论。德意志帝国成立后，1874年帝国议会曾制定新闻出版法，声称要废除新闻检查，保障新闻出版自由。不过俾斯麦政府实际上从未放松对报业的控制，它采取反动的两手政策：一方面设立"收买基金"(人们讽刺为"爬虫基金")，用以分化、收买某些反对派报纸；另一方面又用强硬手段对付不愿驯服的反对派。其办法是：1872年发动"文化斗争"，打击天主教会和中央党的报纸；1878年又操纵国会通过了《反社会民主党人危险活动法》(通称反社民党人法)，取缔社会民主党和一切进步工人组织，封闭社会主义书刊和进步报纸，在实行该法的12年间(1890年解除)被查封的进步报刊达608家。

但是德国的统一对资本主义经济的发展毕竟是有利的。统一后国内的封建壁垒逐步消除，经济文化形成一体。在这一背景下，资产阶级报业仍有相对的发展，原有的报纸，如《总汇报》《科伦日报》(后来成了民族自由党的喉舌)、《国家日报》《十字架报》《福斯新闻》继续在发行，另外又增加了亲官方的《北德意志汇报》(1848年发刊，1872年改为日报)、保守派的《邮报》(1866年)、中央党的《日耳曼报》(1871年)、耶稣教自由派的《每日评论报》(1881年)等报纸。政党报刊是当时报坛的主体。

德国统一以后，工业革命逐步兴起，城市化步伐加快，城市平民和工人队伍扩大。在这一形势下资产阶级廉价报纸也应运而生。1871 年报业主莫斯创办的《柏林日报》便是这类廉价报纸的代表。这类报纸同美、英、法各国的廉价报纸相类似，以社会新闻、消闲材料和广告为主要内容，以社会下层为发行对象，形式生动活泼、价格低廉。尤其重要的是它们完全实行商业化经营，因而在德国资产阶级报业从近代向现代过渡的过程中起着承前启后的重要作用。不过，因为德国（日本也相类似）经济发展和政治变革相对滞后，所以近代报业史上并没有明显的廉价报纸阶段。廉价报纸出现不久就迎来了现代化的浪潮。

六、《社会民主党人报》等无产阶级党报（19 世纪后期）

巴黎公社失败后，法国无产阶级遭到严重挫折，英国工人运动则因工人贵族的存在和工联主义的干扰，长期处于落后状态。只有德国的工人运动仍在发展，并且走到了世界无产阶级斗争的前列。从 19 世纪 60 年代到 90 年代，马克思主义在德国工人群众中得到更为广泛的传播，并且在同俾斯麦的高压政策的斗争中，在同各种机会主义的斗争中进一步发展。在这一过程中，德国无产阶级政党逐步建立并且壮大起来。

当时德国曾经并存过两个工人政党，一个是全德工人联合会（又称拉萨尔派），创立于 1863 年 5 月，主席为拉萨尔。该组织奉行机会主义路线，主张通过选举和依靠“国家帮助”建立生产合作社，使资本主义过渡到社会主义。拉萨尔还支持俾斯麦用“铁血政策”统一德国。另一个是德国社会民主工党（通称爱森纳赫派），是在威廉·李卜克内西和奥格斯特·倍倍尔领导下从前一组织分裂出来的，于 1869 年 8 月正式成立。该党在马克思、恩格斯影响下，逐步接受了科学共产主义理论，贯彻第一国际的纲领和路线，主张通过自下而上的革命统一德国。以后两党逐步接近，并于 1875 年 5 月在哥达举行合并大会，建立了统一的德国社会主义工人党（后改称德国社会民主党）。两党的合并对于加强工人运动的团结是有益的。但是合并时通过的纲领带有浓重的拉萨尔主义色彩，马克思曾在《哥达纲领批判》中给予严肃批评。

同德国工人运动在欧洲的地位相适应，当时德国无产阶级政党的报刊，事实上已成为欧洲无产阶级报刊的主要力量。

(一)合并前的两党机关报

拉萨尔派在1863年创办了机关报《社会民主党人报》。马克思、恩格斯开始时曾在该报发表过文章，后来因该报坚持错误主张并吹捧普鲁士王朝，便公开声明与之断绝关系。1871年该报改名为《新社会民主党人》，为周三刊，出版至1876年。该报除一贯奉行机会主义路线外，还极力宣扬个人崇拜，完全排斥不同意见。因为按拉萨尔的理论，领袖的权力要尽可能独裁，工人只有接受领袖的"智力独裁"才能获得解放。对于上述观点，马克思、恩格斯给予了严厉的批判。爱森纳赫派的倍倍尔也曾指出，这是"给掌权的个人提供了在党内还掌握舆论工具的可能性，从而使他可以把党的机关报变成自己的私有财产，并且只准许在党的机关报上发表那些对他有利的东西，其他所有的意见都遭到压制……从而使任何反对派都不能公开发表意见，因为当权者可以立即通过报刊公布那个在某一点反对他的人是叛徒"①。

爱森纳赫派的机关报是《人民国家报》(1869.10—1876.9)，在莱比锡出版，每周2~3次，由李卜克内西和倍倍尔主持。该报编辑部同马克思、恩格斯有密切的联系，在他们的关心和帮助下，该报成了当时德国最优秀的工人报刊，认真宣传党的纲领路线，并且经常刊载第一国际的文件，报道国际的消息，实际上成了第一国际在德国的机关报。普法战争期间及时刊登了马克思为第一国际起草的两篇宣言。马克思、恩格斯这一时期的许多名著，如《法兰西内战》《论住宅问题》和《资本论》的某些片断，也都是在这家报纸首先发表的。1870年12月，倍倍尔、李卜克内西等人被捕后，报纸的质量有所下降。

---

① [德]奥古斯特·倍倍尔:《关于德国社会民主工党党纲和组织章程的报告》，参见《国际共产主义运动史文献史料选编》(第2卷)，中国人民大学出版社1983年版，第43页。

(二)合并后党的机关报:《前进报》

德国社会民主工党和全德工人联合会合并以后于1876年10月1日在莱比锡创办了《前进报》(*Vorwarts*),取代了上述两家报纸。主编是威廉·李卜克内西和当时被选为党的执行委员会两主席之一的哈森克莱维尔。该报每周出3期,创办后两个月就拥有1.2万订户。它曾刊登过不少马克思、恩格斯的重要文章,最为重要的是它在1877年至1878年间发表了恩格斯批判资产阶级学者杜林的一系列文章,即《反杜林论》,对宣传科学社会主义发挥了积极作用。

两党合并后,在党报和党的领导机构的关系上,确立了一些明确的准则,1875年代表大会通过的组织章程曾经对此有过规定。主要是:党的机关报是党的财产,它的业务由执行委员会根据代表大会的决议进行监督;党的报刊"在原则问题上必须遵守党的纲领,在党的策略问题上……应服从执行委员会";机关报的主要人员由代表大会选举产生(但也可以授权执行委员会确定),其他人员由执委会确定;执委会有权免除报刊编辑人员的职务,但这些人员有权向监察委员会以至代表大会提出申诉。这些原则是德国党在马克思、恩格斯的影响下在实践中逐渐形成的,直至第一次世界大战为止基本上没有变化。①

1878年10月,以俾斯麦为首的德意志帝国政府为了镇压日益高涨的工人运动,操纵国会通过了《反社会民主党危险活动法》以后,在一片白色恐怖形势下,《前进报》也于10月25日被当局查封。

(三)"反社会党人法"时期党的旗帜《社会民主党人报》

"反社会党人法"颁布以后,为了抗击反动政府的迫害,德国党的领导决定在国外出版机关报,经过同马克思、恩格斯讨论和筹划,1879年9月28日,新的机关报《社会民主党人报》(*Der Sozialdemokrat*)正式发刊。这是一份周报,先在瑞士苏黎世出版,1888年10月迁往伦敦出版,至1890年9月为止,共12年。报纸

---

① 《国际共运史研究资料》(第3辑),人民出版社1981年版,第257页。

主编初为福尔马尔，1881年起为伯恩施坦。每期报纸出版后，依靠组织得良好的秘密交通网，穿过岗哨密布的边界按时送到国内读者手中，每周1万多份，年复一年，在工人群众中有着极为广泛的影响。报纸出版期间，马克思、恩格斯不断给予关怀和指导，使它坚持正确的办报方针，抵制机会主义的影响，成为当时国际和德国工人运动中最重要的报刊之一。

早在报纸筹办之时，马、恩得知派往苏黎世的筹办人员（被称为“三人团”）在某一刊物上撰文提出了一套机会主义的政治纲领和办报方针，便写了一份给倍倍尔、李卜克内西等党的领导人的“通告信”，严肃批评了“三人团”的错误立场，强调报纸必须宣传正确的政治纲领，必须高举党的旗帜前进。经过一番周折，党的领导接受了马、恩的意见，拒绝了这些人的办报纲领，并且另外指派了办报人选，保证了报纸的正确方向。

1885年春天，俾斯麦政府为了推行殖民主义政策，向国会提出航运津贴法案（每年拨专款津贴航运业主）。当时担负社会民主党实际领导责任的议会党团，准备对法案投赞成票。这一错误立场遭到了党团左翼以及广大党员的反对。《社会民主党人报》连续发表党员的来信和评论，旗帜鲜明地批评了党团某些领导人的错误，终于迫使议会党团对法案投了反对票。以后党团和报纸编辑部经过一番争论，结果发表联合声明确认：①《社会民主党人报》是全党的机关报而不仅是党团的机关报；②党团是党的代表机关，有权对报纸工作进行监督，但是党报具有批评的权利，任何限制批评的企图都是违背党的原则的。在这场争论中，恩格斯给了报纸有力的支持和指导，他认为党报对党的领导成员应该有监督的作用，“有责任让、党员群众有机会在报纸上表示党团无权阻止做什么事情”①。

《社会民主党人报》在“反社会党人法”期间为反对敌人的专制统治、批判机会主义思潮、传播马克思主义作出了重要贡献。恩格斯本人就在该报发表了许多重要文章。1890年“反社会党人法”被废除，德国社会民主党和工会重新获得了公开活动的条件，该报完

---

① 《马克思恩格斯全集》（第36卷），人民出版社1975年版，第292页。

成了自己的历史任务，并自动停刊。终刊号上发表了恩格斯写的《给“社会民主党人报”读者的告别信》，高度评价了报纸的历史功绩，指出“这无疑是党曾经有过的最好的报纸”，“在它的篇幅上极其明确地和坚决地阐述并捍卫了党的原则”。恩格斯还赞扬说：“‘社会民主党人报’是德国党的旗帜”，经过12年的斗争，“德意志帝国最后不得不在我们的旗帜面前降下自己的旗帜”①。

《社会民主党人报》停刊后，新的机关报是《前进，柏林人民报》。该报于1884年创刊，1890年成为中央机关报，李卜克内西长期担任主编。在19世纪90年代，德国社会主义报刊有很大发展，党的各类报刊相当齐全。1894—1895年，共出版社会民主党报纸65种，工会报纸50种，总发行数达100万份，大大超过同期欧美其他资本主义国家的工人报刊。

（四）党的理论刊物：《新时代》

根据党的决定，自1883年1月起在斯图加特按月出版理论刊物《新时代》（*Die Neue Zeit*）。1890年起改为周刊，考茨基任主编。为了逃避“反社会党人法”的迫害，《新时代》曾伪装成普通的社会政治性的教育杂志，并以考茨基和狄茨的私人名义注册，党的领导人只能匿名发表文章。1885年至1894年，恩格斯在杂志上发表了一系列重要文章，并且不时地帮助编辑部纠正背离马克思主义的倾向。1891年1月发表了马克思生前所写的《哥达纲领批判》。1901年4月，《新时代》正式转为党所有，但自1895年恩格斯逝世以后，《新时代》和德国党的其他报刊一起逐步滑向修正主义道路，1910年后成为中派分子的机关刊物。1917年亨·库诺夫接任编辑，1923年8月停刊。

（五）马、恩的无产阶级党报思想

这一时期德国的无产阶级报纸已经发展到党报的阶段，马克思与恩格斯在指导这些报刊活动的过程中，对无产阶级党报的性质、任务、办报方针有过许多论述，内容十分丰富。这里着重提出

---

① 《马克思恩格斯全集》（第22卷），人民出版社1965年版，第88~91页。

三点：

（1）党报必须宣传党的政治纲领，高举党的旗帜前进。这是《新莱茵报》办报方针的发展，也是他们在指导《社会民主党人报》过程中反复强调的观点。特别是在《社会民主党人报》筹办时，他们坚决反对原先筹办人员（“三人团”）的错误纲领，强调党的报纸必须贯彻党的正确纲领，“向欧洲公开阐述德国党的道路和目标”①，高举旗帜前进。

（2）党报应该发扬民主，开展党内批评和监督。马、恩认为这是党报的重要职责，因为批评是工人运动的生命，也是党巩固壮大、保持战斗力的前提。“批评是工人运动生命的要素，工人运动本身怎么能避免批评，想要禁止争论呢？”②他们十分重视通过这种批评实现对党的领导的监督，强调要允许“党内同志根据惯用的‘自由发表意见’的原则去进行批评”，以防止和纠正领导人可能出现的错误。③ 鉴于某些领导人的专横态度，恩格斯在致信《新时代》主编时还尖锐地指出：“要使人们不要再总是过分客气地对待党内的官吏——自己的仆人，不要再总是把他们当做完美无缺的官僚，百依百顺地服从他们，而不进行批评。”④

（3）党报要充分依靠群众，加强同群众的联系。在指导《社会民主党人报》等党报的过程中，马克思、恩格斯经常提醒编辑部，要密切同工人群众的联系，多发表工人群众的来信来稿，坚定地依靠工人阶级办报。在他们看来，“工人的斗争是唯一伟大的、唯一站在时代高度的、唯一不使战士软弱无力而是不断加强他们的力量的斗争”，因此，“能在真正的、没有变成‘领袖’的工人中间给自己找到的通讯员愈多”⑤，报纸也就愈能反映群众的意志，办得愈加出色。

---

① 《马克思恩格斯全集》（第34卷），人民出版社1972年版，第376页。
② 《马克思恩格斯全集》（第37卷），人民出版社1971年版，第324页。
③ 《马克思恩格斯全集》（第36卷），人民出版社1975年版，第309页。
④ 《马克思恩格斯全集》（第38卷），人民出版社1972年版，第33页。
⑤ 《马克思恩格斯全集》（第35卷），人民出版社1971年版，第257页。

第六节　日本近代报业

一、从官办新闻书到早期报刊

日本资本主义经济兴起于19世纪后期。1868年的明治维新是日本从封建社会走向资本主义社会的重大转折点。正是在这一时期，孕育和诞生了日本的近代报业。

明治维新之前，日本实行幕府统治制度，由军队首脑执掌中央政权。幕府当局在奉行闭关锁国政策的同时，不能不适当关注海外的动静变化。为此，曾要求设在长崎的荷兰商馆收集整理各国商船带来的国外消息，每年向幕府提供一份关于外国情况的“报告书”，由官办翻译机构译出，供统治集团内部传阅，名为《荷兰传闻书》。后来，随着幕府和各国交往的增多，荷兰政府担心因此而影响与其他国家的关系，改送荷兰东印度总督府出版的机关周刊《爪哇新闻》。幕府当局令官方翻译机构“洋书调所”译出，题名《官版·巴达维亚新闻》，于1862年起在上层社会公开发行。这是日本最早的官方译报，先后发行了23卷。以后又根据同一信息来源，发行过《官版·海外新闻》，还翻刻欧美人士在中国办的中文报纸，发行《官版·中外新闻》、《官版·香港新闻》等。这些出版物一般用木版手工印刷(《官版·巴达维亚新闻》曾使用过手摇印刷机印刷)，书本形式，分卷出版，不定期，实际上只能算是新闻书。但由于公开发行，对于世代闭塞的日本社会毕竟发生了重大的影响。

就在《官版·巴达维亚新闻》出版发行的同时，有些外国人在日本办起了外文报刊，供旅居日本的外侨或外国商人阅读，如英国人汉沙德曾于1861年创办过《长崎航讯》《日本先锋》。接着又有外国人办起了日文报刊，如美籍日本人滨田彦藏1864年曾在横滨办了半月刊《海外新闻》、英国牧师贝利1867年创办了《万国新闻纸》等。这些报刊同官办的《巴达维亚新闻》一样，都是以报道外国消息为主，刊期不定或刊期较长，它们同为日本近代报业的萌芽。

二、明治维新和日报的问世

明治维新是在日本社会各种矛盾加剧的情况下爆发的资产阶级改革运动。1868 年 1 月 3 日，即位不久的明治天皇在反对幕府的政治力量支持下，召开御前会议，宣布成立新政府，废除幕府统治。随后天皇政府进行了平定幕府叛乱的战争。国内上下，反对幕府统治的“勤王派”和维护幕府的“佐幕派”有过一场激烈的较量，整个社会发生过剧烈的动荡。在这样的动荡时期，人们更加关注时局的变化，各种观点和主张也都要争相传播。于是，一批代表不同观点的新闻出版物应运而生。1868 年初，明治政府发行了官办的《太政官日志》(太政官是天皇领导下的政府机构)，专门刊登天皇敕谕、政令及战报，作为维新派的政府公报。与此同时，京都、大阪出现了一批支持天皇、持“勤王派”观点的报纸。江户、横滨等地则出现了不少支持幕府、持“佐幕派”观点的报纸，如柳河春三主办的《中外新闻》等。这一时期的新闻出版物已不仅转译国外的消息，而且致力于国内的新闻报道，政治属性增强，读者增多，有的发行量已超过 1000 份，社会影响不断扩大。虽然刊期还不太稳定，但是正在逐步具备近代报纸的特征。所以日本新闻界一般认为 1868 年(明治元年)是日本近代报纸的诞生年。

自 1868 年至 1869 年，明治政府击败了幕府势力的反抗，正式确立了以天皇为中心的地主资产阶级政权。随后提出了“富国强兵”“殖产兴业”“文明开化”等政策，实行了一系列改革措施，使资本主义经济迅速发展起来。于是日本国内交通日渐发达，火车轮船逐步出现；邮政制度开始建立，民间书信和报纸都可以通过邮政投递；确立了国民义务教育制度，学校广泛开办，义务教育逐步推行；印刷技术也有新的进步，手摇印刷机陆续引进，日文铅活字排版逐步推广，并且建成了本国的造纸厂。这些都为近代报业的发展创造了条件。

明治政府在取缔了“佐幕派”的报刊后，于 1869 年颁布了《报纸印行条例》。这是日本历史上第一个成文的新闻法规。条例规定，报纸出版需经政府批准，在内容上不得对政治、军事、宗教等问题妄加评论。实际上条例的执行并不十分严格。报纸只要不反对维新政治，政府即准许发行。所以原来某些“佐幕派”报刊重又复刊，新办报纸也陆续出现，不过这些报刊都已站在维新政府一边，刊登维新变革的消息，介绍欧美的科学文化，传播资产阶级政治思想。

在这一背景下，1871 年开始出现了日报。这年 1 月，日本首家日报《横滨每日新闻》问世。它是由原幕府外国事务局大译官子安峻创办，得到神奈川县令的支持。该报率先用日文铅字排版，改变过去报纸的书本形式，用西洋纸单面印刷，每期八开两张，新闻报道与广告各占一半，在新闻报道中贸易和物价又占很大比重。1872 年 3 月，另一份日报《东京日日新闻》在一些政府官员支持下发刊，它的主笔是日本早期著名记者岸田吟香，该报后来成了明治政府的喉舌。1872 年 7 月，政府邮政长官指定专人在东京创办了《邮便报知新闻》(初为周报，一年以后改为日报)，凭借邮政系统采集消息并推广发行，地方新闻和国外新闻相当丰富。同年 4 月，美国人布拉克也在东京创办日文报《日新真事志》(初为三日刊，不久改为日报)。该报内容广泛，颇多独家新闻，而且常常凭借外国人的身份批评当局的施政方针，很引人注目。

三、从政论报纸到政党报纸

日本报纸从诞生时起就和政治斗争关系密切。明治维新后的报纸大多和统治阶层有着直接间接的关系。由于统治阶层内部的政见分歧，这些报纸也就成为不同派别政论交锋的舞台。

19 世纪 70 年代初期，明治政府内部在是否要出兵征服朝鲜的问题上分成“急进论”和“渐进论”两派。当时的《邮便报知新闻》等报代表“急进论”观点，背后有不满现实的地方士族的支持，主张日本加紧扩张，同清政府争夺在朝鲜半岛的权益；《东京日日新闻》等报代表“渐进论”观点，反映政府主流派的意向，主张优先整顿内政、增强国力，不要急于对外扩张。以后，“急进论”代表相继被挤出政府，这样就形成了反政府派和政府派的对立。反政府派不满政府改革封建等级制等措施，曾多次发动武装叛乱，但都被政府平息。

1877年以后，日本民间出现了反对封建专制、争取资产阶级民主自由的自由民权运动。一些接受西方资产阶级民主思想的知识分子同反政府阵营中的开明人士结合起来，组成各种社团，通过报纸宣扬民主、自由，要求开设国会、制定宪法。1879年，《横滨每日新闻》迁往东京，改名为《东京·横滨每日新闻》，它是民权派方面最为重要的喉舌。另外，《日新真事志》《邮便报知新闻》等报纸也经常激烈批评当局的行为，揭露统治集团内部的丑闻。民权派的对立面被称为官权派，它们也有某些报纸作为喉舌。从19世纪70年代至80年代初，许多报纸卷入了对立派别的交锋，成为典型的“政论报纸”。这十来年也就被称为日本的政论报纸时期。

对于不断高涨的自由民权运动，明治政府先是极力抵制，为此，在1873年和1875年曾先后颁布《报纸发行条目》《报纸条例》等，加强对报业的管制；增加了许多禁止刊登的条款；惩处了不少新闻界人士，3年之内，就有大约300多名记者、报人被罚款或拘捕。但是由于运动的不断高涨，明治天皇慑于群众压力，终于在1881年10月颁诏许诺要开设国会，实行立宪。于是，各派政治势力很快结成各种政党，其中以自由党、立宪改进党、立宪帝政党为最大。许多政论报纸便成了政党报纸，表现了明显的党派色彩，出现了一个短暂的政党报纸时期。

当时各政党的主要报纸有：自由党系统的《自由新闻》(1882年，东京)、《立宪政党新闻》(1882年，大阪)；立宪改进党系统的《邮便报知新闻》《东京·横滨每日新闻》；立宪帝政党系统的《东京日日新闻》《明治日报》(1881年)；中立派系统的《时事新报》(1882年，东京)、《朝日新闻》(1879年，大阪)。

这些政党报纸围着制宪和政治体制问题，曾经有过一番激烈的争论，自由党主张“主权在民”，改进党主张“君民同治”，帝政党主张“主权在君”。政府担心这种争论将会导致难以收拾的社会运动，因而采取两手政策加以干预。一方面，于1883年修改报纸条例，加强对报业的限制，特别是征收高额的保证金，迫使几十家报纸停刊。另一方面，通过分化离间，削弱和瓦解对当局持反对态度的自由党和改进党。1883 年帝政党根据政府的意向率先解散，第二年陷于四分五裂的反对党派也停止活动。于是，这个历时不长的政党报刊时期也就告一段落。

四、通俗小报的出现和发展

明治初年，在政论报纸兴起的同时，就已出现了适应平民大众的通俗小报。这些报纸版面小，售价低廉；不登或少登政论文章，主要刊登符合平民情趣的社会新闻、娱乐材料、连载小说；文字通俗，汉字加注假名(日语拼音字母)，版面活泼，常伴有插图。这些情况在报名上常有所反映，例如《东京假名书新闻》(1873 年)、《平假名插图新闻》(1875 年)、《插图朝野新闻》(1882 年)，等等。

创办早而又生存期长的通俗小报，要算《读卖新闻》和《朝日新闻》。《读卖新闻》1874 年 11 月 2 日创刊于东京，创办者为子安峻等人。初为隔日刊，半年后改为日刊，发行量达 1 万份。这家报纸在 1882 年起也登载一些评论，跻身于改进党系统，但时间不长；1886 年起刷新版面，大量刊登小说，以扩大发行。《朝日新闻》1879 年 1 月 25 日创刊于大阪，村山龙平长期担任社长。该报开始完全是小报性质，在民权运动中逐步涉足政治，兼具大报和小报的特点。在政党报纸盛行时，它以不偏不党的中立面目出现，奉行“企业本位”方针和“报道第一主义”，重视向国内国外派遣记者(1881 年就有记者常驻釜山，1884 年就有记者常驻上海)，努力采集独家新闻。

日本的通俗小报和欧美的廉价报纸相类似，面向社会中下层读者，价格低廉，发行量大，着重靠广告支持。但是，日本并没有明显的廉价报纸时期，这里的通俗小报几乎是同政论报纸同时产生、平行发展的。在政论报纸和政党报纸盛行时，有的小报也带有一定的政治色彩。在政党报纸衰落之时，这些小报在某种程度上取代了大报的位置，不仅发行量远远超过当时的大报，而且普遍增添了政治新闻和商情报道，分担了部分大报的功能。这又是和欧美国家不同的一点。

日本的近代报业，正如日本的资本主义经济一样兴起得晚，但是发展迅速，只用了几十年便走完了欧美列强二三百年的历程，为向现代报业演进奠定了基础。

复习思考题

1. 近代资产阶级报业发展经历了哪些阶段？大致轨迹是怎样的？其间贯穿着怎样的基本矛盾？

2. 资产阶级新闻出版自由的口号是在什么情况下提出来的？密尔顿和杰弗逊分别为此作出了什么贡献？应该给予怎样的历史评价？

3. 美国独立战争时期、法国资产阶级革命时期，分别有哪些著名的报刊活动家？他们的情况怎样？

4. 工业革命对近代报业发展有哪些重大影响？资产阶级报业在工业革命后有什么重要变化？

5. 简述工业革命后出现的《泰晤士报》等民营报纸的情况、性质和特点。

6. 列举工业革命后英、美、法出现的著名廉价报纸，分析这些报纸的性质、特点。

7. 近代无产阶级报业发展的大致轨迹是怎样的？其间贯穿着怎样的矛盾和斗争？

8. 简述英国宪章运动机关报《北极星报》的情况和影响。

9.《新莱茵报》的出版经过是怎样的？分析它的办报特色和重大影响。

10. 简述德国无产阶级党报《社会民主党人报》的出版情况以及马克思、恩格斯对它的关心和指导。

11. 马克思、恩格斯在主编《莱茵报》《新莱茵报》和指导无产阶级革命报刊过程中，阐述过哪些重要的新闻思想？这些思想有哪些现实意义？

第三章 发达国家现代报业的发展和变化

第一节 概 说

19世纪末期，西方主要国家（也即如今的主要发达国家）先后进入垄断资本主义阶段，社会政治经济情况发生了深刻的变化。相应地这些国家的报业也有了重大变化，逐步由近代报业演进为现代报业。

100多年来，这些国家的现代报业大致经历了三个阶段：

第一阶段，19世纪末至第一次世界大战。这是报业发展中的重要转变时期。首先，独立于政府或政党之外的商业性报纸逐步取代政党报纸而成为报业的主体。这些报纸实行商业化经营，广告费和发行费是其主要经济来源。其次，报纸发行已覆盖整个社会，而不再局限于政界、知识界或社会上层，发行量大为增加，一般都以万份、十万份计，某些大报已超过百万份。办报过程也越来越依靠包括通讯社在内的各种社会力量，整个报业高度社会化。最后，报纸在相互竞争中逐步兼并集中，出现了拥有多家报纸的报业集团，报业垄断开始发展。总之，商业化、社会化和垄断趋势，成了近代报业演变为现代报业的主要标志。

第二阶段，第一次世界大战至第二次世界大战。这一阶段英、美、法等国报纸的商业化社会化继续发展，不论战争带来的是刺激还是困难，都使报业竞争和兼并加剧。其结果是：①报纸的数目逐渐减少，“一城一报”现象日渐普遍，一个城市往往只剩下一家报纸或虽有几家但同属一个老板；②报团的数量和规模不断发展，这些报团控制的报纸种数和发行量在全国报业中所占的比重不断增加，这样就先后形成了报业垄断的局面。这是一种市场性的垄断。而在德、日、意等国，随着政治上的法西斯化，其报业则走上了法西斯行政性垄断的道路。

第三阶段，第二次世界大战以后。经过短暂的恢复、调整，报业进一步发展。但是有些国家(如美、日)发展顺利，增长显著，有些国家(如英、法)发展缓慢，甚至出现停滞局面。不过，所有发达国家垄断局面都在加深，还出现了一些新的特点：形成了少数举足轻重的“超级报团”或巨型垄断集团；出现了跨媒介或跨行业的垄断；出现了跨国、跨地区的垄断。和这些特点相对应，就有了多种垄断组织形式：①报业集团，这是传统的形式，通常指拥有两家以上相对独立的报纸的公司；②传播集团，指兼营几种传播产业、拥有几家不同类别的传播媒介的公司；③联合企业或混合企业，既经营传播媒介，又经营其他产业的公司，在这种情况下，报业公司、传播媒介公司实际上是更大的垄断集团的一个部分、一个子公司；④跨国集团，这是跨地区跨国界的国际性的报业或传播业垄断组织。报业集团、传播集团、联合企业都有发展为跨国公司的情况。

发达国家报业垄断的形成有其必然性，这种垄断又对报业发展带来种种影响。关于垄断的成因，一般认为来自两个方面：

从经济上看，私人所有制和商业化经营，使报业也像其他产业一样，在资本主义经济规律的作用下，不可避免地由竞争、兼并走向垄断。“出版报纸是一种有利可图的资本主义大企业”(列宁)，于是，在市场竞争中财力较强、业务兴旺的报纸必然要兼并财力较弱、陷于困境的报纸，以便扩大自己的规模和阵地，谋求更多的利润。因为这种兼并促进了财力物力的集中，使得设备更加充分地利用(如既印早报又印晚报)，业务活动更加集约化(如统一通讯网络和发行网络)，成本得以降低，新技术便于推行，利润率随之提高。而一旦在某个范围内形成垄断以后，又可以对报费、广告费实行垄断价格。正如美国一位报业主所说的：“如果一张报纸没有竞争者，你就掌握了任意发财的特权”，“几乎可以称心如意地增加收入”。可见，资本势力对于高额利润的贪婪追求，是报业垄断形成和不断升级的基本动因。

从政治上看，报业并不是一般的工商企业，而是同政治密切相关的行业。资本势力为了控制经济必然要求控制政治，要控制政治就要控制舆论工具，因为“传播媒介的权力是一种政治权力”(美国学者巴格迪坎)。这样垄断资本才能得心应手地为它的政治、经济需要做宣传、造舆论，压制和排斥任何损害它的政治、经济利益的言论和思想。这一点在各个发达国家都有所表现，而在德、日、意法西斯统治时期更发展到登峰造极的地步。

关于垄断的影响，在西方存有不同的看法。少数人认为，组建大规模的产业集团，可以在经济上形成规模效应；可以增强实力，提高在新闻市场上的竞争能力；也可以提高政治上独立自主的能力，防止或抵御来自政府或其他权势集团的压力。但是，一般来说，国际传播界对媒介垄断是持批评态度的。联合国教科文组织的报告明确认为：“新闻出版事业的集中已被认为是对读者、新闻人员和较小的同行业主的一种祸害和危险。日报数量的减少缩小了新闻出版界观点的多样性，减少了供读者选择的机会，限制了意见范围和论争领域，助长了千篇一律并迫使人们接受占统治地位的少数人的准则，从而有可能对那种对民主具有重要意义的思想多元化构成严重的威胁。”①

归纳起来，批评者认为报业垄断会带来如下不良影响：

(1)报团使许多报纸归属同一个老板，它们往往采取相同或相似的政治态度或报道方针，这就影响了观点、言论和信息来源的多样化。

(2)报团控制了报业市场，使其他报纸无力抗衡，新办报纸无法出现，于是舆论和信息来源趋于单一，损害了新闻自由和政治民主。

(3)垄断的发展使大多数城市只剩下一家日报，当地不再有竞

① 联合国教科文组织：《多种声音，一个世界》，中国对外翻译出版公司1981年版，第145页。

争对手，在这种情况下报纸往往不求进取，质量下降。而一城一报造成的垄断价格，又直接损害了消费者和广告客户的利益。

(4)报团老板本身是资产巨大的垄断资本家，他们又和大的企业集团、金融集团关系密切，这些大的财团通过投资、控股、互任董事等方式，深深介入了报业运作。这就使报团越来越成为垄断资本的喉舌和代言人。

鉴于社会对报业垄断的批评带来的舆论压力，一些发达国家已经采取了某些限制报业兼并、约束报业垄断的措施。譬如限制报业集团的市场占有率、规定数额巨大的兼并活动须经政府批准等。不过，这些措施并未能有效地遏止垄断的发展，报业和媒介业的兼并集中仍然在延续和扩展。

发达国家的现代报纸，就其发行周期而言，有日报和非日报之分。凡是每周出版四天以上者为日报，它们是报业的骨干和核心。就其发行范围和影响而言，有全国性报纸和地方性报纸之分。就其内容和读者对象而言，有上层报纸(政治性商业报纸)和大众报纸(一般商业报纸)之分。这一分野有的国家十分鲜明(如英、美)，有的国家则较为模糊(如日本)。除了报纸外，各国的杂志种类繁多。20 世纪出现的新闻性期刊，已成为新闻事业的重要组成部分。

在发达国家，资产阶级报纸占据绝对优势。工人阶级的报纸，包括共产党和其他工人政党、组织的报纸，数量甚少，处境困难。它们是发达国家报业的特殊组成部分，有着同资产阶级报纸截然不同的政治目标和办报方针，是这些国家报业中的进步力量。但是目前它们只得在资本主义的经济轨道和法制体系中运作，受到了整个资本主义环境的制约。

发达国家的报业，在战后信息革命的浪潮中，都经过了重大的技术更新。20 世纪 70 年代起从美国、日本开始，陆续采用了照相排版、胶版印刷、电脑写稿和编辑、版面数字传输等新技术。到 80 年代，大多数报纸已告别了传统的笔写铅印的工作方式，依靠电子计算机和卫星通讯网络，实现了采、写、传、编、排、印、发全过程的电子化和自动化，效率大为提高，内容更加丰富，编印更加精美，图片清晰艳丽。进入 90 年代，随着电子计算机网络的发展，发达国家报纸纷纷在互联网上设立网站，向网络用户发布信息。开始时只是纸质报纸内容搬上网络，形成报纸的电子版；以后则前进一步，专门为自己的网站制作新闻，提供丰富多样的文字、图片和图像。截至 1997 年底，全世界上网的报纸有 3622 家，其中绝大多数在发达国家，美国有 2059 家，欧洲有 728 家，加拿大有 230 家。这是现代报业传播方式的重大转变和飞跃，它极大地增强了报纸的时效性、渗透性和信息功能，有力地促进了印刷媒介和电子媒介的汇合和渗透，并将对 21 世纪大众传播格局的变化产生深远影响。

第二节　英国现代报业

一、现代报业的开端

19 世纪末期，英国经济继续增长。随着工业资产阶级力量的增强和无产阶级队伍的壮大，1867 年和 1884 年进行了两次议会改革，进一步扩大了享有选举权的选民范围。形形色色的社会主义组织和工人组织相继成立，社会下层更加广泛地卷入了政治活动。新的形势使英国报业有了新的变化，在世纪之交出现了一批新的报刊，并且形成了早期的报团。

(一)《每日邮报》的创办及其影响

《每日邮报》(*Daily Mail*)是英国现代报纸的早期代表。创办人是艾尔弗雷德·哈姆斯沃思(1865—1922 年)。他出生于一个律师家庭，17 岁起在一些杂志当编辑。1888 年 6 月适应大众需要创办了《回答》周刊，专门回答读者的来信提问，获得成功。1894 年买下了《新闻晚报》，又积累了相当的办报经验，于是在 1896 年创办《每日邮报》。该报创办前，哈姆斯沃思用了 3 个月时间出版试刊，每天一张。接着在各报连续刊登广告，全力宣传“这是忙人的报纸，穷人的报纸”，“只卖半便士的便士报”。创刊号上又向读者说明：这份报纸文字简明，只要花半便士就可读到所有的新闻。《邮报》在创办时这种周密的准备和大量的宣传，对报纸的成功关系重大。

《每日邮报》是在廉价报纸已有相当发展的基础上产生的，但它又有新的发展。首先，在内容上，它根据社会的需要尽量扩大报道范围。除了国内外一般新闻外，它还有股票行情、法庭消息、体育新闻、政治漫谈、世界舆论摘要、社交新闻、妇女园地、小说连载、趣事杂谈以及其他种种特稿。比起上层报纸来，它有更多的社会新闻；比起一般廉价报纸来，它又有更多的重大新闻报道。其次，在业务上它提倡精编易读，文字简短，标题鲜明，创办人规定的要做到“解释、简洁、清晰”，以适应“忙人”、“穷人”的需要，其中有生活节奏很快的企业界人士，也有文化不高的劳苦大众。再次，它改善经营管理，广泛招揽广告，经济上主要依靠广告支持，还同铁路公司签约，以专用火车运报，有力地打开了外地的销路。

《每日邮报》的这些做法充分适应社会的发展，因而发行量不断上升，创刊号为 39 万份，1900 年前后达到 100 万份。该报在 1900 年买下《每周快讯》，改为自己的星期日版；同年增出北部版，1904 年出海外版，1905 年出欧洲版，一时间称雄报坛。

《每日邮报》之后英国陆续出现了一些其他类似的新兴报纸。1900 年皮尔逊创办《每日快报》(*Daily Express*)，聘请美国报人卢门菲尔德为主笔，全面仿效美国商业报纸的办报方式。1903 年哈姆斯沃思创办妇女小报《每日镜报》(*Daily Mirror*)，不久改为半便士的画报，销量可观。此后问世的大众化报纸还有《每日先驱报》(1912 年)、《每日写真报》(1909 年)等。

上述新报的出版也促进了传统报刊的变革。当时传统的日报有《泰晤士报》《每日电讯报》《每日新闻》《西敏斯特公报》《每日纪事报》《晨邮报》《旗帜报》等，它们在 20 世纪初都有程度不等的变化。特别是《泰晤士报》长期墨守成规、故步自封，发行量不断下降。1908 年哈姆斯沃思将它买下，任命道森为主笔，全力革新，使它起死回生，发行量由 3 万份提高到第一次世界大战初的 31 万份。

(二)报团的出现

英国最早的报团是由哈姆斯沃思组建的。他原先拥有《回答》等杂志，以后创办了《每日邮报》《每日镜报》，控制了《泰晤士报》，购买了《观察家报》(1905年)以及多种地方报刊，被称为舰队街的拿破仑，组成了庞大的报业帝国。哈姆斯沃思1905年被封为“北岩爵士”(第一次世界大战期间还曾担任政府宣传总监)，因而人们将这一报团称为北岩报团，它开始了英国报业的垄断化进程。

世纪之交，《每日快报》的业主皮尔逊也曾兼并过一些报刊，但时间不长。1903年买下《圣詹姆斯公报》，1904年获得《旗帜报》和《旗帜晚报》。至1910年将《旗帜报》出售，1916年又将《每日快报》及其他期刊出售，逐步退出了舰队街。

二、两次世界大战之间的演变

(一)报纸的兼并集中

英国报业进入现代阶段后，随着激烈的商业竞争，特别是20年代的销售大战，发生了很大的兴衰变化。整个报业越来越兼并集中。自1921年至1937年，全国性晨报总销量增加了3倍，可是种数却减少了1/4。日报种数1921年为158种，1928年为132种，1942年降为123种。与此同时，“一城一报”的现象不断发展：1921年全国有日报的城市总数为65个，其中只有一家日报的城市为32个；1927年这种比例变成为66∶37，1937年进一步上升为70∶49。

在兼并过程中，伦敦一些历史悠久的日报宣告消失。《新闻纪事报》的出现便是个典型例子。该报前身是1846年创刊的《每日新闻》，1901年转入凯德伯里家族之手，经过革新，吸引了众多读者。1912年兼并《晨间导报》，1928年兼并《西敏斯特公报》，1930年兼并《每日纪事报》，终于取代这些老牌名报而形成了《新闻纪事报》。事隔7年，伦敦另一家创办于1772年的百年老报《晨邮报》被《每日电讯报》吞并。除日报之外，伦敦原有9家著名的晚报，至1928年只剩下3家。伦敦之外许多著名的地方报纸(如1718年发刊的《里兹新闻》等)也告消失了。

(二)报团的发展和垄断的形成

报业兼并使报业垄断集团纷纷出现。当时的主要报团有：

1. 罗瑟米尔报团

业主为北岩爵士的弟弟哈罗德·哈姆斯沃思(1914 年受封为罗瑟米尔勋爵，第一次世界大战时当过政府部长)。他早年协助北岩经营报业，自己还办了《每日纪实报》等报纸，1914 年获得了《每日镜报》的控股权，1915 年创办了《星期日画报》。1922 年北岩去世，北岩报团逐步瓦解(譬如《泰晤士报》就卖给了阿斯特)，罗瑟米尔继承了北岩的大部分报刊，从而成为第一次世界大战后最大的报团。不过，30 年代时罗瑟米尔报团也走向衰落，所属的《每日镜报》于 1931 年分离出去独立经营。

2. 比维布鲁克报团

该报团的所有人是威廉·马克斯韦尔·艾特肯，原籍加拿大，早年经商致富，1916 年获得《每日快报》的控股权，1917 年受封为比维布鲁克勋爵，并在英国政府担任过宣传大臣。第一次世界大战后他在报坛迅速扩张，1918 年创办《星期日快报》，1923 年买下已兼并了《帕马公报》的《旗帜晚报》，同时还控制好几家地方报纸，成为较大的报团。

3. 贝里兄弟报团

1901 年威廉·贝里和詹姆斯·贝里两兄弟在伦敦创办了《世界广告报》，1915 年买下了著名的《星期日泰晤士报》。1923 年收买赫尔顿报团，以此为基础大力扩充，于 1924 年成立同盟报业公司。1926 年他们从罗瑟米尔手中买下当时最大的杂志出版公司“混合出版公司”，1928 年又从利维家族手中获得《每日电讯报》，走向事业的全盛期。1937 年《每日电讯报》又兼并了历史悠久的《晨邮报》。但贝里兄弟之间矛盾激化，只好分道扬镳，当年分割产权，形成两个报团，分别以他们所受的爵位命名。威廉·贝里的报团被称为卡姆罗斯报团，控有《每日电讯报》、混合报业公司、《金融时报》有限公司。詹姆斯·贝里的报团名为凯姆斯利报团，控有《每日写真报》《星期日泰晤士报》以及几十家星期日报和地方报刊。

除了上述报团以外，当时还有奥德汉斯报团、西敏斯特报团等等。截至第二次世界大战前，以上这些报团已控制了大部分全国性报纸和地方报纸，报业垄断的局面已基本形成。

（三）共产党报刊的兴办

在资产阶级垄断报业发展的同时，英国工人阶级的报刊也在重新兴起。

1920 年英国共产党成立，同年创办了党的机关刊物《共产党人》周刊，1923 年改名为《工人周报》，1927 年因支持工人罢工被勒令停刊。

列宁对英国工人运动和工人报刊的情况一直十分关注。1921 年 8 月，他在给英共领导人托马斯·贝尔的信中指出：要为英国这一部分的工人阶级出版工人日报，不要把它当作一个营业性的企业……而是要把它作为群众在进行斗争时的经济的和政治的工具。

经过多年的筹备，1930 年元旦英共机关报《工人日报》创刊。创刊号发表了共产国际发来的贺信，还刊登了列宁的名言："在现代的欧洲，没有政治机关报就不可能有称得上政治运动的运动。"该报在争取民主、抨击帝国主义殖民政策，在揭露法西斯侵略及英国政府对德国的绥靖政策方面，作出了重要的贡献。《工人日报》出版后经常受到政府的压制，多次被罚款，资产阶级报业批发商一直抵制该报销售，1941—1942 年还曾被封闭过。

三、第二次世界大战后的发展

（一）发展的一般进程

战后初期，英国报业全面复兴。特别是逐步解除了新闻纸配给制度，报业有过较大的发展。1962 年全国日报曾达 130 种，日报发行量达到 3050 万份，每千人拥有日报 575 份，一度位居世界前列。

但是 20 世纪 60 年代中期起，英国报刊的销数连同种数一起逐步下降，整个报业出现了停滞和衰退的态势。至 80 年代初，日报种数徘徊在 110 种上下，销数减少到 2300 万份。其中又以全国性的"大众报纸"最为严重，发行量一般下降 20% 以上。报业停滞和衰退的原因甚为复杂，一般认为：①整个经济形势欠佳；②广播电视的兴起，夺走了不少报业广告和读者；③报业设备陈旧，效率低下，成本过高，难以有所发展。

80年代中后期，英国报界为了摆脱困境，开始了一场新的改革浪潮，其重点在于更新设备，全面使用电子计算机，实行生产过程自动化。这一浪潮在伦敦报界更为明显。1985年默多克报团率先在沃坪建成新的印刷基地，第二年该集团报纸全部迁往新址出版，随后《卫报》《每日电讯报》《每日邮报》等相继仿效。至80年代末，各大报社几乎全部撤离了狭窄拥挤的舰队街，另择新地全面采用新设备，从写稿、编辑、制版、印刷以至报纸打包分发，全部实现电脑操作。经过这场变革，伦敦报业生产人员减少80%，成本大为降低，从而扭转了长期亏损的局面，出现了新的转机。至90年代初，全国日报增至124家，销数也上升为2515万份。

(二)垄断加剧和报团演变

第二次世界大战以后英国报业垄断继续发展。尤其在报业衰退时期，一些财力薄弱或经营不善的报纸更是难逃厄运，或是宣告破产，或是成为强者的猎物。伦敦地区不少名噪一时的报纸，如《新闻纪事报》(1960年)、《新闻晚报》(1980年)就在这种大浪淘沙的过程中永远消失。地方报纸的情况也是如此，至20世纪80年代初，只有贝尔法斯特和格拉斯哥两个城市存在两种以上属于不同老板的日报，其他城市大多只有一种日报，或虽有两种日报但同属一个老板，这就是说，地方报业几乎已全部垄断化。

由于报业市场在战前就被诸多报团分割，所以战后的竞争和兼并更多的是在报团之间进行。这就使得报团格局不断出现新的变化和改组。战前几家大的报团中，贝里报团已逐步分割和变卖，其他几家的演变如下：

(1)罗瑟米尔报团。战后由罗瑟米尔的后代继续经营，称为联合报业公司，主要报纸为《每日邮报》。1971年兼并了《每日写真》报，1982年创办了《星期日邮报》。

(2)镜报集团。《每日镜报》战前从罗瑟米尔集团分离出来后便自成一家公司。1951年公司改组，北岩的外甥塞西尔·哈姆斯沃思·金担任董事长。1958年他买下了原属北岩报团、后经多次转卖的“混合出版公司”。1961年又买下了奥德汉斯报团，并在此基础上建立丁国际出版公司。原属奥德汉斯报团的《每日先驱报》被改名为《太阳报》，1969 年又转卖给默多克集团。1970 年，国际出版公司并入一家大型企业里德国际公司。1975 年里德国际公司把上述产业改组为镜报集团和国际出版(期刊)公司两个子公司。1984 年镜报集团又被马克斯韦尔的培格蒙出版公司所购买。

(3)比维布鲁克报团。1964 年比维布鲁克去世后这家报团日趋衰落，1977 年被特拉法加投资公司买下，改名为快报报业公司。1978 年在曼彻斯特创办全国性的日报《每日明星报》。

战后英国报坛出现了几家重要的新兴报团。

(1)汤姆森集团。业主罗伊·赫伯特·汤姆森本是加拿大人，50 年代初来到英国经营电视和报业。1953 年购买了《苏格兰人报》，1959 年取得凯姆斯利报团的控股权(当时该报团拥有《星期日泰晤士报》等四家星期日报、多家地方报纸和全国性周刊以及其他产业)，1961 年又买下画报报团(拥有《伦敦新闻画报》《环球》杂志等)，1966 年从阿斯特家族手中买下亏损严重的《泰晤士报》，声势大振。罗伊·汤姆森曾于 1963 年受封为勋爵，1976 年去世，其子肯尼思·汤姆森继承家业。1981 年小汤姆森将《泰晤士报》《星期日泰晤士报》及另外三种附属刊物卖给默多克集团，从此汤姆森集团在英国的地位大为下降。

(2)默多克集团。业主鲁伯特·默多克出生于澳大利亚，曾在英国牛津大学求学，毕业后回澳继承父业、经营报纸，逐步成为澳大利亚著名报业主。1969 年进入英国，先后买下《太阳报》和销量最大的星期日报《世界新闻》，大量刊登黄色新闻以招徕读者，获取高额利润。1981 年默多克买下了《泰晤士报》以及其他几家重要报纸，成了舰队街举足轻重的报业大王。默多克在政治上支持保守党的内外政策，在劳资纠纷中态度强硬。1986 年他强行解雇将近 5000 名印刷工人，将所属的四份大报从舰队街迁往沃坪新建的印刷基地出版，通过这项牺牲工人利益的措施实现了设备更新，扭转了《泰晤士报》长期亏损的局面。

默多克 1985 年加入美国籍，但他继续在英国报坛扩充势力。1987 年买下了前一年新办的全国性日报《今日报》，并购买了控有《金融时报》等多家报刊的皮尔逊朗曼公司的大量股份。

（3）马克斯韦尔集团。马克斯韦尔出生于捷克斯洛伐克的一个犹太家庭，第二次世界大战期间参加抵抗运动，1940 年加入英国军队。战后在英国创办培格蒙出版公司。1984 年从里德国际公司手中买下镜报集团，获得多家全国性报纸和大量地方报纸。1987 年接管麦克米兰出版公司，1990 年创办日报《欧洲人》。截至 20 世纪 90 年代初，该集团拥有三大实业公司：马克斯韦尔传播公司，包括麦克米兰出版公司、麦克米兰/麦格劳-希尔教科书出版公司、科利尔—不列颠百科全书公司等子公司；镜报集团公司；马克斯韦尔家族有限公司，拥有《欧洲人》《纽约每日新闻》等报刊。由于摊子过大，财政发生危机，1991 年把培格蒙公司出售，同时又售出镜报集团 49%的股票。1991 年 11 月麦克斯韦尔在西班牙附近洋面落水身亡后，该集团迅速瓦解，许多子公司陆续拍卖。

（三）共产党报刊的变化

二战后英国共产党的报刊继续在困难的条件下谋求生存。1945 年英共建立了人民出版合作社，发行股票，为党的报刊筹集经费。但是《工人日报》的处境仍很困难。1966 年，英共为加强同左派的联合，将《工人日报》改名为《晨星报》。改版第一期载文称它仍然是共产党的报纸，但又是反映所有真正左派观点的讲坛。这份报纸社址在伦敦，每天六版，报道面扩大，图片增多，增添了一些适应群众需要的新栏目。20 世纪七八十年代发行量在 2.5 万~3 万份。

四、近期状况

（一）一般情况

当前英国仍是世界上报业最为发达的国家之一。据《不列颠百科全书 1998 年鉴》，20 世纪 90 年代后期共有日报 103 种，每日发行量为 2037 万份，每千人拥有日报 351 份，此外还有每周出版一到三次不等的非日报 1000 多种。英国的日报在星期天无报；另外专门有一种星期日报，只是在星期天出版，属于非日报的一种。

英国报纸就其影响范围而言，有全国性报纸和地方性报纸之分；就其内容性质而言，又有明显的上层报纸和大众报纸之别。

全国性报纸历来居于报业的主导地位。目前全国性日报有 11

种，其中上层报纸有五家：《泰晤士报》(1997 年日发行量 75 万份)、《每日电讯报》(112 万份)、《卫报》(41 万份)、《金融时报》(32 万份)、《独立报》(26 万份)；大众报纸有五家：《太阳报》(388 万份)、《每日镜报》(236 万份)、《每日快报》(123 万份)、《每日邮报》(216 万份)、《每日明星报》(74 万份)；共产党报纸有一家：《晨星报》。全国性星期日报有 10 种，其中上层报纸有三家：《观察家报》(45 万份)、《星期日泰晤士报》(131 万份)、《星期日电讯报》(89 万份)；大众报纸有五家：《世界新闻》(443 万份)、《星期日镜报》(214 万份)、《星期日人民报》(193 万份)、《星期日快报》(116 万份)、《星期日邮报》(214 万份)。另外还有《星期日独立报》《星期日体育报》(均为 30 多万份)。①

地方性报纸主要刊登地方新闻和广告，也有少量国内外要闻。现有日报 88 种，星期日报 7 种，周报 900 多种。

英国的杂志共有 6500 多种，与其他国家相比，历史悠久的刊物多、国际性学术刊物多、国际经济和科技情报刊物多。其中有创办于 1665 年的《伦敦公报》(原为散页单张，以后改为杂志)和《皇家学会哲学汇刊》，迄今已有 300 多年的历史。

(二)报团和垄断情况

目前有十来家最大的报团左右着英国的报业。其中有几家重要的国际性报团，另有几家报团已被大型联合企业购买，成为它们的子公司，这说明其他产业公司已深深地插足英国报界。

1. 新闻国际公司

这是前已提及的默多克集团的公司。它在英国拥有全国性的《泰晤士报》《太阳报》《星期日泰晤士报》和《世界新闻》，以及《利物浦邮报》等 30 多家地方报纸，控制的报纸的发行量占英国报纸总发行量的 1/3。它还拥有路透社 10%的股权，兴办了几家重要的广播电视台。作为一家跨国公司，它在英、美、澳等国共拥有 80 多家报刊、电台、电视台、制片公司、特稿社以及其他企业。

① 参见《世界知识年鉴・1998/99》中的材料。除另有说明者外，本章其他国家主要报纸发行数字的来源同此。

2. 镜报报业公司

这家公司战后多次易主，现拥有《每日镜报》《星期日镜报》《星期日人民报》三份畅销的全国性报纸，拥有苏格兰的《每日纪录报》等重要的地方报纸。在全国和地方报纸发行量中占有相当的比重。

3. 快报报业公司

拥有三家全国性报纸，即《每日快报》《每日明星报》《星期日快报》，还拥有几家广播电视台的股权。该公司前身为比维布鲁克报团，1977 年出售给特拉法加投资公司。

4. 联合报业公司

拥有全国性的《每日邮报》《星期日邮报》，以及《旗帜晚报》等十多家地方报纸、几十家周刊。该公司前身为罗瑟米尔报团，现在为“每日邮报和通用信托公司”的一个子公司。母公司的业务涉及出版、印刷、运输、码头设备等多种行业，拥有近百家子公司。

5. 汤姆森集团公司

该公司曾经是战后英国最大的报团，目前尚拥有 50 多家地方性日报、50 多家杂志。作为一家国际性传播集团，它在美国、加拿大、南非、澳大利亚等国拥有大量报刊和广播电台，它还经营石油、旅游、航空、地产等多种产业。

6. 皮尔逊-朗曼公司

该公司包括金融时报报团、西敏斯特报团、朗曼图书印刷公司三个主要分支，拥有《金融时报》《金融周报》《金融新闻》和 40 多家地方报纸以及大批其他出版物，拥有《经济学家》的半数股权，还拥有香港的《远东经济评论》等境外刊物的股份。

7. 合众报业公司

拥有《约克郡邮报》《兰开夏晚邮报》等 9 种地方日报、30 多家周报和其他刊物，以及多家印刷公司、电视公司的股份。

8. 电讯报业公司

拥有《每日电讯报》和《星期日电讯报》。该公司自 1928 年以来长期为贝里家族所有，1985 年因经济困难转由加拿大企业家布莱克的电讯公司控股。

9. 卫报和曼彻斯特新闻晚报公司

属于斯科特家族，拥有《卫报》和《曼彻斯特新闻晚报》等。

10. 观察家报集团

拥有英国历史悠久的星期日报《观察家》(创刊于1791年)和几家地方报纸。1981年为经营多种产业的朗尔霍公司购买。

(三)重要报纸

1.《泰晤士报》(*The Times*)

1785年创办于伦敦。19世纪前期和中期是它的黄金时代，以后逐渐落伍，处境窘困。1908年北岩勋爵取得了该报所有权，加以革新，使之重有起色。1922年北岩去世，报纸转到阿斯特家族手中，1966年因财政困难又转卖给国际报业大王汤姆森。老汤姆森在世时曾为弥补报纸赤字，花掉了80万英镑的家产。1981年2月，汤姆森之子不堪重负，终于将报纸转卖给默多克报团。

《泰晤士报》创办以来一贯标榜独立，实际上是大资产阶级的舆论工具，同资产阶级政府相互制约又相互协调，在国际上更是长期充当大英帝国的喉舌。20世纪30年代，它曾支持保守党政府的绥靖政策。第二次世界大战后它积极支持英国政府追随美国的冷战政策，反苏，反共，支持侵朝战争。《泰晤士报》历来同保守党关系密切，在重大问题上反映保守党的意向。

在业务上，《泰晤士报》消息灵通，报道严肃，内容详尽。它重视国际国内大事报道，对重要文件刊登详尽，也重视言论，社论版一边刊登社论，一边刊登读者评论。该报每天40版左右，分两大部分：一是国内外新闻、评论、文化艺术、书评；二是商业、金融、体育、广播电视和娱乐。版面历来比较严整，但是20世纪90年代以后趋于活泼，改用彩印，增加图片。广告约占全部版面的1/3左右。读者对象主要是政界、工商金融界和知识界。

2.《每日电讯报》(*The Daily Telegraph*)

1855年创办于伦敦，长期由利维家族经营，1928年为威廉·贝里购买，1985年转入一家加拿大电讯公司手中。

《每日电讯报》自称持“独立保守”的政治观点，宗旨是“提供充分、明了和易于理解的新闻”。第二次世界大战前夕它力排众议，不断对德国法西斯的侵略威胁提出警告，在国际上赢得了声誉。战后它主要反映保守党的观点。

这份报纸是以廉价报纸的面目问世的，但是以后演变为一份上层报纸，读者对象主要是中产阶级。它每天 30 多版，严肃性新闻和人情味新闻相结合，兼顾各方面兴趣，内容广泛，文字简短。该报一贯重视国际报道，1940 年法西斯入侵法国，巴黎陷落，它最早向世界播发了这一消息；1976 年该报驻北京记者第一个向世界报道了“四人帮”被粉碎的消息。

3.《卫报》(*The Guardian*)

该报原名为《曼彻斯特卫报》，1821 年创办时为周报，1857 年改为日报，一直充当自由党的代言人。1872 年起著名报人理查士·斯科特担任主编，改进内容，加强评论，使报纸具有全国性的影响，斯科特主编该报 58 年，作风严谨，强调“报纸应对读者负责，对社会负责，应有高度的责任感”。他重视言论，认为社论“是报纸的声音”、“是报纸存在的基本理由”。1907 年斯科特买下了这家报纸，现在它仍为其后裔所有。1959 年起改用现名。

目前《卫报》在伦敦和曼彻斯特同时出版，每天 24 版左右，继承了重视言论的传统，也相当重视国际新闻。政治上一贯倾向于自由党和工党，在第二次世界大战前反对保守党的绥靖政策，在 1950 年苏伊士运河危机中反对政府的殖民主义态度。读者主要是政界人士、知识界人士和中产阶级。

4.《金融时报》(*The Financial Times*)

全国性的经济金融报纸，创办于 1888 年，主要报道金融、财政、工商业消息，也十分重视与经济有关的国内外政治新闻。政治上倾向保守党，是伦敦金融界的喉舌。目前除在伦敦出版外，还用传真版在法兰克福同时印行。每天 40 版左右，以粉红色纸张印刷，在世界各国金融经济界拥有广泛的读者。

金融时报公司有个子公司，叫做金融时报商业情报公司，专门收集和报道世界各地经济信息，并出版一套期刊，分门别类地报道各种产业信息，影响很广。

(四) 重要期刊

1.《经济学家》(*Economist*)

英国最有影响的周刊，1843 年创办于伦敦。原先为经济杂志，1974 年以后逐渐办成内容广泛的政治时事周刊，颇受国际上关注。通常反映英国垄断资产阶级的观点，读者主要是各国经济界、政界人士。90 年代初期发行 50 多万份，其中在美国的销量约占一半。

经济学家报业公司附设经济学家情报公司，这是世界上最大的专门收集、分析并提供经济信息的国际经济情报机构。该机构出版一套《经济季评》，共 80 多种(一个国家或相邻的几个国家为一种)，每年四册，内容包括有关国家政治、人口、工农业生产、外贸、预算、就业等方面的详尽资料和数据。

2.《新政治家》(*New Stateman*)

工党左翼影响下的政治性周刊，1934 年创办，在伦敦出版，经常刊登评论国内外事件的文章，读者多为工党或倾向工党的知识分子，发行量约为三四万份。

第三节　美国现代报业

一、现代报业的开端

美国社会经济在工业革命和南北战争之后发展迅速。从南北战争结束到 1900 年，工业总产量增加了七倍，跃居世界首位。城市人口增加了两倍，达到总人口的 1/3。交通邮电空前发达，教育事业进步显著，初等教育基本普及。在此背景下，19 世纪中叶开始的报刊大众化趋势继续发展，报业出现了新的繁荣。从 1870 年至 1900 年，报纸数目增加了三倍，销售量增加近六倍，周刊数目增加了两倍。报刊经营全面转上商业化轨道，从而形成一条“90 年代的分水岭”，它标志着资本主义“新闻事业进入现代化的时代的进程已经完成”①。在这个分水岭上出现过一些著名的报人和报刊，他们是美国现代资本主义报业的早期代表。

---

① [美]埃默里：《美国新闻史》，新华出版社 1982 年版，第 321 页。

（一）普利策和《世界报》

约瑟夫·普利策（J. Pulitzer，1847—1911 年）是美国现代报业的奠基人。他出生于匈牙利，1864 年应募来美从军，一年后退役，在各地干杂役为生，工余自学英语和法律。1868 年受雇于一家德文地方报纸当记者。1878 年买下《圣路易电讯报》，开始了办报生涯。

1883 年普利策买下了纽约《世界报》（*The World*，1860 年创刊），宣称将采取新的宗旨、新的方针、新的经营管理方法，以面向新的读者。从实际情况来看，普利策的《世界报》的业务活动分为两个方面：一方面是注重社会热点问题的评论和报道，揭露时弊，反映民情，提倡改革；另一方面是采用煽情主义和耸人听闻的手法，大量刊登社会新闻、警事新闻，以扩大发行。人们认为这是普利策实用主义思想的表现，他想用煽情主义手段吸引读者，既赚了钱，又宣传了社会改革的政见。

美国新闻史学者莫特曾把普利策的办报特点归结为六项：①以国内外重大新闻为骨干，辅以轻松或刺激性的新闻以吸引读者；②发起社会运动（例如为建造自由女神像台座募捐），推动改革，扩大影响；③重视社论，以支持新闻报道；④篇幅多、报价低；⑤广泛运用新闻图片；⑥重视报纸发行，用各种奖励办法扩大销路。这种办报方式代表了当时美国报业的新潮流，因而被称为“新式新闻事业”①。

由于普利策适应了当时社会发展的需要和广大读者的心理，因而获得了很大的成功。《世界报》在他接办后 4 个月内，每期销数翻了一番，达 4 万多份，1884 年 10 万份，1887 年为 25 万份，这一年还增办晚刊，1897 年早晚刊共销 100 万份。它的篇幅原为对开 8 版，以后增至 16～24 版，一半为广告。广告收入的增加不仅使它保持低廉的报价（2 美分），而且可以增加篇幅和内容，扩大销路。普利策接办后 10 年，报社资产由 35 万美元扩充为 1000 万美元，职工 1300 人，每年赢利百万，成了资本主义大企业。

---

① F. L. Mott：American Journalism 1690-1960，New York：The Macmillan Company，1962，pp. 436-439.

（二）赫斯特和《纽约新闻报》

威廉·赫斯特（W. R. Hearst，1863—1951 年）出生于旧金山一个矿业主家庭，1887 年从父亲手里接办了《旧金山考察家报》。1895 年来到纽约，买下一份陷于困境的报纸，更名为《纽约新闻报》（*New York Journal*），开始了同《世界报》的激烈竞争。

当时《世界报》已经广有影响。尤其是该报的星期日版图文并茂，销路极好。1896 年 1 月，赫斯特暗中用高薪将该星期日版全班人马挖走，出版《纽约新闻报》的星期日版。《世界报》星期日版有个著名的连环漫画《霍根小巷》，主人公是个穿着肥大的黄色衣服的孩子，作者借"黄孩子"东游西逛的行踪，讽喻世俗人情，滑稽而有趣，很受读者喜爱。赫斯特将作者挖走后，普利策另请画家作画，于是两家星期日版都有"黄孩子"的连环画，一时间"黄孩子"就成了这两份报纸的象征。新闻界就称它们为黄色报纸，把两报惯用的煽情主义手法称为黄色新闻。

其实《纽约新闻报》在黄色新闻的使用上比《世界报》更为露骨和粗劣。该报主要版面充斥着凶杀、抢劫、暴行、色情的报道，而且经常使用触目惊心的大字标题。该报有时也为一些社会运动大造舆论，但纯属虚张声势，哗众取宠。1898 年美国为了争夺殖民地和势力范围，挑起了对西班牙的战争。赫斯特和某些资产阶级报纸事前制造气氛、鼓吹战争，事后又全力推波助澜，以便在战争喧嚷声中扩大发行量以牟利。《纽约新闻报》的每期发行量 1896 年为 43 万份，1897 年为 60 万份，美西战争开始后一度达到 150 万份。

19 世纪末的美国，黄色新闻泛滥。新闻史学家莫特认为，黄色新闻是在煽情主义基础上发展起来的，但还增添了一些特殊的做法，如：使用大号煽动性标题，给人以耸人听闻的虚假感；滥用甚至伪造照片；捏造访问记或其他报道以行骗；对民众表示虚假的同情，发起运动标榜自己，等等。① 由于舆论的反对和指责，《世界报》后来逐渐摒弃了黄色新闻的做法，而《纽约新闻报》却依然如

---

① F. L. Mott：American Journalism 1690-1960，New York：The Macmillan Company，1962，p. 539.

故。1901 年该报在竞选宣传失败后公然教唆行刺新任总统麦金莱，同年 9 月麦金莱被人暗杀，一时间舆论大哗，社会各界纷纷抵制该报。赫斯特被迫有所收敛，并将报纸改名为《美国人报》。

(三) 奥克斯和《纽约时报》

阿道夫·奥克斯(A. S. Ochs，1858—1935 年)出生于德国犹太移民家庭，从小在印刷所当学徒，1878 年买下一家地方小报，办得颇为成功。1896 年，当《纽约时报》由于创办人先后逝去而陷于危机时，他接管了下来，并与股东们达成协议，如能在 4 年内扭亏为盈，则自动取得该报控股权。他接办以后决意要把该报办成新闻全面、内容详尽、言论稳健的报纸。他摒弃黄色新闻的做法，坚持严肃的办报方针，强调“刊载一切适于刊登的新闻”(这句话从 1896 年 10 月 5 日起直至今日每天刊登在报眼上)。他力求报道翔实，在经济方面及时提供市场行情、金融信息、商界动态、航运消息，在政治方面详细登载政府文件、重要演说、外交协定，同时开辟法院案件专栏、图书评论专页以及评述时事为主的星期日增刊。他认真选择人才，任用富有经验的米勒为主笔，聘任极有胆识的范安达为编辑主任。他还善于经营管理，注重印刷质量，保持低价发行。经过一番努力，《纽约时报》很快迎来转机。1899 年每期发行量上升到 7.5 万份，1901 年超过 10 万份，成为面向上层读者的严肃型现代报纸的先驱，为美国报业跨入现代阶段设立了另一个重要标志。

(四) 斯克里普斯和早期报团

美国第一个报业集团是斯克里普斯报团。业主爱德华·斯克里普斯(E. W. Scripps，1854—1926 年)是世纪之交又一著名报人。他出生于一个农场主家庭，年轻时曾在兄长所办的《底特律新闻》做事，1878 年自己创办《克利夫兰新闻报》，1883 年收买了《辛辛那提邮报》，随后又办了《肯塔基邮报》，初具报团的规模。1889 年他同辛辛那提的业务经理麦克雷正式组成斯克里普斯—麦克雷报业联盟。随后便积极在中小城市发展报业，到 1914 年已在中西部拥有 23 家报纸。

在世纪之交，被称为黄色新闻鼻祖的赫斯特也已形成报团。他原有《旧金山考察家报》，1895 年出版《纽约新闻报》，1900 年在芝加哥创办《美国人报》，1902 年又出版《芝加哥检查报》，1904 年创设波士顿《美国人报》。以后又不断在各地兼并报纸，到第一次世界大战时报团已具有相当规模。

当时还陆续出现过其他一些报团。据记载，1900 年美国有八个报团，控制 27 家主要报纸，约占日报总发行量的 1/10。这是美国报业垄断化的初始阶段。

二、两次世界大战之间的演变

20 世纪两次世界大战，美国都是后期参战的，战场又都远离美国本土，所以战争不仅没有给它带来损害，反而提供了发展经济的机会，促进了它的繁荣。因此整个 20 世纪，美国报业没有受到重大的干扰和挫折，始终沿着自身的轨道和整个经济同步前进。

(一)限纸的兼并集中

美国报业没有受到外来的损伤，但是内部却充满着激烈的竞争，充满着弱肉强食的厮杀和搏斗，这是商业性经营的必然结果。在商业竞争中，整个报业进一步集中化、垄断化。这突出地表现在：报纸的销数随人口的增加而增长，可是报纸种数却在减少；一个城市一家日报的现象迅速增长。下面是这方面的具体数字：

日报种数销数变化

年　份	日报种数	日报销数	全国人口总数
1880	909	3566395	50153785
1900	2190	15102156	75994575
1910	2433	24211477	91972266
1920	2042	27790656	105710260
1930	1942	40000000	122000000
1940	1878	41131611	131669275

“一城一报”发展情况

年份	有日报的城市数	独家日报的城市数	所占百分比	无竞争性日报的城市数	所占百分比
1880	389	149	38.3	150	38.6
1900	915	353	38.6	356	38.9
1910	1207	509	42.2	518	42.9
1920	1295	716	55.3	743	57.4
1930	1402	1002	71.5	1114	79.4
1940	1426	1092	76.6	1245	87.3

无竞争性日报的城市包括：独家日报的城市以及虽有几家日报但同属一个老板的城市。

在这种兼并集中过程中，各地的报纸就像大浪淘沙，不断兴衰更迭。一些名噪一时的报纸，或因财力不济，或因经营不善而消失了，另外一些则留了下来，继续为生存发展而竞争。

纽约历来是美国报业的中心。1890 年这里有 15 家英文日报，到 1932 年减为 9 家。著名的廉价报纸《太阳报》1916 年被《新闻报》兼并（晚刊出至 1950 年），《先驱报》1924 年被《论坛报》兼并（改名《纽约先驱论坛报》，出至 1966 年）。现代报业的先驱《世界报》于 1931 年被斯克利普斯集团兼并停办。赫斯特的《纽约新闻报》日益衰微，改名为《美国人报》以后出至 1937 年。唯有《纽约时报》一直保持严肃的传统，声誉继续上升，1930 年发行量达 50 万份。1919 年一份新的大众化报纸《纽约每日新闻》问世。它是仿效英国《每日镜报》的小型晨报，奉行煽情主义手法，篇幅小，页数多，大量应用图片，新闻简洁生动。该报创办 6 年，发行量便突破百万，1940 年将近 200 万份。《纽约每日新闻》的出现曾经带来一股小报旋风，各地都有小报出现。一度沉寂的黄色新闻重又复苏蔓延，在纽约出现了一轮新的低级趣味的竞争。由于健康舆论的反对，加上经济危机转移了人们视线，至 20 世纪 30 年代情况有所转变。

其他主要城市，在这一时期的竞争中留存下来的著名报纸有：华盛顿的《明星报》(发刊于 1867 年)、《华盛顿邮报》(1877 年)、费城的《大众纪事报》(1836 年)、《费城问询报》(1804 年)、波士顿的《邮报》(1831 年)、芝加哥的《芝加哥论坛报》(1847 年)、洛杉矶的《洛杉矶时报》(1881 年)、底特律的《底特律自由报》(1831 年)、巴尔的摩的《巴尔的摩太阳报》(1837 年)。

这一时期的商业报纸，多少还有党派倾向，但是正式的资产阶级政党机关报已趋消失。至于无产阶级政党，由于斗争的需要仍然出版自己的机关报。1919 年成立了美国劳工党和美国共产党，前者的机关报是《劳动者》，后者是《共产党人》。1921 年两党合并称为共产党。1924 年 1 月在芝加哥创设机关报《工人日报》。1927 年迁往纽约，影响逐步增长。特别是在 20 世纪 30 年代美国工人反对失业、反对贫困的群众运动中，在 40 年代鼓舞人民投入反法西斯斗争中，发挥了重要的作用。

(二)报团发展和垄断形成

在竞争和兼并过程中，报团日益增多；而这些报团又不断吞并残存的独立报刊，于是报团在报业中的比重日益增长。到 40 年代初，报团已将近控制全国日报发行量的一半，加上前面所述一城一报的比重已占全国城市 80%以上，这就表明全国报业垄断的格局已经形成。具体情况见下表：

年份	报团数	控制日报数	占日报总数	占日报总销量
1910	13	62	2.8%	
1930	55	311	16%	43.4%
1935	63	328	17%	41%
1945	76	368		

两次世界大战之间影响较大的报团有：

(1)芒西报团。业主芒西1889年在纽约创办杂志《芒西》获得成功，以后就向报界发展。1916年买下《太阳报》，1920年收买了《先驱报》、《电讯报》，1923年兼并《环球报》，1924年并吞《邮快报》，一时间席卷纽约报坛，被称为报坛"屠宰商"。不过1925年正当他为收买芝加哥《每日新闻》进行谈判时突然去世，他那为时不长的报团也随之瓦解。

(2)斯克里普斯报团。1914年，斯克里普斯的合伙人麦克雷退出，后来合众社的经理霍华德加盟，1922年组成斯克里普斯—霍华德报团。随后继续在各地创办或兼并报纸，其中有得也有失。老斯克里普斯1926年、其子罗伯特1938年先后去世，报团遂为霍华德掌管。至1940年，他拥有20来家日报，包括纽约的《世界电讯报》。

(3)赫斯特报团。第一次世界大战前后，赫斯特逐步由纽约向外地扩张，自1917年起几乎年年增加新报。1935年达到最盛期，在19个城市拥有26家日报(发行量占全国的13.6%)、17家星期日报(发行量占全国的24.2%)，另外还有14家杂志、3个新闻社、2个电影公司、8个电台，成为显赫一时的报业王国。

(4)论坛报集团。芝加哥《论坛报》的业主罗伯特·麦考密克和约瑟夫·帕特森于1919年创办了《纽约每日新闻》，以后又收买了几家地方小报，形成报团，业务稳步发展。

三、第二次世界大战后的发展

第二次世界大战以后，美国成了世界上的头号强国、资本主义世界的盟主。几十年来它到处侵略扩张，妄图建立世界霸权，并借助扩军备战政策，刺激国内经济的增长和繁荣。在这一背景下，美国报业有了新的发展和繁荣，其垄断化进程也达到了新的高度。

(一)兼开集中的继续

战后美国报纸的发行量在节节上升。但是日报种数继续减少，一城一报现象继续发展。这就表明兼并集中的势头有增无减。具体情况见下表：

日报种数销数变化

年份	日报种数	日报销数	全国人口总数
1949	1780	52845551	147946000
1964	1763	60412266	192000000
1979	1756	62000000	220000000
1983	1790	61400000	
1991	1643	62695000	

“一城一报”发展情况

年份	有日报的城市数	独家日报城市数	所占百分比	无竞争性日报的城市数	所占百分比
1954	1448	1188	82	1361	94
1961	1461	1222	83.6	1400	95.8
1971	1511	1312	86.3	1474	97.6
1976	1550	1369	88	1511	97.5

这种兼并集中，在某些重要城市表现得尤为明显。纽约是资本主义世界的经济中心，人口一千多万，战前尚有9家英文日报，至70年代仅剩4家：《纽约时报》《华尔街日报》《纽约每日新闻》《纽约邮报》。首都华盛顿在50年代还有4家日报，随后《华盛顿邮报》吃掉了《时代先驱报》，《明星报》合并了《每日新闻报》；1981年8月，具有100多年历史的《明星报》也关门大吉，使华盛顿一度成了世界上少有的“一报首都”。

报业集中垄断当然更加不利于无产阶级报纸的生存。第二次世界大战以后美国政府在对外侵略扩张的同时，对内不断镇压工人运动和进步势力。美国共产党的机关报《工人日报》一贯揭露政府的反动政策和垄断报刊的反共宣传。1950年美军入侵朝鲜后，该报立即开展反对侵略的宣传活动。当时国内反共气焰嚣张，美共多名领导人被捕。《工人日报》虽然没有被正式查封，但工作人员经常遭到传讯、罚款甚至逮捕等迫害。加之报业市场和广告市场高度垄断，有些城市甚至禁止它在报亭出售，这就使得该报销路下降，财政困难，最后在1958年1月被迫停刊。此后美共曾经出版过其他周报和日报，如《工人周报》《人民世界报》《世界日报》等，但是时断时续，处境十分艰难。

（二）报团的兴替

战前战后，诸多报团一直在激烈地争斗。经过大半个世纪的较量，有些报团衰败了、消失了，有些则在崛起、扩展。

最早建立的斯克里普斯报团第二次世界大战后逐步衰落，业主霍华德也在1964年去世。至20世纪70年代只有16家日报和7家星期日报。赫斯特报团在30年代后期由于亏损严重一度将资产抵押给银行。战后继续走下坡路，赫斯特死于1951年，此后报团陆续从称霸过的城市撤退，至70年代尚存8家日报、7家星期日报。

新兴的报团主要有：①奈特-里德报团。这是由20世纪二三十年代形成的奈特和里德两个报团于1974年合并而成的，当时拥有37家报纸，包括著名的《迈阿密先驱报》《费城问询报》等，其发行量一度位于各报团之首。②甘尼特报团。这家创立于1906年的老报团，第二次世界大战前后逐步兴起，1957年老甘尼特去世时已有22家报纸和几家电台电视台。60年代起，他的继任者大刀阔斧，不断用鲸吞其他报团的办法壮大自己，到70年代已在28个州拥有73家日报和48家星期日报（均为地方性报纸）。1982年创办了全国性日报《今日美国》，影响大增，跃居为全国第一大报团。③纽豪斯报团。业主纽豪斯战前就开始办报，战后自1950年起接二连三地买进报纸，1976年一举买进布思报团的八家报纸，从而拥有30多家日报和两个杂志集团。④汤姆森报团。这家国际报团在老汤姆森1976年去世时已在美国拥有几十家小型日报。⑤国际报业大王默多克组建的美国新闻媒介公司，70年代渗入美国传播界，购进了《纽约邮报》等多家报刊。

正是在报团的兴衰更替之中，整个报业的垄断程度在不断提高，尽管各个报团控有报纸的比重只有百分之几（没有一家达到20世纪30年代赫斯特所占有的比重），但是全体报团加起来在报业中的比重却扶摇直上。详见下表：

年份	报团数	控制日报数	占日报总数	占日报总销量
1960	109	552	31.3%	46.1%
1970	157	879	50.3%	63%
1978	167	1095	62.5%	72.2%
1983	149	1173	69%	78.5%
1987	143	1212	74%	82%

四、近期状况

(一)一般情况

美国是当今世界上报业最发达的国家，它出版的报纸和杂志数量都居世界的前列。

据《不列颠百科全书1998年鉴》，20世纪90年代后期，美国共有日报1548种，日发行量达5930万份，每千人拥有日报228份。有800多种日报出星期日版，每期发行量6200万份。此外，还有几千种非日报。

美国的报纸大多是地方性的。因为美国是联邦制国家，各州有较大的独立性，加之幅员辽阔，东西部时差大，所以历史上形成了地方性报纸的传统，各大城市的著名报纸都是以本地为依托的。战后有些大报把主要版面传送到若干城市同时印刷发行，从而具有全国性的特征。不过它们的发行量仍赶不上日本、英国的全国性报纸，超过百万份的只有四五家，有1300多家日报发行量在5万份以下。

美国报纸也有上层报纸和大众报纸之分。

美国报纸在采编业务上有一些比其他发达国家更为明显的特点：

(1)篇幅多，广告比重大。据1987年统计，大城市报纸的版面平均数，晨报为91版，晚报为77版，星期日报为351版。这些版面中属于编辑部提供的内容(包括新闻、言论、各种特稿)约占1/3;其他2/3则为广告。广告收入是报纸的主要财源,约占总收入的2/3到4/5。

(2)内容向广和专两极发展。综合性报纸的内容极为广泛庞杂,力图满足各类读者各方面的需求。专业性报纸分工细密,各有特定的发行对象和读者群,就像其他商品一样符合"市场细分原则"。

(3)报道注重深度化,版面更趋形象化。这既是为了适应当今读者的需求,也是为了在电视极为普及的情况下更好地扬长补短。报道深度化,意味着更多地采用解释性报道、调查性报道。版面形象化,意味着更多地采用大幅图片、彩色印刷,版式也更加灵活多样、不拘一格。一般说上层报纸更注重发展报道的深度;大众报纸更热心于版面"包装",甚至不惜以种种花哨、怪异、庸俗的视觉形象去招徕读者,扩大销路。

美国的期刊五花八门,种类繁多。公开发行的超过一万种,此外还有9000来种由各公司企业、机关团体内部发行的刊物。

美国报业从20世纪70年代后期就开始传播技术的更新。80年代,以电子计算机、微型电脑、微波及卫星通讯等为代表的信息时代新技术已得到普遍应用。90年代,许多报纸陆续在互联网上建立网站,通过网络直接向国内外发送新闻。目前上网的报纸已超过2000家。

(二)报团和垄断情况

目前美国报业的垄断程度很高。据1999年《美国新闻学评论》(AJR)的材料,全国1504家日报中,独立报纸仅300家,报团控制的日报为1204家,占全部日报种数的80%以上。① 又据美国报业协会(NAA)材料,1998年全国日报总销量5618万份,最大的20家报团拥有日报532种,约占全国日报种数的35.4%,销量为

---

① 《美国新闻学评论》(*American Journalism Review*), http://air.newslink.org, 1999-9-2。

3467.9 万份，约占全国日报销量的 61.7%。① 目前全国绝大多数的城市只有一家日报或一个报业主所出版的日报。

据美国报业协会材料显示，1998 年日报发行量 100 万份以上的报团有 13 个，依次为：

(1)甘尼特报团。它是目前美国最大的报团。共拥有包括《今日美国》在内的日报 74 家(总销数 599 万份)、星期日报 62 家(总销数 595 万份)。另外，它还拥有 7 家电视台、11 家广播电台、甘尼特新闻社、《美国周末》杂志和北美最大的户外广告公司。

(2)奈特-里德报团。拥有日报 33 家(387 万份)、星期日报 29 家(539 万份)。

(3)纽豪斯报团。拥有日报 23 家(278 万份)、星期日报 21 家(355 万份)。

(4)时报镜报集团。美国西部最大的报团，属于《洛杉矶时报》的业主钱德勒家族，“镜报”是指《洛杉矶镜报》，已于 1962 年停办。拥有日报 9 家(237 万份)、星期日报 7 家(304 万份)。

(5)道·琼斯集团。拥有包括《华尔街日报》在内的日报 20 家(总销数 231 万份)、星期日报 13 家(44 万份)。所属的母公司道·琼斯公司成立于 1882 年，是个经营经济情报检索、图书出版、广播电视等多种产业的联合企业。

(6)纽约时报公司。拥有日报 20 家(225 万份)、星期日报 16 家(314 万份)。

(7)新闻媒介集团。业主为国际传播巨头默多克，拥有日报 51 家(182 万份)、星期日报 37 家(197 万份)。

(8)斯克里普斯报团。现有日报 20 家(总销数 133 万份)、星期日报 16 家(152 万份)。

(9)赫斯特报团。拥有日报 12 家(131 万份)、星期日报 11 家(251 万份)。

(10)麦克拉奇报团。拥有日报 11 家(131 万份)、星期日报 11

---

① 美国报业协会(Newspaper Association of America)，http://www.naa.org，1999-9-2。

家(184 万份)。

(11)论坛报公司。拥有日报 4 家(126 万份)、星期日报 4 家(185 万份)。

(12)考克斯企业公司。拥有日报 16 家(112 万份)、星期日报 15 家(159 万份)。

(13)汤姆森报团。国际报业大王汤姆森家族在美国控有 50 种日报(103 万份)、星期日报 41 家(115 万份)。

以上这些报团都还兼营其他媒介，包括期刊、电台、电视台、通讯社，并且都在互联网上建有网站。

(三)重要报纸

据《编者与出版者 1999 年鉴》资料，1998 年美国发行量最大的 10 家日报为：《华尔街日报》(174 万份)、《今日美国》(165.3 万份)、《洛杉矶时报》(106.7 万份)、《纽约时报》(106.6 万份)、《华盛顿邮报》(75.9 万份)、《纽约每日新闻》(72.3 万份)、《芝加哥论坛报》(67.3 万份)、《新闻日报》(长岛，57.2 万份)、《休斯敦纪事报》(55 万份)、《芝加哥太阳报》(48.5 万份)。

但是，人们对报纸的评价并不取决于发行量。美国一些新闻研究机构常向有关专家做民意调查，以评选最佳报纸。下面是几家公认为最重要的日报。

1.《纽约时报》(*New York Times*)

创办于 1851 年，1896 年阿道夫·奥克斯接办，进入 20 世纪逐步取得美国报界权威地位。奥克斯 1935 年去世，女婿阿瑟·海斯·苏兹贝格继任为发行人。1961 年苏兹贝格退休，女婿奥维尔·德赖富斯接任。两年后德氏去世，老苏兹贝格之子阿瑟·奥克斯·苏兹贝格继任。1992 年阿瑟·奥克斯·苏兹贝格年迈引退，把权力移交他的儿子小阿瑟·苏兹贝格。

这份报纸新闻全面、内容详尽。它对国际国内重要新闻都有充分报道，历史上独家刊登的重要文件甚多，如 1919 年的凡尔赛和约、1925 年洛迦诺会议文件、1945 年雅尔塔会议文件、1956 年苏共二十大赫鲁晓夫的秘密报告、1971 年的五角大楼文件等。自 1913 年起就定期编印报上全部材料的索引，以便读者查考。

该报篇幅浩大，版面严整，外观清秀。平日版约为 80～100 版，星期日版在 400 版以上。平日版分为 A、B、C、D 4 个部分，A 组为国内外要闻和评论，B 组为一般新闻，以及工业、科技、教育方面的专文，C 组按日轮流刊登食品、娱乐、艺术、影视、家庭、时装、旅游或图书等方面的稿件，D 组为财经、金融、商业新闻和行情信息。1980 年夏季起发行全国版，主要为平日版的 A、D 两组的内容，由总部经卫星传送到新泽西州、芝加哥、佛罗里达、加利福尼亚等处印刷发行。1994 年起星期日版开始彩印，1997 年起平日版也加套色，但主要用于图片，标题、文字多为黑白，庄重雅致的风格未变。

该报通常代表东部垄断资本的政治需要和观点，读者对象主要是政界、企业界和知识界，它是国会议员、高级官员、工商巨头和许多国家首脑的必读报纸。

2.《华盛顿邮报》(*Washington Post*)

创办于 1877 年，1933 年转入富商尤金·迈耶手中后渐有起色。1948 年迈耶的女婿菲利浦·格雷厄姆和女儿凯瑟琳·格雷厄姆继承该报后，陆续兼并了《时代先驱报》和《新闻周刊》，买下了几家电视台，形成一家新兴的传播集团。1963 年菲利浦自杀去世，凯瑟琳自任董事长、总经理和发行人，成为美国著名的女报人。1971 年继《纽约时报》之后，大胆刊布五角大楼关于侵越战争的秘密文件，为舆论界所瞩目。1972 年首先揭露“水门事件”，刊发了一系列报道，导致总统尼克松下台，影响巨大，从而跃居三大报的行列。1979 年女主人逐步退居二线，由其子唐纳德·格雷厄姆继任报纸发行人。

该报注重报道国会消息和政府活动，国际新闻也很多，平日版约 100 版，星期日达 200～300 版。平日版分四组，A 组为国内外要闻和评论，B 组为文化生活、影视娱乐，C 组为本市新闻，D 组为体育、金融、商业。读者对象与《纽约时报》相似。

3.《洛杉矶时报》(*Los Angeles Times*)

创办于 1881 年，几年后为哈里森·格雷·奥蒂斯购买，实力逐步壮大。1917 年产业传给女婿哈里·钱德勒，1944 年又传给哈里之子诺尔曼·钱德勒。随着西部经济的发展，该报依靠丰厚的广告收入和房地产业务大发其财。但它在长时间内影响局限于西部一带，而且由于一贯为西部财团说话，反对工会活动和政治改革，成了出名的保守报纸。直至1960年钱德勒第三代奥蒂斯·钱德勒成为发行人后，进行了一系列改革，加强国际新闻和全国性要闻的报道，多发深度分析文章，改变社论策略，注意反映各派政治观点，才逐步改变了保守主义和地方报纸的形象，影响迅速上升，至70年代终于跻身三大报行列。

该报代表西部财团(主要是洛克菲勒财团)的利益，资金雄厚，广告充足，收入丰厚。平时出报100版左右，星期日在400版以上。平日版分五个部分：国内外及当地要闻；地区新闻、社论和社论版对页；体育、商业、经济，金融；文艺、影视、社交、书评等；娱乐材料和分类广告。为了扩大影响，同社区报纸竞争，该报陆续办了70多个地方版，主要刊登社区新闻，附在主报中一起发行。读者对象主要是西部上层社会。

4.《华尔街日报》(*Wall Street Journal*)

这是侧重于财政金融的日报，由道·琼斯公司在纽约出版。创办于1889年，本是金融专业报纸，20世纪30年代末逐步发展为综合性日报，除了继续侧重财政金融内容外，还注重报道国际国内重大新闻，刊登政治、社会、文化、科教方面的专稿。该报在政治上代表大资产阶级、特别是金融资本家的利益，社论版常就国内外重大问题发表有影响的言论。刊登的经济分析以及道·琼斯公司汇编的股票指数，历来为国内外经济界关注。报纸的读者对象除了金融界、企业界外，现已扩展到政界和上中层知识分子。

《华尔街日报》在国内有东部、中西部、西南部、西部共四个版，编辑内容基本相同，只是地方新闻和广告有所不同。基本版面由总部卫星传送到各地十多个印刷厂同时印刷出版。1976年起在香港出亚洲版，1988年起在布鲁塞尔出欧洲版。

5.《基督教科学箴言报》(*The Christian Science Monitor*)

这是基督教科学协会在波士顿出版的面向全国的报纸。创办于1908年，发刊时起就抵制黄色新闻，一贯保持了严肃正派的传统。

它注重报道国内外重大新闻，擅长于解释性报道，重视刊登文艺、科教方面的特稿。一般不登或少登犯罪和灾祸性新闻，即使刊登也着重分析事件的前因后果，不作细节渲染。它的国际报道尤负盛名，有关国际新闻的编辑和记者不少是这方面的学者专家。这就使报纸在政界、知识界、文化界有很深的影响，读者大多有较高的文化和社会地位。

该报1975年起改为四开小型报纸，国内版通常为20多版，由总部传至洛杉矶、芝加哥、新泽西等处同时印刷而后在全国和加拿大发行。在伦敦出版一种同名周报，为该报国际版，以刊载国际新闻和评论为主。该报编排讲究、文笔优美。广告较少，约占全部篇幅的1/4，而且对内容有所限制，如对于烟草、烈性酒、色情影片的广告都拒绝刊登。发行量不大。

6.《今日美国》(*US Today*)

这是全国性的综合日报，为甘尼特报团1982年9月15日创办，在首都附近的阿灵顿出版。

该报内容简明、编排新颖。每周出5天，每天40版，分为新闻、体育、娱乐三个部分。新闻版和体育版图文并茂，创办时就彩色印刷。新闻报道十分简短，通常每条只有几小段甚至几句话，像是全国性的新闻简编。常用引人注目的标题新闻或图片新闻。它不注重深度报道、专栏评论，但是注重信息图解，经常将冗长深奥的内容化为生动形象的图表。它不登连环画、字谜、分类广告，但是每天都有各州的气象预报。读者对象主要是来去匆忙的商界人士和成千上万的旅游者，报纸有意以短取胜，认为这一风格“反映了我们生活的特征”。

报纸发刊以来已在全国出了许多分版，并在加拿大等国发行。发行量开始时为20万份，一年后就超过百万份。20世纪80年代末开始居全国日报的第二位，颇受社会各界瞩目。

(四)重要期刊

美国的杂志，1996年销量较大的为《NRTA/AAPP新闻》(2056万份)、《Modern Maturity》(2052万份)、《读者文摘》(1507万份)、《电视指南》(1301万份)、《全国地理杂志》(902万份)。在舆论界影响重大的主要是：《时代》《新闻周刊》《美国新闻与世界报道》（以上是三大新闻周刊），《大西洋杂志》《哈泼斯杂志》（以上为综合杂志），《财富》《商业周刊》（以上为经济杂志）。

1.《时代》（*Time*）

由时代华纳公司在纽约出版。该刊是亨利·卢斯和布里顿·哈登在1923年创办，1929年哈登去世后由卢斯单独经营，逐步成为美国最有影响的新闻杂志。卢斯又以此为基石，陆续办了《财富》《生活》等多种著名刊物，建立了庞大的杂志王国时代公司。1989年时代公司同经营电视业的华纳公司合并，1995年特纳广播公司又合并进来，如今的时代华纳公司已是美国和世界第一大媒介集团。

《时代》杂志的主要特点是对国内外重大新闻事件进行综合分析，补充材料，配上照片，使之比报纸报道更有条理、更具深度，因而它也是解释性报道的先驱。刊物编排讲究，印刷精美，图文并茂。除国内版外，还有澳、新、日、加、南非、欧洲等国外版，内容按地区略有增减。每期发行量约为600万份。

2.《新闻周刊》（*News Week*）

1933年创办于纽约，原属麦克劳-希尔公司，1961年售与华盛顿邮报公司。它的编排和栏目与《时代》基本相似，内容除国内外时事分析外，还常刊登专栏作家文章以及各国政治、外交人物的访问记等。除国内版外，还出大西洋版和太平洋版，期发约为320万份。

3.《美国新闻与世界报道》（*US News and World Report*）

由美国新闻与世界报道公司在华盛顿出版。它的前身是1935年创办的《美国新闻》和1946年创办的《世界报道》，1948年两者合并，用现名。它在版面编排上同《时代》和《新闻周刊》有所不同，栏目较少，形式滞重，内容更为严肃。除了国内外政治、经济、军事述评外，还辟有"华盛顿流言""明天展望"等栏目。它在军事方面文章较多，也常刊登政府头面人物谈话。期发230万份左右。

4.《读者文摘》（*Reader's Digest*）

1922年德威特·华莱士创办，为32开本书本式月刊，由设在纽约州的读者文摘杂志社出版。

该刊是综合性文摘杂志，材料来源于报刊和书籍。内容广泛，从国际、国内政治，到社会问题、科学医药以及日常生活，均有涉及；体裁多样，政论、散文、游记、故事、杂文，无所不包。文字一般都在500~3000字，每期25~30篇。

由于该刊选材具有趣味性、故事性、知识性，文字通俗流畅，因而吸引了成千上万西方世界中下层读者。至20世纪80年代末已用17种文字出42种版本(包括中文版)，在167个国家发行。

第四节　法国现代报业

一、现代报业的开端

19世纪末期，法国的政治经济发生了深刻的变化。1879年共和派执掌政权，尤其是1881年出版自由法颁布以后，法国报业发展进入了一个全新的阶段。从那时起至第一次世界大战爆发，被称为法国报业的“黄金时代”。在此期间，报刊数量大为增长，巴黎报纸的发行量由100万份增至500万份，外省报纸由30万份增至400万份。尤其重要的是，商业性报纸日趋兴旺，它们在报业中的影响日益扩大，这正是法国报业进入现代阶段的重要标志。

当时最有影响的商业性报纸是巴黎的四大日报。一是《小新闻报》(*Le Petit Journal*)，这是1863年米劳德创办的廉价报纸，1890年日销量达100万份。1884年该报首创图画副刊，每周一期，以娱乐材料和故事为主，后来还增添套色图片，很受读者欢迎。二是《小巴黎人报》(*Le Petit Parison*)，1876年创办，1888年让·迪皮接办。此后增加社会新闻、体育新闻、各种特写和连载小说，并且更新设备，采用新的轮转印刷机，使得篇幅增多而售价不变。1903年日发行量突破百万大关，1914年曾达到150万份。三是《晨报》(*Le Martin*)，为1883年美国人所办，以后几度易主，但仍保持着美国大众化报纸的风格。政治上标榜独立。社论委员会由各派作者组成，轮流执笔，给人以客观公正的印象。业务上文字通俗，版面活泼，常用大字标题、多栏标题。经营上尽力以广告收入弥补开支，保持廉价。1913 年日发行量也达到 100 万份。四是《新闻报》(*Le Journal*)，1892 年由斐迪南·贺创办，具有较强的文学色彩，常以优厚的稿酬约请名家写稿，左拉曾为它写过小说。同时又不断扩大新闻报道面，增加通讯特写，大力招揽广告。1914 年日发行量超过百万份。

以上四家日报都以超党派的面目出版，实行商业经营，面向中下层读者，售价低廉。它们是 19 世纪中期廉价报纸的新发展。它们在世纪之交相互竞争，称雄巴黎报坛。当时巴黎 60 多家日报，有 39 家发行量不足 5000 份，而这四家在 1914 年的发行量占巴黎报纸总发行量的 75%、全国报纸的 40%，在一定程度上表现了集中化的态势，但当时法国还没有出现报团。

这一时期，法国政党报纸在报坛上仍有重要地位，这些报纸可分为左、中、右三派。右派报纸反对资产阶级议会民主制，对外坚持民族沙文主义。主要有《巴黎回声报》，1884 年创办，初期有廉价报纸的特点，之后政治上日渐右倾，成了右派组织法兰西祖国联盟的机关报，鼓吹参与帝国主义战争，在军队中获得不少读者，第一次世界大战中几乎成了参谋本部的喉舌，发行量曾达 40 万份。左派报纸大多为资产阶级激进分子所办，它们维护共和制度，有的还对社会主义表示一定的同情。当时较为著名的有《不妥协者报》(1880 年罗什福尔办)、《震旦报》(1879 年克列孟梭办)。介乎左右两派之间的中间派报纸数量较多，它们政治立场比较温和。最有代表性的是《论辩报》和《时报》。另外，一贯持保守立场的《费加罗报》在主编维尔梅桑去世后，转而拥护温和主义的共和派。

二、两次世界大战之间的演变

两次世界大战之间，法国经济始终不景气，报业发展也处于相对停滞状态。报团已逐渐出现，但是垄断化进程缓慢。

(一)各类报纸的兴衰

第一次世界大战期间，由于政治管制的加强、工商业的萧条，法国报业发展的势头中止，只有个别报纸如右派的《巴黎回声报》

有过一时的风光。大战之后，《巴黎回声报》和战前的巴黎四家大报都在衰落：《小巴黎人报》在1919年让·迪皮死后就走下坡路，进入20世纪30年代后发行量持续下降。《小新闻报》几度易手，1938年成为法西斯组织"火十字团"的喉舌，为多数读者摒弃。《晨报》在瓦里拉接任主编后走上了反民主、反社会主义的道路。《新闻报》1925年由几家公司联营后政治态度右倾，这两家报纸的发行量都在锐减。《巴黎回声报》于1937年陷入危机，不得不与另一家报纸联营。

总的来看，由于报业商业化进程不快，两次大战之间法国的党派报纸仍在报坛上占有重要地位。中派报纸主要是《时报》和《论辩报》。《时报》影响更大，但在20世纪30年代曾支持法国政府的绥靖政策，拥护慕尼黑协定，留下了不光彩的历史。右派报纸有《法兰西行动报》《十字架报》。左派报纸有社会党的《巴黎人民报》和激进知识分子1923年办的《日报》，它们在20世纪30年代积极推进左翼联盟，支持抵抗运动，拥有不少读者。

这一时期法国共产党的报刊开始登上政治舞台，影响日益扩大。早在1904年，社会党创始人让·饶勒斯在巴黎创办了《人道报》(L' Humanité)作为社会党机关报。1914年饶勒斯被暴徒杀害后，该报由总编辑加香领导。1920年加香为首的社会党左派成立共产党，该报随之成为法共的报纸，1923年确定为法共中央机关报。在两次大战之间，《人道报》为维护工人阶级和劳动人民利益，支持被压迫民族的斗争，报道和宣传社会主义苏联，推动反法西斯人民阵线的建立和发展，作出了不懈的努力，在群众中影响逐步扩大，发行量高达50万份。但它经常遭到反动势力的迫害，1939年8月被法国政府封闭，从9月份起转入地下秘密出版。德国入侵后，它不断揭露贝当政府的叛国行径和德军的罪行，鼓舞人民为解放祖国而战斗。它在地下期间共出了367期，印发了5000万份以上。从20世纪20年代中期起，法国共产党逐步建立了党报体系，有理论刊物、地方党报，还有一些大企业的基层党报。

(二)报团的出现

在两次世界大战之间，法国报业已有兼并集中的趋势，主要表现在报纸销量随人口增加而略有上升，但报纸种类却在减少。从1920年到1939年，全国日报销数由1000万份增至1200万份；而巴黎日报则由40家减为32家，外省日报由220家减为175家。不过这种兼并集中不如英美等国显著，也未能形成巨大的报业集团。这是因为法国报业商业化进程慢，商业报纸长期未能取代政党报纸的地位，因而难以形成大型的报业垄断组织，另外，外省报纸实力较强，也使巴黎大报难以向外省扩张渗透、兼并地方报纸而形成报团。

这一时期法国出现的少量报团都是由工商企业收购报纸而形成的。它们实际上是这些工商企业的子公司，拥有的报纸不多，报纸所有权也常常转移变动。其中主要有：

1. 普鲁沃斯特集团

普鲁沃斯特是个毛纺公司老板，1917年开始插足报业，买下了《家园》杂志，1924年购得《巴黎午报》。1930年买下《巴黎晚报》，办得十分成功。他延聘了一批出色的报人，将该报办成图文并茂的新闻画报，侧重于社会新闻、体育新闻和人情味报道，政治经济方面的报道力求简明扼要，结果发行量节节上升，1940年曾达200万份。普鲁沃斯特1938年还买下了期刊《竞赛画报》，发行量也曾高达110万份。

2. 柯蒂集团

著名的柯蒂化妆品公司老板弗朗索瓦·斯波蒂诺，1922年买下《费加罗报》，随后兼并了《高卢人报》。1928年又创办了宣传极右观点的《人民之友报》。1930年的经济危机中，柯蒂集团破产，所属的报纸先后出售或关闭。

3. 温德集团

温德家族是法国钢铁和军火工业大王。一次大战后通过购买股票控制过《时报》《论辩报》《新闻报》等，在《晨报》《巴黎回声报》和哈瓦斯通讯社也拥有部分股权。

4. 帕特诺特报团

雷蒙·帕特诺特是糖业大王，曾随其父在美国住过，回国后仿照美国模式建立报团。1936年拥有《小新闻报》《共和报》等，在

《巴黎晚报》也有过股份。

(三)战时的动荡

1940年6月德国军队入侵法国，占领了包括巴黎在内的大部分国土，南部地区则由贝当傀儡政府掌管。当时《晨报》《小巴黎人报》等少数报纸投敌附逆，多数报纸随贝当政府南迁。1942年德军又南下占领法国全境，南撤的《时报》《费加罗报》《巴黎晚报》《新闻报》《小新闻报》《法兰西行动报》《十字架报》《论辩报》等相继停办。

与此同时，爱国报人纷纷创办地下报刊。其中有《综合新闻》(全国抵抗运动委员会)、《人道报》(共产党)、《人民报》(社会党)、《保卫法兰西报》《解放报》《战斗报》等。1943年还成立了全国地下报刊联合会，以协调行动，共同进行反法西斯宣传。

三、第二次世界大战后的发展

第二次世界大战后法国报业重新恢复和发展。政党报纸明显衰落，商业性报纸上升至主体位置，并且不断兼并集中，形成了垄断化的格局。

(一)报业的重建和演进

1944年法国全境解放。根据临时政府法令，凡在沦陷区公开出版15天以上的报刊，一律禁止出版；而战时的地下爱国报刊均可公开发行。另外，政府又批准了一些新报创办。经过这番调整，战后继续出版的旧报只有《费加罗报》《十字架报》《人道报》等几家，其他都是新报，整个报坛呈现出与战前很不相同的景象。

战后初期，法国报业出现过短暂的繁荣。政府宣布恢复1881年的出版自由法，又将明令停刊的报纸的财产交由全国报刊企业公司掌管，用于出版新报。一时间报坛兴旺，1946年全国有日报203家，总发行量达1512万份。但从20世纪50年代开始，报纸发展逐步停滞。以后40年间虽有过起伏，但总的情况是不景气的，不仅种数减少，而且销量也萎缩，这一点在发达国家中是比较突出的(详见附表)。不过，战后法国杂志出版却一直兴盛，稳定在三四千种，其总发行量几乎与报纸相等，广告收入远远超过报纸。

战后法国报业的结构也有明显的变化。一是巴黎报纸比重下降，外省报纸比重上升。就日报发行量而言，战前巴黎日报占2/3，外省日报占1/3；战后正好相反，前者占 1/3，后者上升为2/3。二是报业的商业化程度提高。战后初期报纸的政党色彩依旧，特别是左派报纸影响很大。但是随着时间的推移，读者越来越青睐于政治上独立的、内容更为广泛多样的商业报纸，致使报纸的党派倾向普遍淡化。到 20 世纪 80 年代，只有法国共产党仍然保持了自己的党报体系，其他政党的报纸纷纷停办，商业报纸在种数和销量上都占据了优势。

(二) 兼并和垄断

战后法国报业在新的起点上重新兼并集中，并且终于形成垄断。下面两个表反映了这一进程的大致轨迹。从表一可见，1980 年与 1946 年相比，日报总销量大约下降了 26%，而日报种数则减少了 60%。从表二可见，1914 年只有一家日报的城市占城市总数的 1/4，而 1981 年则上升至 4/5 左右。

表一　　　　**日报种数销数变化表**

年份	巴黎日报数	外省日报数	全国日报数	日报总销数(万)
1946	28	175	203	1512.4
1950	16	126	142	1093.4
1960	13	98	111	1135.5
1970	13	81	94	1186.5
1980	10	72	82	1110

表二　　　　**“一城一报”发展情况表**

年份	1914	1938	1955	1981
有日报的城市总数	96	83	73	55
有两种以上日报的城市数	72	52	33	15
只有一种日报的城市数	24	31	40	40

具体说来，战后法国报业的垄断化过程大致可分三个阶段：

(1)20 世纪 40 年代后期到 50 年代初。战后兴办的众多报纸，在竞争中有不少倒闭停办，一批实力较为雄厚的大报崭露头角，为日后形成报团准备了基础。

(2)20 世纪 50 年代中期到 60 年代。在进一步的竞争中，一些中小报纸逐步依附于大报，衍变为其地方版，于是形成了 20 来个以大报为核心的区域性报团。其中最大的有四个，即：以《法兰西晚报》为中心的阿歇特集团，以《费加罗报》为中心的普鲁沃斯特集团，以《解放了的巴黎人报》为中心的阿莫里集团，以《震旦报》为中心的布萨克集团。到 60 年代末，20 家报团已控制全国报业市场的 73%，形成了全国的垄断格局。

(3)20 世纪 70 年代以后，报业垄断进一步升级，由报纸间的联营或兼并发展为报业集团间的联营或兼并。一方面，区域性报业垄断继续加强，例如里昂与格勒诺布尔两个报团联营后建立了“第一号企业集团”，一度控制了法国东南部 1/4 国土上的报刊(80 年代逐步解体)。另一方面，出现了埃尔桑这样的通过不断吞食兼并其他报团而称霸全国的超级报团。

(三)共产党报刊的变化

在资产阶级报业形成垄断的同时，无产阶级报刊仍然艰难地力求保持和发展自己的阵地。战后法共中央机关报《人道报》公开出版，继续为工人阶级和劳动人民的利益而斗争。它在国内致力于团结法国人民和一切民主力量，争取复兴国家经济、扩大人民民主权利；在国外致力于奉行独立的外交政策，反对追随美国侵略朝鲜、扩大印度支那战争，争取世界和平。当时它的声誉很高，是全国最有影响的政治报纸，发行量曾达 48 万份(1946 年)。《人道报》十分重视联系群众，建有广泛的工农通讯员网，能够及时获得来自群众的信息和呼声。1951 年起每年在郊区公园举行报刊节活动，内容丰富多样，最多时曾有 30 万名劳动群众参加，这是党和报纸联系群众的又一种生动形式。该报在经营上也重视依靠群众，战前曾在各地建立“保卫人道报委员会”，战后改为“人道报推销委员会”，用以发动群众筹集资金、推销报纸。但由于国内外政治形势的变化，70年代以后报纸销量下降，财政困难。80年代发行量为10来万份，但《星期日人道报》仍有40多万份。

法共除了《人道报》外，还出版理论刊物《共产主义手册》、时事周刊《革命》、农民刊物《土地》、经济科技报纸《前进报》，以及地方党报《今晚报》等，法共领导的工会、青年团也有自己的报刊，从而形成了党的报刊体系。

四、近期状况

（一）一般情况

根据《不列颠百科全书1998年鉴》，20世纪90年代后期法国共出版日报118种，期发总数约为1368万份，每千人拥有日报237份。

法国报纸按习惯分为巴黎报纸和外省报纸两大类。前者在巴黎出版，有全国性影响；后者在巴黎以外出版，可进一步分为大区报、省报和城镇报。

巴黎报纸以往有言论性和消息性之分。言论报重视国内外政治时事，有较多的评论分析，一般代表某一政党或政治派别；消息报侧重于新闻报道，特别是地方新闻、社会新闻。战后言论报纷纷淡化党派色彩，增加消息报道和娱乐性、趣味性内容，因而两种报纸的差异缩小。20世纪90年代后期，巴黎主要报纸的发行量为：《费加罗报》，42.4万份；《世界报》，38.6万份；《法兰西晚报》，25.7万份；《解放报》，18.2万份；《人道报》，8.4万份；《巴黎日报》，8万份。

外省报纸一般都是消息性的，不注重政治评论，侧重于地方新闻。每家外省报纸又发行众多的地方版，占领广大城镇市场，地方版有部分内容是报社统编的，其余则是所在乡镇的新闻和广告。90年代发行量最大的地方报纸是：《法兰西西部报》（44个地方版，79.5万份）、《北方之声报》（29个地方版，37.2万份）。

法国的杂志出版远比报纸兴旺。目前公开出版的期刊有14000多种，全年发行几十亿册，读者普及率居世界前列。除了新闻类期刊外，尤多消闲娱乐性期刊、广播电视期刊。

(二)报团和垄断情况

法国报业如今已高度垄断。全国有 30 多个报团，其中主要的是：

1. 埃尔桑报团

业主罗贝尔·埃尔桑在沦陷时期曾投靠贝当政府。战后初期经营广告公司，1950 年创办《汽车报》，依靠刊登汽车广告致富，以后陆续收买或创办一些中小型报纸，到 20 世纪 60 年代已有 20 多家地方报纸。1972 年他买下了《巴黎-诺曼底报》，改善经营，采用现代化排版和传真技术，站稳脚跟，随后向几家大报冲击。1975 年从普鲁沃斯特集团购得了《费加罗报》，1976 年从阿歇特集团购买了《法兰西晚报》，1978 年又买进布萨克集团的《震旦报》，一跃而为法国最大的报团。20 世纪 80 年代又取得了《自由多菲纳报》、《进步报》等多家地方大报。至 80 年代后期拥有报刊四十多家，拥有地方日报总发行量的 26.4%、巴黎日报总发行量的 38%。此外它还拥有自己的通讯社——报业新闻总社以及广告公司等企业。埃尔桑于 1996 年 4 月去世。

2. 阿歇特集团

本是个图书公司，自 1826 年开办阿歇特书店起，已有 100 多年历史。目前是法国最大的图书出版和报刊发行集团，拥有多家出版社，在巴黎报刊发行公司有 49% 的股权，并经营书报进出口业务。第二次世界大战后一度拥有《法兰西晚报》，现在直接和间接控制的报刊有 20 多种，包括《法兰西星期日》画刊、《星期日报》《她》《问题》《每周电视》等。此外还经营广告、印刷、广播电视、电影制作等业务。

3. 阿莫里报团

创办人埃米利安·阿莫里是法国广告业巨头，曾任哈瓦斯通讯社社长。第二次世界大战后他与人合伙创办了《解放了的巴黎人报》，并以此为中心形成报团。阿莫里于 20 世纪 70 年代去世，现在该报团除了《解放了的巴黎人报》外，还拥有最大的体育日报《队报》、地方报纸《西部信使报》《曼恩自由报》，以及《观点》等杂志。

4. 世界出版集团

原为杜卡集团，创办人德尔·杜卡 1977 年去世后几度易主。现在拥有一批大众化杂志，如《我俩》《亲密朋友》《电视杂志》《巴黎时装》等。

5. 巴亚德报团

这是个历史悠久的天主教报团，拥有 20 多种报刊，多为宗教性的。如《十字架报》《朝圣报》(周刊)、《今日信仰》(月刊)等。

(三)重要报纸

1.《世界报》(*Le Monde*)　目前最有影响的日报，1944 年 12 月创办于巴黎。当时著名记者于贝尔·伯夫-梅里曼受戴高乐政府委托，联合 30 名青年记者，接收原《时报》设备，办起了这份报纸。20 世纪 50 年代起，该报逐步摆脱政府控制，改组为非营利的合作型机构，股权归本社员工所有，经营和编辑保持独立性。80 年代进一步改革体制，规定报社股份 49%归本社职工，11%归社长，其余 40%由社外人士认购，社长由持股人选举产生。《世界报》是一份严肃的言论性报纸，政治上持中间偏左立场，每周出版六天，每天 20 版左右。内容侧重政治时事，解释性报道多，国际新闻丰富而有分量，基本上不登图片，不发黄色新闻。广告约占版面的 40%，读者主要是中上层知识界、政界和工商界人士。

2.《费加罗报》(*Le Figaro*)　法国现存历史最久的日报。1854 年创办时为周报，1866 年改为日报，一次大战后为柯蒂集团掌握，1949 年柯蒂的遗孀将股份卖给普鲁沃斯特集团，1975 年转手给埃尔桑报团。这是份言论性报纸，政治态度历来保守，内容着重政治新闻、国际新闻及文学艺术，社会和体育新闻也很出色。通常三十多版，图文并茂，逐日轮流出各种专版，周末出增刊《费加罗画报》。该报广告收入丰饶，读者对象主要是资本家、经理、政界及社会上层人士。

3.《法兰西晚报》(*France-Soir*)　该报前身是 1941 年创办的地下报纸《保卫法兰西》，1944 年 8 月公开发行，同年 11 月改为现名，办成面向社会大众的晚报。20 世纪 40 年代末为阿歇特集团购买，发行量一度突破百万。60 年代起由于电视业的竞争，销量下降，1979 年转卖给埃尔桑报团。该报每份 20 版，大量刊登社会新闻、煽情主义新闻，格调不高，还辟有多种娱乐、游艺专栏。80 年代起逐步改变方针，增加政治经济新闻及有关资料，以求摆脱困境。

4.《国际先驱论坛报》(*International Herald Tribune*)　美国企业在巴黎出版的国际性英文日报。前身是 1887 年 10 月开始出版的《纽约先驱报》(后改为《纽约先驱论坛报》)欧洲版。第二次世界大战期间曾停刊(1940—1944 年)。复刊后几经变迁，1967 年 5 月 22 日起用现名。目前股权分属《纽约时报》《华盛顿邮报》和惠特尼广播电视台。着重报道国际政治、经济、文化等方面的新闻，通过卫星传版在伦敦、马赛、苏黎世、海牙、罗马、迈阿密、中国香港、新加坡等地同时印刷，行销 160 多个国家和地区，发行量在 15 万份左右，是美国资产阶级观察世界、传播观点的重要阵地。

(四)重要期刊

1.《快报》(*L' Express*)

新闻周刊，1953 年发刊，1964 年仿效美国《时代》周刊进行改革，发展为法国最有影响的新闻周刊，还出有国际版。侧重于新闻时事综合分析，并广泛涉及经济、科技、文艺、影视、旅游等内容，每期发行量为 50 多万份。

2.《巴黎竞赛画报》(*Paris-Match*)

时事画刊，是战前风行一时的《竞赛画报》的翻版。现为阿歇特报团和菲利帕希报团共有。内容有国内外大事、特稿、评论、政坛人物、影视明星、家庭生活、时装美容等，图文并茂，编辑精美。发行量在 100 万份上下。

3.《鸭鸣报》(*Le Canard Enchaine*)

讽刺性刊物，1915 年创办，惯于以辛辣的讽刺、诙谐调侃的语气评论时弊、揭露丑闻。1972 年揭露总理沙邦-戴尔马的偷税漏税行为，导致其下台。1979 年揭露总统德斯坦接受中非皇帝的贿赂，影响了他的竞选连任。20 世纪 80 年代发行量约为 60 万份。

第五节　德国现代报业

一、现代报业的开端

19世纪末期，德国社会在君主立宪的体制下发生着悄然而又深刻的变化。90年代工业革命趋于完成，资本主义经济有了重大发展。1890年一贯奉行“铁血政策”的帝国宰相俾斯麦下台，他在任时制定的“反社会党人法”宣告废除，政治环境有了相对改善。

世纪之交，德国政党报纸（包括资产阶级各党派和社会民主党）仍然占据重要位置。但是商业性的大众报纸正迅速兴起，以这类报纸为基础的报业垄断组织也在出现，从而开始了向现代报业的演变。德国（还有日本）并没有明显的廉价报纸时期，这是和英美法有所不同的。

在这一演变中，鲁道夫·莫斯（Rudolf Mosse）的报业活动有着承前启后的作用。莫斯早在1865年就在柏林创办《广告电讯报》，用一半以上篇幅刊登广告，报价低廉，但获利颇丰。他还自办广告社，经营广告业务。1871年他在柏林创办的大众化报纸《柏林日报》（见第二章）又获成功，成了其他报刊模仿的对象。

1883年，出版商奥古斯特·谢尔（August Scherl）创办《柏林地方通讯》，初为周报，1885年改为日报，主要刊登地方新闻，并辟有多种特写专栏，颇受市民欢迎，发行量很快达到10万份。与此同时，他还办了多种期刊。

随后造纸和印刷商乌尔斯泰因（Leopold Ullstein）也创办了一系列大众报纸，如1889年的《柏林画报》（周刊）、1898年的《柏林全德新闻》《柏林晨邮报》，后者发刊十天发行量就达10万份，1913年达到40万份。1904年又办了德国第一份以零售为主的大众报纸《柏林午间报》，着重刊登社会新闻和娱乐材料，头版全部是照片和大字标题。

在上述商业报纸发展过程中，逐步形成了德国最早的拥有多家报纸的报团：莫斯报团、谢尔报团、乌尔斯泰因报团。

二、20世纪前期的演变

第一次世界大战中德国战败，1918年柏林爆发十一月革命，以工人、士兵为主的起义大军推翻了霍亨索伦王朝的统治，建立了共和体制。但是资产阶级和容克地主篡夺了政权，镇压了工人起义。翌年在魏玛召开制宪会议，实行资产阶级议会制度，从此开始了魏玛共和时期。魏玛共和初期由社会民主党右翼执政，以后法西斯势力逐步发展，1933年希特勒上台，建立了法西斯专政。

（一）魏玛共和时期

魏玛宪法载明了保障新闻自由的原则。宪法规定："人民在法律范围内，有以语言、文字、印刷和图画自由表示意见的权利……任何人不得妨害，并不得实行检查。"这就为资产阶级报业发展提供了相应的环境。以后13年间德国报业空前繁荣，1914年全国报纸有2200家，1932年上升到4703家，总销数2500万份，为德国报业史上的高峰。

这一时期政党报纸仍然影响重大，约占报纸总数的47%。这是因为战争结束后，各报经济困难，纷纷求助于政党；而议会政治活跃，也促使各党派竞相占领报刊阵地。当时主要的政党报纸有中央党的《科隆新闻》、天主教党的《德意志报》、国家党的《新普鲁士十字新闻》、社会民主党的《前进报》等。

与此同时，希特勒的纳粹报刊也在伺机发展。希特勒在1920年建立了国家社会主义工人党（即纳粹党），同年买进一家私人报纸，改名《人民观察家报》并作为机关报。1923年希特勒在慕尼黑发动政变失败，该报被封闭。1925年纳粹党恢复活动后该报复刊。随后该党又创办了《柏林工人日报》《攻击》半月刊，买下了《汉堡日报》，形成法西斯报刊体系，为希特勒上台制造舆论。到1932年纳粹报刊已发展到120家。

德国无产阶级的政党在困难的条件下逐步创办了自己的报刊。德国共产党成立于1918年（前身是左派社会民主党人组成的斯巴达克同盟），当时就把革命高潮中创办的《红旗报》作为机关报。十一月革命失败后德共转入地下，至20年代逐步恢复正常活动，并建立了以《红旗报》为中心的党报系统，拥有35种日报、多种杂志、一家印刷厂。

这一时期德国商业性报纸不断增多，报业垄断有所发展，出现过一些大小不等的报团。原来的三大报团则有了新的变化。

乌尔斯泰因报团继续壮大。希特勒上台前该报团已拥有五家日报：《柏林晨邮报》《柏林全德新闻》《柏林午间报》《福斯新闻》《时报》晚刊。其中《柏林晨邮报》销量最大，1932年达60万份，为全国之冠。另外还拥有10种周刊、10种月刊，以及出版社、广告社、印刷厂等。

莫斯报团也在发展。在希特勒上台前拥有四家日报：《柏林日报》《柏林人民报》《柏林晨报》《准时晚报》；另外有广告社、通讯社及其他附属企业。

谢尔报团在第一次世界大战时趋于衰落，为矿业大王胡根贝格(Hugenberg)购买。胡根贝格是德国大垄断资本家，长期担任军工企业克虏伯集团董事长，他对谢尔报团的收买，正是工业垄断资本对报业渗透的标志。胡根贝格集团除了在柏林拥有三家日报(《柏林地方通讯》《每日报》《柏林图画晚报》)外，还拥有一个很大的地方报团、一家汉堡日报、九种周刊以及广告公司、通讯社、出版社、影剧院、电影公司等，实力雄踞各报团之首。

(二)法西斯统治时期

1933年希特勒在垄断资产阶级支持下上台，担任政府总理。希特勒一贯重视控制舆论和宣传。他早年在《我的奋斗》中就曾写道："报纸的重要性在于能以一致而坚定的重复方法施教。报纸上的言论应该趋于一致的目的，不要被出版自由的谬误所惑。"根据这一理论，法西斯政权对报业实行了全面的控制。这是垄断资产阶级为了侵略扩张、镇压人民、运用国家机器强制实行的报业垄断，是资产阶级报业垄断的特殊形态。

希特勒上台伊始就对报业大肆镇压。1933年2月纳粹党徒制造了国会纵火案，然后嫁祸于人，以此为借口大肆逮捕共产党人，封闭了50多家共产党报纸和130种社会民主党报纸。随后逼迫总统公布法令，宣布停止实行宪法规定的新闻自由。3月，政府设立国家宣传部，由戈培尔任部长，统管宣传文化事务。国家宣传部严格管制报刊言论，每天都召集柏林和外省报纸驻柏林机构的负责人，发布具体宣传指示，各报刊如有违反就会遭到严厉处置。同年7月，法西斯党徒以暴力夺取了莫斯报团的所有报刊和财物，随后又强制没收了乌尔斯泰因报团，负责接管这两家报团的是纳粹党的埃那出版社。剩下的胡根贝格报团政治反动，一贯支持希特勒，但是纳粹党仍派出人数众多的主笔团控制其所属报刊的言论，使其完全成为纳粹的工具。

1933年下半年起，纳粹进一步加强对新闻和文化队伍的控制。策划建立了以戈培尔为主席的御用机构德国文化协会(下面又分设新闻、广播、电影等六个协会)，规定凡从事文化职业的人都必须加入协会，协会可以以“政治上不可靠”为由随时开除或拒绝接受会员。接着又颁布“新闻记者法”，规定编辑部成员必须经戈培尔接见后才能任用，一般记者必须是雅利安人种的德国公民，凡信奉马克思主义或有其他“政治上有害行为者”不得从事新闻工作。

纳粹政权对新闻业的控制并不仅止于消极的压制，而且力图加以积极的操纵。上述种种控制措施的目的都是要使新闻媒介及其成员成为统治当局意志的忠实执行者，成为法西斯主义的积极鼓吹者。戈培尔声称“新闻界不仅要发布消息，而且还必须发布指示”；他要把新闻界组织成为“可随意演奏的一架钢琴，是能为政府效劳的影响群众的极为重要、极为有意义的工具”。所谓“可随意演奏”，实际上是可以随心所欲地欺骗和愚弄德国人民。第二次世界大战爆发之初，希特勒就指令新闻媒介“把大战的责任完全加到敌人的身上去，即使与事实不符合，也要把它当作真实的情形看待”。遵照这种指令，1938年8月，纳粹报纸全部出动，捏造种种波兰迫害日耳曼人的消息，并且用大字通栏标题大肆渲染，宣称“波兰人发动了令人难以置信的挑衅！”“三架德国飞机遭到波兰人射击！走廊地带日耳曼农舍成了一片火海！”“波兰全境处于战争狂热之中！150万人已经动员！军队源源送往边境！”8月31日纳粹党卫队伪装成波兰军队，表演了所谓的“入侵”。第二天德国百万大军就“同仇敌忾”地越过了德波边境。第二次世界大战爆发后这种欺骗宣传更是被反复运用，从而在国内煽起强大的战争狂热，驱使民众集合在法西斯的战旗下，为侵略战争卖命效力。

在法西斯统治期间，德国报纸数目锐减，从1932年的4703家减为1934年的1200家，仅为魏玛共和时期的1/4，到1945年减为1000家。德国共产党的《红旗报》等报刊被迫转入地下(德共另外还秘密油印多种报纸和传单，进行反法西斯宣传)。与此同时，纳粹报刊却大力发展，总数达到350多家，发行量占全国总量的82%。纳粹机关报《人民观察家报》成了全国头号大报。所有公开出版的报纸全部纳入法西斯宣传的轨道。

三、第二次世界大战后的发展

1945年5月，德国法西斯在同盟国军队的沉重打击下彻底失败。随后苏、美、英、法四个盟国对德国实行了四年的军事管制。1949年联邦德国和民主德国先后成立，两个德国走上了截然不同的发展道路，直至1990年民主德国并入联邦德国，整个德国才重归统一。

(一)盟军管制时期

盟军进驻不久就颁布新闻管理条例，以消除法西斯对报业的影响。条例规定：在纳粹统治时期出版的报刊一律停办；禁止任何与纳粹有关联的人从事新闻事业；创办报刊必须事先向盟军当局登记、申请许可证。

为弥补当时的报业真空，盟军当局曾发行《德意志简报》，以传播政令和一般消息。各占领区当局也陆续发行过官方报纸。过了一段时间之后，各占领区才逐步向德国人发放办报许可执照。总的说来，美英法当局的方针是要重建符合资本主义“民主自由”要求的资产阶级报业，四年间允许发行的报纸约有160家；1949年9月登记制度取消，新办报纸进一步涌现，一时多达570多家。苏联占领区当局的方针是要按照苏联的模式建立社会主义的报业体系，1949年10月以后将管理权转交给民主德国。

(二)东西分裂时期

1. 原联邦德国报业

1948年美、英、法三个占领区合并，1949年9月20日成立德意志联邦共和国，继续实行资本主义制度。同年颁布的基本法规定："人人享有以语言、文字或图像形式发表和传播意见的自由权利，并且享有通过一般传播媒介不受阻挠地获知消息的自由权利。"

联邦德国成立之初的10年间，报业发展迅速，报纸数目上升到1500来种。其中政党报纸约占20%，远远少于战前，而且比重呈下降趋势。进入60年代，报业发展势头放慢，并且出现明显的兼并集中趋势，其标志是：报纸的总发行量在持续增长，可是报纸的种数和出版单位却在不断减少。具体情况见下表：

联邦德国日报发展情况表①

年份	编辑版	发行社	新闻事业单位	期发行数(万份)
1954	1500	624	225	1350
1964	1495	573	183	1730
1967	1416	535	158	1800
1976	1229	403	121	1950
1979	1240	400	122	2050
1981	1258	392	124	2040
1983	1255	385	125	2120
1984	1267	386	125	2110
1985	1273	382	126	2090
1989	1344	358	119	2030

需要说明的是，德国报刊市场的1000多种日报各有自己的名称，但一般都是在特定地区发行的地方版，新闻界称之为"编辑版"。一个报社往往发行若干种"编辑版"，这种出版发行多家编辑

① ［德］乔治·赫拉克：《德意志联邦共和国的报刊杂志、广播与电视》，德国国际文化交流中心，第34页。

版(报纸)的报社，称为“发行社”。不同“发行社”(报社)有时合作采编某些要闻版，也有些中小报纸会采用大报某些现成的要闻版(俗称外套新闻)，这些采用相同版面的报社形成的协作单位，就称为“新闻事业单位”。

从上表可以看到，这35年间尽管报纸总发行数上升了大约52%，可是发行社和编辑版的数字逐年减少。新闻事业单位的数字下降更多，1989年只有1954年的53%，1954年平均每个新闻事业单位的发行量为5.9万份，35年后增至17万份。这就意味着报纸的重要新闻和言论日趋相同。

上述这种兼并集中的结果，使报业趋于垄断化。经过多年的竞争和消长，80年代已形成十个大的报业集团，它们是：施普林格报团、布洛斯特-芬格报团、斯图加特报团、杜蒙报团、南德意志报团、慕尼黑报团、莱茵报团、麦得扎克报团、法兰克福报团、鲁尔报团。当时这十大报团的报纸发行量占全国总发行数的55.25%，其中最大的施普林格报团一家就占全国总数的30.21%。

截至两德合并前，联邦德国共有日报(编辑版)1300多种，报社365家，期发总数2525万份，平均每千人413份(据《不列颠百科全书1991年鉴》)。

2. 原民主德国报业

1949年10月7日，原苏军占领区成立了德意志民主共和国，实行社会主义制度。中华人民共和国成立初期，统一社会党(由共产党和社会民主党合并而成)和政府就着手建立社会主义的报业体系。统一社会党的报纸是这一体系的核心。全国性的报纸最重要的是党中央机关报《新德意志报》。它于1946年4月创刊于柏林，有共和国版和柏林版两种版面，发行100多万份。党的机关刊物是《统一》，有关党的生活的刊物是《新路》。党所领导的群众组织报纸有：工会的《论坛报》(1952年创办)、自由德国青年联盟的《青年世界报》(1947年)、农民互助协会的《自由农民报》、民主妇女联合会的《今日妇女画报》等。民主党派的报纸有：基督教民主联盟的《新时代》(1945年)、自由民主党的《晨报》(1945年)、国家民主党的《国民日报》(1948年)、民主农民党的《农民回声报》

(1948年)等。地方报纸一般为州市党委或机关团体出版，版面较为活泼，通常还发行多种地方版，以适应各县读者的需要。

20世纪50年代中期以后，民主德国的报纸数目基本稳定，杂志数字则继续有所增加。60年代，党和政府强化了对新闻界的领导。1968年通过的新宪法规定：国家保证公民的言论及新闻自由，但不得因而损害工人阶级的利益。政府主管新闻工作的是部长会议主席和新闻局，该局负责审发报刊出版的许可证。报刊发行基本上归国家邮政系统统一办理。

截至20世纪80年代末，民主德国共有日报39种，总发行量900多万份，平均每千人拥有545份。此外还有30多种周报、600多种企业报和大量杂志(据《不列颠百科全书1991年鉴》等材料)。

1989年东欧政局发生剧变，民主德国也出现激烈的社会动荡。这年10月，反对派“新论坛”鼓动群众上街游行示威，报刊上不断出现攻击社会主义，要求统一社会党下台的言论。次年2月，统一社会党改名为民主社会主义党，接着在3月大选中丧失了执政地位。在这种情况下，报界思想日趋混乱，并且各行其是，另谋出路。与此同时，联邦德国的报刊大量涌入民主德国市场，公开销售的日报有20多种、杂志200多种。有些公司在民主德国建立了报刊销售网，施普林格集团还直接在民主德国印发自己的报刊，这些又给民主德国报业很大的冲击。1990年3月，《新德意志报》改为民主社会主义党的报纸，但经济困难，工作人员由七八百人减为70人，发行量降为2万多份。柏林市党的机关报《柏林日报》于该年脱离统一社会党，成为同外资合营的私人企业。其他地方党报也纷纷改成独立的民办报纸，有的还改换了报名。社会主义的报业体系就这样瓦解了。

1990年7月，以基督教民主联盟为首的民主德国新政府同苏美英法以及联邦德国签署了两德统一条约。同年10月3日该条约生效，从此民主德国正式并入联邦德国。联邦德国的资本主义政治经济体制扩展到整个德国，民主德国的报业也全盘纳入联邦德国的资本主义轨道。

联邦德国政府在1990年成立了托管局，接管民主德国的国有产业并将其私有化。民主德国的报业也由这个托管局以拍卖的形式来实现私有化。1990 年秋天，柏林出版社及其所属的《柏林日报》《柏林晚报》《广播电视节目报》卖给了格鲁纳-雅尔出版公司和英国出版商罗伯特·马克斯韦尔；萨克森州的《自由新闻》和萨克森-安哈尔特州的《中德日报》分别卖给了联邦德国的两家报社；1991 年4 月原属统一社会党的 10 家重要的地区性报纸也被拍卖。以后民主德国的所有的出版社、报刊社陆续被拍卖或转让，都成了私有企业。与此同时，联邦德国的报刊进一步占领民主德国的市场，联邦德国的传播机构还陆续在民主德国各州创办新报，到 1993 年时就新办了 30 多家新的日报。

四、近期状况

（一）一般情况

据《不列颠百科全书 1998 年鉴》，20 世纪 90 年代后期整个德国有日报社 411 家，期发总数为 2575 万份，平均每千人 317 份。另据统计，两德统一后日报发展情况如下：①

年份	编辑版	发行社	新闻事业单位	期发行数（万份）
1991	1673	410	158	2730
1993	1601	384	137	2540
1995	1617	381	135	2500

联邦德国至今没有全国性的报业中心。长期以来，地区性报纸一直占主导地位。它们往往以一个较大的城市为中心，着重报道本地区的新闻，刊登本地区的广告，在本地区发行，因而和当地居民联系比较紧密。但是，也有些报纸从事跨地区的报道和发行，具有全国性的影响，因而被视为全国性报纸。这些报纸的发行量不一定

① ［德］乔治·赫拉克：《德意志联邦共和国的报刊杂志、广播与电视》，德国国际文化交流中心，第 34 页。

很大，但读者多为政界、经济界、文化界上层人士，对舆论和公共生活有较大的影响。

联邦德国的报纸绝大部分为商业报纸。政党报纸只有30来家，如基督教民主联盟的《莱茵邮报》(出版地杜塞尔多夫)、《威斯特伐里亚新闻》(明斯特)、《人民报》(埃森)；社会民主党的《新鲁尔报》(埃森)、《威斯特伐里亚评论》(多特蒙德)等。德国共产党由于处境艰难，其党报多次变化。1948年4月德共重建时以《自由报》为机关报，但该报在10月即遭美军当局封闭。1949年9月，重新创办《自由人民报》，此后又出版了一些刊物和基层党报。1956年德共被宣布非法，大部分党报停办。1968年德共再度重建，创办《我们的时代》周报(埃森，1975年止)，1973年又办《我们的时代》日报(杜塞尔多夫)。商业报纸的收入2/3来自广告。德国报纸的广告收入一直领先于其他媒介。以1995年为例，各种媒介广告收入总数为340亿马克，其中日报广告收入就占105亿元，电子媒介只有66亿。

联邦德国的报纸大部分是订阅的，约占日报总发行量的75%。街头零售的报纸约占总发行量的25%。

20世纪90年代后期，德国发行量最大的日报是《图片报》，期发452万份。主要的全国性日报的发行量分别为：《南德意志报》，40.1万份，《法兰克福汇报》，39.1万份，《世界报》，20.6万份。地区性报纸发行量最大的是《西德意志汇报》，约120万份。

联邦德国期刊业也很发达，各种杂志约有2万种之多。其中销量最大的为消闲娱乐性杂志和广播电视杂志。新闻时事杂志是新闻业的重要组成部分，但近年发行量呈下降趋势。最有影响的《明镜》周刊期发约103万份。专业性杂志(包括学术杂志)约有3000来种，有的在国外颇有声誉，但发行量不大。另外，各类组织和联合会出版的期刊要占到期刊数的1/3，其中全德汽车俱乐部(ADAC)出版的《ADAC马达世界》，1996年期发达到1200万份，位列德国期刊之首。

(二)报团和垄断情况

20世纪90年代后期，德国最大的报团为施普林格报团、西德意志汇报集团、南德意志报集团、斯图加特报集团、科隆城市广告报集团、法兰克福报集团，它们发行的日报占全国日报发行量的42%，其中施普林格报团占23%。

这里需要着重介绍一下施普林格报团。报团创建者施普林格(1912—1985年)，战前曾在沃尔夫通讯社和其他小报当过记者和编辑，第二次世界大战后继承了父亲的印刷厂，重操报业。1946年创办广播周刊《听》获得成功。1948年创办《汉堡晚报》，两年间就成为西德销量最大的报纸之一。1952年买下著名大报《世界报》75%的股份；同年创办《图片报》，销量巨大，获利甚丰，报团实力大增。至20世纪80年代，它已成为欧洲屈指可数的巨大报团，被称为“报界沙皇”，拥有全国性日报《世界报》和《图片报》，最大的晚报《汉堡晚报》，最大的星期日报《星期日图片报》和《星期日世界报》，两家柏林报纸《柏林日报》和《柏林晨邮报》，最大的广播电视刊物《听》以及其他一些报刊。另外还拥有两家通讯社，主要为本系统报刊提供新闻。20世纪80年代末它积极向民主德国各州的报社参股，并向匈、波、捷等东欧国家渗透。施普林格生前已将报团改组为股份公司，施去世后公司由他的继承人实行监督。以后电视制片商基希大量参股，目前已拥有该公司35%的股份。

在期刊业方面，有四家大的出版公司垄断了全部发行量的64.2%。它们是：鲍尔出版公司、施普林格出版公司、布尔达出版公司、格鲁纳-雅尔出版公司(现在是世界性的贝塔斯曼出版集团的一个子公司)。

(三)重要报刊

1.《法兰克福汇报》(*Frankfurter Allgemeine Zeitung*)

1949年11月创刊于法兰克福。该报代表实业界利益，重视经济新闻和国际新闻，读者对象主要为政界、工商界、文教界人士。

该报平时出24~30版，内容分为政治、经济、文艺三大部分，另外每天分别有科技、书籍、旅游等专版，版面严肃，标题字小，图片极少。周末版多达180版，图文并茂，题材多样，与单调的平日版恰成鲜明的对照。广告占版面50%左右。

2.《世界报》(*Die Welt*)

1946年6月创刊，社址原在汉堡，1976年迁到波恩。创办人是英军占领当局，初为周二刊，1949年改为日报，1952年招标出售，施普林格买下3/4股权。读者大多为中等文化水平以上的中年人。

该报平日版20版左右，分为四个部分：重要新闻和评论、综合新闻、文化科技、体育新闻和特稿，另外还有一系列轮流出版的专版，广告约占一半篇幅。该报消息灵通，报道广泛，编排要比《法兰克福汇报》活泼。它在国内外有广泛的记者网，首都新闻的报道很有权威，对国际新闻也相当重视。

3.《南德意志报》(*Sueddeutsche Zeitung*)

1945年10月创刊于慕尼黑。开始时为周二刊，1949年改为日报。创办时持社会民主党执照，以后变为私人报纸，但仍倾向社民党。读者对象主要为自由派知识分子。

该报篇幅较大，平时40~50版，周末更多。平日版分为三部分：政治新闻与评论、地区新闻和文艺影剧、经济新闻。另外还有些副刊、专页，轮流刊出。该报报道面广，文体很有特色，头版专设抨击时弊的杂文栏"曝光台"。报纸外观庄重而不呆板，广告约占一半左右。该报还附设图片供应社，向世界各地的报刊、电视台、出版社提供图片资料。

4.《图片报》(*Bild-Zeitung*)

1952年创刊于汉堡，这是一份图文并茂的大众化报纸，四开小张。20世纪80年代每日发行量高达600多万份，占西德日报发行量的1/4，居西欧各报之首。

该报主要内容是社会新闻、体育新闻、影视新闻、趣味性知识报道，兼及国内外时事，但极为简明通俗。版面编辑强调新奇、刺激，巨幅图片、大字标题往往占据主要版面。每天通过卫星传真在各大城市同时印刷，发行方式全为街头零售。

5.《明镜》周刊(*Der Spiegel*)

1947年创刊，社址在汉堡，它是德国最有影响的新闻周刊，用德文和英文出版。该刊政治上中间偏左，注重调查性报道，敢于揭露政界内幕和社会弊端，在国内外有相当大的影响，曾被英国

《泰晤士报》誉为“德意志的民主堡垒”。20 世纪 70 年代揭露国防部长施特劳斯受贿，1983 年揭露钢铁大王弗利克公司给包括议长、部长在内的众多政界要人行贿，1987 年揭露基督教重要人物、石荷州州长巴舍尔在议会竞选中的不正当手段，都曾引起巨大震动。

第六节　日本现代报业

一、现代报业的开端

19 世纪末，日本的资本主义经济逐步兴起，工业革命开始起步。工商业日趋繁荣，广告大量增加，电报电话、轮船火车等现代设施陆续兴办。在这一背景下，随着政党报纸的衰落、通俗小报的成功，许多报社转而奉行企业化方针，实行商业经营。历史不长的日本近代报业，很快就向现代报业演进。

这一进程的转折点是在 19 世纪 80 年代后期，其中最有影响的报纸是：

1.《邮便报知新闻》

原为政党报纸，在东京出版。1886 年起仿效欧美报纸，实行商业化经营，一方面加强对报道和评论写作的管理，配备强手，提高质量；另一方面调整版面，将大型版面改为小型版面，面向大众，文字通俗化，汉字加注假名，刊登连载小说。与此同时，大幅度降低报价。结果销数大增，1888 年达到 2.2 万份，居东京首位。此举也带动了东京各报的降价竞争。

2. 大阪《朝日新闻》

这份 1879 年创办的报纸，一开始就奉行“企业本位”的方针，业务发展很快。1888 年收买了东京《觉醒报》改而出版《东京朝日新闻》，形成了日本第一个跨越两个城市的报系。该报率先使用马里诺尼轮转印刷机，由以往的平版印刷改为圆筒两面印刷，大大加快了印报速度。该报还率先用电报传送重要消息和政府文告，1889 年 2 月 11 日，该报不惜代价，用电报将明治天皇当天颁布的“帝国宪法”全文发往大阪，及时在当地出版了号外，引起了很大的震动。

3. 大阪《每日新闻》

前身是1876年发刊的《大阪日报》，1888年改用此名，以后标榜“不偏不党”，充当“大阪实业团体之工具”，业务日益发达。1906年在东京收购了一家小报，改名为《每日电报》。1911年买下《东京日日新闻》并将《每日电报》并入其间，成为又一家跨越两地的报系。

4.《时事新报》

1882年创办于东京，标榜“独立自主，不偏不党”，一开始就把广告作为重要财源，1883年的广告收入就占总收入的23%。

5.《万朝报》

1892年创办于东京，大量刊登社会新闻、黄色新闻，揭露达官贵人的隐私丑闻(譬如曾揭露了500位名人的蓄妾丑行)，又重视报道贫民问题，颇能吸引中下层读者。发行量后来居上，20世纪初达到12万份，居全国之首。

与此同时，日本的期刊也逐步走上现代化的道路。日本最早的杂志是1867年柳河春三创办的《西洋杂志》。明治维新后杂志逐步增多，各有不同的政治思想倾向。1887年创刊的《国民之友》曾积极宣传欧美社会主义思潮。同年出版的《日本大家论集》，汇集摘录名人评论，影响很大。除了综合性刊物，这时也出现了各种专业性刊物，如文学、妇女、青少年刊物等，并且相继实行企业化经营。

二、20世纪前期的演变

(一)第一次世界大战前后

进入20世纪，日本逐步走上帝国主义道路。主要财阀垄断了国家经济，军阀势力控制了军事大权。在这两股势力推动下，发动或参与了几次对外扩张、争夺势力范围的战争，包括1900年八国联军侵华战争、1905年的日俄战争和1914年的第一次世界大战。这几次战争使日本垄断资产阶级大发横财，而日本报纸利用民众关心战局的情绪大量进行战事报道，也获得巨大发展，完成了自身向现代化的转变。

这一期间，报纸日益成为现代化的大企业。投资报业的资金大为增加，各报社陆续建成为商业性的股份公司。报社内部分工更为严密，除了负责采编的编辑部外，还有专司经营的营业部，内设发行、广告、会计、印刷等专门机构。报纸的版次增多，主要大报每天出两到三次，除了正版外还有几个甚至十几个地方版。报纸的广告篇幅日渐增多，广告已成为报社的重要收入来源。报纸的生产和传输手段不断更新，20 世纪 20 年代一些大报装备了超高速轮转印刷机、自动铅字铸造机、专用长途电话电报线路，有的还有自己的飞机。报纸的发行量大幅度增长，在各地设有专属销售店或综合销售店。20 年代中期大阪《朝日新闻》和《每日新闻》的发行数字已突破百万大关，其他主要报纸也都有几十万份，全国报纸日发行量达到 650 万份。

这一期间，报业竞争加剧。各报都处心积虑地要用更多更快的新闻争取读者，每逢重大事件都全力以赴，力争在快速报道中取胜。1928 年奉系军阀张作霖的火车被炸，《朝日新闻》的飞机从平壤将新闻照片送到大阪和东京，当天就刊出。同年裕仁天皇登基大典期间，《每日新闻》和《朝日新闻》的飞机飞遍全国和朝鲜主要城市，及时运送号外。就在竞争之中，日本报业加紧了垄断进程。《朝日新闻》、《每日新闻》两家报社在大阪和东京都有报纸，资金雄厚、设备先进，在竞争中占有很大的优势。1923 年关东大地震，东京大多数报社被大火焚毁，以大阪为基地的这两家报社乘机扩张，1924 年的发行量就占到全国日报总发行量的一半。它们还凭借实力，垄断报纸发行和广告价格，使其他报纸陷入更大的困境，曾经有过一时辉煌的《万朝报》《时事新报》就此衰败下去。当时东京只有《读卖新闻》顶住了危机。该报在地震中也曾受损，但是 1924 年正力松太郎接任社长以后，进行了一系列改革，充实内容，增设栏目，特别是同一些地方报纸订立协定，以每天提供几次特别消息为代价，使用地方报纸的发行网以扩大发行，就这样《读卖新闻》终于摆脱困境，逐步赶上，至 20 年代末形成了同《朝日新闻》《每日新闻》鼎足而立的局面。

这一期间国内阶级矛盾尖锐化，日本报坛出现过多次进步力量和反动力量的激烈斗争。其中主要有：

(1)1903年社会主义团体“平民社”成立，同年11月创办《平民新闻》周报，进行社会主义思想的启蒙宣传。这是日本最早的社会主义报纸，曾经发表过《共产党宣言》最早的日文译本。该报还进行反战宣传，号召日俄两国社会主义者联合起来为和平和反帝事业共同奋斗。1905年1月在政府的镇压下报纸被迫停刊。1906年日本社会党成立，曾出版机关报《光》和《日刊平民新闻》，进行社会主义宣传。但在1907年2月该党和报纸同时被取缔。

(2)1912年日本明治天皇去世，大正天皇即位。由于政治腐败，军阀气焰嚣张，国内出现了反对军国主义、要求民主自由的“护宪运动”。以《朝日新闻》《每日新闻》为首的多数日本报纸也汇入这一运动，揭露了几起严重的政治丑闻，并且联合抵制政府的镇压行为，把运动推向高潮。这场群众运动于1913年把军阀官僚桂太郎内阁赶下台，1914年又使另一个军阀官僚山本内阁倒台。

(3)1918年日本人民反对出兵干涉苏俄，某些报纸表示支持，被政府勒令停刊。当年8月，因米价飞涨，日本许多地方发生骚乱(被称为“米骚动”)，政府严禁报纸报道有关消息。为此，报界纷纷抗议，多次举行集会，8月25日又在大阪举行了全关西记者大会，要求当时的寺内正毅内阁下台。大阪《朝日新闻》作报道时把这次集会描述为“白虹贯日”，预示着政局的动荡。当局以该报道把矛头指向天皇为由，对《朝日新闻》报社和记者进行迫害，报纸发行人和有关记者被判刑，社长和总编被迫辞职。从此以后，日本反动当局步步加深了对新闻舆论的控制。

(二)军国主义统治时期

1926年裕仁天皇即位，年号为昭和。3年后，世界性经济危机袭击日本。在这一背景下，军国主义势力急剧发展，逐步夺取政权，对内加强反动统治，对外加紧侵略扩张。1931年发动“九一八”事变，占领我国东北三省，1932年又挑起淞沪战争。1932年5月，右翼军人刺杀首相犬养毅后，日本军阀正式建立了军人政权。1937年全面发动侵华战争，并和德、意结成法西斯轴心。1938年

3月颁布"国家总动员法"，全面实行战时体制，解散一切政党，把全国的政治和经济完全推上战争轨道。在上述政治进程中，日本报业越来越被置于军国主义控制之下，并成为其驯服的宣传工具。

军国主义当局控制报业的措施主要有：

(1)强化管理机构。1936年成立了"内阁情报委员会"，以后又改组为"内阁情报部""内阁情报局"，职权步步强化，严密控制各类大众传播工具。1941年又将报界全部组织到"新闻联盟"(后改称"日本新闻会")中，通过这一御用团体督促报界根据当局的意图行事。

(2)限制报道内容。制定种种新闻法规，不断扩大禁止刊登的范围。1941年起接连颁布了"新闻纸等刊登限制令""国防保全法""言论、出版、结社等临时管理法"，完全扼杀了新闻自由。报社每天都能接到禁止刊登的命令，不得稍有违反。侵华战争开始时，各报竞相作战事报道，但是太平洋战争爆发后，一切战况均由"大本营"统一发布，报社不得自行采写。

(3)控制纸张供应。由于进口减少，新闻纸紧张。1940年内阁情报局设立专门机构控制纸张分配，从而进一步掌握了报纸的命脉。

(4)强行合并报纸。为了控制舆论、节约用纸，1940年起根据"新闻事业令"，强行对报纸调整合并。至1941年，地方上一县保留一家报纸。1942年对几个主要城市的报纸进行调整，东京保留《朝日新闻》《每日新闻》，《读卖新闻》和《报知新闻》合为《读卖报知新闻》，11家产业报纸合为《日本产业经济》；大阪保留《朝日新闻》、《每日新闻》，多家经济报纸合并为《产业经济新闻》。经过这番砍杀，日报数从1936年的1200家，降为1939年的848家，到1943年只剩54家，而且全面实现了"国论统一指导"。

总之，从20世纪30年代(特别是1936年起)至第二次世界大战结束，这是日本报业的"统制时代"，它被认为是日本新闻史上最为黑暗的时期，此前发展起来的商业报纸已完全置于政府控制之下，报业的自主经营和自由竞争已完全被法西斯的垄断所代替。不过，由于政府对战争宣传的需要以及民众对战争形势的关切，报纸日发行量仍在上升，1932 年为 1000 多万份，1942 年上升为 1468 万份，1944 年达到 1552 万份。

三、第二次世界大战后的发展

（一）占领阶段（1945—1952 年）

1945 年 8 月，日本政府无条件投降。美国军队代表盟国进驻日本，9 月起以盟军司令部的名誉实施占领。1951 年西方国家与日本片面媾和，1952 年 4 月和约生效，占领状态结束。整个占领阶段为 6 年零 7 个月。

美军占领开始就宣布废除日本军国主义政府的各项法律法令。战时有关新闻事业的各项法令也全部废止，日本新闻界从此摆脱了军国主义的桎梏，开始了新的历程。但是和战后德国的情况有所不同的是，日本旧有的报纸电台仍然保留，占领当局只要求其脱离政府的控制，遵守新的法令，对原有的机构只作了有限的调整。

战后初期，日本共产党等进步团体相继恢复活动。1945 年 10 月日共机关报《赤旗报》复刊发行（该报 1928 年创办于东京，战前曾断断续续秘密出版）。当时新闻界的民主化运动比较活跃，《读卖新闻》等全国性报纸内部的进步力量要求改革报社机构，撤换为侵略战争效劳的原任领导，这些活动一度得到美军当局的默许和支持。

但是随着国内外形势的变化，1946 年下半年起，美军当局的态度有了明显的改变，从消除军国主义影响转而压制民主力量、打击进步势力。报社的原有领导陆续复职，进步的职工不断被开除或解雇。1950 年 6 月 25 日朝鲜战争爆发，占领当局立即勒令《赤旗报》等几百家共产党报纸停刊，以后又实行“清共整肃”，扩大查封的范围，清除各报社的日共党员和进步人士。据统计，这次“整肃”中被解雇的新闻工作者有 704 人，被查封的报刊有 1325 家。

（二）复兴阶段（1952—1960 年）

1952 年 4 月，占领状态结束。根据《日美安全保障条约》，美军仍然驻守日本，但是毕竟结束了军事管制，开始恢复日本的独立和宪法秩序。这年 5 月《赤旗报》等进步报刊相继复刊。当然日本政府仍在千方百计地控制舆论，日本报业仍在不断争取新闻自由。不过1953年朝鲜停战以后，国际局势有所缓和，国内政治控制有所松动，加之工农业生产逐步恢复，报纸的纸张供应和财政情况也随之好转。于是50年代日本报业开始复兴，并有一定发展。

这一时期报纸的数量已经超过战争后期。日报已有一百多家，每期发行量达2000多万份。《每日新闻》《朝日新闻》《读卖新闻》这三大报发行量在竞争中交替上升，它们都在东京和大阪建立基地，并向北海道、名古屋等地挺进。东京的《日本经济新闻》(前身为《日本产业经济》)进入大阪，大阪的《产业经济新闻》也跨进了东京，从而形成了五家大的全国性报纸主导报业的格局。

在激烈的销售竞争中，整个报业日趋集中和垄断。从1950年至1960年，日报每期销量由2273万份增至2444万份，上升了8%，可是种数则由155家减为100家，减少了35%。1960年全国日报总销数中，三家大报占43.7%，如果加上《产业经济新闻》《日本经济新闻》，五大报的比重高达54.9%。这就是说，5%的报纸占领了一半以上的市场。另外，地方报纸的基本格局为“一县一报”，存在两家以上报纸的县份只占全国县份的1/3，垄断化的趋向也很明显。

(三)高速发展阶段(1960—1973年)

20世纪60年代，日本经济进入高速发展状态。从1960年到1973年间，国民生产总值翻了两番多，年增长率平均为10.5%，远远超过美国和西欧。经济大发展给新闻事业的发展以强大的推动力，也提供了雄厚的物质技术基础。首先，经济发展使报业市场扩大，广告来源增多，报界的财力大为增强。其次，经济起飞带动了教育事业大发展，60年代普及了九年制义务教育，70年代高中普及率超过90%，这就使报纸的读者面充分扩大。再次，与经济发展相伴而来的科技进步，使报业设备有了全面更新。50年代后期开始，陆续推广了自动排铸机、超高速轮转机以及新的照片制作和彩印工艺，加快了排版印刷的速度和质量；后来采用的汉字电传和全自动排铸系统，以及整版传真技术，又大大便利了报纸向外地传输和扩展。

在这种情况下，日本报业有了全面快速的增长。据统计，1952—1962年10年间，日报期发行量由2273万份上升到2655万份，仅增长了17%；而1962—1972年10年间则由2655万份上升到3816万份，增长率为43%。报纸的篇幅继续增加，广告分量已占到40%左右。广告收入开始超过发行收入，成为报纸的主要财源。据统计，广告收入在总收入中的比重1951年为27.2%，1960年为42.5%，1973年为59.8%，达到历史的最高峰。

(四)稳定阶段(1973—1989年)

1973年阿拉伯产油国提高石油价格，给西方也给日本经济带来很大冲击，此后日本经济发展明显放慢，日本报业增长也趋于缓慢，规模趋于稳定。日报期发行量1975年为4051万份，1985年为4803万份，10年增长率约为18%。由于经济环境不佳，加上电视的竞争，报界的广告收入增长率降低，而各项开支却大为增加，许多报社入不敷出，发生财务危机，只好靠各种副业收入来加以弥补。

这一阶段日本报业全面运用电子技术，实现了电脑照相排版为中心的全部生产流程自动化。这次技术革新开始于20世纪60年代末，至70年代已有20%的报社采用，80年代末则已超过90%，从此“火与铅的时代”让位于“电子与光”的时代，并且为报纸运用电子设备实现综合信息服务开辟了道路。

四、近期状况

(一)一般情况

日本目前不仅是经济大国，而且也是报业大国。据《不列颠百科全书1998年鉴》，日本有日报121家，期发7192万份，千人平均为576份。① 另据统计，日本的期刊约为4000种，每年发行量

① 日本报纸的发行量有两种统计方法：一是早晚刊配套算作一份；二是将早刊、晚刊分别计数，再加在一起，作为当天的发行量。这里是采用第二种方法得出的数字。如果采用第一种统计方法，期发总数约为5300万份。参见《世界知识年鉴·1998/99》。

约为38亿份(周刊17亿、月刊21亿)。

日本的报纸基本上都是商业报纸，一般采取股份公司的经营体制。报社收入中广告的比重目前在40%左右(据1997年对98家报纸的调查，约为36.2%)。广告所占的版面约为43%(邮政省规定：作为定期出版物邮寄的报刊，其广告篇幅不得超过总篇幅的50%)。由于商业广播电视的发展，战后以来报纸广告费在各种媒介广告费中所占的比重呈下降的趋势，1948年曾达84.9%，1985年为25.3%，1995年为21.5%。①

报纸的内容，有综合性的、专业性的以及消闲性的。综合性报纸是报业的主体，就其规模和发行范围而言，有全国性和地方性之分。

全国性报纸有五家：《读卖新闻》《朝日新闻》《每日新闻》《产业经济新闻》《日本经济新闻》。这些报纸面向全国发行，在舆论界居主导地位。它们兼有西方国家"上层报纸"和"大众报纸"的特点，内容丰富，雅俗共赏。它们都出早晚刊，其内容保持连续性，早晚刊一般配套发行。

地方性报纸又可分为地区报纸、县报和城镇小报。地区报纸是在某地区数县范围内发行的报纸，目前有三家：《西日本新闻》，总社在福冈市，主要在九州和本州岛西南端发行；《中日新闻》，设有名古屋、东京、北陆三个本社，分别出报，在中部各县发行；《北海道新闻》，总社在札幌，主要在北海道发行。县报基本上在县境内发行。城镇小报多为非日报，只在某一城镇发行。

消闲性报纸主要是体育报纸，20世纪90年代以来发行量不断上升，目前约占全国报纸总发行量的12%左右。

除了商业报纸外，日本各大政党及社会团体大多拥有自己的机关报。这些政党报纸不同于综合性报纸，侧重于报道党派活动，宣传各自的政治主张。主要有自民党的《自由新报》、社会党的《社会新报》、共产党的《赤旗报》、工会总评议会的《总评新闻》、创价学会的《圣教新闻》等，其中《赤旗报》接近综合性报纸，影响较大。

① *Japan's Mass Media*, Tokyo: Foreign Press Center/Japan, 1997, p. 27.

（二）垄断情况

日本报业经过战后的恢复、发展和竞争，目前已形成新的垄断格局。

五家全国性大报，已形成五个全国性的垄断集团。首先，它们都在东京、大阪以及其他主要城市设立本社，分别出报。每个本社又出各种地方版，例如《朝日新闻》就有 100 多个地方版。它们还各自出版多种期刊、图书。所以，它们实际上是拥有许多子报的报业集团。其次，它们除了出版报刊外，还兼营广播电视，各有自己的广播电视台（除《日本经济新闻》经营东京地方电视外，其他四家都有全国性的电视网），还有广告和其他文化事业公司，因而它们又是传播媒介集团。再次，它们还兼营大众传播以外的行业，分别拥有几十家旅游、交通、娱乐、房地产、保险业等方面的子公司（《朝日新闻》有 70 家，《读卖新闻》、《每日新闻》各有 50 来家），这样，它们又是跨行业的联合企业。正是这五个全国性的报系，如今已处于日本报业的垄断地位，它们的日报发行量已占到全国日报发行量的 52%左右。

至于地方报业，已基本形成一县一报的垄断局面。当然这种垄断并没有消除竞争。几家全国性的大报和地区报纸，正在向各县渗透扩展；而地区报纸和全国性报纸以及全国性报纸相互之间，激烈的竞争仍在继续发展。

（三）重要报纸

1.《朝日新闻》

1879 年创刊于大阪，1888 年打入东京，开始出版《东京朝日》；1940 年起两地报纸统称《朝日新闻》。现在总部在东京，分设东京、大阪、西部、中部四个本社及北海道支社。四个本社均独立编辑出版早晚刊以及向偏远地发行的“统合版”（早晚刊合一），人事、财政也相对独立。北海道支社则接收东京本社编排的传真版面，就地印刷（增补地方新闻）。1997 年早刊发行 837.6 万份，晚刊发行 434.7 万份，早晚刊合计 1272.3 万份。

《朝日新闻》广泛刊登国际国内新闻，既注重速报，又致力于详报和解说，一贯重视采用先进传播技术。电报传入不久，就用电报全文传送明治天皇的“开设国会诏敕”(1881 年)、“帝国宪法”(1889 年)。19 世纪末首先引进法国的轮转印刷机。1959 年首先使用整版传真技术传送报纸版面。1980 年实现编排出版全面自动化。1986 年起在伦敦和纽约出国际版，1990 年 10 月起在新加坡出亚洲版。

《朝日新闻》除了出日报外，还出版各种期刊、年鉴、图书，如《周刊朝日》《朝日评论》《朝日画报》《朝日摄影》《科学朝日》《日本季刊》《朝日年鉴》《朝日晚报》(英文版)等。它还拥有全国朝日广播公司，经营广告代理、旅游、房地产等多种行业。

2.《读卖新闻》

1874 年创办于东京，起初为通俗小报，世纪之交趋于衰落，20 年代改组后复苏，逐步置身于三大报行列。1942 年合并《报知新闻》，改称《读卖报知新闻》，1946 年恢复原名。现在在东京、大阪、九州设本社，北海道、北陆设支社，五地同时出版。又在名古屋单独出版《中部读卖新闻》。1997 年早刊发行 1017. 2 万份，晚刊发行 439 万份，合计 1456. 2 万份。

《读卖新闻》除了国内外新闻外，注重社会新闻、体育新闻，版面活泼，文字通俗。该报社还出版英文版《读卖新闻》(日报)、《周刊读卖》《读卖新闻摄影》《读卖年鉴》等多种报刊图书，经营日本电视广播公司，还经营棒球队、足球俱乐部、交响乐团、旅游、房地产等多种行业。

3.《每日新闻》

前身是 1876 年创办的《大阪日报》，1888 年改称《大阪每日新闻》。1906 年购买了东京一家小报，1911 年又兼并《东京日日新闻》，并以此报名在东京长期出报。1943 年起两地统一使用《每日新闻》的名称。现在《每日新闻》的创刊年份定于 1872 年，这是《东京日日新闻》的创办之年。

《每日新闻》在战前和战时曾是日本第一大报，50 年代中期销量下降，60 年代降为第二位，70 年代又降为第三位。现有东京、大阪、名古屋、西部四个本社，北海道设支社，这五处分别出早晚刊，东京、大阪、西部三处还出版供应边远地区的“统合版”。

1997 年早刊发行 394. 9 万份，晚刊 188. 4 万份，合计 583. 3 万份。

该报社还出版英文版《每日新闻》以及《经济学人》《周刊每日》《每日画报》《每日年鉴》等多种报刊和图书，拥有东京广播公司，还经营印刷、广告、服务业和电影社等。

4.《日本经济新闻》

前身是 1876 年创办于东京的《中外物价新报》，1889 年改名为《中外商业新报》。1942 年与《日刊工业新闻》等 10 家报纸合并，改称《日本产业经济》。1946 年定名为《日本经济新闻》。作为一份有全国影响力的综合性经济报纸，它是财团、工商企业、银行界中上层人士必读之物。

《日本经济新闻》现有两个本社(东京、大阪)、两个支社(福冈、名古屋)，分别出版早、晚刊，两个本社还出版“统合版”。90 年代早刊发行 200 多万份，晚刊发行 100 多万份。该报除一般新闻外，注重准确、快速的经济新闻报道和经济动向分析。报社设有一系列调查研究机构，如日本经济研究中心、日本经济数据开发中心、日经产业研究所等，从事有关研究，并向国内外提供各种经济信息服务。1978 年，《日本经济新闻》在日本率先实现了电脑控制的编排印刷全自动化。

该报社还出版《日本经济产业新闻》(日报)、《日本经济流通新闻》(周二报)、英文《日本经济新闻》(日报)，以及《日经会社情报》等杂志、年鉴和图书。此外还经营广告、建筑、电影、电视摄制等行业，“东京十二台”是该报系的电视台。

5.《产业经济新闻》

前身是 1933 年创办于大阪的《日本工业新闻》，1942 年合并了 33 家产业和经济小报，改为《产业经济新闻》，仍在大阪出版。20 世纪 50 年代初由经济报纸转变为综合性报纸，同时在东京出版《产经时事》。1958 年两地报纸统一用现名。现在在东京和大阪设本社，分别编辑出版。90 年代发行早刊约 200 万份，晚刊 100 多万份。

《产业经济新闻》和政界、财界、企业界右翼势力关系密切，政治态度偏右。它本身是富士·产经集团的核心，这一集团包括富士电视公司、文化放送、日本放送、大阪放送、关西电视等广播电视台，以及《产业经济新闻·体育》《富士晚报》《大阪新闻》《周刊产经》等报刊。它还兼营出版、广告和服务性行业。

6.《赤旗报》

日本共产党机关报，是现存政党报纸中发行量最大的一家。创办于1928年2月，断断续续秘密出版，1935年2月被迫停办。战后于1945年12月在东京公开出版，1950年侵朝战争爆发后被美军当局勒令停刊，至1952年5月重新复刊。它把宣传日共纲领、发展民族民主统一战线、实现人民民主作为自己的主要任务，影响逐步扩大。从20世纪60年代起，日本共产党根据本国国情，制定了“党以机关报为中心进行活动”的方针，主张通过《赤旗报》这样大量发行的、能够时刻保持同广大群众联系的报刊，推进党的活动，带动人民前进。

《赤旗报》为对开大报，平日16版，星期日20多版，除东京地区外，还在大阪、福冈、札幌印刷发行。在国内外派有不少记者，并拥有大量通讯员。20世纪七八十年代其发行量曾达300多万份(平日版和星期日刊相加计算)，居世界上非执政的共产党报纸的首位。

(四)重要期刊

日本的新闻杂志一般为报社所办。几家大报办有《朝日周刊》《每日周刊》《读卖周刊》等，侧重于对新闻时事作综合分析和解释，文字生动，照片吸引人。

综合性杂志中有一些在舆论界颇有影响。其中最负盛名的是《文艺春秋》月刊。该刊创办于1923年，由文艺春秋社出版。初期是文艺刊物，以后发展为涉及社会政治各个领域的综合性刊物，经常刊登专家评论和调查性报道，一般每期480页，发行100万份左右。1974年11月号发表了著名记者立花隆有关金权政治的长达61页的报道，揭露首相田中角荣一贯以权谋私、聚敛财富的内幕。这一报道成了不久以后田中被迫辞职的导火线。

复习思考题

1. 发达国家现代报业的发展可分为哪几个阶段，大致情况是怎样的？

2. 英、美、法三国现代报业起始时期有哪些著名的报纸和报人？

3. 英、美、法三国报业结构各有什么特点？目前垄断情况是怎样的？有哪些重要的日报和新闻期刊？

4. 德国现代报业的发展过程是怎样的？它在第二次世界大战后经过了怎样的曲折演变？目前有哪些重要的报团、日报和新闻期刊？

5. 日本军国主义是怎样控制报业的？第二次世界大战后日本报业结构有什么特点？目前有哪些重要的报团和日报？

6. 发达国家报业垄断的成因是什么？试比较第二次世界大战前英、美、法和德、日在报业垄断发展上的不同特点。

7. 试就发达国家报业垄断的后果和影响阐述自己的看法。

8. 发达国家无产阶级报刊的发展情况是怎样的？目前影响较大的共产党报刊有哪些？

第四章　俄罗斯地区报业的发展和演变

第一节　概　　说

俄罗斯地区的报业至今已走过300年的历程。300年的报业史大致可划分为三个时期：沙俄时期、苏联时期和独联体时期。

（一）沙俄时期

1703年沙皇彼得一世倡导出版的《新闻报》，标志着俄国近代报刊的产生，随后陆续出现了一些非官方报刊。然而沙皇政府对舆论的控制和对报刊出版的管制一直十分严格。1861年农奴制被废除后，这种控制有所松动，资产阶级报业才逐渐发展起来，并同封建专制统治进行斗争。早期资产阶级报刊可以分为两部分：革命民主主义派报刊和民粹派报刊。革命民主主义派由平民出身的知识分子组成，19世纪60年代的代表人物是车尔尼雪夫斯基，主要刊物有《同时代人》《祖国纪事》等。民粹派是继革命民主主义派之后出现的一种小资产阶级社会主义思潮，代表人物是米海伊洛夫斯基，主要刊物有《俄国财富》等。

农奴制废除后，新兴的无产阶级逐步形成。随着无产阶级队伍的不断壮大和无产阶级革命运动的蓬勃发展，无产阶级报刊也随之出现。俄国无产阶级报刊大致经历了三个发展阶段：工人报刊、全俄政治报和布尔什维克党报。团结革命人民同封建统治作斗争，同工人运动中各种机会主义作斗争，夺取民主革命和社会主义革命的胜利，是无产阶级报刊的基本任务。

俄国工人报刊是工人运动的产物。最早的工人报刊是1880年

“俄国北方工人协会”秘密出版的《工人曙光报》。1895 年列宁领导成立的“工人阶级解放斗争协会”，曾经创办《彼得堡工人小报》进行革命的宣传。

1898 年召开的俄国社会民主工党第一次代表大会没有把党真正建立起来。在机会主义派别——经济派的影响下，工人运动仍然思想混乱、组织涣散。在这种情况下，列宁领导创办了第一份全俄政治报《火星报》，通过它与经济派作斗争，并通过它进行革命的宣传和组织工作。《火星报》最终完成了统一全党思想、联合各地分散的组织、筹备召开第二次党代会的艰巨任务。

俄国社会民主工党第二次代表大会虽然把党建立了起来，但是党内出现了两个不同的政治派别——布尔什维克和孟什维克。《火星报》领导权后来被孟什维克篡夺。为了粉碎孟什维克的机会主义路线，列宁领导布尔什维克先后创办了《前进报》《无产者报》《新生活报》《明星报》等报刊。1912 年在新的形势下，布尔什维克党创办了大型群众性的政治日报《真理报》。《真理报》教育和培养了一代无产阶级革命者，为十月革命的胜利奠定了基础；1914 年曾被沙皇政府查封，1917 年 2 月复刊后又为准备和实行十月革命作出了重要贡献。

(二) 苏联时期

1917 年 11 月 7 日，以列宁为首的布尔什维克领导的十月革命推翻了俄国资产阶级临时政府的统治，建立了世界上第一个社会主义国家，俄国新闻业的发展也进入了一个崭新的历史时期。

苏维埃政权建立初期，党和政府取缔了反动的资产阶级报刊，逐步建立起社会主义的新闻体系。列宁在革命胜利前后阐发的一系列报刊思想，对社会主义报业的建设和发展具有重要的意义。

作为一种新型的、代表无产阶级和全体劳动人民利益的舆论机构，苏联报刊在战前社会主义建设中发挥了重要的作用。它大力宣传党的社会主义建设的总路线，积极组织和推动社会主义劳动竞赛，为国民经济的恢复和发展作出了重要的贡献。这一时期，苏联报业继续发展，中央级的报纸有所调整和增加，社会主义报业体系全面形成。

从1941年6月22日起，在以斯大林为首的党和政府的领导下，苏联人民开始了长达4年之久的伟大的卫国战争。在卫国战争期间，以《真理报》为旗帜的苏联报刊是全党、全国的舆论中心，是思想战线上反法西斯的前沿阵地。它们在团结人民、教育人民、打击敌人方面发挥了重要的作用。

战后苏联报业经过短暂的恢复阶段后继续向前发展，其主要任务是动员人民群众全力恢复被战争破坏的国民经济，完成和超额完成战后五年计划，并且将社会主义建设向前推进。

在特定的历史条件下，在几十年的报业实践中，苏联形成了高度集权的新闻体制。这种体制在革命和战争年代曾经发挥过积极作用，但是在和平建设时期其弊端不断显露出来。由于党和政府政治路线的失误，在这种体制下运作的苏联报业，曾对社会发展带来许多负面的影响。

1985年戈尔巴乔夫上台后，苏联开始了社会政治的全面改革。新闻媒体在宣传方针和内容上有了重大的调整和变化。各种报刊竞相拓展报道范围，扩大信息量，公开揭露社会弊端，广泛议论历史和现实问题，一时间媒体炙手可热，人们的视、读兴趣陡增。但是，由于党的领导日益偏离正确的路线和方向，致使报刊舆论日益混乱，不少文章从揭露社会阴暗面、批评党的政策方针发展到全面否定苏联历史和社会主义制度，各种反社会主义言论大行其道。政治上的混乱和报刊舆论的混乱互相助长影响，最终导致苏共解散、联盟解体的严重后果。

（三）独联体时期

苏联解体后，作为苏联领土上最大的加盟共和国——俄罗斯联邦自然地成为它的继承者，前苏联的大部分报刊也被纳入俄罗斯联邦的管理范围。伴随着国家政局的演变和经济体制的转换，俄罗斯逐渐形成了新的新闻管理体制和模式。这种体制既有别于前苏联主要靠行政手段控制的高度集中的新闻体制，又不同于西方资本主义国家现行的新闻管理模式。它具体表现为多元化的媒体归属形式和多样化的媒体调控形式。在这种体制下，原苏联的各大报刊都发生了重大的变化，并且出现了一批新的报刊。苏联解体后各自独立的其他加盟共和国(现独联体各国)的报业情况也相类似。

总之，俄罗斯地区报业经过了历史性的大反复和大动荡，由资本主义到社会主义又复归资本主义，由分裂到统一又复归分裂。整个历程同其他发达国家很不相同，更加具有自己的独特性。

第二节　沙俄时期的报业

俄国是欧洲各国封建专制制度历时最长的国家，从彼得大帝(1682—1725 年在位)开始，历届沙皇均严格控制报业，因而报业的发展十分缓慢。

一、报业的诞生

(一)《新闻报》的创办及发展

《新闻报》是沙皇彼得一世倡导创办的俄国第一份铅印官方报纸，1703 年 1 月 2 日在莫斯科问世，当时的宗旨是报道战争消息(1700 年彼得一世联合其他国家对瑞典发动了持续 21 年的“北方战争”)。这张报纸的出版，标志着俄国近代报业的诞生。

《新闻报》创办之初，不定期出版，1718 年只出了 1 期，最多时 1 年出 46 期，每期仅发行了 200 份左右。1719 年，俄罗斯定都圣彼得堡，《新闻报》迁至首都，改名为《圣彼得堡新闻报》(仍简称《新闻报》)，同时出莫斯科版。1721 年，彼得一世在“北方战争”中获胜，元老院在凯旋仪式上加封他为“全俄罗斯皇帝”，从此他被称为彼得大帝。彼得大帝非常重视《新闻报》，将该报作为政府刊登有关文件的工具。1725 年彼得大帝病逝。1728 年，《新闻报》由俄罗斯科学院接管。接管后的《新闻报》由不定期出版改为周二刊，并增出名为《新闻报的历史、沿革和地理的每月注释》副刊(这是俄国第一份官方杂志)。

1748—1751 年，俄国著名科学家罗蒙诺索夫任《新闻报》主编。这一时期的《新闻报》以科学、文化、教育宣传为主要内容，在普及科学文化知识、提高国民素质等方面发挥了重要的作用。1800 年《新闻报》改为日刊。1861 年俄国废除了农奴制，资本主义经济得到发展，报刊民主化的程度亦有所提高。1863—1874 年，自由派政治家科尔什任《新闻报》主编。在科尔什的主持下，该报经常刊登文章宣传民粹主义观点。1872 年，马克思《资本论》的俄文版出版后，《新闻报》在《书报评介栏》内刊登了一篇评论《资本论》的文章，说《资本论》的出版是俄国经济界的一件大事，并认为该书科学水平很高，却通俗易懂。科尔什是一个民粹主义者，他评介《资本论》的目的，是为了说明马克思主义不符合俄国国情。尽管如此，沙皇对该报仍不放心，1875 年命国民教育部接管了它。俄国无产阶级革命时期，该报经常发表文章，对俄国社会民主工党进行攻击、诽谤。列宁曾于 1912 年 7 月 15 日在《真理报》上发表《俄国的"言论自由"》一文，对此予以反击。十月革命胜利后，《新闻报》慑于革命的威力于 1917 年底停刊。

总之，《新闻报》是俄国近代报刊史上创办最早、存在时间最长的官报。它为沙皇专制制度的巩固、发展和延续做了大量的舆论工作，是沙皇政府得力的统治工具。

(二)《莫斯科新闻》的创办及其演变

彼得大帝在世时，对报业的限制十分严格，只允许政府出版《新闻报》，不准民间办报；对那些持不同政见的作者、出版者，一律严加惩处，甚至处以极刑。18 世纪 50 年代，随着俄国经济、科学和文化的发展，沙皇政府的控制有所松动。1755 年，政府创建了第一所国立大学——莫斯科大学。为了出版教科书和辞书手册，莫斯科大学建立了自己的印刷所，这就为创办报纸提供了有利的条件。1756 年，莫斯科大学仿照《新闻报》的样式创办了《莫斯科新闻》，自此打破了官办《新闻报》独家垄断的局面。

《莫斯科新闻》是学校办的非官方报纸，偏重于传播科学知识和西方的新思想、新观念，深受知识阶层的欢迎。初创时只是一张小型报纸，发行量在 600 份左右，但很快发展成为大型报纸，发行量直线上升，超过了官办的《新闻报》。

由于报纸编辑权的更易，《莫斯科新闻》的政治立场也经常发生变化。1779—1789 年，俄国杰出的启蒙学者、思想家诺维科夫担任该报主编。他经常在报纸上发表文章，谴责地主和农奴主对农奴的残酷剥削，揭露农奴制的反动本性，从而使该报成为宣传民主主义思想的阵地。1851—1855 年，卡特科夫担任《莫斯科新闻》的主编，1859—1862 年，科尔什担任该报主编。由于此二人均为自由派政论家，《莫斯科新闻》遂成为自由派的论坛。1859 年，《莫斯科新闻》改为日刊，在知识分子中影响很大。1863 年科尔什到《新闻报》任职后，卡特科夫重新担任《莫斯科新闻》的主编。由于此时的卡特科夫已经变成一个君主主义者，他将报纸办成君主主义的刊物，宣扬地主和僧侣的反动观点。1887 年卡特科夫去世后，该报主编几经变更，1905 年为黑帮分子掌握，成为沙皇统治者的帮凶。1917 年十月革命胜利后，被苏维埃政权查封。

(三)民办报刊的产生和发展

18 世纪，法国启蒙主义思想在俄国广泛传播。俄国进步人士逐渐认识到，要想在国内确立资本主义制度，就必须彻底摧毁农奴制。加之叶卡捷琳娜二世(1762 年即位)于 1783 年批准了“关于允许私人开办印刷厂的决定”，进步的思想家们遂利用这一相对宽松的条件创办刊物，推动民主运动的发展。

这一时期最有影响的刊物，是启蒙思想家诺维科夫(1744—1818 年)创办的具有民主主义倾向的杂志。他从 18 世纪 70 年代开始编辑出版了《雄蜂》《画家》《闲谈》《钱袋》等一系列讽刺性杂志，揭露农奴主对农奴的残酷剥削，指出农奴制的反动本质。1779—1789 年，诺维科夫又主编了《莫斯科新闻》，并使它成为宣传民主主义思想的阵地。

18 世纪末，在法国大革命的影响下，俄国农民起义此起彼伏。为了维护封建统治，叶卡捷琳娜二世对刚刚兴起的民间新闻出版业采取镇压措施。1792 年，她下令逮捕诺维科夫，并查封他创办和编辑的刊物。1796 年叶卡捷琳娜二世去世前，她还发布关闭私人印刷厂的命令，禁止私人出版印刷品。除此之外，她还建立了书刊预审制度，规定书刊出版前均须报政府审查。在沙皇政府的严格控制下，传播民主主义思想的进步刊物全部被查封，进步的新闻工作者被一一放逐。

（四）十二月党人和别林斯基、赫尔岑的报刊活动

1812 年拿破仑军队入侵俄国受阻，俄国军队追击法国侵略军征战国外，一些青年军官有机会了解到法国和西欧国家的政治、经济情况。他们深感俄国的落后，为了改变社会现状，开始组织秘密团体，创办刊物，进行革命的宣传活动。1825 年 12 月他们率军队起义，史称领导这次起义的贵族军官为十二月党人。十二月党人所办的报刊，最有影响的为《北极星》（1823—1825 年）。它是十二月党人秘密组织“北方协会”的不定期刊物，主要内容为宣传解放农奴，废除书刊检查制度，动员人民起来反对封建专制统治。1825 年十二月党人起义失败后，沙皇尼古拉一世采取极端手段镇压起义者及其出版物。《北极星》主编雷列耶夫被处以绞刑。

为了迅速消除起义的影响，1825 年，尼古拉一世制定了被称为“铁的法典”的书刊检查法。该法第三条规定：“无论有意或无意，均不得攻击宗教、君权、政府当局、法律、道德以及国家和个人的荣誉。”第六条规定，由三位部长组成最高的书刊检查委员会，由该委员会负责“指导舆论，使其符合现实政治形势与政治观点”。1848 年欧洲革命进入高潮时，为了防止革命思想的传入，尼古拉一世又下令成立出版监督委员会，对新闻出版物进行极其苛刻的挑剔和检查。因而从 1848 年出版监督委员会成立到 1855 年尼古拉一世去世，被称为俄国新闻出版史上“阴暗的七年”。

就在这一时期，以赫尔岑为首的贵族革命家继承十二月党人的事业，在国外出版“自由的报刊”，猛烈抨击专制制度，广泛开展对农奴问题的讨论，促进民主运动的发展，最后迫使沙皇宣布自上而下解放农奴。

赫尔岑是俄国早期的革命家、思想家。他 1833 年大学毕业后，开始从事革命活动，先后两次被捕。1847 年流亡法国期间，他亲眼看到法国二月革命失败后工人被血腥镇压的惨状，对西欧社会主义运动失去了信心，把希望寄托在俄国日益高涨的农民运动上。他把废除农奴制作为俄国社会主义发展的第一步，希望通过农民村社实现社会主义。他的思想为后来俄国的民粹主义（即空想社会主义）奠定了理论基础。

1852年赫尔岑移居伦敦，次年在伦敦建立了不受沙皇书报检查制度控制的“自由俄国印刷所”，出版多种革命小册子。后来与人合作出版了《北极星》丛刊(1855—1868年)和《钟声》杂志(1857—1867年)。《北极星》的刊名和宗旨与十二月党人1823年创办的那份《北极星》相同。《钟声》最初为月刊，后来改为不定期刊，通过秘密越境的方式运送到俄国并散发到广大读者手中。它以赫尔岑的农民社会主义理论为纲领，提出解放农奴、废除书报检查和肉刑等民主主义的要求，在推动民主革命运动、反对专制制度的斗争中起了重要的作用。列宁曾给予高度评价，说它“是工人报刊(无产阶级民主主义或社会民主主义报刊)的先驱”。

二、资产阶级报刊的产生和发展

1861年农奴制被废除，沙皇政府对舆论的控制有所松动，俄国新闻出版业才真正发展起来。俄国近代新闻业的帷幕也才算正式拉开。

列宁认为，从农奴制度崩溃到19世纪90年代中期俄国革命运动的发展，按它的阶级内容来说，是一个资产阶级民主时期，按运动参加者的成分来说，是一个非贵族时期，按参加者的世界观来说，是民粹主义(广义地说)的时期。在这个“资产阶级民主时期”，当时颇有影响的资产阶级派别——革命民主主义派和民粹派都创办了自己的报刊。

(一)革命民主主义派的报刊

以代表广大人民群众利益，尤其是农民利益为己任的革命民主主义者，早在19世纪40年代就已崭露头角，而他们的影响一直持续到60年代以后。以车尔尼雪夫斯基为代表的这些平民出身的知识分子革命家，创办了一批民主主义报刊，其中最著名的是期刊《同时代人》(1836—1866年)和《祖国纪事》(1839—1884年)。

车尔尼雪夫斯基(1828—1889年)出生于萨拉托夫的一个教士家庭，从小就了解农奴的悲惨境况。1850年大学毕业后，回到故乡的中学教书，用革命的思想引导学生。此举遭到学校当局的忌恨，不久被迫离开学校。1853年迁居彼得堡，开始为《祖国纪事》

杂志撰稿，秋末，应《同时代人》主编涅克拉索夫之邀，参加《同时代人》编辑部的工作。1856 年涅克拉索夫因病出国就医，他接替了主编职务。

《同时代人》是文学和社会政治杂志，1836 年由普希金在彼得堡出版。普希金去世后，该刊主编几经更易，1847 年转入涅克拉索夫和帕纳耶夫之手。1853 年车尔尼雪夫斯基主持编辑工作后，该刊经常发表有关农民革命问题的文章，成为革命民主派的主要论坛，社会影响不断扩大。尤其在草拟废除农奴制的法案时期，车尔尼雪夫斯基及其战友在《同时代人》上发表了大量的论文、书评和小品文，坚决捍卫农民的利益。他们向读者介绍了废除农奴制工作的准备过程，讲述了农奴的困苦状况，揭露了农奴主贪得无厌的本质和自由派的伪善面目，坚决主张无条件地把农奴使用的份地分给他们，使他们享有完全的所有权。1862 年车尔尼雪夫斯基被捕，《同时代人》被勒令休刊 8 个月。复刊后，该刊连载车尔尼雪夫斯基的《怎么办?》以及其他民主主义作家的作品，继续进行革命的宣传活动。1866 年亚历山大二世遇刺未成，他转而采取专制手段严格控制报业，《同时代人》被勒令长期停刊。

《祖国纪事》是文学和社会政治月刊，1839 年在彼得堡创办。前期由安·克拉耶夫斯基负责发行，别林斯基主持评论栏，大力宣传唯物主义、空想社会主义和现实主义。1868 年，克拉耶夫斯基将该刊发行权转让给涅克拉索夫，在涅克拉索夫的主持下，《祖国纪事》重新发扬《同时代人》民主主义的革命传统，抨击专制政治制度，揭露贵族的寄生性和资本家的掠夺性，支持农民群众的革命斗争。1877 年涅克拉索夫去世后，著名的民粹派理论家米海伊洛夫斯基参加并主持编辑部工作。1872 年，《资本论》第一卷俄译本在彼得堡出版，引起了极大的反响。《祖国纪事》在 1872 年第 4 期上发表了《评卡尔·马克思的书的俄文版》的文章，热烈祝贺《资本论》俄译本的出版，同时指出“该书是对学院派政治经济学理论的详细的批判，同时也是一部精雕细琢的英国经济发展史”。1878 年 10 月 10 日马克思在致友人的信中曾经高兴地写道：“我增加了《资本论》的俄文译本，因为恰恰是在俄国，年轻的大学教授公开地接受和维护了我的理论。”由于《祖国纪事》坚持革命民主主义立场，支持俄国的民主革命运动，因而多次受到出版检查机关的迫害和查封，1884 年被迫停刊。

(二)民粹派的报刊

19 世纪 70 年代是俄国民粹主义的繁荣时期。和革命民主主义者相同的是，民粹派要求消灭沙皇专制制度和农奴制，主张把土地分给农民；与之不同的是，他们否认农奴制废除后资本主义必然在俄国发展的历史规律，认为资本主义在俄国是一种“不幸”的、“人为”的“偶然”现象，是倒退而有害的“越轨行动”，鼓吹为了保护小生产必须遏止资本主义的发展。他们同时否认无产阶级是最先进、最革命的阶级，认为农民是实现社会主义的主要力量，主张由知识分子领导农民暴动来推翻沙皇专制政府，然后依靠农民“天生的传统的社会主义倾向”，通过“社会主义胚胎”——村社来实现社会主义。

民粹派拥有《俄国财富》《欧洲通报》《俄国劳动》《周刊》等刊物，其中以《俄国财富》(1876—1918 年)最为著名。民粹派的代表人物是尼·康·米海伊洛夫斯基。

米海伊洛夫斯基(1842—1904 年)出身于贵族家庭，1868 年起为《祖国纪事》月刊撰稿，后任主编。1892 年起在《俄国财富》杂志工作，1894—1904 年任主编。

《俄国财富》是科学、文学和政治旬刊，1876 年在莫斯科创办，同年迁至彼得堡。该杂志创刊之初刊登了许多研究经济问题的文章，是民粹派宣传其主张的重要讲坛。米海伊洛夫斯基任主编后，在杂志上发表了大量的文章。19 世纪 80 年代以后，随着米海伊洛夫斯基立场的改变(由革命民粹主义者蜕变为自由民粹主义者)，《俄国财富》成为自由民粹派的机关报。从 19 世纪 90 年代初期起，该刊登载了一系列反马克思主义的文章，宣扬唯心史观，诬蔑革命群众运动。在 1893 年第 10 期的文章中，米海伊洛夫斯基正面宣布要对“俄国所谓的马克思主义者或社会民主党人进行一场论战”。列宁在《什么是“人民之友”以及他们如何攻击社会民主主义者?》(回答《俄国财富》杂志反对马克思主义者的论文)中，对《俄国财富》所发表的文章的观点进行了深入的剖析，重申了马克思主义的立场。

1905—1907年俄国资产阶级革命后，《俄国财富》改变了编辑方针，政治上保持中立，1918年停刊。

三、无产阶级报刊的产生和发展

农奴制废除后，俄国社会生活中的一个重要变化，是新兴的无产阶级的出现。19世纪末20世纪初，列宁在对一系列文献资料进行分析后认为：在俄国的人口中，属于无产阶级各阶层的总人数不下2200万，其中农业雇佣工人，工厂、矿山及铁路工人，建筑工人，木材工人以及在家中工作的工人，约为1000万人。随着资本主义经济的发展，它们逐渐成为一支独立的政治力量。而随着无产阶级队伍的不断壮大，无产阶级革命运动的蓬勃发展，作为阶级的舆论机关，无产阶级报刊也随之出现。

(一)工人运动的兴起和早期工人报刊

在沙皇专制制度的暴戾统治下，俄国无产阶级身受经济和政治上的双重压迫，处境十分艰难。据记载，在19世纪60—80年代，工人一天工作12~14小时，在很多情况下甚至超过14小时。在西伯利亚的金矿，在制糖厂的种植园里，工作日“从黎明持续到黄昏”。沙皇行政机关永远站在资本家一边，压制工人为改善生存条件而进行的抗争。于是从70年代起，群众性罢工斗争蓬勃兴起。1870年5月，彼得堡涅瓦纱厂爆发了俄国工人的第一次罢工。从1870年至1880年，俄国共发生350次工人斗争。

在工人斗争的洪流中，1875年敖德萨成立了第一个工人组织“南俄工人协会”。1878年，彼得堡成立了“俄国北方工人协会”。协会的纲领庄严宣布要“推翻国内现存的政治、经济制度”，并提出了言论、出版、集会自由等政治要求。协会积极开展宣传教育活动，多次领导工人罢工，并于1880年出版了俄国历史上第一个工人秘密刊物《工人曙光报》。该报号召工人与农民联合起来，为最终推翻沙皇的专制统治而斗争。由于沙皇政府的迫害，报纸只出了一期便停刊。

1883 年，侨居日内瓦的普列汉诺夫(1856—1918 年)在国外创立了俄国第一个马克思主义团体——劳动解放社。劳动解放社把马克思主义的主要著作译成俄文，在国外印刷后秘密运到俄国来，为社会民主主义的发展进行思想准备。与此同时，国内也出现了一些马克思主义小组。国内第一个马克思主义小组是 1885 年彼得堡的名为“俄国社会民主党”的组织，它创办了俄国最早的社会民主主义报纸《工人报》，但该报出版了两期便因领导人被捕而停刊。此后，从 1885 年到 1895 年的 10 年间，俄国一直没有工人报刊出版。

19 世纪 80 年代后期，列宁还在中学读书时，就开始了革命生涯。以后进入喀山大学法律系学习，不久即因投身学生运动而被捕流放。1888 年秋，列宁返回喀山，参加了当地的马克思主义小组。1893 年，列宁在萨马拉组建马克思主义小组，同年 8 月，他来到俄国革命运动的中心彼得堡，经常深入工厂和农村，研究社会实际，传播马克思主义思想。1895 年 11 月，他联合彼得堡 20 多个马克思主义小组，成立了“工人阶级解放斗争协会”，把马克思主义同工人运动结合起来，提出了从政治上领导工人运动的任务。

“工人阶级解放斗争协会”是俄国无产阶级政党的萌芽。它一成立，就十分重视宣传鼓动工作，先后出版了 79 种油印的传单和宣传品。随着其他大城市中以“斗争协会”为名的社会民主主义小组和团体的相继出现，随着马克思主义宣传工作的扩大，这种宣传品已不能适应运动发展的需要。1896 年底，彼得堡“工人阶级解放斗争协会”秘密出版了《彼得堡工人小报》，该报只出两期，就被沙皇政府查禁了。第一期是油印的，印数为 300～400 份；第二期于 1897 年 9 月在日内瓦铅印出版，采用小册子形式，封面上印有“全世界无产者联合起来”的口号。《彼得堡工人小报》以反映民众的疾苦、呼声为主要内容，号召民众组织起来，进行反对专制制度的斗争。当时较为重要的地方性工人报刊还有基辅社会民主主义小组于 1897 年 1 月出版的《前进报》(油印)，先后秘密出了 4 期。

1897 年 3 月，由基辅“斗争协会”发起的斗争协会代表会议在基辅召开。会议除讨论了筹备召开党代表大会的问题外，还决定出版一份全俄革命报纸。同年 8 月，第一份全俄的社会民主主义报纸

《工人报》在基辅秘密发刊。报纸在创刊号中明确指出：要使工人们认识自己的切身利益和历史使命，为在俄国建立社会民主工党而斗争。1898 年 3 月，各城市斗争协会和其他组织的代表，在明斯克召开了俄国社会民主工党第一次代表大会，宣布成立俄国社会民主工党，承认已出版了两期的《工人报》为党的机关报。但是，这次大会没有制订党纲、党章，大会开过不久中央委员会成员就被逮捕，《工人报》第 3 期稿件也被警察搜去，报纸未能继续出版。所以明斯克大会实际上并没有完成建党的任务。

（二）列宁和全俄政治报《火星报》

1.《火星报》创办的背景和经过

19 世纪和 20 世纪之交，俄国日益高涨的革命形势迫切需要有一个统一集中的马克思主义新型政党的领导。由于社会民主工党第一次代表大会并没有把党真正建立起来，各地工人运动组织涣散、思想混乱，“经济派”机会主义思潮的影响严重存在，因此澄清思想，建立一个能领导革命运动的统一集中的党就成了当务之急。

为了建立这样的政党，列宁认为首先要从办报入手。他反对简单地用召开代表大会、选出中央领导机关的办法来建党。他认为社会民主党人应当把创办全俄政治报纸这个工作作为最近期间的全部活动内容，因为“没有这样的机关报，地方工作仍然是狭隘的‘手工业方式的’。不通过一种报纸把党的正确的代表机关建立起来，党的成立在很大程度上仍然是一句空话”①。列宁指出，所以必须集中一切力量创办这样一份报纸还因为俄国社会民主党所处的环境同欧洲其他国家很不相同。其他欧洲国家的工人除了出版报纸外，还有许多公开活动的形式和组织运动的方式，如竞选鼓动、人民会议、地方社会团体、同业联合会，等等，而在俄国，在取得政治自由以前，俄国社会民主党人只有而且必须用秘密出版的革命报纸来代替这一切。这就是说，没有革命报纸就不可能有思想统一的、纪律严明的坚强的党，也不可能广泛地组织整个工人运动。

列宁在流放西伯利亚期间（1897—1899 年），就对办报计划作

---

① 《列宁全集》（第 4 卷），人民出版社 1984 年版，第 168 页。

了充分的考虑。1900 年初，列宁和其他几位“斗争协会”的战友结束了流放生活。他在从流放地返回的途中，在乌发、普斯柯夫、莫斯科、彼得堡等地就办报问题召集了多次会议。每到一处，他都会物色一批秘密通讯员、代办员，为创办报纸做了大量准备工作。他深知这样的报纸是绝不可能在环境十分险恶的国内出版的，因此决定在国外出版再秘密偷运入境。

1900 年秋天，列宁到国外和“劳动解放社”的普列汉诺夫等人商讨了办报的有关事宜，并且亲自拟定了出版计划。经过耐心说服，普列汉诺夫终于同列宁达成共同创办党报的协议。1900 年 12 月 24 日，第一期《火星报》在德国莱比锡出版，报头上印着当年被流放的十二月党人的话：“试看星星之火，行将燃成熊熊之焰!”

《火星报》创刊后不久就迁往慕尼黑出版。自 1902 年 4 月起改在伦敦出版，1903 年春天起又改在日内瓦出版。最初参加编辑部的有：列宁、普列汉诺夫、马尔托夫、阿克雪里罗得、波特列索夫和查苏利奇。自 1901 年春天起，克鲁普斯卡娅任编辑部秘书。列宁实际上是《火星报》的主编和领导者。他在《火星报》上发表了许多有关党的建设和俄国无产阶级革命问题的文章，对国际生活的重大事件作了评论。

2.《火星报》的宣传内容

《火星报》的宣传内容主要集中在两个方面：同“经济派”论战和宣传党的纲领。

批判机会主义流派“经济派”是当时的首要任务。自从 1895 年恩格斯逝世以后，德国工人运动中出现了以伯恩施坦为代表的机会主义思潮，并且流传到其他一些国家。这一思潮的基本特点是：否定马克思主义关于无产阶级革命、无产阶级专政的基本原则，企图使社会民主党由主张社会革命的政党变成社会改良主义的政党。俄国工人运动中的“经济派”正是伯恩斯坦主义在俄国的变种，他们利用所办的《工人思想报》和《工人事业》杂志，散布机会主义观点。1899 年部分“经济派”人士还发表宣言，公开反对无产阶级革命，鼓吹资产阶级改良主义。于是，反击和批判“经济派”，就成了澄清是非、建立无产阶级政党的必要条件。

“经济派”崇尚工人运动的自发性，否认革命理论对工人运动的指导意义。针对这一错误论调，《火星报》不止一次地指出：社会主义思想体系是革命的思想家以马克思主义理论为指导，参加工人运动实践，在研究社会发展和革命斗争规律的基础上形成的，它不会自发地产生。理论是照耀革命实践的灯塔，只要把它和工人运动结合起来，就能产生巨大的物质力量。科学的社会主义理论对当时的俄国尤其重要，因为俄国社会民主党刚刚形成，一切非无产阶级的思想和倾向都可能使工人运动离开正确的道路。“经济派”的论调实质上就是听任工人阶级在黑暗中摸索，其结果必然被资产阶级意识形态所左右或支配。

“经济派”崇尚经济斗争，认为反对沙皇制度的政治斗争不是工人运动的任务而是资产阶级自由派的事情。《工人事业报》鼓吹说：“增加一个戈比要比任何社会主义和任何政治更加切实而可贵”；“罢工储金会对于运动比一百个别的组织更重要”。针对这些谬论，《火星报》教育工人“不但要组织互助会、罢工储金会和工人小组，而且要组织政党，组织起来同专制政府和整个资本主义社会进行坚决的斗争”。《火星报》明确指出：引诱工人阶级离开反对沙皇制度的斗争，把工人阶级的任务局限在反对资本家的经济斗争上，就是使工人永远处于奴隶的地位。工人的斗争如果不是为了从根本上消灭人剥削人的资本主义制度，其结果最多是使工人出卖自己劳动力的条件稍加改善而已。

“经济派”在思想上崇尚自发性，在行动上崇尚经济斗争，在组织上就必然依恋涣散的小组习气和手工业方式，否认建立统一集中的政党的必要性。后来他们又声称建立统一集中的组织是同民主原则相抵触的。列宁通过《火星报》清楚地阐明了民主集中制，指出这是唯一正确的建党原则。列宁认为，在沙皇专制制度下，在警察猖獗的情况下，只有首先推翻了沙皇专制制度，才能有条件实现真正的广泛的民主。

制定并宣传党的纲领，这是《火星报》肩负的又一重任。当时《火星报》实际上起着俄国工人运动指导中心的作用，它必须为召开社会民主党第二次代表大会作好党纲的准备。在列宁的指导下，

《火星报》编辑部多次讨论了党的纲领问题，并有过激烈的争论。最后列宁对普列汉诺夫草拟的党纲草案作了重要修改，确定党的最高纲领是进行社会主义革命和实行无产阶级专政，最终实现共产主义；党的当前任务是进行资产阶级民主革命，推翻沙皇专制制度，消灭农奴制残余，建立民主共和国。

1902 年 6 月，《火星报》第 21 期将修改后的党纲草案刊登出来，同时发表编辑部的文章，指出党纲应当是全党思想的集中体现，希望每个委员会、党小组和个人都要参加讨论，发表意见。党纲草案公布后，《火星报》又连续发表论文和文章，进一步阐明党的纲领和策略，还刊登了各地方组织的反映。在《火星报》的宣传和引导之下，列宁的建党思想深入人心。许多地方组织发表声明，表示同经济派断绝关系，拥护党的纲领。

3.《火星报》的组织工作

《火星报》在进行思想宣传的同时，还为建党进行了大量的组织准备。

列宁在《火星报》第四期发表的《从何着手》一文中指出："报纸不仅是集体的宣传员和集体的鼓动员，而且是集体的组织者。"他把《火星报》比作建筑工地上的"脚手架"，希望它在"建筑"社会民主工党这座"大厦"的过程中发挥重要的作用。这一点主要是通过列宁亲自建立起来的代办员网实现的。代办员是各地革命运动的积极参加者，是各地方组织中的骨干。他们散布在俄国各地，能有效地进行宣传鼓动和组织工作。他们团结在《火星报》编辑部周围，开展了一系列卓有成效的活动，第一，收集稿件和信件，并且亲自写信反映情况。编辑部每月都能收到几百封从俄国辗转寄来的工人来信。第二，传递报纸和其他文件。《火星报》是在国外出版后秘密运回国内的，因此传送报纸便是一项十分艰险的任务。为了避开警察的搜索跟踪，不得不经常改变路线，甚至绕道几个国家，运行几千公里，才能把报纸分发给国内各地组织。第三，在国内建立地下印刷所，适时翻印报纸或传单。第四，为报纸募集出版和活动经费。《火星报》出版的最初 15 个月中就募集了 1.6 万卢布，绝大部分是这些代办员的功劳。

正是依靠这些代办员的努力，《火星报》同各地的委员会并通过这些委员会同俄国劳动人民保持了紧密联系，得以及时地报道、反映和指导俄国的革命运动。而这些代办员又在实际的工作中锻炼成长，成为各地的建党骨干，有的还成为职业革命家。例如优秀的代办员巴布什金不但自己为《火星报》写稿，组织莫斯科附近几个大工业区工人写了几百篇通讯，并且和其他同志一起做了大量的组织工作，把莫斯科的大部分社会民主党人团结在《火星报》周围。巴布什金屡遭沙皇政府逮捕、监禁和流放，1906 年在西伯利亚为起义工人运送武器时，被沙皇的讨伐队枪杀。列宁曾给予他很高的评价，称他是“人民的英雄”，“一个杰出的党的工作者”。全国各地的代办员们积极宣传党的纲领，在没有组织的地方建立组织，把各地分散的组织联结起来，使一个又一个组织摆脱“经济派”的影响，转到《火星报》方面来。这就为把各地方组织团结为统一的政党奠定了基础。

4.《火星报》的历史功绩

《火星报》在列宁主持的三年期间，为俄国革命运动作出了重要贡献。首先，通过对经济派的批判和斗争，使多数地方工人组织摆脱了机会主义的影响，接受了马克思主义的思想路线，为建党准备了思想基础。其次，通过代办员网的广泛努力，把分散的地方组织联结起来，为建党奠定了组织基础。最后，通过广泛的讨论和宣传，为建党准备了正确的纲领。总之，通过上述几个方面，完成了初步统一党内思想、联合各地分散的组织、筹备召开党代会的艰巨任务。

1903 年 7 月至 8 月，俄国社会民主工党第二次代表大会秘密召开。会址起初在布鲁塞尔，后因比利时警察的干扰破坏，移至伦敦。大会最重要的任务是讨论通过党的纲领。尽管机会主义分子在无产阶级专政问题上发难，经过激烈争论，大会还是通过了《火星报》所提出的党纲。这是马克思、恩格斯逝世后，国际共产主义运动中第一个明确以争取无产阶级专政为基本任务的革命纲领，也是《火星报》三年来艰苦工作的重要成果。鉴于《火星报》为建党作出的巨大贡献，俄国社会民主工党第二次代表大会通过决议，表彰其历史功绩，并宣布它为“党的中央机关报”。

(三)俄国社会民主工党的分裂和布尔什维克报刊

俄国社会民主工党第二次代表大会虽然把党建立了起来，但是会议在讨论党章时列宁和马尔托夫等人发生了严重分歧，分歧的关键在于建立什么样的政党。列宁主张建立一个集中统一、纪律严明的革命政党，马尔托夫希望建立的则是一个松散的、不定型的、缺乏组织纪律性的社会团体。由于得到机会主义分子的支持，马尔托夫的提案竟被通过，并以党章条文的形式确定下来。但在选举中央委员会和中央机关报编辑部时，列宁的拥护者获多数票，因而被称为布尔什维克(俄文多数派的译音)；马尔托夫派获少数票，被称为孟什维克(俄文少数派的译音)。

第二次代表大会决定由列宁、普列汉诺夫和马尔托夫共同领导《火星报》编辑部的工作。可是马尔托夫无视大会的决定，拒绝参加编辑部工作。《火星报》第46~51期就由列宁和普列汉诺夫负责编辑出版。后来，普列汉诺夫转到孟什维克方面去，竟要求让被大会否决了的孟什维克原任编辑重新加入编辑部。列宁反对这种做法，并于1903年11月11日发表声明，退出编辑部。从52期起，《火星报》的领导权被孟什维克掌握，报纸因此而成为反对列宁和布尔什维克党的工具。此后，党内称52期以后的《火星报》为“新《火星报》”，52期以前的《火星报》为“旧《火星报》”。新《火星报》于1905年停刊。

孟什维克篡夺《火星报》领导权以后，在报纸上大力宣传机会主义观点。为了反击孟什维克的进攻，捍卫无产阶级政党的组织原则，列宁决定创办自己的布尔什维克报刊。经过紧张的筹备，布尔什维克的第一份机关报——《前进报》终于在1905年1月4日于日内瓦问世。该报继承了旧《火星报》的传统，发表了列宁的40多篇论文和短评，同机会主义进行了坚决的斗争。

1905年1月9日，彼得堡发生了震惊世界的“流血星期日”惨案，全国工人奋起罢工，引起俄国第一次革命的爆发。为了制定统一的行动纲领和斗争策略，把革命引向胜利，布尔什维克建议召开党的第三次代表大会。建议遭到孟什维克的拒绝后，布尔什维克于

4 月 25 日至 5 月 10 日在伦敦单独召开代表大会。大会制定了党在民主革命中的策略路线，选举了以列宁为首的新的中央委员会，并决定创办布尔什维克党新的中央机关报——《无产者报》(因《无产者报》的创办，《前进报》于 1905 年 5 月 18 日出至第 18 号终刊)。

《无产者报》于 1905 年 5 月 27 日在日内瓦创刊，列宁任主编，同年 11 月停刊，共出 26 期。“三大”结束后，孟什维克党人向布尔什维克发起了新一轮的进攻，他们利用报纸、传单、小册子等大肆鼓噪，说这次代表大会不合法，大会决议对社会民主工党党员不具约束力。《无产者报》对“三大”的合法性及其全党性质进行了充分的论证，同时揭露了孟什维克企图分裂党的阴谋，号召党员和工农群众紧密地团结起来，共同贯彻“三大”决议，为准备武装起义而斗争。列宁非常重视该报的工作，并亲自为报纸撰写了 69 篇论文和短评。这些文章大量引述并评析马克思主义关于革命斗争及其策略的理论，其中包括：在资产阶级民主革命中，无产阶级必须坚持以工人阶级为领导，建立工农联盟，牢牢掌握革命的领导权；通过武装起义，建立临时革命政府；不停顿地将资产阶级民主革命转变为社会主义革命。在以后的革命斗争中，列宁正是这样实践的。

在布尔什维克的影响和推动下，1905 年下半年爆发了有 200 多万人参加的全俄政治总罢工，全国各大城市和工业中心还普遍建立了工人代表苏维埃。在民众的压力下，沙皇尼古拉二世不得不于 10 月底发表立法宣言，宣布公民可以享有言论、集会、结社等自由和人身不受侵犯的权利，答应召开由全体公民选举的国家杜马(即议会)，企图以此缓解矛盾，维持摇摇欲坠的统治。布尔什维克一方面及时揭穿沙皇的立宪骗局，同时利用这个有利时机开展公开、半公开的活动，创办公开出版的报刊。

布尔什维克党的第一份合法日报是《新生活报》，1905 年 11 月 2 日在彼得堡创办。同年 11 月 20 日列宁从国外返回俄国，亲自领导编辑部的工作。《新生活报》配合党的准备武装起义的中心任务，开展了大规模的宣传活动。《新生活报》这种坚定的政治立场和旗帜鲜明的战斗风格，引起了资产阶级政客的恐惧和仇视，某些资产阶级报人打出“代表人民利益”的旗号，主张报纸应当“无党性”。

针对这种言论，列宁在《新生活报》第 12 期上发表《党的组织和党的出版物》一文，鲜明地提出了党的出版物的党性原则，指出：社会民主主义出版物应当成为党的出版物；党的文字宣传工作应当是党的事业的组成部分，党所创办的报纸杂志以及其他出版物应当旗帜鲜明地宣传党的观点；党报的撰稿人，尤其是党员作者，应当和党保持一致，绝不容许背离党的观点。列宁写道："写作事业应当成为整个无产阶级事业的一部分，成为由整个工人阶级的整个觉悟的先锋队所开动的一部巨大的社会民主主义机器的'齿轮和螺丝钉'。写作事业应当成为社会民主党有组织的、有计划的、统一的党的工作的一部分。"列宁在《新生活报》第 16 期、第 22 期、第 27 期上又发表文章，对党性原则进行了深入阐述。

《新生活报》的革命宣传，深受广大群众的欢迎。报纸每日出 4~6 版，发行 8 万多份，成为俄国无产阶级政党的最大的讲坛。报纸共出 27 期，其中有 15 期遭到沙皇政府的没收和焚毁，1905 年 12 月 15 日因刊登工人代表苏维埃的财政宣言而被查封。

除《新生活报》之外，布尔什维克在彼得堡先后出版的其他报刊还有：《浪潮报》(1906 年 5—6 月，共出 25 期)；《前进报》(1906 年 6 月 8—27 日，共出 17 期)；《回声报》(1906 年 7 月 5—20 日，共出 14 期)；《视觉报》(1907 年 2 月 7—17 日)；《新光线报》(1907 年 3 月 5—12 日，共出 7 期)。这些报纸常常是一旦被查封，立即改名再出。列宁直接领导了这些报纸的编辑和出版工作。此外布尔什维克还在各大工业中心出版报纸，在一些地方还出版了士兵报纸和农民报纸。

1905 年 12 月，布尔什维克领导下的莫斯科工人代表苏维埃发动政治总罢工，罢工很快发展为武装起义。起义工人同沙皇军队进行了 9 天的激战，终因寡不敌众而失败。起义失败后，革命转入低潮，开始了斯托雷平反动统治时期(1906 年，斯托雷平被任命为沙皇政府的总理大臣)。斯托雷平疯狂实行白色恐怖，宪兵、特务残酷迫害革命者，绞架、监狱、流放所遍布全国。在这种情况下，布尔什维克只能暂时停止公开的活动，将报纸出版转入地下。

这一时期，布尔什维克秘密出版了三份报纸：《无产者报》

(1906年9月在芬兰创办，后迁至日内瓦及巴黎，1910年1月停刊，出了50期)、《社会民主党人报》(1908年2月在俄国创办，后迁至巴黎、日内瓦，1917年1月终刊，共出58期)、《工人报》(1910年11月在巴黎出版，1912年8月停刊，共出9期)。列宁亲自领导这些报纸的工作。这些报纸在革命的低潮时期发挥了重要的作用，尤其是《工人报》，实际上起到布尔什维克司令部的作用，并完成了筹备召开俄国社会民主工党第六次全国代表会议的任务。正是这次于1912年1月在布拉格召开的代表会议，决定将一切坚持分裂活动的机会主义派别清除出党，从此以后布尔什维克正式成为独立的无产阶级政党，称为俄国社会民主工党(布)，并将《工人报》定为它的正式机关报。

1910年下半年，俄国工人运动开始由低潮转入高潮。斯托雷平政府不得不改变统治手法，甚至作出一些让步，放宽对报刊出版的管制。在新的形势下，社会民主工党在国内又创办了《思想》《启蒙》《明星报》等合法报刊。《思想》是一份哲学和社会经济月刊，1910年12月在莫斯科公开出版。1911年4月出至第5期被查封。《启蒙》于1911年12月在彼得堡创刊，用以替代《思想》月刊。1914年6月(第一次世界大战前夕)被查封。《明星报》是一份公开出版的供先进工人阅读的报纸，1910年12月29日在彼得堡创办。初为周刊，后改为周二刊、周三刊，中间曾被迫停刊四个多月。它用大量篇幅刊登工人的来信、工会的稿件和讨论工人运动问题的文章，在工人和广大劳动人民中享有很高的威信，发行量达到五六万份。1912年5月5日，《真理报》创办的同时，《明星报》停刊。

(四)群众性政治日报《真理报》

1912年4月4日，西伯利亚连那金矿工人举行罢工，遭到沙皇军队的残酷镇压，死250人，伤270人，史称“连那惨案”。“连那惨案”引发了一场新的革命高潮。在新的形势下，布尔什维克党积极加强报刊工作，原来的《明星报》已不能满足要求了，必须创办新的供广大工人群众阅读的政治性日报。于是列宁亲自筹划下创办的大型群众性政治日报《真理报》于1912年5月5日(俄历4月

22 日）在彼得堡问世。①

还是在布拉格党代会期间，列宁就开始酝酿创办这份日报。会议结束后，指示《明星报》出版人波利塔耶夫、中央委员奥尔忠尼启泽负责筹办。不久，斯大林从流放地回来后也参加了《真理报》创刊号的筹备工作。不过，斯大林在《真理报》创刊当日即被捕。1912 年 9 月，斯大林获释回到彼得堡，重新参与《真理报》工作，并被任命为主编。但在两个月后，他根据列宁的指示到波兰和奥地利等地从事民族理论研究，主编改由斯维尔德洛夫担任。总的说来，《真理报》的工作一直是在列宁的直接领导下进行的。当时列宁虽然侨居国外，但是有关报纸的一切问题，如宣传目标和策略的制定，编辑人员的变动，各种副刊、专栏的设定与改进，他都亲自过问并认真审定。此外他还为报纸撰稿，几乎每天一篇。从报纸创刊到被查封的两年多的时间里，列宁发表各种文章、通讯、书信等近 300 篇，涉及的内容相当广泛：阐述马克思主义的学说，分析俄国和世界资本主义的发展，介绍工人、农民运动的状况，评论俄国政党的活动和国际政治领域中最重要的事件，等等。与此同时，《真理报》又大量刊登工人通讯，介绍工人生活、工作情况以及各个企业罢工的消息。两年间总共有近 5000 篇工人通讯刊出。这就使得报纸真正成了全俄性的政治讲坛、广大工人的耳目喉舌。

1913 年 11 月，布尔什维克通过《真理报》在彼得堡发动了 10 万工人参加的大罢工，奥布哈夫工厂的罢工斗争持续了两个月之久。在组织工人斗争时，《真理报》告诉工人应当采取什么样的斗争方式，怎样才能取得最好的效果。但在当时的情况下，有些话不能讲得过分明白，以免遭到敌人的镇压，于是编辑部往往采取灵活的策略，用暗示的方法与工人沟通。例如，当《真理报》提到"1905 年的全部的不折不扣的要求"时，工人们便懂得这是指 1905 年俄国

---

① 《真理报》的历史可分四个阶段：第一阶段从 1912 年 5 月 5 日创刊至 1914 年 7 月 8 日被查封；第二阶段从 1917 年 3 月 18 日复刊至十月革命胜利；第三阶段从十月革命胜利至 1991 年 8 月苏共解散；第四阶段是苏共解散后至今。本节叙述的是第一、二阶段的情况。

第一次革命中布尔什维克提出的推翻沙皇制度，成立民主共和国，没收地主土地，实行8小时工作制的要求。他们就会按照这个要求去做。

《真理报》在经济上全靠工人们的捐款维持。工人们除了为它募款、捐款外，还为它提供稿件，组织订阅，扩大发行。《真理报》通常每日印刷4万份，个别日子出10~13万份。一份报纸往往不是一个人、两个人读，而是几十个人共同阅读。它的读者范围之广、影响面之大，是当时俄国的其他报纸无法比拟的。

正因为如此，《真理报》引起了沙皇政府极大的恐惧和仇视，他们通过罚款、没收和查封报纸、逮捕审讯编辑人员等手段对它进行迫害。两年多时间里它就被查封过8次。每次被查封后，它都改用其他名称继续出版，使用过的名称有：《工人真理报》《北方真理报》《劳动真理报》《拥护真理报》《无产阶级真理报》《真理之路报》《工人日报》和《劳动的真理报》。第一次世界大战爆发前夕，沙皇政府采取非常手段镇压革命，《真理报》报社被捣毁，全体工作人员被捕，报纸于1914年7月8日停刊。

《真理报》的第一阶段虽然只存在了两年多的时间，但却为布尔什维克党奠定了坚实的群众基础，造就了新一代的工人革命者，为十月革命的胜利做了充分的准备。

(五)无产阶级报刊为十月革命胜利而斗争

第一次世界大战期间，俄国国内的阶级矛盾和民族矛盾日益激化。沙皇政府原想利用世界大战扑灭革命烈火，但事情正好走向反面。战争不但使数百万人丧生，而且使人民生活更加困苦。于是，反对沙皇制度的革命运动重新高涨起来。1917年二三月间，布尔什维克党领导的彼得格勒罢工斗争在革命士兵的支持下迅速扩展为武装起义。1917年2月27日(俄历)，起义群众逮捕了沙皇政府的大臣和将军，结束了统治俄国达3个世纪之久的罗曼诺夫王朝，取得了二月革命的胜利。

在新的形势下，布尔什维克党结束了地下状态，公开出面领导俄国革命，并且决定恢复出版《真理报》，作为党中央和彼得格勒市委的机关报。1917年3月18日(俄历3月5日)，《真理报》在莫洛托夫、叶列麦耶夫和加里宁三人组成的编委会的领导下正式复刊，从而进入了报纸历史的第二阶段。这时，莫斯科和其他城市或地区党组织也纷纷出版报刊(1917 年 7 月初，布尔什维克拥有 30 种报纸、11 种杂志)，它们和《真理报》一起，共同进行宣传、鼓动和组织工作，团结劳动人民为争取社会主义革命的胜利而斗争。而《真理报》理所当然地成了革命的旗帜。资产阶级临时政府对它进行了残酷的迫害，它在复刊后几次被查封，5 次易名出版。但它不屈不挠、坚持战斗，为准备和实行十月社会主义革命作出了重要贡献。

第一，揭露临时政府的本质，宣传将革命进行到底的思想。

根据党中央通过的《策略任务》的决议，《真理报》旗帜鲜明地向劳动群众指出：临时政府是地主和资本家的政府，它正在反对革命，继续推行帝国主义政策。报纸反复说明：二月革命虽然取得了初步胜利，但是离革命的全面胜利还差得很远。因为政权仍然掌握在资产阶级临时政府手中，人民仍然得不到和平、土地和面包。要想取得革命的真正胜利，就必须前进一步，把政权交归苏维埃。《真理报》号召工人阶级组织起来，成立近卫军，准备向资产阶级发起最后的进攻。《真理报》第 14、15 期上还刊登了列宁从国外寄来的《第一封信，第一次革命的第一阶段》一文，进一步揭露了临时政府的反革命性质，并为无产阶级指明了从革命的第一阶段向第二阶段过渡的前景。

《真理报》还发表大量论文和文章，谴责孟什维克和社会革命党人的投降主义立场及其与临时政府合作的主张，指出这种主张是非常有害的，因为即使对临时政府实行“监督”，也绝不会改变临时政府的基本政策，不会给工人带来任何好处。通过宣传，越来越多的人看清了妥协派的面目，表示要同他们决裂。一些工人和士兵在《真理报》上发表声明，宣布退出孟什维克。

第二，宣传列宁的《四月提纲》，以此来统一全党思想。

1917 年 4 月 3 日(俄历)列宁回到俄国，第二天在布尔什维克领导工作会议上作了《论无产阶级在这次革命中的任务》的报告，后来又在另一次会议上重述了这个报告的大纲，这就是有名的《四月提纲》。这个提纲回答了革命中一系列重要的问题，制定了从资产阶级民主革命过渡到社会主义革命的路线。在临时政府问题上，列宁考虑到当时的客观现实，提出了“不给临时政府以任何支持”的口号。《真理报》在 4 月 7 日以显著版面发表了《四月提纲》，其他布尔什维克报纸也都作了转载。资产阶级和妥协派报纸对这一提纲十分恼怒，大肆攻击。布尔什维克党内也有许多党员和领导干部对《四月提纲》是否现实表示怀疑，面对这一情况，《真理报》作了大量的宣传解释工作。它一方面广泛发表各地工人反击和指责资产阶级和妥协派的报道，另一方面连续刊登列宁进一步阐述该《四月提纲》的文章。报纸还大力报道各地学习《四月提纲》的体会和支持《四月提纲》的行动，从而在很大程度上统一了全党的思想，推动了革命运动的发展。

第三，宣传四月代表会议精神，促进苏维埃改组。

1917 年 4 月 24 日(俄历)布尔什维克党召开了第七次代表会议(四月代表会议)。会议讨论了关于战争与革命的各项基本问题。列宁在会议报告中进一步阐述了《四月提纲》的原则，并且提出“全部政权归苏维埃”的口号作为党的最近任务。《真理报》广泛报道了四月会议的精神，发表详细的工作报告，把列宁提出的“全部政权归苏维埃”的口号作为报纸的宣传中心。

为了把社会革命党人和孟什维克从苏维埃政权中驱逐出去，使苏维埃真正成为布尔什维克党的坚固的阵地，《真理报》于 5 月倡导并发起“改选苏维埃代表”的群众活动。报纸刊登了党中央关于《改选苏维埃代表的章程》，彼得格勒等地按照这个章程改选了苏维埃代表以后，报纸立即作了报道，从而加速了苏维埃改组的进程。为了加强工人阶级的组织性和纪律性，《真理报》还反复宣传工会的重要性，促进了全俄各地工会的建立和工人群众的布尔什维克化。为了争取农民，《真理报》连续发表文章号召农民用革命手段夺取土地，说明只有布尔什维克才是帮助农民推翻地主阶级的革命政党，从而使党在农村中的影响进一步扩大。《真理报》还加强了对军队的政治工作，号召士兵成立士兵委员会，把军队的领导权掌握在自己手中。布尔什维克发动各级党组织向前线寄送《真理报》，使成千上万的士兵在报纸的影响下站到布尔什维克一边。

第四，直接宣传和推动十月武装起义。

1917 年 7 月，顽固推行帝国主义战争政策的资产阶级临时政府在前线战败，引起民众极大愤慨。彼得格勒 50 万工人和士兵举行示威游行，被反动军队打死打伤 400 余人。“七月事件”之后，俄国政治形势发生了根本性的变化，原来那种资产阶级临时政府和工兵代表苏维埃两个政权并存的局面已无法继续。值此之际，布尔什维克秘密召开了第六次党代表大会，全力准备发动武装起义。

当时，《真理报》已改名为《工人之路报》。因为它是公开发行的报纸，必须接受临时政府的检查，所以不能公开号召武装起义。在这种情况下，它首先从理论上宣传马克思主义关于武装起义的思想，论述武装起义是阶级斗争尖锐化的必然结果；继而着重宣传“全部政权归苏维埃”的口号，讲清必须把地主、资本家代表逐出苏维埃，由苏维埃执掌政权的道理；同时大量报道各地革命委员会和赤卫队的活动，以防御外敌为名，推动武装起义的准备工作。报纸就是这样，巧妙地完成了宣传党关于武装起义的战略方针的任务。

10 月 10 日(俄历)，布尔什维克党中央通过了关于武装起义的决定。但是，党内反对派加米涅夫、季诺维也夫却在孟什维克的报纸上发表了反对武装起义的声明，从而泄露了党的机密，于是党中央决定提前行动。10 月 24 日(俄历)清晨，临时政府下令查封《工人之路报》，并把装甲车开到报社门前，企图捣毁它。上午 10 时，布尔什维克派赤卫队和革命士兵赶走了装甲车，并且加强了守卫。11 时，《工人之路报》在革命武装保护下出版，发表社论公开号召推翻临时政府。10 月 25 日(公历 11 月 7 日)，《工人之路报》在第一版用大字通栏标题写道：“全部政权归苏维埃!”“和平！面包！土地!”就在这一天，随着“阿芙乐尔号”巡洋舰的一声炮响，随着临时政府最后一个堡垒冬宫的被攻克，十月革命取得了决定性的胜利。《工人之路报》迅速报道了攻克冬宫的消息，刊登了列宁写的《告工人、士兵、农民书》，宣告了人类历史新纪元的到来。

10 月 27 日，《工人之路报》恢复《真理报》原名继续出版，从此成为世界上第一个执政的无产阶级政党的中央机关报。

第三节　苏联时期的报业

十月革命的胜利，推翻了俄国资产阶级临时政府的统治，建立了世界上第一个社会主义国家。俄国新闻业的发展也进入了一个崭新的历史时期。

苏联时期的报业可分以下五个阶段。

一、苏维埃政权初建阶段

苏维埃政权建立后，在新闻出版方面所做的首要工作就是取缔资产阶级反动报刊，建立社会主义的新闻体系。

(一)取缔反动报刊

十月革命胜利后，孟什维克和社会革命党人仍在出版自己的报纸，由大的垄断资本家提供资金的报纸协会也在继续他们的出版活动。据记载，当时孟什维克有52种报刊，社会革命党有31种，无政府主义者有6种。这些资产阶级、小资产阶级出版物对革命心怀仇恨，一些报纸甚至恶毒攻击布尔什维克党的革命路线，大量发表反对苏维埃政权的言论。有鉴于此，列宁领导布尔什维克党立即采取了强有力的措施。

1917年11月10日，《真理报》发布了列宁签署的《关于出版问题的法令》(以下简称《法令》)。《法令》指出："在大变革的关键性时刻及随后的日子里，临时革命委员会不得不采取一系列措施，以反对形形色色的反革命报刊"，因为"资产阶级报刊是资产阶级最强大的武器之一，特别是在新的工农政权刚刚确立的关键时刻，不能让这种武器完全留在敌人的手中，因为正是在这种时刻，这种武器的危险性并不亚于炸弹与机枪"。《法令》宣布查封下列报刊：①煽动公开对抗和不服从工农政府者；②通过恶意中伤，歪曲事实来制造混乱者；③挑动从事犯罪活动者。在《法令》颁布后的1个月中，革命军事委员会查封了《新时代报》《言论》《俄罗斯意志》《交易所新闻》《新俄罗斯》《白昼》等几份对革命事业危害最大的报刊。以后随着斗争的发展，革命委员会又陆续查封了一批其他资产阶级报刊。

为了加强对资产阶级报刊的监督管理，1918 年 2 月 22 日，人民委员会又发布由列宁签署的《关于成立报刊革命法庭的法令》，决定由报刊革命法庭审理利用报刊反人民的各种犯罪活动。法令对报刊革命法庭的组成、审理的法律程序等作了明确的规定，授权该法庭执行罚款、封闭和没收资产阶级报纸等八项职责。

在贯彻上述法令的过程中，党和列宁一方面坚定地批判资产阶级的出版自由观念，指出"有人打着自由的幌子，实际上是在掩盖有产阶级控制整个报刊命脉，肆无忌惮地毒化人们的思想和扰乱人们的自由"；另一方面也十分注意政策，尽量把有关措施控制在绝对必要的范围内，并且宣告"本规定具有临时性，一俟社会生活条件正常，将以特别法令形式宣布取消"。

但是形势的发展和原先的预期并不完全一致。孟什维克和社会革命党不断破坏出版法令，它们的多家报纸被查封后又不断改换名称继续出版，恶毒攻击布尔什维克党和新生的苏维埃政权，从事反革命宣传。为此，1919 年 2 月 22 日，苏维埃政权又作出了《关于查封破坏国防的孟什维克报纸的决定案》。在外国帝国主义武装干涉已经开始、国内战争已经爆发的危急情况下，苏维埃政权不得不采取更为强硬的措施，勒令这些报刊全部停办。到 1919 年底，除布尔什维克的报刊外，其他政治派别的报刊全部停刊或被查封。

(二)创办党和苏维埃报刊

在取缔反动报刊的同时，党和苏维埃政权积极为革命报刊的兴办创造条件。早期的措施有：

(1)征用资产阶级报刊的物质设备来出版无产阶级的革命报刊。根据列宁的指示，1917 年 12 月 26 日，革命军事委员会颁布了关于征用资产阶级的印刷厂和纸库的命令：用被查封的《新时代报》的印刷厂出版《真理报》，用《言论》和《白昼》的印刷厂出版《士兵真理报》和《贫农报》，《俄罗斯意志报》的印刷厂及储存的全部纸张交给彼得格勒革命军事委员会。

(2)统一控制广告业务。1917 年 12 月，列宁签署了《关于国家统一管理广告业务的法令》，规定“在定期报刊、书籍和戏单上刊登有价广告的业务，向书亭、邮局以及向其他单位散发广告的业务，均由国家统一管理”。这项措施不但有效地剥夺了资产阶级报刊的经济基础，同时也大大加强了苏维埃报刊的经济实力。

(3)为了支持无产阶级报刊的出版，在新生政权建立之初十分困难的情况下，列宁仍于1917年12月签署法令，拨出44.8万卢布，作为超预算特殊拨款，发给国家印刷厂。

以后随着革命政权的逐步巩固，党和政府又在法律上和组织上努力保证社会主义报刊的发展。

1918年7月10日举行的第五次全俄苏维埃代表大会通过了十月革命后的第一部宪法。宪法第14条明确规定：“为保障劳动者享有真正表达自己意见的自由，俄罗斯社会主义联邦苏维埃共和国消灭出版事业对资本的从属关系，将一切有关出版报章书籍及其他任何印刷品的技术与物质手段一律交归工人阶级与农民掌握，并保证此等印刷品在全国自由传播。”这是人类历史上第一个明确保障劳动人民出版自由的法律规定。

从1919年到1924年，俄共(布)在第八、九、十一、十二和十三次党代表大会上，都对报刊工作进行了专门讨论并通过了相应的决议。根据这些决议，党采取了一系列组织措施，克服重重困难，在国内战争和经济恢复时期初步建立了一个以中央报刊为主、以地方报刊为辅，以党的机关报为主、以服务于不同读者的专门报刊为辅的新型报业网络。

到1925年时，苏联共出版报纸589种，其中农民报纸141种，少数民族报纸153种。这些报纸在动员人民抗击反革命势力、保卫苏维埃政权、积极恢复被长期战乱破坏的社会经济方面，发挥了重大的作用。

当时已经创建的主要中央报纸有：

1.《真理报》

1917年11月9日，党中央机关报《真理报》在彼得格勒恢复原名出版。当年12月俄共中央决定由布哈林任主编。不久，布哈林因为同列宁在签订与德国的布列斯特和约问题上发生意见分歧而离开报社，后来他同意了列宁的主张，列宁又将他召回。他在《真理报》一直工作到1929年担任共产国际执委会委员为止。1918年3月报纸随苏维埃政府迁往莫斯科。

2.《消息报》

1917年3月在彼得格勒创办，原名《彼得格勒工兵代表苏维埃消息报》，当时为孟什维克和社会革命党人所控制。同年8月，转到布尔什维克手中，10月改名为《工兵代表苏维埃中央执行委员会消息报》。1917年11月9日全俄苏维埃第二次代表大会召开以后，《消息报》成为苏维埃政权的正式机关报。1918年3月，编辑部迁往莫斯科。苏维埃社会主义共和国联盟成立(1922年)后，1923年7月14日起成为苏联执行委员会和全俄执行委员会的机关报。

3.《贫农报》

《贫农报》是1918年3月在《士兵真理报》、《农村贫农报》和《农村真理报》的基础上创办起来的。1931年2月并入《社会主义农业报》。在将近13年的工作中，它始终贯彻党关于农民问题的方针政策，把广大农民群众团结在党的周围，为巩固工农联盟和苏维埃政权，为实现农业合作化做了大量的工作。

4.《经济生活报》

1918年11月6日正式创刊，最初为最高国民经济委员会的机关报。1921年6月改为劳动国防委员会的机关报。劳动国防委员会是管理全俄经济和国防事务的最高领导机构，列宁担任主席。《经济生活报》在列宁的亲自领导下工作，很好地完成了经济宣传的任务。

5.《民族生活报》

1918年11月9日创刊，是斯大林领导的民族事务人民委员部的机关报，主要任务是宣传党的民族政策，促进各民族的团结与合作。发刊后在各族劳动人民中的影响不断扩大。以后由于各地方政府纷纷创办民族报纸，该报的职能逐渐为地方民族报纸所取代，因而于1924年1月停刊。

6.《劳动报》

全国工会中央理事会的机关报，1921年创办。它以工人群众为对象，影响广泛。

7.《红星报》

1923 年创办，初为红军总部机关报，后改为苏联国防部机关报。

8.《共青团真理报》

1925 年创办，共青团中央机关报，面向广大青年群众。

(三)新经济政策时期报刊方针的调整

1918 年 3 月，苏维埃政权同德国签订了布列斯特和约，苏维埃国家争得了恢复、发展遭到严重破坏的国民经济的宝贵时机。从那时起，列宁曾三次提出把工作重心转向经济建设上来，与此相适应，要求报纸调整方针，把经济报道放在宣传的首要地位。

第一次是在与德国缔结和约以后不久，列宁要求全党利用这“喘息之机”，转移工作重心。他草拟了《苏维埃政权的当前任务》一文，提出了从经济上管理俄国的任务和方针政策。他同时指出：报刊宣传的主要任务是帮助党和政府组织对俄国的管理，研究走向社会主义道路的特点，报道社会主义竞赛，表扬先进批评落后，支持社会主义的新生事物。但是，1918 年冬国内战争爆发，列宁的这些主张和设想不得不暂时中止。

1920 年 3 月，发动叛乱的白匪军被消灭，国内恢复平静。列宁第二次提出工作重心转移的问题。他要求“把整个苏维埃政权机器转上和平经济建设的新轨道”，并要求把“宣传的任务和计划同这种转变适应起来”。①

1920 年 5 月，波兰白军入侵乌克兰，苏维埃政权再次被卷入战争中。直到 1920 年 10 月红军击败波兰白军后，国内才重新恢复平静。这时，列宁第三次提出工作重心转移问题，并且得以真正实现。列宁指出：经济任务、经济战线是“最主要的任务和基本战线”。为此，“生产宣传应当重新放在第一位”，并具体要求《消息报》等各家报纸“减少政治方面的篇幅，扩大生产宣传的版面”②。

---

① 《列宁全集》(第 38 卷)，人民出版社 1986 年版，第 114 页。

② 《列宁全集》(第 40 卷)，人民出版社 1986 年版，第 16 页。

随着形势的发展，1921年起布尔什维克党和苏维埃政府结束了战时共产主义政策，开始实行新经济政策，把原先在农村实行的余粮收集制改为征收粮食税，恢复商品流通和市场经济，并逐步开始社会主义建设。在为时三年左右的新经济政策时期，报业方面的主要变化，就是实行列宁提出的新的办报方针，把宣传重心转到经济建设上来。各家报刊，特别是主要从事经济宣传的中央级报纸《消息报》《经济生活报》等，在这方面做出了可喜的成绩。它们注重反映经济领域的情况，收集和分析具体的数据、资料，为领导部门提供了许多有价值的信息和决策的依据，并且有效地指导着经济和生产实践。

(四)革命胜利前后列宁的主要报刊思想

十月革命前后，列宁在领导布尔什维克党和无产阶级革命运动的过程中，亲自创办或指导过几十种革命的报刊。他继承和发展了马克思、恩格斯的报刊思想，对无产阶级报刊的性质、任务、功能等问题有过精辟的阐述。其中主要的思想有：

1. 关于报刊的宣传组织作用

列宁十分重视报刊在革命运动中的宣传组织作用。他在《从何着手?》(1905年)一文中指出："报纸的作用并不只限于传播思想、进行政治教育和争取政治上的同盟者。报纸不仅是集体的宣传员和集体的鼓动员，而且是集体的组织者。"尤其在建党初期，列宁正是通过报纸集中地、系统地向群众进行革命的宣传鼓动，传播马克思主义思想，批判机会主义观点，讨论党的策略纲领，并且把各地的组织联结起来，从而改变了党内思想混乱、组织涣散的状况，为建党打下良好的思想基础和组织基础的。

2. 关于报刊的党性原则

列宁一贯认为，无产阶级党报应该明确坚定地宣传党的纲领、路线和方针。1905年，他在《党的组织和党的出版物》一文中，首次明确地提出了无产阶级报刊的党性原则，并作了全面的阐述，他指出："写作事业应当成为无产阶级总的事业的一部分，成为由全体工人阶级的整个觉悟的先锋队所开动的一部巨大的社会民主主义机器的'齿轮和螺丝钉'。写作事业应当成为社会主义民主党有组织的、有计划的、统一的党的工作的一个组成部分。”他要求布尔什维克党员所办的报纸“应当成为各个党组织的机关报”，“应当接受党的监督”，“应该为千千万万劳动人民，为这些国家的精华、国家的力量、国家的未来服务”。

3. 关于新闻出版自由

列宁十分重视新闻出版自由对无产阶级的重要性，他在早年起草的社会民主党纲领草案中就把争取新闻出版自由作为党的重要奋斗目标之一。列宁又十分强调新闻出版自由的阶级性质。在《党的组织和党的出版物》一文中，列宁就指出，“我们要创办自由的报刊，这个自由不仅是指摆脱了警察的压迫，而且是指摆脱了资本”。十月革命后，面对国内外资产阶级报刊的攻击诽谤，他尖锐地批判了资产阶级出版自由的虚伪性，认为决不能让资产阶级借口出版自由来进行反对苏维埃的宣传。他在《关于出版自由的决议草案》(1917 年)中指出，资产阶级的出版自由“就是富人有出版自由，就是由资本家霸占一切报刊”；而“工农政府认为出版自由就是使报刊摆脱资本的控制，把造纸厂和印刷厂变成国家的财产，让每一个达到一定人数(如一万人)的公民团体都享有使用相当数量的纸张和相当数量的印刷劳动的同等权利”。

4. 关于为社会主义经济建设服务

在党的工作重心转向经济建设以后，列宁提出了“报纸刊物应该成为社会主义建设的工具”的新方针。他在《苏维埃政权的当前任务》(1918.4)、《论我们报纸的性质》(1918.9)、《生产宣传提纲》(1920.11)等文章中指出，要“把报刊由主要报道政治新闻的工具，变成对人民群众进行经济教育的重要工具”，要“少谈些政治”、“多谈些经济”，要“用生活中的生动的具体事例来教育群众”，努力宣扬那些“真正共产主义事业中普通的、质朴的、平凡的但是活生生的幼芽”。

5. 关于群众办报和舆论监督

列宁一贯重视发动群众办报。他在《〈火星报〉和〈曙光〉杂志编辑部声明》(1900 年)、《给同志们的信》(1904 年)等文章中多次指出：“要把机关报办得生动活泼，生气勃勃，不仅需要 5 个从事领导和经常写作的著作家，而且需要 500 个、5000 个非著作家的工作人员。”一定要让所有的社会民主党人、有觉悟的工人和一切革命民主主义者都来写稿，都来报道有关运动的消息，发表自己的意见，介绍自己的经验。他还强调要让成百上千的工人都向报纸写稿或写信，反映生活、工作和情绪，提出批评、意见和建议。否则，这份报纸就不配称为社会民主党的机关报。苏维埃政权建立以后，列宁又把群众办报同群众监督联系起来，强调要把开展批评、进行舆论监督列为社会主义报刊的重要任务。1918 年他主持通过的俄共(布)第八次代表大会关于报刊工作的决议就曾明确规定：揭露、批评苏维埃机关和党组织及其负责人的缺点、错误甚至罪行，是党和苏维埃报刊的最重要任务之一。

二、战前社会主义建设阶段

1924 年 1 月，列宁因病逝世。作为联共(布)总书记的斯大林，接任党和苏维埃政权的领导工作。

在战前(卫国战争之前)社会主义建设阶段，特别是在这一阶段的初期，苏联报刊基本上遵循了列宁的办报思想和方针，在推进社会主义建设过程中发挥了重要的积极作用。随着社会主义工业化(1926—1929 年)和农业集体化(1930—1934 年)运动的开展，随着第一、第二、第三个五年计划(1928—1941 年)的实行，苏联报刊展开了更大规模的经济宣传活动。例如，在第一个五年计划期间，党中央机关报《真理报》围绕与基本建设有关的一些重要问题——重工业的分布、国内资源的利用、综合材料的供应以及工程设计等展开讨论与宣传，并吸收有关专家参与报纸工作，以便更加深入地阐述这些重大经济问题。第二个五年计划期间，社会主义劳动竞赛出现了新的形式，这就是 1935 年 8 月掀起的斯达汉诺夫运动。由顿巴斯煤矿工人斯达汉诺夫发起的这场运动，是一场以突破旧定额，创造新纪录，大幅度提高劳动生产率为主要内容的社会主义竞赛运动。在报纸的宣传和推动下，这一运动很快由矿井扩展到全国。在很短的时间内，从工矿企业到商业部门，从国营农场到集体农庄，全国涌现出一大批斯达汉诺夫工作者，他们几倍、十几倍、几十倍地提高了劳动生产率，对五年计划的提前完成起到了重要的促进作用。为了提高全民参加社会主义建设的热情和积极性，苏联报纸各显其能，推出一系列新的宣传报道的形式，如组织劳动竞赛的评奖活动，公布评比结果，推广先进经验；组织流动编辑组和外出编辑部，办增刊，出号外，等等；从而使旨在提高劳动生产率的行业性的竞赛活动转而变为全民性的群众运动，有力地促进了社会主义建设事业的发展。

这一时期，苏联报业继续发展，社会主义报业体系全面形成。中央级的报纸有所调整和增加。《消息报》1938 年改为苏联最高苏维埃主席团的机关报，报名为《苏联劳动者代表苏维埃消息报》。经过改组后，《消息报》的地位和影响仅次于《真理报》，是一份指导性的报纸。《经济生活报》1937 年改名《财政报》，1941 年因法西斯德国入侵，苏联报刊结构调整而停刊。《贫农报》于 1931 年与《社会主义农业报》合并。新创办的中央级报纸有《文学报》(1929 年创办的苏联作家协会机关报)、《莫斯科新闻》(1930 年创办的从事对外宣传的周报)等，新创办的地方报纸更多。从中央到地方正式构筑成层层办报的金字塔形的报业结构。据统计，1928 年全国有报纸 1197 种，每期发行量为 940 万份；1940 年增加到 8806 种，每期发行量为 3840 万份。

应当指出的是，虽然苏联报刊在战前社会主义建设时期发挥了重要的作用，但是，在错误路线的干扰下，它也在社会生活中产生过不少负面影响。列宁逝世后，联共(布)党内发生了一连串重大的政治斗争。先是斯大林及其追随者同托洛茨基的斗争，而后是同“新反对派”季诺维也夫、加米涅夫的斗争，同布哈林的斗争。这些斗争几乎都被视为敌我矛盾，反对派都遭到严厉的镇压。从 20 世纪 30 年代初开始，斯大林又亲自发动了意识形态领域的批判运动。这场运动从批判经济学界的“资产阶级和小资产阶级理论”开始，迅速扩展到哲学界、史学界、教育界、文学界、法学界、自然科学界和整个知识界，各种学术争论都被纳入政治斗争的轨道。以后这场运动又和党政军队伍的清洗、肃反的扩大化交织在一起，大批知识分子和干部被冠以莫须有的罪名，遭到逮捕、监禁和杀害，造成了极其严重的后果。在此过程中，苏联新闻媒介秉承斯大林为首的领导层的旨意，大张旗鼓地刊登点名批判的报道和文章，对历次重大案件的报道实施统一口径，完全成了错误路线的喉舌。20世纪30年代后期，由于社会主义建设取得进展，党内反对派相继被击溃，对斯大林的个人崇拜也随之升温。斯大林被赞扬声冲昏了头脑，进一步违反民主集中制原则，实行个人专断，并且总是把新闻媒介作为自己的传声筒，利用它来号令全国。新闻媒介客观、及时传播信息的功能受到抑制，刊登什么不刊登什么都得听命于最高当局。例如，卫国战争爆发前夕，已经有几个方面传来了德国准备进攻苏联的可靠情报，但是斯大林不相信，反而授意党的机关报《真理报》出面“辟谣”，说“德国企图进攻苏联的流言蜚语是没有任何根据的”。结果，这条消息登出后的第8天，德国法西斯就向苏联发动了大规模的进攻，苏联军民缺乏思想准备，这就形成了战争初期极为被动的局面。①

三、卫国战争阶段

1941年6月22日，法西斯德国对苏联发动了突然袭击。苏联人民在党的领导下迅速奋起，进行了4年艰苦卓绝的卫国战争。在这场神圣的战争中，苏联报业全面转入战时轨道，集中进行保卫祖国、反击侵略的宣传鼓动，为夺取战争胜利作出了不可磨灭的贡献。

（一）调整报刊结构，全部活动转入战时状态

战争一开始，为了集中人力物力搞好军事宣传，根据联共（布）中央的决定，原有报业结构作了重大调整。首先，停办、合并了一批专业报纸和政治、社科、文艺类刊物。其次，减少原有报刊的篇幅、期数和发行量，如《真理报》《消息报》等中央报纸由战前每天6版减少为4版，地方报纸由4版减少为2版；各共和国、州一级的报纸由每周出6次减少为5次，区报由每周出3~5次减

① 傅显明、郑超然：《苏联新闻史》，新华出版社1994年版，第125页。

少为 1~3 次；许多报纸的发行份数也减少了。再次，大力发展军事报刊。战前，只有《红星报》《红海军》两种军报和几种理论杂志。战争爆发后，又创办了两份新的中央军报——《斯大林之鹰》和《红色的鹰》，增办了一批新的中央级军事杂志。在卫国战争的前线，出版了一批前线报，包括兵团报、军团报、师报和旅报，读者对象是各级指挥员和广大士兵。在敌人后方还有游击队报和敌占区报。总之，哪里有战场哪里就有军事报刊。到卫国战争结束时全国共有 821 种军事报刊，发行量超过 300 万份。

(二) 充实军事记者队伍，加强军事报道

战争开始后，联共(布)专门研究了军事记者工作，许多党报记者争相转到军报工作或走上前线从事军事报道。苏联作家协会有 1/3 的会员(1000 多名)以军事记者身份奔赴前线，其中最为著名的有米·肖洛霍夫、亚·法捷耶夫、康·西蒙诺大、阿·托尔斯泰、亚·特瓦尔多夫斯基、鲍·波列沃依等人，连 80 岁高龄的老作家亚·绥拉菲莫维奇也到过战区。

这些走上前线的军事记者出生入死，不畏艰险，长期在硝烟弥漫的战地活动，常常冒着枪林弹雨同战士一起冲杀、侦察和挖战壕，及时采写了大批优秀的通讯、报告、特写，给全国和全世界人民以极大的鼓舞。与此同时，报社编辑部的编辑也在前线工作，《真理报》编辑部附近经常遭受空袭，有时炸弹在编辑部对面的街上爆炸，燃烧弹落在印刷厂的屋顶上，编辑部人员和印刷工人仍坚守岗位，保证按时出报。从 1941 年到 1945 年，世界上有 35 个国家出版了苏联记者反映卫国战争的作品，苏联报刊的影响遍及全世界。

这场战争锻炼和考验了苏联新闻工作者，几百名军事记者在火线采访中献出了生命，仅《消息报》社就有 44 名记者牺牲，占该报记者人数的 1/5。苏联政府先后向 300 多名新闻工作者颁发了勋章或奖章。

(三) 全力进行抗击侵略、保卫祖国的宣传鼓动

在这方面许多报纸都做得十分出色，而《真理报》更是一面旗帜，被最高苏维埃主席加里宁称为“最先进的前线报刊”，“它与人

民群众发出同一个声音，它每日不断地号召人民投入战斗，打击敌人，介绍和推广人民斗争的各种形式，把这片广阔大地上的苏联人民都吸引到反法西斯侵略者的斗争中来，吸引到支援前线的事业中来”①。

《真理报》和其他各报的宣传内容主要集中在这些方面：

第一，及时报道战争进程。从敌人入侵，到列宁格勒保卫战、莫斯科保卫战，从斯大林格勒大决战到战略大反攻、向柏林进军，报纸不仅迅速详实地报道了战况，而且饱含激情地展示了苏联军民不怕牺牲、奋勇杀敌的情景和感人事迹，记载了苏联红军从莫斯科走向柏林的光辉历程。

第二，揭露敌人的侵略本质和罪行。《真理报》在许多文章中批判了法西斯的种族主义理论，这种理论认为只有日耳曼民族才是“高贵的种族”，叫嚣“应当采取各种手段，使德国成为世界的征服者”。报纸又通过大量事实指出法西斯德国入侵苏联是蓄谋已久的，它们早就把苏联看作征服世界的最大障碍，希特勒早就说过，消灭布尔什维克是他一生的目标，是纳粹的基本思想。这就使苏联人民加深了对敌人反动本质的认识。随着战争的扩展，各家报纸不断报道法西斯强盗在苏联土地上犯下的滔天罪行，刊登他们大批杀害平民、毁灭村庄和城镇的消息和照片，及时揭露法西斯宣传中夸大战果、蛊惑人心的谎言，这就使苏联人民更加同仇敌忾、信心百倍地去迎战来犯之敌。

第三，大力宣传英雄事迹，积极弘扬爱国精神。在报道战事过程中，大力宣传前方军民与敌人顽强战斗的业绩。在列宁格勒，敌人飞机大炮持续轰击，城内外一片焦土，全城军民一步也没有后退，在战壕、在沼泽地、在灌木丛中，进行顽强抵抗，历时 900 天，敌人始终未能得手。在莫斯科，战士们浴血奋战，居民们人人动员，整个首都变成了巨大的军营。尽管在敌人重重围困下，十月革命节照常在红场阅兵，3 个月后粉碎了敌人代号为“台风”的大规模进攻。报纸还报道了众多的英雄人物、英雄群体的感人事迹：空

① 《真理报》(Правда)，1942 年 5 月 5 日。

军大尉加斯捷洛驾驶着火的飞机撞击敌机，与敌人同归于尽；年轻的游击队女战士丹娘(卓娅)，在敌人的绞刑架下，宁死不屈、英勇就义；克拉斯诺顿矿区青年近卫军的共青团员们在敌后打击侵略者，最后全部壮烈牺牲……这些报道极大地激发了人们的爱国主义、英雄主义精神，坚定了人们“为祖国战斗到流尽最后一滴血”的决心。

第四，动员后方人民加紧生产，支援前线。报纸大力宣传“一切为了前线，一切为了胜利”的口号，当莫斯科工人倡议每月义务劳动一天，将所得报酬购买武器支援红军时，当集体农庄的农民自发捐款购买坦克飞机支援前线时，当工人农民开展劳动竞赛为前线生产更多物资给养时，报纸都大力报道，从而在全国掀起一浪又一浪的支前高潮。到1943年，苏联的工业、农业、运输业都有了迅速的发展，军事生产规模急剧扩大，为战争形势的根本转变提供了强大的物质保证。

总之，在伟大的卫国战争时期，苏联报刊在团结人民、教育人民、打击敌人方面发挥了巨大的宣传鼓动作用，在俄罗斯和苏联新闻事业史上写下了光辉篇章，也在世界新闻史上留下了重要的一页。战争胜利后，联共(布)中央和苏联政府分别给《真理报》等一批报纸授予了勋章或奖章，以表彰它们的功绩。

四、战后社会主义建设阶段

卫国战争胜利后，苏联进入了社会主义建设的新阶段。在1985年改革开始前的40年间，先后经历了斯大林时期(1945—1953年)、赫鲁晓夫时期(1953—1964年)、勃列日涅夫(及其继任者)时期(1965—1985年)。整个国家大致上一直在原有的政治经济体制下运作，苏联报业也在原有轨道上发展。

(一)战后苏联报刊的宣传内容

苏联经济经过一段时间的调整以后，从1946年开始实施新的恢复和发展国民经济的五年计划，即第四个五年计划，要求把全国工农业恢复到战前的水平，然后再大大超过这个水平。因此，当时苏联报刊的全部工作，就是调动广大劳动群众的积极性，激发他们的劳动热情，组织开展社会主义劳动竞赛，保证第四个五年计划的顺利完成。《真理报》和其他各报及时把工作转入和平建设轨道，调动各种新闻手段，包括消息、通讯、专题报道、新闻评论等，并且开辟新栏目，全面介绍和推广人民群众在社会主义劳动竞赛中的新鲜经验和伟大创举，从而促成全国性的劳动竞赛热潮的出现。

1950 年 8 月，苏联举国庆祝斯达汉诺夫运动 15 周年。苏联报刊积极宣传党的号召，要求继续开展斯达汉诺夫运动，并把这一运动看作是苏联从社会主义向共产主义发展的巨大推动力。苏联报刊还大力宣传“超计划积累”运动。这一运动是由莫斯科 35 家工厂于 1948 年联合发起的。这年夏天，他们联合召开大会，并写信给斯大林，表示要在年内超计划积累 10 亿卢布。列宁格勒、基辅、乌拉尔工业区和其他大城市的工矿企业也纷纷响应。在报纸的推动下，“超计划积累”运动变成全国性的竞赛运动，成为斯达汉诺夫运动的一种补充。

苏联报业经过恢复和发展，到 20 世纪 50 年代初，共有报纸 8000 种，每期发行 4500 万份，发行量超过了战前 1940 年的水平。

但是战后苏联报刊逐渐失去了战争年代那种蓬勃的朝气，从内容到形式都显得沉闷和呆板。据担任过《共青团真理报》和《消息报》总编的阿朱别伊的回忆，20 世纪 50 年代的苏联报纸是相当死板的，版面安排有严格的限制，上级经常指令将什么消息放什么位置，插图和漫画往往减到最低限度，大量的官样文章更使报纸变得枯燥乏味。当时对报纸内容的控制也相当严格，报纸甚至不能刊载灾祸消息，从报纸上看，苏联从来没有铁路和航空惨剧，没有沉船事件，矿井从不爆炸，泥石流也不会崩塌。苏共领导人对报纸直接干预的事也很多。①

第二次世界大战后，随着斯大林个人威望的提高，对他的个人崇拜也进一步加剧。在他的直接授意下，意识形态领域的批判不断升温。1950 年五六月间《真理报》开展的关于语言学问题的讨论就

---

① ［苏］阿朱别伊：《赫鲁晓夫十年沉浮》，宝文堂书店 1989 年版，第 71、74、106 页。

是一例。在这些讨论中以领袖意志判断学术是非，把学术问题和政治斗争相混淆的现象愈加严重。这说明 30 年代那种混淆两类不同性质矛盾，以及在意识形态领域简单粗暴的做法，不但没有改进，反而更加发展了。

1953 年 3 月 5 日斯大林逝世。赫鲁晓夫接任苏共中央第一书记，后又兼任部长会议主席。他上台不久便发动了对斯大林的个人崇拜的批判，并在 1956 年举行的苏共第二十次代表大会上作了批判斯大林的长篇报告。以后他对苏联的内外政策进行了一系列调整与改革。

赫鲁晓夫同样十分重视宣传工作，把报刊作为推进他的路线和政策的重要工具。他认为，以前的报纸言论过于沉闷、保守，因而允许有限度地开放新闻自由。苏共“二十大”以后，国内政治生活出现了一段比较活跃的时期，被西方资产阶级学者称为“解冻的年代”。一大批 30 年代大清洗中的受害者恢复了名誉，报纸上开始触及过去属于“禁区”的问题，对工农业生产上存在的重大问题，报纸上也逐步接触和揭露。例如著名作家爱伦堡早在 1948 年就写成《谈作家的工作》一文，直到这时才敢于公开发表，并且感慨地认为终于“解冻”了。不过当时知识界也出现了一批向往西方社会的“自由派”记者和作家，他们借揭露斯大林之机，攻击党和社会主义制度，致使苏共 1961 年的第二十二次代表大会重又提出了同资产阶级意识形态——反共产主义思潮作斗争的任务。

赫鲁晓夫的改革是从农业入手的，初期也取得了一定的成效。后来他又对工业体制进行改组，甚至提出了一种党的领导的新体制，把统一的党分成管工业和管农业的两个平行的组织。相应地各地的报纸也不得不分为市民报和农民报两种。这些做法反而给工业管理和苏联报业带来极大的混乱。

在国际事务中，赫鲁晓夫提出了社会主义同资本主义国家“和平共处、和平竞赛、和平过渡”的“三和”论点，而对小国和其他社会主义国家，他又表现出强烈的霸权主义和大国沙文主义倾向。这一时期的苏联报刊，作为党和政府的喉舌，也明显地反映了这一特点。在对外宣传报道中，各报刊口径一致、千篇一律地为苏联政府在缓和声中进行的扩张辩护。不过，随着加强东西方接触的外交政策的实施，苏联报刊的对外宣传和国际事务报道毕竟也有了一些改变，1960 年苏联报刊关于赫鲁晓夫访美的报道和 1961 年《消息报》主编赴美直接采访美国总统肯尼迪，都是苏联报刊活动中的第一次。

1964 年 10 月，赫鲁晓夫因内政外交连遭挫折，高层领导争权斗争加剧而被迫下台。勃列日涅夫继任苏共中央总书记。

勃列日涅夫上台后，首先对赫鲁晓夫时期的各项政策做了修正与调整，并提出了“新经济政策”的设想。经过几年的努力，苏联经济获得了较稳定的增长，国力也大为加强，缩小了同美国的差距。但是 20 世纪 70 年代以后“新经济政策”逐渐失灵，经济开始滑坡，社会生活趋于停滞，因循守旧、安于现状的风气笼罩了全党。

这一时期的苏联报刊在数量上虽然有较大的发展，但作风又回复到 20 世纪 20 世纪 40 年代末 50 年代初盛行的那种掩盖问题、粉饰太平、阿谀奉承的老路上，报纸远远脱离了人民。在对外政策上，这一时期苏联奉行“勃列日涅夫主义”，从 1968 年出兵捷克斯洛伐克到 1979 年入侵阿富汗，苏联领导集团打着社会主义、国际主义的旗号，干着侵略、颠覆、干涉别国内政的行径。苏联报刊在这些问题上一方面掩盖真相、封锁消息，不让苏联人民了解事件真相和世界舆论对苏联侵略扩张行径的反对和谴责，一方面为苏联领导人的错误路线张目，鼓吹“有限主权论”“国际专政论”“社会主义大家庭论”等等，为其霸权主义行径披上革命的外衣，在世界人民面前造成很坏的影响。

1982 年 11 月勃列日涅夫去世，安得罗波夫（1982. 11—1984. 2）和契尔年科（1984. 2—1985. 3）先后接任苏共中央总书记。安得罗波夫在他当政一年多的时间里，还有点进取精神和政绩，而契尔年科却无所建树，基本上继承了原有的体制和方针政策。在这一时期内，苏联报业也没有发生大的变化。

1985 年 3 月，契尔年科因病逝世。苏共中央非常全会选举戈尔巴乔夫任党中央书记。

到这时为止，苏联已发展成为世界上报业最发达的国家之一。据 1986 年统计，全苏有报纸 8000 多家，发行量 1.85 亿份；其中日报 713 种，日发行量约为 1 亿份，每千人平均 380 份左右；杂志 5000 多家，发行量 2.26 亿份。苏联从中央到地方共有六个行政级别，每一级都有报纸，报业结构呈金字塔形。1983 年各级报纸数为：中央 31 种；加盟共和国 160 种；边疆区、州、自治共和国、自治州 429 种；城市 713 种；区级 3019 种；工矿、企业、学校、集体农庄等基层单位 392 种。除综合性报纸外，还有按读者对象出版的专门性报纸：共青团报 132 种，少先队报 28 种，工业和建设报 7 种，交通运输报 48 种，农业报 6 种，文学艺术报 17 种，教师报 16 种，体育报 15 种。

20 世纪 80 年代中期苏联中央一级主要报纸的情况如下：

《真理报》，已发展为具有重要国际影响的现代化报纸。它每天出版，先后开印两次。除了在首都出版外，还将版面电传至全国 47 个城市同时印刷。1987 年发行量为 1130 万份，在 153 个国家拥有读者，有 10 个国家将其翻译成本国文字。日出对开 6 版，每逢周一出 8 版，不登商业广告。

《消息报》，影响仅次于《真理报》，自 30 年代起它已改为苏联最高苏维埃机关报。每周出 6 天，对开 6 版，周一休刊。自 1960 年 6 月 1 日起，每天改在傍晚出版。供莫斯科地区发行的，标注当天日期，为晚刊；供外地发行的，标注第二天日期，为晨刊。供外地发行的《消息报》还在全国 57 个城市同时印刷。1987 年每天发行 1013 万份。

《劳动报》，已成为读者面极广的群众性报纸，在 43 个城市印刷，发行量为 1820 万份(1987 年)，居全国乃至世界日报之首。

《共青团真理报》，每周出 6 天，日发行量 1700 万份(1987 年)。

《农村生活报》，早在 1918 年创办，原名《社会主义农业报》、《农业报》，1960 年改用此名，发行 950 万份(1980 年)。

《苏维埃俄罗斯报》，创刊于 1956 年，当时为苏共中央、俄罗斯联邦最高苏维埃和部长会议机关报，发行 270 万份(1980 年)。

其他还有《红星报》《社会主义工业报》(1960 年创刊)、《苏维埃文化报》(1977 年创刊)等。苏共中央政治理论刊物是《共产党人》，发行量最大的杂志是妇女刊物《女工》。

(二)苏联新闻体制的形成及特点

新闻体制通常有两层含义：一是指新闻媒介的所有制和经营管理机制，二是指国家对媒介的法律和行政管理方式(参见第八章第一节)。这里所说的苏联新闻体制是对这两个方面的综合考察。

苏联的社会主义报业，是由革命前的布尔什维克党报发展而来的。早在俄国社会民主工党建党初期所办的《火星报》，是全党的思想中心和组织中心。后来俄国社会民主工党第二次代表大会实现了建党任务，并作出决定：把中央委员会和中央机关报《火星报》编辑部作为两个平行的机构，中央委员会“指导党的全部实践活动”，中央机关报编辑部“在思想上领导党”，在两者之上设立总委员会作为党的最高领导机构，协调中央委员会和中央机关报编辑部的活动。“二大”以后，孟什维克控制了党中央机关报《火星报》，并通过它进行机会主义活动。在这种情况下，列宁愤然退出《火星报》编辑部，以中央委员会为立足点，同机会主义分子展开斗争。1905 年俄国社会民主工党第三次代表大会通过的党章作出一项新的规定：“中央委员会代表党同其他政党发生关系，任命一个中央委员担任中央机关报的主编”，“所有定期的党的刊物都必须按照中央委员会的要求刊载中央委员会的一切声明”。经过“四大”的反复，1907 年党的“五大”通过的党章明确规定：“中央委员会……指定在自己监督下进行工作的中央机关报编辑部。”从此确立了中央委员会领导中央机关报的党报体制。“五大”关于党报体制的这种表述，70 年来一直保留在联共(布)历次党章上，未作任何改动。

十月革命胜利后，布尔什维克党成了全国的执政党，布尔什维克党报自然地成了全国报业的核心。但是以后创办的各级各类报纸，全都沿用了党报的体制，分别属于各级、各部门党委领导，全都由党委宣传部门管理。这就在实际上使全国上下的报纸一律采用了党报的所有制形式和管理机制。

这种情况的出现其实不是列宁的本意。1917 年 11 月列宁签署的《关于出版问题的法令》在取缔反动报刊的同时，曾经指出："在新秩序确立之后，政府对报刊的各种干预将被取消。到那时，报刊将按照这方面所规定的最广泛、最进步的法律，在对法院负责的范围内享有充分的自由。"①与此同时，列宁在《关于出版自由的决议草案》中还曾设想"让每一个达到一定人数（如一万人）的公民团体都享有使用相当数量的纸张和相当数量的印刷劳动的同等权利"。也就是说，他曾设想过允许民间的公民团体都能平等地办报。②

1920年内战基本结束，党和政府开始实行新经济政策。列宁认为新秩序确立的时机已到，主张报纸要全力关注经济建设问题，同时也放宽了对报业的管理。1922年，人民委员会曾发布命令，规定私人经营的报纸按商业方法办理，各级政府应将新闻分发给友好报纸，并收取费用。同年，列宁格勒某些被称为路标转换派的知识分子创办了《新俄罗斯》杂志，该刊出了两期即被查封。列宁写信给捷尔任斯基，指出这样做不妥。之后，联共（布）中央作出决议，允许该刊继续出版。这就是说，新经济政策时期曾经开放过民间办报，曾经允许党和非党报纸并存过。③

不过，列宁关于社会主义报刊的这些设想和论述后来没有得到实现。新经济政策时期的新闻政策，也像当时其他一些政策一样，随着列宁的去世而终止执行，到1925年国内的非党报刊全部停办。这种情况的出现当然有十分复杂的社会历史背景。从客观上看，当时苏联处在资本主义世界的包围之中，国内外的政治形势十分严峻，敌人入侵的危险时刻存在，后来终于发生了德国法西斯的侵略，这些情况都制约着政治民主的发展。从主观上看，斯大林执政期间党的指导思想和路线方针存在重大失误，阶级斗争严重扩大化，政治上高度集权，个人崇拜盛行，缺乏应有的社会主义民主和

---

① 杨春华、星华：《列宁论报刊与新闻写作》，新华出版社1983年版，第619、506页。

② 杨春华、星华：《列宁论报刊与新闻写作》，新华出版社1983年版，第619、506页。

③ 陶涵：《比较新闻学》，文津出版社1994年版，第66页。

法制秩序。这一切必然反映到新闻事业的体制和管理方面来。因此，在斯大林执政的30来年时间里，在主客观因素的联合作用下，苏联逐步形成了高度集中、高度封闭的新闻体制。这种体制的特点，概括起来主要是：

第一，新闻媒介全部国有。所有新闻机构全都是国家事业单位，设备由国家置办，经费由国家供给，人员为国家编制，完全按照计划经济模式运作。民间团体或公民个人均不得办报。

第二，媒介管理高度集权。国家没有新闻法规，党的决定便是法律。政府不设新闻管理部门，所有新闻媒介都由党委(宣传部)管理。党委确定业务方针，下达宣传要求，配备干部人选，审批工作计划，监督贯彻执行。州以上报纸主编由中央任免，州以下报纸主编由其上一级的党委任免。为了确保媒介宣传与党的立场一致，还制定了严格的新闻检查制度。检查机构是个庞大的系统，其中最重要的是直属部长会议领导的国家保密局，该机构负责对出版物进行预审。

第三，媒介功能只重宣传。传播新闻信息本是新闻媒介的基本功能，但是苏联报刊固守革命时期和战争年代的习惯，把宣传功能置于信息功能之上，新闻的选择完全服从宣传鼓动的目的，信息的传播取决于执政当局的政治需要。报刊的其他功能也都被淡化，中央一级报刊一般不登广告。

第四，信息来源十分单一。公众的信息来源只有官方渠道，群众知道什么和不知道什么都由官方决定。国内外重大新闻由国家通讯社统一发布。政府对外来的信息采取封锁政策，对国外广播进行大功率干扰，限制了苏联人民与外部世界的信息联系。

第五，媒介言论高度统一。《真理报》的言论具有绝对的权威性，其他各报在言论上均仿效《真理报》并与它保持一致。而《真理报》是苏共中央的喉舌，苏共中央就通过自己的机关报在整个社会范围内实现了舆论一律。

苏联新闻业的这种体制，具有集中、统一、封闭的特征。在十月革命前后和战争年代，这种体制是必要的，也曾发挥过十分积极的作用，因为它便于党中央实现对各级组织的集中领导和指挥，便于把党的路线、方针、政策迅速化为群众的行动。但是在和平建设时期，它的弊端就日益显露出来。历史表明，这种体制对于苏联社会主义民主的建设，对于苏联人民行使参政议政和舆论监督的权利，对于整个社会在民主和法制的轨道上的正常运作，已经带来种种不利的影响。

五、从改革到解体阶段

苏联20世纪80年代中后期开始的全面改革，引起全国政治局势的强烈动荡。与此相应，苏联的报业也发生了重大的变化。

戈尔巴乔夫上台之前，苏联经济停滞，政治保守，腐败现象滋生，社会生活缺乏活力，长期积累的社会矛盾正逐渐显露出来。苏联报业也是积弊日深，人们常用"死气沉沉""空洞说教"等来描述苏联的报刊，有人甚至辛辣地嘲讽说："《真理报》上没真理，《消息报》上没消息。"

1985年3月，戈尔巴乔夫担任苏共中央总书记，拉开了改革运动的序幕。在1986年举行的苏共"二十七大"上，戈尔巴乔夫指出，形势迫使苏联"不能局限于局部的改进，必须进行根本的改革"，并且提出了经济体制改革的基本方针。"二十七大"以后，他又将政治体制改革提上了日程，强调要"完善社会主义民主"。与这些要求相适应，戈尔巴乔夫在新闻界极力倡导"公开性"，提出"历史无空白""批评无禁区"的口号，认为新闻媒介是"实行公开性的最有代表性和群众性的讲坛"，"报纸应当支持公开性原则"，"应当将更多的事实公之于众"。

按照戈尔巴乔夫的要求，从1985年底到1986年初，苏联新闻媒介在宣传方针和内容上进行了大幅度的调整。整个报界确实出现过一番活跃的景象。报纸的信息量增加了，报道面拓宽了，批评监督多了，言论禁区少了，版面也活泼多样了。但是，随着时间的推移，各种各样的社会思潮纷纷涌现，报刊舆论日趋混乱。这主要表现在：

1. 竞相揭露社会生活中的阴暗面

过去的苏联报刊对社会的阴暗面大多避而不提。"二十七大"

以后，新闻界开始突破“禁区”，矛头直指党内不正之风和社会上存在的各种问题。《真理报》报道了阿塞拜疆石油部长、区委书记因滥用职权被开除党籍、绳之以法的内幕。《共青团真理报》披露了招生考试中院长、教授、招生人员接收贿赂，营私舞弊，最后被送上法庭的消息。《星火》杂志刊登了总检察长的两位部下的一篇文章，指出：苏联现有数以千计的“地下百万富翁”，他们非法敛财，甚至标价出卖官职。以乌兹别克为例，从共和国中央第一书记、原苏共中央政治局候补委员拉希多夫一直到集体农庄主席，形成了一条犯罪的“垂直线”。他们同时指出，“二十七大”代表中仍然有少数贪污受贿者。这篇文章当时引起很大的反响，代表们纷纷要求会议资格审查委员会认真处理此事，把代表中的贪污分子清查出来。与此同时，新闻媒介还公开触及苏联人民闻所未闻的吸毒、卖淫、走私等社会问题。例如，1986 年 7 月 1 日，《苏维埃·吉尔吉斯报》报道了内务部领导下的一次稽查毒品种植案件的详细经过。1987 年《星期》周刊透露，苏联登记在案的吸毒者已达 4.6 万人。《文学报》居然转述了一位“颇有教养”的妓女致编辑部的信，认为应该允许卖淫活动合法化、公开化，同时征收重税。有的报纸还详细介绍了某地区妓女人数及活动的情况。

一时间，苏联新闻媒体上充满了对社会弊端的揭露，记者笔触所及，无所不包，如食品供应短缺、国营企业破产、医护质量低劣、民族冲突、恶性事故、监狱内情等等。而且，各媒体在报道这类事件时往往竞相攀比，比谁揭露得最多，谁披露的消息最惊人，谁的用语最尖刻，谁的鞭笞最猛烈。1990 年前后，在这方面最引人注目的报刊是《共青团真理报》《星火》周刊、《莫斯科新闻》和《论据与事实》。《论据与事实》原是一家小报，由于不断刊登一些内幕新闻，发行量由几十万份一度增至 3000 万份。

2. 大量触及历史和现实的敏感问题

随着改革的展开，苏联报刊不断载文对党和政府的大政方针，对历史事件和人物进行重新审视和评价。例如《苏维埃文化报》开设了一个新栏目，取名“直言”，号召人们各抒己见，畅所欲言。于是，一些过去秘而不宣的隐情开始在报端披露：当年斯大林是怎样处决红军将领的；斯大林的妻子阿利卢耶娃为什么饮弹身亡；末代沙皇尼古拉二世及其家属是怎样被处决的；赫鲁晓夫子女回忆父亲的生活；布哈林绝笔书的内容，等等。

1987年前，这种讨论和批评主要集中在勃列日涅夫时期的“僵化和停滞”上。对斯大林时期的历史旧账也有评析，但大部分文章还是采取了全面分析的态度，承认依靠新制度的优越性，苏联在很短的时间内取得了重大的经济和社会进步。但是1988年苏共第十九次代表会议提出对苏联进行“革命性改造”之后，出现了对斯大林时期的全面批判，继而发展为对苏联过去政治经济体制的全面否定。报刊上纷纷抨击斯大林时期形成的社会主义模式，有的文章公然认为社会主义是一种倒退，只有离开社会主义才是“向全人类进步方向的迈进”。有些文章还由批判斯大林进而攻击列宁，否定他领导的十月革命，例如《星火》1990年某期公然说“十月革命没有必要，是错误的”。

3. 不同观点同时亮相激烈交锋

随着改革的展开，苏联报刊对公众敞开大门，来者不拒，成了观点的自由市场。各种观点彼此碰撞、交锋，汇合成一支杂乱无章的、不和谐的交响曲。

报刊上关于历史和现实的某些报道和评述，曾经引起许多人的不满，不少人写信指责它们“给我们的历史抹黑”“说出了敌人想说而不敢说的话”。1988年3月13日《苏维埃俄罗斯报》刊登了列宁格勒工学院女教师尼娜·安德列耶娃的文章《我不能放弃原则》，文章将矛头直指戈尔巴乔夫在十月革命70周年大会上的讲话，对改革进行了激烈的抨击。文章引起一场轩然大波，不少人投书报社表示支持，认为改革“背离了社会主义和马克思列宁主义”，背离了“几代苏联人所奠定的社会主义基本原则”，说当前报刊上不少耸人听闻的文章令人迷失方向。事隔不久，《真理报》于4月5日发表编辑部文章《改革的原则：思维和行动的革命性》，批评女教师的文章，认为它是一篇“反改革势力的思想纲领和宣言”，实际上是站在保守和教条主义立场上反对改革。紧接着，其他报刊也发表大量的文章和来信，参与论战。但是随着形势的发展，安德列耶娃方面的声音逐渐微弱，甚至被淹没了。

在改革的全部进程中，1988 年 6 月的苏共第十九次代表会议是个重要的转折。这次会上，戈尔巴乔夫提出了“民主的人道社会主义”的概念，主张对苏联进行“革命性的改造”，这就意味着改革的指导思想发生了根本性的变化。苏联报刊纷纷由一般地揭露阴暗面、批判历史失误发展为对社会主义制度和苏联历史的全盘否定。社会各派政治力量，包括民族主义分子、立宪民主党人、无政府主义者，都在报纸上亮相。例如，由“激进分子”组成的俄罗斯民主论坛宣称，要“把苏共赶出历史舞台”，“没收苏共财产”；无政府工团主义者提出“建立没有党和国家的社会制度”；立宪民主党人主张“全部财产私有化”，“使国家返回到过去的生活方式”，等等。

1990 年苏共二月全会正式决定放弃对国家政治生活的领导，不久便修改宪法，实行多党制。于是形形色色的党派蜂拥而起，到 1991 年，全国已有非正式组织 6 万多个，全国性的政党约 20 个，共和国一级的政党五百多个。这些党派成立后，纷纷出版自己的刊物，例如，激进民主主义者出版《自由之声》，社会民主党人出版《新生活报》，无政府工团主义者出版《公社》，立宪民主党出版《基督教民主党公报》《公民尊严》。这些报刊大多公开声明反对社会主义，有的甚至主张复辟君主立宪制。总之，政治上的混乱带来了报刊舆论的混乱，报刊舆论的混乱又助长了政治上的混乱，这就为苏共解体、苏联解体埋下了伏笔。

这一时期，苏联报业已经从报道方针和内容的变化发展为体制的变化。而 1990 年出台的新闻法又进一步助长了这种变化。

早在实行“公开性”之初，新闻界就有人提出扩大报刊自主权的要求，并进而提出制定新闻法以取消苏共对舆论的控制。这一主张得到苏共党内“激进派”的支持，而以利加乔夫、雷日科夫等人为代表的“稳健派”则认为，没有登记的、不受法律约束的报刊纷纷出现，确实需要将它们纳入法律轨道加以管理。于是经过一番讨论和酝酿，苏联第一部新闻法《全苏新闻法》于 1990 年 6 月正式通过，同年 8 月开始生效。

这部新闻法有几个重要的规定：

（1）取消了新闻审查制度。其中第 1 章第 2 条规定：“根据苏联宪法保障公民言论自由和新闻自由，这意味着公民享有以任何形式，包括通过报刊和其他舆论工具发表意见和见解以及寻找、选择、获得和传播信息的权利”，并明确规定“舆论不受检查”。

（2）规定各种组织或公民个人都有权办报。第 2 章第 7 条规定：“创办舆论工具的权利属于人民代表苏维埃和其他国家机构、政党、社会组织、群众运动、创作协会，属于根据法律创建的合作社、宗教团体和其他团体，属于劳动集体以及年满 18 周岁的苏联公民”，还规定，“不允许垄断任何一种舆论工具”。

（3）扩大了办报人的自主权限。新闻法规定报刊创办者、编辑部、出版人有充分的自主权，包括生产经营权、人事任免权、发稿权，政府不得干预。

新闻法的颁布，使各种反对派报刊获得了合法地位。一些报刊以此为护身符，放肆地攻击马列主义和社会主义制度，煽动工人罢工，号召推翻共产党，迫使其交出政权。在进行报刊登记的时候，许多出版物脱离原来的创办者，自立门户。例如，《论据与事实》周刊竭力与全苏知识协会脱钩；《莫斯科新闻》也宣布同苏联新闻社脱离关系；《劳动报》《文学报》等报纸则删去报头上的“机关报”字样，标明自己是独立的报纸。这时，苏联原有的社会主义报业体系已濒临解体的边缘。

接下来发生的“8.19”事件，就把整个苏联和苏联社会主义新闻事业推向了解体的结局。

1991 年 8 月 19 日清晨，苏联副总统亚纳耶夫代表“国家紧急状态委员会”通过国家电台发表声明，宣称戈尔巴乔夫“因健康原因”已无法履行总统职务，由其接管国家政权。这就是所谓的“8.19”事件。这是一场持续不到 60 小时的流产政变。在反对政变的过程中，俄罗斯总统叶利钦很快控制了局势，掌握了实权。“8.19”事件后，戈尔巴乔夫和叶利钦分别以苏联总统和俄罗斯联邦总统名义签署多道命令，相继宣布军队中的党组织为非法，封闭苏共莫斯科市委，逮捕莫斯科市委第一书记，停止苏共活动，解散苏共中央等。紧接着叶利钦又对新闻媒介开刀。8 月 23 日以进行

“新闻误导”的罪名撤销了塔斯社和苏联新闻社社长的职务，下令《真理报》《苏维埃俄罗斯报》《工人论坛报》《莫斯科真理报》《列宁旗帜报》《公开性》6 家报纸暂停出版发行。他还宣布把俄罗斯领土上数百家共产党的印刷厂、出版社、新闻社收归国有。直至 9 月初，被勒令停刊的《真理报》等才获准恢复出版。但这时苏共中央已被解散，所以《真理报》不再是苏共中央的机关报，成了报社集体经营的一般性政治报纸。其他各报也都不再是党报，变成报社同仁集体经营的民办报纸。“8. 19”事件后所有报纸都要重新登记，报纸性质大部分有所改变。如《消息报》改成了独立报纸，《共产党人》刊物改名为《自由思想》，宣称是“左翼民主力量的公开论坛”。至此，原有的以党的机关报为核心的社会主义报业系统，随着苏共被停止活动，很快陷入瓦解。

三个多月后，1991 年 12 月 8 日俄罗斯、白俄罗斯、乌克兰三国首脑签署了独立国家联合体协议，用独立国家联合体来取代苏维埃社会主义共和国联盟。12 月 21 日，原苏联 11 个加盟共和国的领导人聚首阿拉木图，签署了关于独立国家联合体的协定书。12 月 26 日，苏联最高苏维埃召开了最后一次会议，宣告结束苏联的存在。于是，苏维埃社会主义共和国联盟翻过了历史的最后一页，正式解体。

第四节　独联体各国报业现状

苏联解体后，原有的 15 个加盟共和国全部宣告独立。除了波罗的海沿岸的爱沙尼亚、拉脱维亚和立陶宛外，其余的 12 个都成了独立国家联合体的成员。

一、俄罗斯联邦报业

(一)报刊的演变

俄罗斯联邦是原苏联最大的加盟共和国，俄罗斯的报业是原苏联报业的主体。苏联中央一级的报刊都在俄罗斯境内，俄罗斯各级党政机构也层层办报。苏联解体后俄政府采取了一系列措施接管原苏联的各种舆论工具，包括塔斯社、全苏电台电视台等。但在报业方面，除了“8.19”事件后没收苏共的印刷出版机构外，俄政府并没有全面接管原中央一级或联邦级的报刊，也没有保留自上而下的金字塔形的报业结构，采取的是类似西方的自由办报体制。根据1991年12月颁布的《俄罗斯联邦大众传播媒介法》，国内的报刊只要向政府新闻出版部登记就可以出版。新闻出版部负责管理全联邦的各种新闻媒介，负责新闻媒介的注册登记，进行法律监督和行政调控，但不干预新闻媒介的业务，也不进行新闻检查。不过，总统叶利钦为控制舆论、施加影响，在1992年末颁令成立俄罗斯联邦新闻中心，这一中心直接受总统领导，负责协调国家的新闻活动和新闻政策，以保证新闻媒介能“及时广泛准确地报道改革进程的消息并解释国家的政策”。

这些年来，俄罗斯报业一直处在转型过程中。由于社会的变迁的刺激，报刊数量很多，但是发行量都不大。地方报刊每期只有几千份、上万份发行量，莫斯科出版的中央级报刊有发行十几万、几十万份的，但与苏联时期相去甚远。据《不列颠百科全书1997年鉴》，俄罗斯联邦现有日报339种，期发5736万份，每千人平均387份。又据《世界知识年鉴》材料，俄罗斯1996年共出版期刊2751种，各类报纸4881种。

目前俄罗斯的主要报刊及其发行量如下：《俄罗斯新闻报》（1992年创刊），原为总统办公厅所办，每期发行10万份；《俄罗斯报》（1991年），原为议会办，1993年总统和议会发生冲突的“十月事件”后由政府接管，发行53万份；《红星报》（1924年），国防部办，发行10万份；《劳动报》（1921年），独立工会联合会办，158万份；《消息报》，该报新闻集体办，61万份；《真理报》，真理报国际股份公司办，19万份；《独立报》（1991年），该报新闻集体办，发行5.7万份；《今日报》（1993年），该报新闻集体办，5.6万份；《苏维埃俄罗斯报》（1956年），该报新闻集体办；《工人论坛报》，工业企业家联盟和独立工会联合会办；《共青团真理报》（1925年），该报新闻集体办，发行166万份；《莫斯科新闻》周刊（1930年），发行14万份；《文学报》（1929年复刊），现由作家自由论坛办，发行26万份；《星火》杂志(1923年)；《新时代》杂志(1943年)；《经济与生活》周刊(1918年)。①

原苏联的几家全国性大报，经历了严重的政治剧变之后仍然存留了下来，但是它们本身却发生了重大变化。

(1)《真理报》(*Правда*)。"8.19"事件后作为独立报纸恢复出版，报名旁边的列宁头像以及"全世界无产者联合起来"的口号全部消失。由于经济困难，不得不解雇几百名工作人员，关闭几十个驻外记者站，四处招徕广告。1992年3月因经济原因停刊20天。后来有家希腊公司愿意出资合作，才于4月7日复刊，此后该报由国际真理报股份公司出版。每周出5天，每天四版或八版，日发行量19万份左右。另有材料说，由于报社同希腊公司的矛盾，报社内部发生了分歧，有一部分人分裂出去在希腊公司的资助下另外出版报纸，取名为《真理报-5》；而《真理报》则依靠本国一些商业机构和军工企业支持继续出版。目前《真理报》不属于任何党派，主要反映左派观点，同国内各共产党(共有9个)以及主张社会主义的组织与学者保持联系，据认为同议会第一大党俄罗斯联邦共产党有较好的合作。

(2)《消息报》(*Известия*)。苏联解体后成为独立报纸，沿用原来的名称和创办日期，但是报头旁边原有的荣获几枚勋章的图案以及"全世界无产者联合起来"的口号全已除去。改制后的办报人为"消息报新闻工作者集体"，全社职工都是报纸的股东。后来俄罗斯一家大石油企业卢科伊尔公司买下了报纸41%的股份，由于有了强大的经济后盾，几年来报纸的运营一直比较正常。目前的编辑方针是：站在宪法的立场上进行报道，支持改革、自由化和民主政治。读者对象主要是知识界、文化界，发行量约为61万份。但是，《消息报》的发展也不是一帆风顺的。1997年，《消息报》因转发了法国报纸的一篇披露政府总理切尔诺梅尔金的巨额私人财产的文章，引起其最大股东卢科伊尔石油公司的不满。该公司指责《消息报》不负责任，并威胁要抛出手中的股份。《消息报》不甘示弱，

① 以上报刊及其发行量情况，参见《世界知识年鉴·1998/99》。

一方面寻找新的经济来源，同时大造舆论，吁请社会各方面的支持，但是终究无法抵抗卢科伊尔石油公司的压力。最后《消息报》主编戈列姆彼奥夫斯基被迫辞职，一大批忠于他的编辑和记者也一同离去。

(3)《劳动报》(*Труд*)。苏联解体后名义上属于独立工会联合会，但在经济上、业务上已完全独立，主要靠广告收入支持办报，另外还有出版社和其他商业活动。报纸仍侧重于报道劳动人民在社会变革中的情况和问题，宣称要反映他们的情绪，为他们伸张正义，捍卫工人阶级和普通劳动者的利益。每日发行约158万份。

(4)《共青团真理报》(*Крмсомолъская Правда*)。已由共青团中央机关报变为报社集体经营的企业，以后被“奥内克西姆”银行控股。该报除了名称未变外，内容和形式都与过去大不相同，目前发行量约166万份，居综合性日报之首。

(5)《红星报》(*Красная Звезда*)。这是在经历了巨大的社会变革之后变化最小的报纸。现在它仍是国防部机关报，它的地位和经济来源没有变，就连它的版面和编辑风格也没有太大的变化。

在旧报刊基本上保留下来的同时，新办报刊也有不少站稳了脚跟，形成了自己的特色。例如由莫斯科知识界发起创办的《独立报》，是一份颇有见地的报纸，它的有关政治、经济、外交政策的分析评论深受专业人员的喜爱。《今日报》的时事政治评论和社会报道，也具有一定的影响。《生意人报》以经济内容为主，兼及其他，不仅为商业、金融界人士所偏爱，对普通读者也有一定的吸引力。时事周刊《总结》虽然问世不久，但地位迅速提高，已经可以同《星火》这样的老牌周刊平起平坐。

(二)俄罗斯联邦目前的报业体制

俄罗斯目前的新闻体制，既有别于原苏联主要靠行政手段控制的高度集中的新闻体制，又不同于西方国家现行的新闻体制。它的特点主要表现在两个方面：

第一，多元化的媒体归属形式。

俄罗斯报刊的归属形式(也就是所有制形式)呈现出多元化的格局。大致有：

（1）官办报刊。几年前中央级官办报纸有《俄罗斯报》《俄罗斯新闻报》《红星报》，官办刊物有《俄罗斯联邦》《俄罗斯》《祖国》。1997 年 6 月政府决定关闭《俄罗斯联邦》和《俄罗斯》，1998 年 4 月，叶利钦总统又宣布《俄罗斯新闻报》不再作为总统府机关报。目前官办的中央报刊还剩下二报一刊，它们是政府推行内外政策的舆论工具，享受国家财政补贴，经济上无后顾之忧，发行量相对稳定。另外，地方报刊也有相当一部分是官办的，由地方行政机关创办或经营。

（2）政党报刊。到 1993 年年底议会选举前，俄罗斯已形成了十几个较大的政党，其中最大的是俄罗斯联邦共产党；另外还有成百上千的各类政治组织。为了政治宣传的需要，这些政党和组织大多掌握或控制一定的报刊作为舆论工具。这类报刊有《苏维埃俄罗斯报》《俄罗斯真理报》《公开性》《斗争报》《俄罗斯秩序报》等。各政党的资助是这类报刊的经费来源，它们影响的大小，取决于所属政党的实力的消长。

（3）同仁报刊。这是指报社同仁，也就是报社从业人员共同拥有并经办的报纸。苏联时期的党政机关报，如《真理报》《消息报》《共青团真理报》《工人论坛报》《莫斯科真理报》等大多改为报社同仁集体办的报纸，它们的经费来源靠广告以及同仁们共同筹集，一般不受政府及党派资助。一些新办的报刊，如《独立报》等，也属于此类。

（4）商办报纸。这是在市场经济条件下出现的新型报刊，一般由经济实体或公司集团所办，以提供商业信息、指导商务活动为宗旨。通常具有良好的经济条件，在报业市场竞争中处于有利的地位。此类报刊有《生意人报》《商业家周报》《实业世界》《经济与生活》《财政报》《交易所》《股东》《市场》，等等。

应该指出，俄罗斯报刊被推向市场后，大多经济困难，在短期内很难依靠自己的广告或销售收入维持，因而急需寻求外来资金。在这种情况下，某些财团便乘虚而入，通过购买股份获得控股权，甚至成了报社的老板。前面几类除官办报刊外，都有这种情况。例如，卢科伊尔石油公司成了《消息报》的最大股东，它还同俄罗斯天然气工业公司一起控制着《劳动报》《工人事业报》《农村生活报》；原政府副总理波塔宁领导的“奥内克西姆”银行控制着《共青团真理报》和《文学报》，等等。这种情况还在发展，它对报刊的所有制结构将会带来深远的影响。

第二，多样化的媒体调控形式。

俄罗斯政府目前对报业的调控，已不同于苏联政府，它是行政、经济、法律等多种手段并用的调控。

1. 行政手段

政府设有新闻出版部负责新闻媒介的日常管理，总统还直接领导俄罗斯联邦新闻中心，负责协调全国新闻媒介的活动。这是两个重要的行政管理机构。对于官办的、享受国家财政补贴的报刊，政府直接加以控制，为其制定宣传方针，确定组织机构及人事安排，提供信息来源，把它们视为自己的舆论工具。例如，在1994年的车臣战事中，叶利钦置全国上下的反战呼声(反对俄出兵格罗兹尼)于不顾，要求自己统辖的新闻媒体——俄通社、奥斯坦基诺电视台、《俄罗斯报》《红星报》等统一宣传口径，为他的军事决策辩护。对那些民办的新闻媒介，政府一般不作过多的干预，这些报刊在业务上拥有自主权。但是，如果其言论超出了一定的限度，也会受到来自政府方面的干预。例如，1993年10月总统和议会冲突事件中，《独立报》发表了对政府不利的言论，叶利钦就责成有关部门进行检查，大段删除了准备付印的文章，致使报纸开了“天窗”。

2. 经济手段

对由国家直接控制的报刊，政府直接给予财政拨款，从经济上扶持它们。对各种民办报刊，俄罗斯政府则不给予经济上的援助，任其被抛向市场，自谋生路。1992年1月，俄罗斯政府开始实行自由价格政策，致使报刊发行费大幅度提高，许多报纸不得不减少出版次数，压缩版面，裁员以至停刊。为了在竞争中立足，存活下来的报纸“八仙过海，各显神通”，有的大量刊登广告，提高收费标准，有的争取外来资本的支持，并且尽量在内容和形式上吸引受众，走上了商业化的发展道路。

3. 法律手段

俄罗斯联邦1991年12月通过的《大众传播媒介法》，赋予新闻界许多前所未有的宽松条件和活动领域，同时也规定了新闻报道必须遵循的基本原则，界定了当局所能接受的“言论自由”和“舆论自由”的范围，以便将“解放了的”新闻界纳入政府所期望的“法制管理”轨道。1993年12月俄新宪法生效后，联邦议会又对《大众传播媒介法》进行了多次补充和修改，以便使其更加符合俄联邦社会制度转型的现实需要，更加适应现政权建设西方式“民主”“自由”“法制”国家的需要。为了解决新闻领域内因新闻自由、广告等问题经常发生的争端，1993年又专门设立了俄联邦总统直属信息争议仲裁法院。该法院是国家和媒体之间的调停者，据认为其活动宗旨是既要保障新闻自由，又要同滥用新闻自由的行为作斗争。总之，俄罗斯政府正在通过对一系列具体问题的法律上的确认，来规范新闻媒介的行为。

二、独联体其他国家报业现状

与俄罗斯联邦相同，独联体其他国家这几年的报业也发生了巨大的变化。

1. 新闻媒体纷纷改换门庭

各国的党报体系相继瓦解，所有报刊纷纷自立门户。例如在哈萨克斯坦，哈共中央机关报《哈萨克斯坦真理报》改为独立的社会政治报纸，《列宁旗帜报》改名为《快讯周报》，其他报刊也纷纷同原创办者脱钩，改由同仁集体经办。这一过程曾被称为以媒介独立为标志的“新闻革命”。在吉尔吉斯斯坦，各级党报大多变成报社职工办的社会政治报纸，各种专业报纸也与原办单位脱离关系，有经验的新闻工作者则趁机跳槽，另办新的独立媒体。这种情况在各国大同小异。

2. 出现了“信息贫乏”状态

苏联解体前，莫斯科出版的全国性报刊广为发行，在各加盟共和国都有广泛的读者群。而今俄罗斯出版的报刊在其他独联体国家的发行量大为减少。原因之一是邮路不畅，这些报刊大多只能通过邮局订阅，常常要一周后才能收到，因而订阅的读者逐年减少。一些边远的国家，如塔吉克斯坦、乌兹别克斯坦、土库曼斯坦、阿塞拜疆、格鲁吉亚、亚美尼亚等国得到外来信息更为困难，甚至陷入“信息贫乏”状态，至今尚未完全消除。

3. 报业活动出现无序局面

联盟解体后，由于各国对报刊的行政管理和法律调节十分软弱和混乱，以“独立”“自由”面目出现的新老报刊呈现出“放荡不羁”的状态。它们打出“舆论多元化”的旗帜，为不同政治派别提供讲坛，使报纸由以往的党和政府的舆论机关变成了攻击政府的工具。有些国家的报刊充斥着暴力、色情和低级庸俗的内容，造成了恶劣的社会影响。有些国家的报纸在民族问题上把握失度，听任激进势力鼓吹极端民族主义，对多民族国家的和睦与稳定构成了威胁。

4. 对媒介的法制管理开始起步

近年来，有些国家如哈萨克斯坦、吉尔吉斯斯坦、摩尔多瓦等，以俄罗斯联邦大众传播媒介法为蓝本制定了自己的新闻法，试图将国家的新闻出版活动纳入法制轨道，权力机关对新闻媒体的管理、监督和控制有所加强。许多国家还在宪法中规定了对“新闻自由”的界限。如1993年通过的哈萨克斯坦主权国家宪法规定：禁止各政党、组织、运动和社会团体利用大众传媒宣扬暴力，禁止鼓吹以违反宪法手段夺取国家政权，禁止鼓动战争，煽动民族、种族、宗教仇恨和社会对立情绪。根据宪法，哈政府新闻出版管理机构开始对新闻媒介进行严格检查，并通过报刊重新登记、电视频道重新招标等方法，迫使某些媒体停办。但是，各国新闻业要形成自由民主、健康有序的局面显然还有很长的路要走。

以下是除俄罗斯联邦之外的独联体其他国家新闻业概况。①

1. 乌克兰

乌克兰是独联体第二大国，新闻业的规模也仅次于俄罗斯。独立后经济形势严峻，政局不稳定，近年来略有好转。这些都对报业

① 此处各国报刊数字，除哈萨克、土库曼、格鲁吉亚三国引自《不列颠百科全书1997年鉴》外，其余均引自《不列颠百科全书1998年鉴》。各报刊的发行量引自《世界知识年鉴1998/99》。

产生影响。

根据《大不列颠百科全书1998年鉴》，目前乌克兰有日报90种，每期发行量608万份，每千人平均118份；各类期刊有321种。主要报纸有：《乌克兰之声报》(议会机关报)，发行量为50万份；《农村消息报》，发行量为30万份；《事实与评论》，发行量为22.5万份；《政府信使报》(政府机关报)，发行量为20万份；《基辅导报》，发行量为20万份；《工人报》，发行量为20万份。此外还有《全乌导报》《乌克兰真理报》《人民军报》《独立报》《基辅新闻报》，等等。

2. 白俄罗斯

白俄罗斯独立后采取渐进式改革方针，1993年后出现过经济滑坡和政局动荡，1996年以来加紧了法治步伐，情况有所好转，经济逐步回升。

白俄罗斯现有日报10种，发行189万份，每千人平均187份；各类期刊155种。主要报纸有：议会报纸《人民报》，1990年10月创刊，发行量约为20万份；政府报纸《共和国报》，1991年3月创刊，发行量约为13.5万份；总统办公厅报纸《苏维埃白俄罗斯报》，1927年8月创刊，发行量约31万份；军报《为了祖国的荣誉》，1921年6月创刊。以上各报均用俄、白两种文字出版。

3. 摩尔多瓦

独立后党派纷争、民族纷争不断，经济形势恶化。南部的加告兹人和东部讲俄语居民先后要求独立，1993年以后才逐步平息。新闻业发展不稳定。

现有日报4种，发行10.6万份，平均千人24份；有期刊76种。报刊中半数为摩尔多瓦文版，另外半数为俄文版或摩俄两种文字版。主要报刊有：《主权摩尔多瓦》(每周出4期摩文版，1期俄文版)、《独立摩尔多瓦》(政府报，俄文版)、《农村生活》《人民之声》《文学与艺术》《国家》《摩尔多瓦青年》等。

4. 哈萨克斯坦

哈萨克斯坦在中亚各国中疆域最大，举足轻重。独立后将巩固国家独立和主权、保持社会稳定作为基本国策，宣布实行稳妥的经济改革，逐步向市场经济过渡。政局较为稳定，1996年起经济停止下滑并有所增长。与此相应，新闻业的发展也有一定的起色。

现有报纸450种，发行670万份；期刊88种。主要报纸有：《哈萨克斯坦真理报》(俄文)，发行量4.24万份；《主权哈萨克斯坦报》(哈文)，发行量7万份；《全景报》(俄文，周报)，发行量1.7万份；《商队周报》(俄文)，发行量25万份。

5. 吉尔吉斯斯坦

独立后积极向市场经济过渡，政治局势相对稳定，近年经济形势也有好转。

全国有日报3家，发行5.3万份，每千人11份；有期刊50种。主要报纸有：《我们报》(政府报纸)、《吉尔吉斯言论报》《吉尔吉斯旗帜报》《吉尔吉斯精神报》《比什凯克晚报》《阿拉托报》(原《自由山报》)、《共和国报》(反对派发行)、《楚河州报》等。

6. 塔吉克斯坦

独立后社会动荡严重，政治、宗教、种族矛盾错综复杂，反对派武装盘踞山区，1992年发展为内战。1997年民族和解取得进展，政局逐步趋稳，经济危机稍有缓解。

全国有日报2家，发行8万份，千人平均13份；其他报刊22家。分别用塔吉克文、俄文、乌兹别克文出版。重要报纸有《晚邮报》《实业与政治报》《人民之声》《共和国报》等。

7. 乌兹别克斯坦

独立后政府对改革持审慎态度，注意民族和睦，局势相对稳定。近年来改革步伐有所加快，经济也有所增长。

乌兹别克斯坦基本上沿用了以前的机关报体制。现有日报4种，发行16万份，千人平均7份；有期刊70种。主要报纸有：《人民言论报》(议会和政府机关报)、《东方真理报》(政府机关报)等。

8. 土库曼斯坦

土库曼斯坦独立后不搞多党制，由原土库曼共产党改组而成的土库曼斯坦民主党是全国唯一的政党。该党将巩固国家独立和主权、保持社会稳定、振兴民族经济作为中心任务，实行分阶段改革，逐步向市场经济过渡。这些年政局稳定，经济有所增长。

对新闻媒介控制较严，不允许刊播对国家、民族不利的内容。现有日报66家，发行量为114万份，每千人319份；有期刊33种。主要报刊有：《中立的土库曼斯坦》（原名《土库曼火星报》，1924年创办，1995年12月改为现名），发行量4万份；还有《复兴》《土库曼斯坦》《阿什哈巴德》等。

9. 阿塞拜疆

自1988年起，阿塞拜疆和亚美尼亚因内戈尔诺-卡拉巴赫地区的归属问题，发生多年边界冲突。近年来，边界谈判有进展，阿塞拜疆逐步摆脱了战争带来的影响，政治趋于稳定，经济改革步伐加快，国民经济有所增长。

现有日报3家，发行21万份，千人平均28份；有期刊49种。重要报刊有：《阿塞拜疆报》，1918年创刊，国民议会机关报，用阿、俄文出版；《人民报》，1919年创刊，总统办公厅机关报，用阿文出版；《巴库工人报》，1906年创刊，用俄文出版。此外还有《日月报》《镜报》《全景报》等独立刊物。

10. 亚美尼亚

独立后经济持续下降，政局也不稳定，目前形势依然严峻。这都不利于报业建设。

现有日报7种，发行8万多份，平均千人23份；期刊40家。主要报纸有：《亚美尼亚共和国》，俄文，1990年创刊，最高苏维埃机关报；《亚美尼亚之声》，亚、俄文报纸，1991年创刊，独立报纸；《叶尔基尔》（意为“祖国”），亚文报，1991年创刊，亚美尼亚革命联合会（达什纳克楚琼）中央机关报；《阿兹格》（意为“民族”），亚文报，1991年创刊，自由民主党机关报。

11. 格鲁吉亚

独立后政局不稳，民族冲突激烈。境内的南奥塞梯州、阿布哈兹共和国先后要求独立，导致武装冲突。前总统的支持者又占领西部大片土地并向政府军进攻。现在矛盾仍未彻底解决。

格鲁吉亚有各种报纸147种，发行367万份；期刊有75家。主要报纸有：《格鲁吉亚共和国报》，格鲁吉亚文，独立报纸，反映官方立场，发行 1.5 万份；《自由格鲁吉亚报》，俄文，独立报纸，反映官方观点，发行 1 万份；《格鲁吉亚时报》，格鲁吉亚文；《新一代》，格鲁吉亚文。

复习思考题

1. 沙俄时期有哪些代表性的资产阶级报刊？它们是怎样在同封建压制的斗争中创办和发展的？

2. 简述《火星报》的创办情况以及它在俄国社会民主工党建党过程中的重大贡献。

3. 简述《真理报》在十月革命前的发展情况以及它在俄国革命运动中的重大贡献。

4. 苏维埃政权建立初期，党和政府采取了哪些改造和发展报业的措施？新经济政策时期报刊方针有哪些重大调整？

5. 简述列宁报刊思想的主要内容、历史影响和现实意义。

6. 苏联报业体制有哪些基本特点？试对它的功过利弊进行评析。

7. 苏联社会主义报业是怎样瓦解的？这一过程留给我们什么深刻的教训？

8. 目前俄罗斯联邦的报业状况和报业体制是怎样的？

第五章　发展中国家报业的创建和发展

第一节　概　　说

亚洲、非洲、拉丁美洲广大地区共有100多个发展中国家。它们在历史上长期遭受殖民主义的侵略、压迫和剥削，大多是在第二次世界大战以后获得独立的，目前都面临着巩固民族独立、建设自己国家的繁重任务，多数国家实行的是资本主义的政治经济制度。这里的报刊众多，它们的阶级属性、社会背景、政治态度各有不同。但是基本的倾向是反帝、反殖、反霸，为捍卫民族独立、发展国家经济而努力。它们是世界新闻事业的重要组成部分。

亚、非、拉美发展中国家报业的创建，先后差距很大。多数国家是进入本世纪后才有报刊的，但也有一些国家报业发端很早，例如亚洲的印尼、印度，拉丁美洲的墨西哥、巴西，非洲的毛里求斯、埃及等，报业已有二三百年的历史。总的说来，发展中国家的报业史有几个明显的共同点：

(1)早期报刊，尤其是报业发端较早的国家的早期报刊，大多是殖民者创办的。这些殖民者把资本主义商品经济带到了殖民地，也把近代报纸带到了这里。从此以后，引发了本地人办的报纸，诞生了各国的近代报业。

(2)随着反殖民主义反封建斗争的开展，这些国家的民族报刊逐步发展成长。凡是民族民主运动兴起得早的地区(如拉丁美洲)和国家(如亚洲的印度、非洲的埃及)，民族民主报刊也兴办得早，成长得快。反殖民主义反封建斗争是民族民主报刊赖以生长的土壤，而民族民主报刊又为推动这场革命运动作出了重要的贡献。

(3)民族解放运动的胜利，为这些国家的报业发展开辟了新的天地。各国在取得独立以后，纷纷采取措施消除殖民时期的报业管制，没收或赎买殖民者所有的报刊，兴办国营报刊或资助民办报刊，从而使报业结构发生了根本变化，报业规模有了前所未有的发展。

目前亚、非、拉美地区的报业还处在发展时期。与世界其他地区相比，这里还是比较落后的。亚、非、拉美的人口占世界总数的3/4，而报纸发行量却只占世界总量的1/4，也就是说，发展中国家人口约为发达国家的三倍，而报纸发行量却只有发达国家的1/3，亚、非、拉美各洲各国之间的情况又很不平衡。一般说来，拉美国家报业较为发达，现代化程度也高。亚洲多数国家报业已有一定基础，有的还相当发达，但是不丹、锡金等山地国家仍很落后。非洲报业起步晚、基础差，许多国家在独立之后才有了本民族报刊，尤其是撒哈拉沙漠以南还有几个国家没有日报。各国农村的情况又比城市要差，许多农村完全看不到报纸。这种不平衡状况的形成，除了历史原因外，更有现实的经济、政治方面的原因。经济较为发达的国家，如新加坡、墨西哥等国，报业也比较发达；经济落后的国家，如非洲南部的“最不发达国家”，居民温饱无依，文盲众多，报业也就发展不起来。从政治上看，有些国家实行集权政治，民主程度低(如非洲的利比亚)，报业就难以繁荣；有些国家政局动荡，战乱不息(如亚洲的黎巴嫩)，这又使报业经常受挫。所以，只有经济繁荣、政治开明、社会稳定，报业才有可能真正兴旺发达。

发展中国家的报业体制，大致上有三种类型：

(1)以政府或执政党报刊为主。全部报刊或大部分报刊都是政府办的官报或是执政党办的准官报，执政当局直接掌握报刊，控制舆论。这类体制在非洲(尤其在20世纪80年代以前)较为普遍，亚洲、拉美某些国家(或是某些国家的某些时期)也有这种做法。

(2)政党报刊和商业报刊并存。既有执政党的报刊，也有在野党或反对党的报刊，又有相当数量的民办商业报刊，彼此在法制范围内共存发展。多数亚洲、拉美国家以及某些非洲国家，凡是实行多党制和市场经济的，一般都采用这种体制。

(3)商业报刊为主。亚洲、拉美某些资本主义经济发达、报刊商业化程度高的国家，商业报刊已经居于报业的主体位置，在这里已经没有或很少有政党直接控制的报刊，某些政治性强或是有特定政治背景的报刊，一般也实行商业化经营，同样参与市场竞争。

发展中国家政府对报业的管理宽严不一。有些国家将报刊直接置于政府或执政党控制之下，人员由其任免，方针由其确定，经费由其拨给，并实行严格的监督、送审制度。有些国家采取间接的调控政策，通过经济手段取得某些报纸的控股权，或是对某些报纸给予资助，从而影响这些报纸的政治倾向或业务方针。有些国家实行完全开放的政策，政府不对报刊业务进行干预，只是依据法律作行政性的管理。但从总的看来，多数发展中国家重视并提倡报刊的社会责任，强调报纸应该根据国家利益引导舆论，强调报纸在保持社会稳定、维护民族利益、推动经济发展中的积极作用，反对不受约束的无限制的“新闻自由”。这种被称为“发展新闻学”“指导性新闻业”的理论，在发展中国家新闻界有广泛的代表性和重大的影响。

第二节　亚洲国家报业

一、基本情况

亚洲地域辽阔，人口众多，总面积为4400万平方公里，总人口超过32亿。目前有49个国家和地区。除了日本、独联体亚洲部分(已在前两章叙述)和中国以外，共有38个国家和一个地区，大致上可分为东亚、东南亚、南亚、西亚四个区域。亚洲是人类文明的重要发祥地，有着悠久的历史和灿烂的文化，但从16世纪开始西方殖民主义者相继入侵，多数国家沦为殖民地和半殖民地。亚洲人民为捍卫民族独立、争取民族解放，进行了长期艰苦的斗争。不过在第二次世界大战以前，保持或取得独立的国家还不到10个。战后随着反帝反殖斗争的进一步开展以及国际形势的变化，亚洲国家几乎全部摆脱了殖民地半殖民地的命运，走上了独立发展的道路。目前这里正处于经济高速增长时期，继70年代“四小龙”的腾飞之后，20世纪80年代以来东南亚地区发展迅速，西亚产油国家经济持续上升，南亚地区也在逐步跟上，古老的亚洲正在加快前进的步伐。

亚洲报业发展的历史相当悠久。印刷和造纸技术都是先在亚洲问世以后才传到西方去的。即以近代报业而言，这里也有300多年的历史。不过最初的近代报纸，大多是外国殖民者为适应殖民活动的需要，用外国文字出版的。其中最早的当数荷兰人1615年在巴达维亚(现印尼雅加达)出版的《新闻纪要》。在印度，第一张报纸是英国人1780年办的《孟加拉报》；在菲律宾，第一张报纸是西班牙殖民总督1811年亲自主编的《总督报》；在泰国，美国传教士1844年创办了第一份报纸《曼谷纪事报》。后来这类报纸逐渐增多，并且有了使用当地文字的报纸以及当地人办的报纸。19世纪中期起，民族民主思想开始传播，一些国家的先进知识分子相继办报，用以鼓吹社会变革。以后随着反殖民主义和民族独立运动的不断发展，随着革命政党的成长壮大，本民族的政治性报刊越办越多，渐渐成为报业的主流。在这方面，印度国大党的报刊、土耳其民主革命领导人凯末尔的报刊颇具代表性。这些报刊为唤起人民觉醒，宣传和发动群众，为国家的独立和民族的解放作出了重要的贡献，并且为独立后的报业发展准备了基础。

亚洲国家独立以后政治经济的发展情况很不相同。有少数国家走上了社会主义道路，采取社会主义的政治经济制度。它们的报业是以共产党党报为核心的社会主义报业。例如，朝鲜劳动党的中央机关报是《劳动新闻》，越南共产党的中央机关报为《人民报》，全国各级地方党组织都有各自的报纸，保持对全国舆论的指导。除开它们以外，多数国家走的是资本主义道路，发展资本主义市场经济，采用资产阶级议会民主的政治体制。但由于各国的历史传统和现实条件不同，这些非社会主义国家的实际发展情况也有很大的差别：

(1)有些国家独立后政局基本平稳，虽然有矛盾和局部震荡，但没有大的反复。它们的报业发展比较持续连贯，一般为政党报纸和商业报纸并存，其中有的国家商业报纸已居于主导地位，如新加坡、印度等。

(2)有些国家政局长期动荡，甚至出现大的反复，它们的报业难以持续发展，常随政局变化而大起大落。例如菲律宾1946年独立以后，报业一度颇为繁荣，至1972年时共有报刊116种。但是这一年9月总统马科斯实行军事管制，镇压反对派，除了他亲信所办的少数几份报刊外，其他报纸几乎都遭到封闭或处罚，直至1986年2月他被赶下台后报业才恢复正常发展。又如黎巴嫩，第二次世界大战后曾是阿拉伯世界报刊最多的国家，首都贝鲁特曾是阿拉伯的报业中心，但是1975年起连续15年内战不息，整个报坛一片凋零，1975年时有政治性报刊100来家，至20世纪80年代末只剩40多家。

(3)有些国家长期处于高度集权或专制统治状态之下，议会机构形同虚设甚至被停止活动。它们的报业也受到严格的控制，报纸全为官方或执政党所办，即使有民办报纸也受到严格监督。例如缅甸有4500万人口，20世纪50年代末起长期由军人执政，全国只有6家报纸，而且都是在首都出版的官办报纸，新闻事业当然谈不上繁荣。

但从整体来看，亚洲多数国家独立后是在前进着的，特别是80年代以来，亚洲形势更趋稳定和开放，报业生存的环境逐步改善。自1975年至1985年，亚洲报纸的发行量已增长20%以上，可见本地区报业正在稳步发展。

据《不列颠百科全书1998年鉴》的不完全统计，20世纪90年代后期本节所述的国家有日报3000多家，期发总量为7900多万份。报刊数和日报数最多的是印度，日报千人平均数居前列的是韩国(405份)、科威特(387份)和新加坡(340份)。①

---

① 本章所述各国报刊数字，除另有说明者外，均引自《不列颠百科全书1998年鉴》；主要报刊的发行量，一般根据近年的《世界知识年鉴》。

二、主要国家报业情况

(一)印度

1. 历史梗概

印度位于南亚，幅员辽阔，历史悠久，人口有9.38亿(1995年)，是亚洲的一个重要国家。从17世纪起，英国殖民者在这里建立东印度公司，开始经济掠夺。1858年以后，英国在印度建立了殖民政府，直接进行政治统治。印度人民经过长期的斗争，于1947年8月取得独立的自治领地位，1950年正式成立印度共和国。

印度的近代报业诞生于殖民地时期。早在1780年1月，也就是英国本土历史悠久的《泰晤士报》发刊前5年，英国人詹姆斯·希基在加尔各答附近创办了第一家英文报纸《孟加拉报》(*Bengal Gazette*)。这是一份篇幅为两页的周报，主要报道政治和商业新闻。它的出版比中国境内最早出现的外文报刊《蜜蜂华报》(1822年)要早42年。从此之后，类似的英文报纸相继出现，到18世纪末已有十多家，它们的出版都得到英国殖民当局的赞助。

最早的印地文报纸出现于1818年，这年在加尔各答有3位英国传教士创办了《印度之镜》。1821年印度资产阶级改良运动领导人罗易在加尔各答用孟加拉文办了周报《明月报》和《孟加拉使者》，宣传民主思想，这才有了印度人自己办的报纸，罗易也被视为印度报业的先驱。1822年孟买出现了用古吉拉特文出版的《孟买新闻》，该报至今尚在，是印度现存历史最久的报纸。以上这些本国文字的报纸的出现，也要早于中国。19世纪中叶以后，统治者对报刊的限制稍有松动，加上电报、铁路的出现为新闻事业的发展带来方便，一些著名的大报相继问世，其中有《印度时报》(1861年)、《甘露市场报》(1868年)、《政治家报》(1875年)、《印度教徒报》(1878年)等。

19世纪末，印度民族解放运动开始发展。国大党的创始人之一提拉克1880年创办马拉特文的《猛狮周报》，1881年又办英文《月光报》，载文抨击英国殖民统治，宣传民族主义思想。1885年印度国民大会党成立，党内逐渐分为激进派和温和派，两派各有报刊。进入20世纪，民族独立运动进一步高涨，全国报刊数目也逐渐增多，至1922—1923年达3000多种。著名的独立运动领导人不仅在报刊上鼓吹民族独立，而且也都创办过报纸。被印度人民尊为“圣雄”的莫汉达斯·甘地，1904年侨居南非时就办了《印度舆论》周刊，用英、印地、泰米尔和古吉拉特四种文字出版，积极言传民族解放。1919年起，他在国内同时主编《青年印度》周刊和《新生活》月刊，提出“为反对强权、争取权利而战”的口号，对当时的群众反英斗争产生很大的影响。国大党著名领袖尼赫鲁20世纪30年代已成为甘地的继承人、国大党的最高领导人，1938年他在勒克瑙创办英文日报《国民先驱报》，该报后来成为国大党的机关报，并且扩展为报业公司，至今还在出版；40年代又增办乌尔都文日报《民族呼声报》、印地文日报《新生活报》。

与此同时，印度共产党在20世纪30年代曾创办《民族战线》《革命》等杂志，1941年创办了《新世纪报》。印度穆斯林联盟领袖穆罕默德·阿里·真纳，于1942年在新德里出版英文周刊《黎明》，1943年改为日报，为民族独立进行宣传。

1947年印度独立后，新政府采取措施取消殖民地时期对报业的限制，1949年通过的宪法规定了公民言论出版自由的条款。此后报业发展比较快，自1952年至1981年的30年间，报刊总数增长了4倍，由4769家增为19144家；日报总数也增长了4倍，由330家增至1362家；期发行量增长了6倍，由252.5万增至1539.7万。20世纪80、90年代，报刊数字继续增长。据印度新闻和广播部统计，1989年底全国共有报刊27054种，其中日报2538种。另据《不列颠百科全书1997年鉴》，印度共有日报2300种，期发行量2750万份，千人日报数为31份。

2. 近期状况

目前印度报业结构呈现这样一些特点：①种数很多，销量不大。它的日报种数已超过美国，居世界第一位，但是每期发行量不到美国的1/2，各报销量都有限，日报中没有一家达到百万份的，一般7.5万以上就算大报，2.5万份以下的小报占绝大多数。这种情况主要是由于居民收入不高、文盲较多，加之读者群又很分散所致。②语种繁多。印度有10个大民族，几十个小民族，报刊使用的文字共有90多种，主要文字有16种，按报刊种数排列依次为：印地、英、阿萨姆、孟加拉、古吉拉特、坎纳德、克什米尔、马拉雅兰、马拉蒂、奥里雅、旁遮普、梵、信德、泰米尔、太鲁古、乌尔都等。历史上英文报刊一直占优势，以后其他语种报刊逐渐增多，至1979年印地文日报发行量第一次超过英文日报。不过由于各民族语言差异大，真正能在全国通行的共同语言还是英语，加上政治经济方面的原因，至今英文报纸的影响仍然超过其他语种报纸。③出版地集中。尽管全国各个邦都有报刊，但主要还是集中在15个重要城市，其他地方很少。新德里、孟买、马德拉斯、加尔各答四大城市出版了全国将近1/3的报刊、半数以上的日报。

印度报业体制受西方的影响较大。报刊大多数是私营的，政府、政党、团体、教育机构也办有若干报刊，但比重不大。在商业化经营过程中出现了许多报团。据1977年统计，全印有85家报团，拥有日报发行量的73.5%，报刊发行量的33.4%。目前最主要的报团有10个：印度快报系、印度时报系、欢喜市场报系、印度斯坦时报系、甘露市场报系、政治家报系、印度教徒报系、自由新闻报系、国民先驱报系、爱国者报系。这些报团都以自己的主要报纸命名，除欢喜市场报为孟加拉文外，其他报团的主报都是英文报纸。大的报团一般掌握在垄断资本集团手里，反映它们的利益和政治倾向。

印度没有专门的新闻法，新闻活动的法律依据主要是宪法，新闻自由的界限很大程度上取决于最高法院的解释和各级司法判决。政府一般通过行政和经济的手段对报业进行管理或调控。政府的新闻和广播部下设新闻局，主管新闻事务。1991年内该局曾用18种语言向全国报刊提供过33851份公报。印度许多报纸都为政府部门刊登广告，这种广告有时占到报纸广告的50%以上。政府通过这种广告实行对某些报纸的财政支持，从而增加了这些报纸对政府的依附性。政府还多次以某种理由宣布全国处于紧急状态，在此期间停止宪法规定的新闻自由，实行对报刊的检查制度，这种做法常引起与新闻界的摩擦。

目前最有影响的全国性日报为：

(1)《印度快报》(*India Express*)。1940 年于孟买创办，现在在孟买、新德里、马德拉斯等 13 个城市同时出版，日总发行量 51 万份(1990 年，下同)。该报为戈恩卡家族所有。戈恩卡财团同以往的国大党政府矛盾很深，报纸对国大党持批评态度，以揭露政府内幕消息闻名。印度快报系有 15 种出版物，是印度最大的报团。

(2)《印度时报》(*The Times of India*)。1838 年创办于孟买，原名《孟买时报》，1861 年起用现名。长期属于英国贝内特·科莱曼公司所有，后来为达尔米亚-贾殷财团收买。现在在孟买、新德里、艾哈迈达巴德等 6 个城市同时出版，日发行量近 60 万份。该报新闻详尽、文字严谨；政治上一般支持国大党。在社会中层、知识分子及海外印侨中有较多读者。印度时报系共有 14 种出版物，其中用印地文出版的《新印度时报》发行量也有 50 多万份。

(3)《印度教徒报》(*The Hindu*)。1878 年由 6 位青年知识分子创办，一开始就表现出反殖民主义的倾向。20 世纪以来经常揭露殖民当局镇压人民的罪行，第二次世界大战期间坚决反对法西斯主义，支持民族独立运动，现属卡斯图里父子有限公司，总部在马德拉斯市，在马德拉斯等 4 个城市同时印刷。政治上支持国大党，在南部印度较有影响。读者对象多为年轻人，且有较高文化。发行量为 42 万份。该报系共有 4 种出版物，其中《印度教徒周刊》(英文)发行 40 多万份，在国外行销很广。

(4)《印度斯坦时报》(*Hindustan Times*)。1924 年创刊，在新德里和巴特那二地出版，为比拉财团所有。比拉财团是印度最大的财团，同国大党关系密切，作为其喉舌的《印度斯坦时报》经常反映并支持国大党的内外政策。发行量 35 万份。印度斯坦时报系有 8 种出版物。

(二)新加坡和马来西亚

1. 历史梗概

新加坡和马来西亚国土相邻，同为东南亚地区新兴国家，前者有 310 万人，后者有 2116 万人(1996 年)，主要是马来人、华人和印度人。从 16 世纪起，这一地区先后遭受葡萄牙、荷兰的入侵，

18 世纪逐步沦为英国的殖民地，第二次世界大战中又曾被日本侵略军占领。战后英国殖民者卷土重来，实行“新马分治”，将新加坡作为直辖殖民地单独管理，又将其余地区组成马来亚联合邦，委派总督统治。经过新、马人民的长期斗争，1957 年马来亚取得独立，1959 年新加坡也在英联邦中取得自治地位。1963 年 9 月马来亚同新加坡、沙捞越、沙巴组成马来西亚联邦，1965 年 8 月新加坡退出，单独成立新加坡共和国。

新、马两国的报业诞生于 19 世纪。初创时期大多是英文报纸，其中最早的是《政府公报》(*The Government Gazette*)，英国商人博恩 1806 年 3 月在东印度公司支持下在槟榔(现在槟城)创办，用以给殖民者提供各种信息。1824 年有位英国传教士在新加坡创办了《新加坡纪事报》(1824—1837 年)，初为双周刊，后改周报。1826 年伦敦布道会所属的英华出版社在马六甲出版了周报《马六甲观察者》，以后又陆续出现了多家英文报纸，但生存期都不长。1845 年 7 月 15 日一家重要的英文报纸《海峡时报和新加坡商业新闻》(以后改为《海峡时报》)在新加坡问世。它开始是周报，1858 年改为日报，发行颇广，后来发展为新、马地区最有影响的报纸，出版至今。

新、马地区最早的华文报刊便是著名的《察世俗每月统纪传》(*Chinese Monthly Magazine*)，1815 年 8 月 5 日创刊于马六甲，是由英国传教士马礼逊和米怜在中国刻工梁发协助下创办的月刊，木刻雕版印刷，免费散发，内容大多为阐述基督教义，后期有少量时政评论文章，出版至 1822 年停刊。1858 年在新加坡出过一份外国人办的华文周报《日升报》。最早由华人创办的华文报纸是 1881 年 12 月发刊于新加坡的《叻报》，这是一家真正具有新闻性的日报，创办人薛有礼，每天 8 开 6 张，内容有社论、电讯、新闻、广告，活字排印，一直出版到 1932 年。① 辛亥革命前后，中国国内的政治动荡辐射到海外华人社会，新、马地区华文报纸纷纷兴起，其中著名的有：《中兴日报》(1907—1910 年)，为中国同盟会新加坡分会

① 王慷鼎：《新加坡华文报刊史论集》，新加坡新社 1987 年版，第 26 页。

所办；《光华日报》(1910年至今)，在槟城出版，当年也是同盟会的重要舆论工具。孙中山等革命党人经常为这两家报纸撰稿。

20世纪20年代，新、马地区华人经济有所发展。为了促进华人文化、扩大各自企业的影响，著名华人领袖和实业家陈嘉庚于1923年9月在新加坡创办了《南洋商报》；另一位华人实业家、万金油制造商胡文虎于1929年1月在新加坡创办了《星洲日报》。这两家报纸有实业集团为后盾，财力较强，在新、马各地设立分支机构，出版地方版，广泛发行。《南洋商报》曾经先后推出《星期增刊》《午后电讯》以及晚报，成为有多家报纸的公司。《星洲日报》除了先后出版《星期特刊》《星洲半月刊》《星光画报》、晚报外，还出版槟城版(后发展为《星槟日报》)，在香港出《星岛日报》和《星岛晚报》，形成星系报业，在东南亚颇有影响。自30年代起，中华大地遭受日本侵略，祖国人民面临民族危亡的考验，海外华侨对时局发展倍加关注。这时新、马地区的华文报纸又有新的发展，出现了一批积极宣传抗战救亡的报纸，如1930年的《中南晨报》，1936年的《现代日报》《现代晚报》等(均在槟城出版)，都曾在华人社会产生过重要影响。

新、马地区马来文报纸的诞生晚于英文和华文报纸。1876年第一家名为《土生回教徒》(*Jawi Peranakan*)的周报在新加坡发刊，这是印、马混血人种创办的报纸，1895年停刊。以后又陆续出现过一些马文报纸，生存期最长的要算1939年创办的《马来使者报》(先在新加坡，后迁吉隆坡)，现在还在出版。

第二次世界大战期间，日本侵略者曾于1942年至1945年间占领了马来半岛，这里的报纸都被日军接管。日军当局出版英文的《昭南新闻》和华文的《昭南日报》，用于鼓吹侵略扩张和“大东亚共荣圈”。日军投降后，马来半岛的报业重新恢复，上述《海峡时报》《南洋商报》《星洲日报》《马来使者报》等重又复刊，规模不断扩展，分别成为拥有多种报刊的集团。与此同时，陆续又有一些新办报纸出现。

2. 近期状况

目前新加坡报业相当发达。新加坡自独立以来一直由以李光耀为首的人民行动党执政，经济长期持续增长，人均国民收入逐步跃居亚洲前列，它又是东南亚交通、贸易、金融和信息通讯中心，这一切都为报业发展提供了良好的条件，并使它成为东南亚的报刊出版中心。据1998年统计，新加坡有日报8家，总发行量为101万份，平均每千人340份。

新加坡报业长期实行私营体制。但是政府于1974、1977年先后颁布报章法令和修正法令，限制私人对媒介的控股权。根据这些法令，《南洋商报》《星洲日报》均改组为公共公司，持股人原有超过法律规定的股份全部出售，两家报纸都脱离了创办人家族的控制。1982、1984年根据政府安排，新加坡报业又进行了两次重大调整，几家大的报业公司联合组成新加坡报业控股有限公司，该公司最大的持股机构是同政府关系密切的企业和银行，所以它实际上成了受政府间接控制的报业垄断组织。公司下面分设英文及马来文报章集团、华文报集团、报章服务集团、广告市场集团，分别开展活动。目前该公司拥有的主要报纸有：

(1)英文的《海峡时报》和《商业时报》。由于英语广泛使用于政界、工商界以及上层社会，所以英文报纸对全国舆论至关重要。尤其是《海峡时报》(*The Straits Times*)历史悠久，创办150年来，除了日军侵占时中断三年半以外，一直在新、马地区发行，在国内和东南亚地区具有重要影响。该报平日版出对开40版左右，发行28万份。《商业时报》(*Business Times*)是1976年创办的经济金融类报纸，每天发行一万多份。

(2)华文的《联合早报》《联合晚报》《新明日报》《星期五周报》。联合报的前身是《南洋商报》和《星洲日报》，二者在1983年3月合并，然后分别出早报和晚报。早报平日版对开60多版，发行20万份左右；晚报平日版20多版，发行11万份。《新明日报》发刊于1967年，发行10万份左右。《星期5周报》是华文学生报，每周一期。在新加坡人口中华人约占77%以上，所以华文报纸的读者颇为广泛。

(3)马来文的《每日新闻》(*Berita Harian*)。该报于1957年创办，是新加坡唯一的马来文日报，发行4万多份。它的星期日版另外单独发行。

目前马来西亚的报业也比较发达。该国独立以来长期由马来亚联盟党，以及后来在它的基础上组成的由10个政党参加的马来西亚国民阵线执政，最近几年实行开放政策，经济增长很快，这都有利于报业发展。马来西亚报刊大多为私人所有，但也有不少有政党背景，直接间接为一些政治势力所控制。另外，由于东马和西马相距甚远，地域分散，所以地方报纸很多，它们规模不大，分别用马来文、英文、华文、泰米尔文、旁遮普文等出版。据1998年统计，马来西亚有日报44家，发行量280万份，平均每千人142份。

马来西亚最有影响的日报是英文《新海峡时报》(*New Straits Times*)。它的前身是新加坡《海峡时报》的吉隆坡版。1965年新、马分家后它便单独出报，不过当时仍然属于新加坡的海峡时报集团。后来马政府担心本国舆论受到外国干预，责令其与新加坡母公司脱离关系，1972年又迫使其将八成股份转让给马来西亚官方的“国营企业公司”，并改用现名。现在这家报纸基本上反映政府的观点，每天出对开48版，读者约有65万人。新海峡时报集团还拥有英文的《马来邮报》、马来文的《每日新闻》、华文的《新明日报》等。后两家原为新加坡同名报纸的吉隆坡版，现单独出版。

马来西亚人口有59%为马来族人，所以马来文报纸影响广泛。主要的马来文报纸有：《马来使者报》(*Utusan Melayu*)，1939年创刊于新加坡，1958年迁到吉隆坡出版；《马来西亚使者报》(*Utusan Malaysia*)，是马来使者报集团在1967年创办的又一家日报。现在马来使者报集团拥有10多家报刊，政治上反映执政党的观点。

马来西亚的华文报纸主要是《南洋商报》和《星洲日报》。两家报纸的前身都是新加坡同名报纸的吉隆坡版，新、马分家后单独出版。其产权几经转换，现在《南洋商报》属于南洋报社(马)有限公司，每天发行量约为18万多份；《星洲日报》属于朝日报业有限公司，发行量约为19万多份。另外有家1910年创办的华文老报《光华日报》，现仍在槟城出版，日发行10万份左右。

新、马两国政府对报业管理都比较严格。按照两国的新闻法，报刊出版必须申请出版执照，该执照每年更换一次，主管部门有权随时停止或吊销这种证件。两国都十分重视报纸的舆论导向，强调报纸要宣传国家的指导思想(在马来西亚归结为五项原则：信奉真主、忠于君王和国家、恪守宪法、遵守法律、讲究文明道德)，为国家稳定和发展服务。新加坡执政党领袖、原政府总理李光耀就一贯认为不能照搬西方的新闻模式，1971 年他曾在赫尔辛基举行的国际新闻编辑人员协会会议上发表讲话，强调新兴国家的大众媒介要有助于人民进步，“加强而不是破坏我们学校所培育的文化价值和社会风尚”。在这样的政治要求下，新闻界都很注重自律，避免触及敏感问题，避免影响社会稳定的事件发生。

(三)印度尼西亚

1. 历史梗概

印度尼西亚共和国是亚洲东南部的群岛国家，由 17000 多个大小岛屿组成，人口 2 亿(1997 年)，分别属于 100 多个民族(其中爪哇族占 47%)，通用语言为印尼语，90%的居民信奉伊斯兰教。从 15 世纪起这里先后遭受葡、西、英、荷等国的入侵，1602 年荷兰人在此成立具有政府职权的东印度公司，开始了 300 多年的殖民统治。1942 年起日本军队一度侵占。1945 年印尼人民爆发 8 月革命，宣告国家独立。以后经过几年抗击卷土重来的荷兰殖民者的战争，于 1950 年建成统一的资产阶级共和国，并且组成由民族党领袖苏加诺任总统的、有共产党和各爱国政党参加的民族独立政府，奉行进步的、反帝反殖的内外政策。1965 年 9 月 30 日右翼军人集团发动政变，大肆镇压共产党和进步力量。1968 年起，军人领袖苏哈托就任总统，连续执政 30 年，直到 1998 年在严重的经济政治危机中才被赶下台。

印尼报业发端很早，1615 年巴达维亚(今雅加达)就出现了第一张荷文报纸《新闻纪要》(也称《巴达维亚政治评论》)。当时荷兰本土定期报刊诞生不久，这家报纸是荷属东印度公司为适应殖民活动需要而办的，主要转载荷兰报刊的内容，另有少量本地新闻和广告。报纸办了一个多世纪，于 1744 年停刊。19 世纪以后印尼逐步出现了本地文字的报纸，如 1855 年在梭罗出版的《布罗马梯尼》、1856 年在苏腊巴亚出版的《马来新闻》等马来文报纸。1823 年英国传教士麦都思在巴达维亚创办的《特选撮要每月统纪传》，是这里最早的华文报刊，每月一期，除了宣扬基督教义，还刊登一些伦理和科学知识，出版至1826年为止。

进入20世纪，印尼民族独立运动逐步兴起，在这方面华人社会起了不小的推动作用。侨居印尼的华人是东南亚各国中数量最多的，在辛亥革命前后，印尼华人受中国民主思潮的影响，办起了多家报纸，其中有的用华文和马文混合出版，如《译报》(1904年)、《汉文新报》(1909年)；有的用马来文出版，如《泗水新闻》《商报》《新报》等；有的用华文出版，如《泗滨日报》(1908年)、《华铎报》(1909年)、《苏门答腊民报》(1914年)等。这些报纸积极传播民族民主思想，支持辛亥革命和当地人民反对殖民统治的斗争。20世纪二三十年代，这类报纸又有新的发展，著名的华文报纸有《新报》(1921年)、《天声日报》(1921年)等，它们在推进华人事业、宣传抗日、支持当地人民的民族独立斗争方面，都发挥了良好的作用。

日军占领时期，印尼大部分报纸被查封，日军另行创办宣传“大东亚共荣圈”的报刊。

第二次世界大战以后印尼宣告独立，当时党派林立，大致上有民族主义、伊斯兰教派和共产主义三大势力。各政党、各种政治力量纷纷办报，宣传各自的政见主张。其中最有影响的是共产党的机关报《人民日报》，20世纪50年代发行量达6万份，为各报之冠。华文报纸《新报》《生活报》(1945年)等也颇有影响。除了《天声日报》等少数外，多数华人报刊倾向新中国，并且支持印尼政府对外反帝反殖、对内团结进步的政策。

1965年“9·30事件”后，印尼政局急转直下，军人集团控制了政权，残酷镇压进步力量，所有共产党报刊和进步报刊都被查封，伴随着排华浪潮的高涨，华人报刊也一律被停止出版。1966年国会制定了相当严厉的新闻法，严格控制报刊，政府的新闻主管部门负责颁发并有权随时吊销报刊经营许可证。政府要求所有获准出版的报刊服从管理，加强自律，承担对社会的责任。1984年还成立了全国性的新闻委员会，专门就新闻媒介在这方面的执行情况进行检查督促。

2. 近期状况

据1998年材料，印尼共有报刊100多家，其中，日报56家，日报期发行量380万份，平均每千人20份。

主要的印尼文报纸有：《罗盘报》(*Kompas*)，1965年创办的民间报纸，每天16版，发行50万份，位居各报之首，在文化界颇有影响，政治上同政府保持良好的关系。《战斗报》(*Berita Yudha*)，1971年创办，是一家军队报纸，每天发行8万份。《专业之声》(*Suara Karya*)，1971年创办，是原执政党"专业集团"(苏哈托是该党指导委员会主席)的机关报，发行量12万份。《独立报》(*Merdeka*)1945年10月1日创办，是原印尼民族党(现改为民主党)的机关报，发行量10多万份。《明灯报》(*Pelita*)，1969年创办，是穆斯林的建设团结党的机关报，发行6万多份。

印尼首都有两份英语报纸，一份是《雅加达邮报》(*Jakarta Post*)，另一份是《印度尼西亚观察家报》(*Indonesian Observer*)，随着印尼经济和对外开放的发展，这两份报纸的重要性在增强。

印度尼西亚有几百万华裔居民，但目前印尼只有一家华文报纸《印度尼西亚日报》，是1968年由官方创办的，属陆军部管辖，每天出8版，其中三版半为中文，其余为印尼文。这家报纸自称创办宗旨为"向不大懂得印尼文和只懂华语的印尼居民提供有关政府措施、法令条例和事件的说明"。

(四)土耳其

1. 历史梗概

土耳其是亚洲西部的重要国家，现有人口6200万(1997年)，80%为土耳其人，99%信奉伊斯兰教。古代土耳其有过辉煌的历史，从14世纪起建立过横跨亚、欧、非三洲的奥斯曼帝国。18世纪以后帝国逐渐衰落，原有的属国和领地逐渐被西方列强肢解。第一次世界大战后爱国军官凯末尔领导人民开展了反对帝国主义入侵和推翻封建王朝的斗争，1920年成立以凯末尔为首的革命政府，1923年正式建立土耳其共和国。革命以后一直实行资产阶级议会民主政治，资本主义的政治经济有较大的发展。1982年颁布的现行宪法规定土耳其为民族、民主、政教分离和实行法治的国家。

土耳其最早的报纸是1831年11月创办的《情况日历》，这也是西亚最早出现的报纸。19世纪后期，在土耳其君主立宪运动中，一些具有革新思想的政治家也开始办报，用以宣传君主立宪。当时的著名报纸有1860年的《喉舌报》、1862年的《写真报》。尽管这场运动后来归于失败，但这些报纸却是土耳其报业的重要先驱者。20世纪初凯末尔发动民族民主革命时，他曾经亲自支持并指导创办了《民主意志报》和《国家主权报》，进行革命宣传。新政府建立后，为了击败保守派报纸的敌对宣传，他又约请好友尤努斯·纳迪(曾任宪法起草委员会主席)于1924年5月出版了《共和国报》，作为他领导的共和人民党的喉舌，积极宣传新政府的改革目标和措施。这份报纸为推进改革、维护新政权发挥了重要作用，后来该报由纳迪的遗孀和长子继承，一直出版至今。

2. 近期状况

土耳其现在是西亚报业比较发达的国家，有政党报刊，也有商业报刊，发展比较平稳。据1998年材料，全国共有报刊上千种，日报57种，日报期发总数为267万份，每千人平均为44份。

目前最有影响的三大日报是《自由报》《晨报》《国民报》。

(1)《自由报》(*Hurriyet*)创办于1948年5月，每天出20多版，发行60多万份，是全国消息最多、发行量最大的报纸。该报1963年建立了自己的通讯社"自由通讯社"，在世界主要国家设有分社，稿件除了自用外，还对外供应。

(2)《晨报》(*Sabah*)创办于1985年4月，历史不长但发展很快，目前每天出20多版，发行60多万份，星期日超过百万。该报财力雄厚，广告收入占全国报刊广告总收入的22%左右。该报社还拥有12种其他报刊。

(3)《国民报》(*Milliyet*)创刊于1950年5月，是一家很有影响的严肃型报纸，日出20多版，发行30多万份，以知识界、政界为主要对象，政治上倾向共和人民党。

以上三报都用土耳其文，总社都在伊斯坦布尔，另在国内重要城市设点同时印刷。业务上都标榜独立，实行商业经营。

此外，较有影响的土耳其文日报还有《新日安报》(倾向共和人民党)、《土耳其报》(倾向祖国党)、《喉舌报》(政治态度中右)、《民族报》(支持繁荣党)等。凯末尔时代的《共和国报》发行量不大，但在知识界和政界仍有一定影响。还有一份英文日报《土耳其每日新闻》，1960年创办于伊斯坦布尔，发行量五六千份，倾向正确道路党。

第三节 非洲国家报业

一、基本情况

非洲是世界第二大洲，面积3020万平方公里，人口超过7亿。撒哈拉沙漠横贯北部，沙漠以南主要为黑色人种，占总人口2/3，沙漠以北主要为阿拉伯人。非洲有着古老而光辉灿烂的历史，但是从15世纪开始，这里先是遭到历时400年的奴隶贸易之害，以后又遭到西方列强的侵略瓜分，整个大陆几乎全部沦为西方国家的殖民地、保护国。到第一次世界大战前夕，只有埃塞俄比亚、利比里亚勉强保持独立地位，埃及则在1922年取得名义上的独立。第二次世界大战以后，饱受侵略、奴役之苦的非洲人民纷纷奋起，开展了声势浩大的民族解放运动。到20世纪90年代初，非洲大陆基本上都已摆脱殖民统治，独立国家达到54个(另有三个未独立地区)。独立以后，各国积极维护国家主权，发展民族经济和文化，取得了显著的成就。但是由于殖民主义者的长期剥削、掠夺，加上频繁持续的自然灾害，非洲至今仍是世界上最贫困的大陆，被联合国列为最不发达的40多个国家中，有28个就在非洲。另外，由于社会矛盾错综复杂，加上大国的插手干预，不少非洲国家政局长期动荡，这也严重制约了社会经济的迅速发展。

非洲大多数国家的报业起步较晚。但也有少数国家的报业史可以上溯到18、19世纪。早在1773年，非洲东部法国殖民岛屿毛里求斯就出现了第一份报纸——法文周报《预告报》。毛里求斯现在的重要报纸之一《塞尔内人报》创办于1832年，是世界上现存历史最长的法文日报。1795年，英国殖民者在南非出版了名为《开普敦公报和非洲广知报》的周刊。在西非，1843年英属塞拉利昂的弗里敦出版了《看守人》报。和亚洲一样，非洲早期的报纸多为殖民者所办，并且是为殖民活动服务的。

在19世纪中期，某些较为发展的非洲国家开始了由上而下的改革，着手发展本民族的印刷出版和新闻事业。例如埃及阿里王朝的创立者穆罕默德·阿里在1827年亲自创办了《总督报》，用法文和阿拉伯文出版。突尼斯在1859年建立了第一家印刷厂，随后出版了两家阿拉伯文报纸：《太平时代》和《政府公报》。马达加斯加在19世纪60年代也开始发行马文、英文和法文的报刊和学术著作。进入20世纪，由于俄国十月革命的影响和泛非主义思潮的兴起，非洲民族解放运动有所发展，一些革命组织和进步知识分子纷纷办报，鼓吹民族独立。南非国际社会主义者联盟1917年出版的《国际报》，最早向非洲大陆报道了十月革命的消息并发表了评论。由某些民族知识分子在西非创办的《黑人世界报》在拉各斯、伊巴丹、阿克拉、弗里敦等城市受到广泛欢迎，塞拉利昂总督在给宗主国的报告里不得不承认尽管采取了严厉措施但仍无法制止其私下流通。埃及、尼日利亚、黄金海岸(加纳)、象牙海岸(科特迪瓦)一些报纸在反殖民主义宣传方面也都十分活跃。还有些非洲人在海外建立民族主义组织，创办自己的机关报。例如阿尔及利亚民族主义政党“北非之星”及其机关报《勇敢报》就是1926年在巴黎创办的。突尼斯新宪政党领袖布尔吉巴1932年在法国创办了法文《行动报》作为机关报，运回国内发行，两年后又在国内创办阿拉伯文《行动报》鼓吹革命。这些报纸都为民族解放作出了重要贡献。

但是非洲的民族报业只有在各国取得独立以后才有真正的发展。独立以后，原殖民当局或外国人办的报刊，大多被新政府收归国有或控股。例如几内亚(1958年)、阿尔及利亚(1962年)独立后将法国殖民者的报刊封闭，用其设备创办执政党的报纸；埃及、苏丹先后颁布国有化法令，由国家直接掌管报业；赞比亚独立(1964年)后将三家英国人报纸合并由政府控股，另一家英国人报纸则由执政党接管。与此同时，政府又兴办新的报刊，或者扶植民办报刊，从而促进了报业的兴盛。目前多数国家已建立了自己的报业体系，在世界报坛占有一席之地。不过，各国之间情况还很悬殊，发展还很不平衡。一方面，南非、埃及以及较为富裕的北非国家，报业已有相当规模。其中南非有报刊数百家、日报 20 家，居全非首位，千人日报率则以毛里求斯为最高，达 74 份。另一方面，撒哈拉沙漠以南不少国家经济落后、文盲众多、政局动荡、部族语言复杂，严重制约了报业发展。有些国家至今只有一两份日报，厄立特里亚、吉布提等国连一份日报都没有。

非洲国家独立后的政局，在民主基础上平稳发展的很少。许多国家或是实行高度集中的集权政治，或是在党派纷争中动荡不安，或是两种状态交替反复。这些都给新闻事业带来直接的影响。

20 世纪 80 年代以前，非洲国家大多实行集权政治或一党执政的体制，在这种体制下，政府或政党对新闻事业的控制相当严格。例如利比亚，1951 年独立时由国王统治，1969 年卡扎菲上台执政后用他的“世界第三理论”(既反对资本主义又反对共产主义)统一舆论，全国只出版一份官方日报和几份周刊，用以宣传政府的主张。加蓬 1961 年独立后长期实行一党制，多年担任总统的邦戈强调新闻媒介应“忠于政府的意志”，贯彻“加蓬第一”的原则，他还亲自兼任新闻和邮电部部长，掌握新闻事业。埃塞俄比亚在塞拉西一世统治期间，仅有的几家官方报刊都在王室控制之下；1974 年君主制被废除、军政委员会执政以后，新闻事业由政府新闻部和执政的社会主义工党意识形态部管理，并实行严格的稿件送审制度。除了这些直接控制方式外，也有些国家采用间接控制的办法。例如中非的刚果(金)，新闻事业颇具规模，该国的报纸名义上都是私人所办，但都接受政府津贴，主要负责人由政府新闻部确定，报纸也都宣传政府的观点。

进入 20 世纪 90 年代后，由于国际形势的变化，加上苏联和东欧政局演变的影响，非洲各国(包括上述的加蓬、埃塞俄比亚、刚果)出现了以多党制代替一党制的“民主化”浪潮。到 1993 年为止，大多数国家都已修改了宪法，进行了多党制大选。与此相应，各国的新闻体制和新闻政策也有很大变化，许多国家出现了在野党或反对党的报纸，私营的商业报纸也在增多。不过在这种演变过程中，一些国家政局动荡，报界也出现了种种混乱现象和新的问题。总之，目前非洲许多国家的新闻体制还在动荡和调整之中，具体发展走向要视各国经济发展和政局变化而定。

据《不列颠百科全书1998年鉴》的不完全统计，非洲国家20世纪90年代后期有197家日报，期发总量约为1228万份，日报千人平均数位居前列的为：纳米比亚(93份)、留尼汪(83份)、毛里求斯(68份)。

二、主要国家报业情况

(一)埃及

1. 历史梗概

埃及是个文明古国，地跨亚、非二洲，人口约6145万(1997年)，大部分为信奉伊斯兰教的阿拉伯人(占87%)。从16世纪起被土耳其人的奥斯曼帝国统治，1882年又被英国占领，至1922年取得名义上的独立。1952年以纳赛尔为首的自由军官组织推翻法鲁克王朝接管政权，次年正式成立埃及共和国。

埃及的报业发端于18世纪末。1798年拿破仑军队入侵埃及，用随带的印刷机出版了法文《埃及信使报》和《埃及旬报》，前者供军队传递消息，后者用于研究埃及历史文化，1801年法军撤退后两家报纸继续出版过几年。

19世纪初，奥斯曼帝国驻埃军官穆罕默德·阿里被任命为埃及总督，他励精图治，发展经济，开创了阿里王朝。1827年他在开罗创办了月报《总督报》，刊布官方消息。1828年他又创办《埃及事件报》，用土耳其、阿拉伯两种文字，刊登政府命令、公报、时政新闻，也有少量地方新闻、社会新闻和问题讨论，该报通常被视为埃及第一家近代意义上的报纸。19世纪六七十年代，叙利亚、黎巴嫩一带许多文人为逃避奥斯曼帝国压迫，纷纷移居埃及，创办报刊，提倡阿拉伯文化。1875年黎巴嫩人塔克拉经批准创办了《金字塔报》。该报模仿英美报纸，采用新闻文体，大量刊登广告，实行商业经营，自称宗旨是“积极发表政见，及时报道商情，摆脱宗教束缚，传播现代科学文化”。1881 年由周报改为日报，并且逐步成为新兴资产阶级的喉舌。

1882 年英军占领埃及前后，埃及人民掀起了抗英斗争的风暴。以奥拉比为首的资产阶级政党祖国党，曾于 1879 年创办《祖国报》，积极宣传民族主义，主张维护国家独立和主权，实行宪政，并响亮地喊出了“埃及是埃及人的埃及”的口号。1884 年，埃及民族独立运动领袖穆罕默德·阿布笃在巴黎建立团结会，创办了《团结报》，为反对英国占领而大声疾呼。报纸秘密运进埃及，广为传播，后来被法国政府查封。1889 年，被誉为埃及新闻事业奠基人的阿里·优素福创办了《坚强报》。该报团结了许多著名的文化人为它写稿，其中包括阿布笃。埃及史籍称该报为“最能代表埃及人民、最能忠实反映民意的日报”。1900 年埃及新的民族运动领导人穆斯塔法·卡米尔用阿、法、英三种文字出版《旗帜报》，在阿拉伯世界广泛流传，后来成为卡米尔组建的另一个祖国党的机关报。

1914 年英国宣布埃及为其保护国，取消奥斯曼帝国对埃及的宗主权。第一次世界大战后，埃及人民的反英斗争不断高涨，1922 年英国被迫承认埃及独立，但仍保持对埃及国防和外交的控制权。1923 年，埃及实行君主立宪。此后陆续出现了一些新的报刊，如《图画》周刊(1924 年)、《鲁兹·优素福》周刊(1925 年)、《最后一点钟》(1934 年)等。1943 年，毕业于美国的阿明及其兄弟创办了《消息报》，以其大众化的形式吸引了相当多的市民读者。

1952 年的“七月革命”，开始了埃及新闻事业的新阶段。新建立的以纳赛尔为首的革命政权实行一党制，由唯一合法的政党阿拉伯社会主义联盟执政。政府陆续接管了包括《共和国报》(1953 年创办)在内的外商报刊，至 1960 年又颁布报刊国有化法令，将规模较大的报刊收归国有，分别归七个出版社出版，每个出版社设立咨询会，成员由政府委任，这就使舆论基本上为政府控制。

1973 年中东战争后，埃及和以色列的关系趋于缓和。以新任总统萨达特为首的埃及政府鉴于形势的变化，采取了一系列政治改革措施，逐步放宽新闻政策。1980 年 5 月经公民投票通过了宪法修正案，规定实行以多党制为基础的政治制度，并规定新闻事业是行政、立法、司法之外的“第四权力机构”。同年7月议会通过了新闻法，决定成立以议长为首、由各新闻机构代表参加的最高新闻委员会，取代执政党和政府文化新闻部来领导新闻事业。新闻法规定“新闻业是独立的人民的权力”，在社会基本法制范围内，在维护公民的自由、权利、公共义务和私生活范围内，“运用各种表达方式形成和指导舆论，自由地行使为社会服务的使命”；“新闻工作者是独立的人士，他们在工作中不受非法律的权力的约束”。新闻法还规定报业可以采取国家、政党、工会、团体、个人五种所有制形式，但是个人办报应采取合作社或股份公司的方式，而且个人股份不能超过一定的限额。1981年穆巴拉克继任总统，继续推行新闻改革，减少对报业的行政干预。目前已形成以公营为主、允许各种所有制并存的报业体系。在公营报刊中政府一般占有51%的股份。反对党的报刊已有多家，其中进步联合党的《国民》周刊和新华夫脱党的《华夫脱》周报销数已达10多万份。

2. 近期状况

埃及目前是非洲新闻事业最为发达的国家之一，有各种报刊70多家，日报17家，每期发行约395万份，平均每千人有日报64份。报刊主要用阿拉伯文出版，也有少数用英文、法文，它们在阿拉伯世界具有广泛影响。现今的三大日报是：

(1)《金字塔报》(*Al Ahram*)。非洲第一大报，创办于1875年，1960年收归国有后由金字塔出版社出版，社址开罗。著名报人、纳赛尔的好友海卡尔长期担任该报主编(1957—1974年)。该报重视新闻报道特别是国际新闻的时效和质量，也注意刊载文学艺术作品，评论和专栏文章颇有分量，因此在阿拉伯国家和全世界都有较高声誉，1988年曾被“世界报纸指南组织”评为最佳国际报纸之一。每天用阿拉伯文分晨、中、晚三次印刷出版，一般为对开14至20版，另有周末版。90年代日发行量30万~50万份。此外还在伦敦出英文国际版，在纽约同时印刷。

(2)《共和国报》(*Al Gomhouria*)。1953年12月英商创办的阿文日报，后被革命指导委员会接管为机关报，已故总统萨达特曾任主编多年。以后一直为执政党阿拉伯社会主义联盟(后改为民族民主党)控制，由解放出版社在开罗出版。每天出对开10多张，发行30~44万份。

(3)《消息报》(*Al Akhbar*)。1943年阿明兄弟在国王资助下创办于开罗，1960年收归国有，由消息出版社出版。该报是面向一般市民的阿文大众化报纸，内容广泛，常以社会新闻和知识性材料吸引读者，发行量高达百万份。

(二)尼日利亚

1. 历史梗概

尼日利亚位于西非地区，是非洲人口最多的国家，1997年为1.05亿。它是个非洲古国，15、16世纪葡萄牙和英国先后入侵，1914年沦为英国殖民地，1960年获得独立，1963年建立尼日利亚联邦共和国。全国有250个部族，最大的豪萨-富拉尼族约占全国人口的30%。目前是撒哈拉以南地区新闻事业比较发达的国家。

尼日利亚报业诞生于19世纪。1859年在拉各斯以北的阿彪库塔市出版了第一份土语报纸《伊维·伊洛辛》，1863年在拉各斯出版了第一份英文报纸《英国非洲人》。进入20世纪，尼日利亚爱国者纷纷使用报刊作为反殖民主义的重要工具，1925年出版的《拉各斯每日新闻》、1937年创办的日报《西非向导报》，曾在西部非洲有过重要影响。《西非向导报》的主编阿齐克韦曾经留学美国，后来步入政坛，担任了独立后的第一任总统。

尼日利亚独立以后，作为非洲最大的产油国，经济持续上升，报刊数量也大有增加。但是国内政局长期不稳，先后建立过两届文人政府(1960—1966年，1979—1983年)，发生过七次军事政变。在文人政府期间，报业比较繁荣，但报刊纷纷卷入党派斗争，成为各派政治力量的舆论工具。文人政府被推翻后，新上台的军政府往往停止政党活动，严格管制新闻事业。所以尼日利亚报业总是在反复曲折中前进。1985年上台的巴班吉达军政府于1993年实行"还政于民"，并举行总统选举，但各党派在选举结果是否有效问题上互相指责，政局重又动荡。不久国防部长阿巴查为首的军方再次接管政权，1996年起恢复政党活动，并逐步向议会政治过渡。

2. 近期状况

目前全国出版报刊近百种；日报 27 种，每期发行量约为 195 万份，每千人平均 18 份。影响较大的日报有：

(1)《每日时报》(*Daily Times*)。其为发行量最大的英文日报，创办于 1925 年，在拉各斯出版。早期由英国《每日镜报》集团经营，后来全部股权被尼日利亚人收买。1975 年 8 月，当时的军政府收购了该公司 60% 的股权，以后该报一直在政府的控制之下，但商业性较强，每天出 40 版左右，大部分为广告。90 年代日发行量 30~40 万份。每日时报公司是尼日利亚最大的报业集团，拥有《每日时报》《星期日时报》《商业时报》《每晚时报》《国际时报》(英文周刊)等 15 种报刊，在全国影响很大。

(2)《新尼日利亚人报》(*New Nigerian*)。其为官方日报，1965 年在北部城市卡杜纳创刊，每天出英文和豪萨语两种版，内容基本相同。原来是北部各州政府共有的报纸，代表北方豪萨族利益，1975 年 8 月政府收购了全部股权，从此一直反映政府观点。日发行量 15 万份。

(3)《民族和睦报》(*National Concord*)。其为私营英文日报，1980 年在首都创刊。原来主要反映民族党观点，1984 年政府取缔一切政党活动后，该报作为私营报纸继续出版，而且影响日增，发行量曾达 25 万份(1989 年)，现为 15 万份左右。民族和睦报集团出版《星期日和睦报》《周末和睦报》《商业和睦报》《非洲和睦》杂志等十多种报刊。

(三)刚果(金)

1. 历史梗概

刚果民主共和国是非洲中部的主要国家，首都为金沙萨。为与另一个刚果共和国相区别，因而简称刚果(金)。有 5000 万人口(1996 年)，分属 254 个部族，法语为官方语言。19 世纪后期沦为比利时殖民地，称为比属刚果。20 世纪以来，当地人民举行过多次反对殖民统治的武装起义，1960 年在以卢蒙巴为首的刚果民族运动党领导下宣告独立，1964 年定名为刚果民主共和国。1965 年蒙博托通过政变上台执政，1971 年改国名为扎伊尔。1996 年反政府武装“解放刚果民主力量联盟”推翻蒙博托政权，组成新政府，

“解盟”领导人卡比拉就任总统，并恢复原国名。

刚果早期的报刊都由比利时人所办，主要面向比利时移民。最早的是 1911 年出版的《加丹加报》，1919 年改为日报，1930 年更名为《加丹加回声报》。20 世纪 30 年代又出现了一些既面向欧洲人又面向非洲人的报纸，如《非洲信使报》(1930 年)、《刚果十字架报》(1936 年)等。

刚果(金)独立以后，民族新闻事业有较大的发展。蒙博托执政期间控制较严，对通讯社和广播电视实行直接控制，全部为官办，对报刊则实行间接控制。报刊名义上为私营，实际上全部接受政府津贴，并且服从政府新闻部门的管理，因而都是半官方的宣传工具。1990 年 4 月起，刚果改行“多党民主制”，开放新闻自由，私人报刊纷纷出现。但因政府不再实行对报刊的津贴，不少报刊入不敷出，财政困难，难以维持正常出版。

2. 近期状况

目前全国有各种报刊近百家。日报 9 家，每期发行 11 万份，平均每千人 3 份。主要的日报是以下三家，它们都是在首都金沙萨出版的法文报纸：

(1)《埃利马报》(*Elima*)。1972 年创刊，日出四开 16 版，发行量一度达 5 万份，现为 1 万份左右。它是以报道政治、经济新闻为主的综合性报纸，经常就国内外大事发表评论，在国内有较大影响。长期为蒙博托政权做宣传，但在 1990 年后立场有重大改变，经常抨击蒙博托政府，成为反对派的重要喉舌。

(2)《劳动报》(*Salongo*)。又名《萨隆哥报》，1972 年由《群星报》和《进步报》合并而成，日出四开 16 版，发行量曾达 2 万多份，现约为几千份。也是综合性报纸，但比较侧重于首都新闻和社会新闻。

(3)《团结报》(*Umoja*)。又名《乌莫贾报》，1972 年创办，发行 7 千份左右。虽为综合性报纸，但言论多于消息。政治上原本同蒙博托政府保持一致，1990 年后转而成为反对派的重要喉舌，强烈反对蒙博托政权。该报社还出版周刊《新生报》。

（四）南非

1. 历史梗概

南非共和国位于非洲最南端，现有人口3786万人（1996年），77.5%为黑人，12.1%为白人。历史上曾是荷兰和英国争夺的殖民地，19世纪末的英布战争中英国人战胜了荷兰殖民者后裔布尔人，从而确立了在当地的统治地位。1910年英国将几个省组成南非联邦，作为其自治领地。1961年南非共和国成立并退出英联邦。长期以来南非一直由白人执政，实行野蛮的种族隔离政策，遭到国内外舆论的强烈反对。1989年改革派人士德克勒克上台后，顺应历史潮流，开始了一系列社会政治改革。1994年举行了首次多种族大选，以曼德拉为首的非洲人国民大会在大选中获胜，开始了南非各民族平等共处的时代。

南非是非洲报业创办最早的国家之一。早在1795年，英国殖民者便在此发行了名为《开普敦公报和非洲广知报》的单页周报。大约20年后，英国记者格雷格未经殖民当局许可就在开普敦自行创办了周报《南非商报》。后来南非总督要对报纸实行新闻检查，遭到格雷格拒绝，事情闹到英国本土，格雷格在英国舆论的强大支持下获胜。这件事对南非白人社会后来的新闻政策很有影响。1830年开普敦又出现了用英、荷两种文字出版的《南非人报》，该报延续了一百来年。为对抗英国文化的扩展，当地人也很需要有自己的报纸，于是便有了1870年的《伊锡迪吉米》周报、1876年的《阿非里卡爱国者》杂志，后者提出了“我们的语言，我们的民族，我们的国家”的口号。1884年南非黑人的讲坛《黑人之声报》问世，它在民族解放运动中发挥了重要的作用。

19世纪80年代后，由于发现了金矿，南非的经济迅速发展起来，几个主要城市都出现了近代报纸。1887年约翰内斯堡创办了《明星报》，德班出版了《每日新闻》。1906年约翰内斯堡出版了《星期日时报》。特别值得一提的是，1902年约翰内斯堡有个黄金商人科恩创办了《兰德每日邮报》，聘请英国《每日邮报》记者华莱士任主编。该报奉行自由主义方针，历史上发表过一些揭露南非当局劣迹的报道。特别是20世纪50年代以后，经常报道并且抨击南非当局的种族主义行径，在国内外有较大影响，1966年曾获美国出版人协会颁发的“世界新闻成就奖”，英国记者马丁·沃克曾将它列为世界12家大报之一。① 1985年被迫停刊。

2. 近期状况

第二次世界大战以来，南非报业继续发展，并且大多实现了商业经营。但因长期执行种族隔离制度，新闻媒介多数为白人拥有，直至最近几年情况才稍有改变。目前南非新闻事业的规模和现代化水平都居非洲之首。现有报刊700多种，大多用英文或南非荷兰文出版，部分用黑人部族文字出版。又据1998年统计，南非有日报17种，期发134万份，平均每千人33份。较有影响的日报有：《索韦托人报》，发行21万份；《每日新闻》《公民报》《明星报》，发行量均在10多万份。较大的周报为：《星期日时报》《报道报》，各发行40多万份。部族文字报有：《伊兰加报》(祖鲁文)、《伊姆沃报》(豪萨文和英文)。

第四节　拉丁美洲国家报业

一、基本情况

拉丁美洲包括中美洲、西印度群岛和南美洲，面积2072万平方公里，人口3亿多人，现有31个独立国家、16个其他地区。从15世纪末以来，这里逐步沦为西班牙、葡萄牙等拉丁语国家的殖民地。为了反抗殖民主义的残暴统治，拉美各族人民不断进行争取独立解放的斗争，到19世纪前期已建立了18个独立国家，大部分拉美地区摆脱了旧殖民主义的统治。但此后英美帝国主义又乘虚而入，特别是美国，不断在经济上进行渗透控制，在政治上扶持傀儡政权，在军事上策动武装干涉，把拉美地区变成了它的“后院”。进入20世纪后，拉美人民继续推进民族民主革命，从1910年的墨

---

① ［英］马丁·沃克：《报纸的力量——世界十二家大报》，新华出版社1987年版，第346页。

西哥资产阶级革命、1959 年的古巴人民革命起义到 60 年代巴拿马人民收回运河主权的斗争，拉美形势不断发生深刻的变化。20 世纪 70、80 年代以来，拉美各国进一步巩固了自己的独立地位，一些军人政权逐步“还政于民”以实现议会民主政治，在建立独立自主的民族经济方面也取得了重大进展。

拉丁美洲报业起步比较早，至今已有 300 年的历史。同亚洲、非洲一样，这里的报刊最初也是由殖民当局创办的。早在 1679 年，西班牙殖民当局为了向殖民者提供信息，在墨西哥城创办了《墨西哥公报》。1722 年又在这里出版了五日一期的《墨西哥报》，汇编国内外大事，向公众发行。1729 年危地马拉城出版了《危地马拉报》，1785 年波哥大市出版了每月一期的《公告报》。这些星星点点地出现的定期报刊，正是拉美报业的发轫。

19 世纪初，拉丁美洲地区民族独立运动兴起，民族报刊随之出现，并在民族解放斗争中发挥了重要的宣传鼓动作用。1808 年巴西独立运动领导人在伦敦创办的《巴西邮报》，是拉美最早的鼓吹民族独立的报纸。1810 年墨西哥革命领导人伊达尔戈创办的《美洲觉醒报》则是这类报纸的著名代表。此后随着运动的发展、独立的实现，报刊逐渐增多，近代报业初具规模。例如巴西在 1825 年已有 25 家报刊，1831 年又增加到 50 家。当时各国报业以政党报纸为主，激进的派别(自由派、共和派)和保守的派别(集权派、保皇派)各自办报，宣传政见，互相争论攻击。

19 世纪后期，大多数拉美国家或地区，包括墨西哥、巴西、阿根廷、智利、秘鲁、哥伦比亚、危地马拉、哥斯达黎加、海地、巴拿马、圭亚那、巴巴多斯等，都有了报业。厄瓜多尔、委内瑞拉、萨尔瓦多、特立尼达、苏里南等地在 20 世纪初也有了自己的报纸。在经济发展快、报业兴盛的国家，当时已出现企业化经营的商业报纸。如墨西哥 19 世纪末已有 600 多种报刊，出版日报的城市就有 7 个，其中《公正日报》等就已实现企业化。进入 20 世纪，拉美报业已普及所有国家。在推进资产阶级民族民主革命的过程中，政党报纸还在发展，但商业报纸更加增多。大致在第二次世界大战以后，商业报纸逐渐上升为拉美报业的主体位置。有些国家在商业竞争的过程中出现了报团，报业逐步趋于垄断，有些大报已经为富商或有权势的家族所控制。

据《不列颠百科全书1998年鉴》的不完全统计，拉丁美洲国家90年代后期有日报1215家，期发总量约为3929万份。千人日报数位居前列的为几个西方国家的属地，如：阿鲁巴(757份)、美属维尔京群岛(267份)、荷属安的列斯(260份)。

二、主要国家报业情况

(一)墨西哥

1. 历史梗概

墨西哥是拉美地区重要国家，与美国毗邻，人口9470万人(1997年)，居拉美第二位。它在16世纪初成为西班牙殖民地，1821年获得独立。1910年爆发了震撼美洲大陆的资产阶级民主革命，推翻了代表外国资本和大地主利益的独裁政权的统治。1917年颁布宪法，定名为墨西哥合众国。从此以后资本主义经济和政治有了较大的发展。

墨西哥报业历史悠久，1539年墨西哥城就有了整个大陆第一台印刷机(比美国早了99年)，两年后诞生了美洲第一张新闻纸，内容是报道危地马拉地震的消息，共4页。此后各种各样的新闻纸在墨西哥流行了100多年，通常报道当地或美洲发生的新闻、转抄欧洲报纸的内容、发表殖民当局的公告法令，等等。1679年西班牙殖民当局在墨西哥城创办《墨西哥公报》，这是这里最早的定期刊物。1722年一位西班牙神父经总督批准创办了五天一期的《墨西哥报》，宗旨是“根据欧洲各国宫廷及主要首都的惯例，定期将发生的大事汇编成册，印行公布，俾世人得知天下大事”。整个18世纪，这家报纸一直处于舆论界主导地位。1805年出现了第一家日报《墨西哥经济、思想日报》，该报广泛报道政治、经济、法制新闻，开启了墨西哥报业的新起点。从此以后，各种报刊逐渐多了起来。

1810年12月，墨西哥独立战争早期领导人、爱国神父伊达尔戈创办了《美洲觉醒报》(*El Despertador Americano*，也译《美洲醒世钟报》)，提出一系列革命主张，在运动中起了重要的宣传鼓动作用。1821 年墨西哥独立以后，主张专制集权的保守派和主张民主共和的自由派经历了将近一个世纪的反复斗争，双方各有报纸作为宣传工具，因此政党报刊是这一时期报业的主体。但是 1896 年保守派创办的《公正日报》，采用了最先进的印刷技术和企业化经营管理，却又为商业化报纸的发展开了先河。这份报纸依靠专制政府的大量拨款，从美国买进最新的印刷设备，降低了成本，把报价降到每份一比索。它还革新版面，刊登图片，改进编排，提高了发行量，在这基础上吸引收费广告，从而在墨西哥开拓了现代化的办报模式。

1910 年资产阶级民主革命爆发，《公正日报》由于政治立场保守而被停刊，一批宣传革命的报刊取而代之，其中有 1916 年创办并出版至今的《宇宙报》。资产阶级革命以后，政治环境改善，1917 年颁布的宪法载明了新闻自由的条款，加之商品经济进一步发展，为报业发展提供了新的条件。一批新办报纸，如《至上报》(1917 年办的全国性报纸)、《新闻报》(1928 年办的大众化报纸)、《消息报》(1936 年办的工商业报纸)等，模仿美国的办报模式并获得成功，推动了整个报业的商业化。以后经历了几十年政党报刊和商业报刊并存发展的时期，大致在 20 世纪 60 年代前后，商业报纸渐居主导地位，整个报业随着商业竞争的加剧也走向了垄断化。

2. 近期状况

目前墨西哥是拉美报业最为发达的国家之一。据 1998 年统计，有期刊 158 种；日报 309 家，期发 1042 万份，千人平均占有日报 113 份。首都报纸的发行量约占全国的 1/3。报纸所有权和经营性质可分为三类：一为私人经营，约占总数 80%以上，大部分采用股份公司形式管理；二为合作经营，按照“合作企业法”，由全社职工共同经营；三为政府资助或政党经办，主要有执政党革命制度党的机关报《国民报》等几家。在这多种所有制并存发展的报业体制下，政府一般不直接干预报刊业务，但可以通过经济手段(如取消国营企业的广告)等方式施加压力，迫使报刊合作。在商业化发展过程中，多数报刊已受到报团控制。最大的报团是墨西哥报业集团，属于阿拉尔贡家族，它控制了全国1/3的报纸，包括《墨西哥先驱报》《墨西哥太阳报》《消息报》等大报，这些大报实际上又是二级报团，各自拥有许多报刊和电台。

墨西哥重要的日报都在首都用西班牙文出版，主要有：

(1)《至上报》(*Excelsior*)。1917年3月创刊，是墨西哥影响最大的报纸，原为私营，后改为合作经营。该报属社会左翼，有强烈的民族主义色彩，奉行积极介入社会生活的办报方针，对内呼吁民主改革，对外支持民族解放运动，反对美国的控制和干涉，在拉美舆论界享有很高声誉。该报每天早、中、晚出三次，每周还出版《星期一副刊》，日发行量在20万份以上。读者主要是文化界、知识界和一般职员。

(2)《墨西哥先驱报》(*El Heraldo de Mexico*)。1965年创办，是墨西哥最大的私营报纸，属阿拉尔贡家族。资金雄厚，设备先进。政治上以反共著称，是跨国公司和大资产阶级的忠实代言人。读者对象主要是金融、企业界人士和右翼知识分子。日发行量为20万份。

(3)《日报》(*El Dia*)。墨西哥主要大报之一，创办于1962年，为合作经营。该报以国际新闻办得出色而受到普遍赞誉，国际报道和评论迅速、全面、客观，国内报道丰富，各方面专论较多。政治上对外坚持反帝立场，对内力图与政府保持一致。版面严肃，业务水平较高。日发行量为8万份左右。

(二)巴西

1. 历史梗概

巴西是拉丁美洲疆域最大、人口最多的国家，现有人口1.6亿人(1998年)，通用语言为葡语。它在16世纪初成为葡萄牙殖民地。19世纪初，巴西境内独立运动兴起，1822年，担任巴西摄政王的葡萄牙王子(若昂六世的儿子)乘机宣布独立，建立君主立宪的巴西帝国。1889年君主政权被推翻，改为资产阶级共和政体，定名为巴西联邦共和国，以后经过近百年的反复和演进，20世纪80年代走上“民主开放”的政治轨道。

巴西报业诞生于19世纪初。1808年，因躲避拿破仑入侵而流亡巴西的葡萄牙国王若昂六世，在巴西办了《里约热内卢报》，这是一家官方日报，主要刊登政府公告和战争消息。同年独立运动领导人何塞·马丁在伦敦创办了《巴西邮报》，秘密运回国内，进行政治宣传；后来迁入国内，一直出版至今。巴西独立以后，报刊迅速增多，到1831年已有50家。随着保皇派和共和派的出现，这些报纸的党派性日渐明显。1875年著名的《圣保罗州报》创刊，它因反对独裁保守势力而赢得了声誉。1891年《巴西日报》问世，它因新闻报道多、政治评论切合民意而受到读者的欢迎。

进入20世纪，报业进一步发展，一些重要报刊如《圣保罗报》(1921年)、《环球报》(1925年)、《标题》周刊(1952年)、《巴西利亚报》(1972年)先后创办，整个报业也逐步转上商业经营的轨道。大致在70年代，商业性报纸已居于报坛主体位置。

2. 近期状况

目前巴西报业相当发达，全国有各类期刊650种；日报317种，日报期发720万份，千人拥有45份。巴西报纸大部分为私营的，官方只有极少数公报性刊物。首都巴西利亚、圣保罗市以及里约热内卢为三大报业中心。重要报纸均用葡萄牙文出版，其中有：

(1)《圣保罗州报》(*O Estado de Sao Paulo*)。该报原为资产阶级革命运动中一个17人团体1875年所创办，1891年卖给私人，至今仍属德梅斯基塔家族所有。社址在圣保罗市，每天出对开28至48版，星期日版超过150版，发行量为21万份左右。该报国际报道篇幅多(50、60年代联合国教科文组织所作的几次调查表明，它是世界上国际新闻最多的报纸之一)，内容广泛，背景材料和专栏文章颇有分量，体育报道也很出色，因此不仅在国内而且在拉美也颇有影响，有“拉丁美洲的《纽约时报》”之称。读者对象主要是政界、工商界、文化界上层人士。该报自己还有通讯社，并向其他报纸供稿。

(2)《巴西日报》(*Jornal de Brasil*)。1891年4月创刊的私营报纸，在里约热内卢出版。国内政治报道比较突出，调查性报道常引起广泛注意，文艺娱乐版也很受欢迎。日出对开30至40版，星期日100版以上，发行量约为17万份。该报也拥有通讯社，并且经营广播电台。

(3)《环球报》(*O Globe*)。1925年创刊，在里约热内卢出版的商业报纸，老板罗贝托·马里尼奥是创办人的后裔，他除了这家报纸外，还拥有巴西最大的商业电视网环球电视公司以及其他产业，曾被美国杂志列为巴西三大亿万富翁之一。

(三)阿根廷

1. 历史梗概

阿根廷共和国的国土面积居拉美第二位，人口3567万人(1997年)，居第三位。16世纪成为西班牙殖民地，1810年爆发了争取民族独立的五月革命，1816年取得独立。以后独裁势力和民主势力的斗争持续不断，军人和文人反复交替执政。20世纪80年代起政局趋于稳定，逐步走上民主化的轨道。

阿根廷报业有相当长的历史。1810年五月革命后不久，著名爱国者马里亚诺·莫雷诺创办了《布宜诺斯艾利斯公报》，报道阿根廷人民的民族独立斗争。这是阿根廷的第一份报纸，它的创办日以后被定为阿根廷记者节。1869年著名作家何塞·克莱门特·帕兹在布宜诺斯艾利斯创办了日报《新闻报》，第二年重要政治家巴特洛梅·米特雷创办了《民族报》。米特雷曾连任两届总统(1862—1868年)，在其执政期间首开定期举行记者招待会的先例。

2. 近期状况

目前阿根廷报业比较发达。全国有各类报刊2000多家；日报187家，日报期发470万份，每千人138份。报刊基本上都是私营的，政府只有一份《官方公报》，用以公布政策法令并报道重要政事活动。主要报纸均用西班牙文，其中有：

(1)《号角报》(*Clarin*)。1945年8月在首都布宜诺斯艾利斯创刊，当时正值社会急剧变动的年代，它声称要以“一声号角求得对阿根廷问题的阿根廷式的解决办法”。目前它是阿根廷影响最大的日报，内容广泛，信息量大，专刊也多，广告约占一半。平时出对开50~80版，星期日出经济专刊和画刊，多达100版。读者主要是中产阶级，日发行量79万份。

(2)《民族报》(*La Nacion*)。1870年1月米特雷在首都创办这份报纸作为传播政治主张的工具，他提出的口号是："民族报是理论的讲坛。"现在该报仍属于米特雷家族。每天有固定的社论专栏，星期日有世界一周评论和彩色画刊，消息灵通，在国内影响大。日销21万份，读者多为社会中上层人士。

(3)《新闻报》(*La Prensa*)。阿根廷现存最老的报纸，1869年10月创办于首都，为对开日报，星期日增加时事和经济述评专刊，政治倾向较为保守。日发行量为4万份。

(四)智利

1. 历史梗概

智利位于南美西海岸，人口1449万(1996年)。它在19世纪中期成为西班牙殖民地，1818年摆脱西班牙殖民统治宣告独立，成立智利共和国，以后长期实行资产阶级多党政治。20世纪40年代、70年代左翼政党曾联合执政，1973年军人政变后停止政党活动达16年。1990年重新建立文人政府，开始了议会民主的新时期。

智利报业起始于19世纪初。1827年12月美国人托马斯·韦尔斯在智利最大的港口瓦尔帕莱索创办《信使报》。以后报纸几经转手，1880年为爱德华兹家族所有，1900年迁往首都圣地亚哥出版。此后报纸致力于广泛报道国内外新闻，发行面扩大到全国，一直出版到今天。它是仅次于秘鲁的政府公报《秘鲁人报》(1825年)的拉美现存历史最久的报纸。

2. 近期状况

20世纪90年代以来，政府取消了对新闻事业的各种限制措施，智利报业有了新的发展。据1998年统计，现有报刊400多种；日报32种，期发141万份，千人平均占有日报99份。全国性报纸有5家，其余均为地方性报纸，多数实行商业经营，但又各有政治倾向。两家大的报业集团信使报业公司和智利报业公司控制了全国重要大报。政党报纸以共产党的《世纪报》较有影响，该报创办于1940年，1947、1973年两次遭到取缔，但一直坚持秘密出版，1989年军政府下台前夕恢复公开发行。

目前主要的日报有(均以西班牙文出版)：

(1)《信使报》(*El Mercrio*)　1827 年创办，宗旨为"独立、客观、充分"地报道新闻。现在平日出四十多版，发行 12 万份，星期日出 120 版，发行 25 万份。报纸的内容广泛，重视国内外重大新闻的报道；经济消息信息量大、时效快，每天提供的最新数据为工商界所必读。该报的政治态度偏右，读者主要是社会中上层人士。广告收入丰厚，约占全国报刊广告费的 70%。现在除首都版外，还出外地版。以《信使报》为核心的信使报业公司还拥有三家首都日报和七家重要的地区性日报。

(2)《民族报》(*La Nacion*)　1917 年为左派议员创办，当时致力于宣传自由派思想，报道第一次世界大战、十月革命以及国内重大事件，由于敢于议论时弊、批评政府，又有聂鲁达等名作家为其撰稿，很受读者欢迎，发行量一度居全国首位。20 世纪 20 年代末遭受迫害，创办人被驱逐出境，以后报纸被历届政府控制，情况每况愈下。1990 年文人政府上台后决定政府不再控制报纸，恢复报社自主经营(尽管产权 70%仍属于国家)，改组领导，调整版面，充实内容，改变形象，发行量有所上升，约有 2 万多份。

(3)《时代评判者报》(*La Tercera de la Hora*)　1950 年创办，为智利报业公司的主要报纸，由卡西尼亚财团控制。该报为四开小报，每天 40 多版，刊登的政经新闻简短，社会新闻多，对中下层读者有吸引力，对政治事件常持客观报道的态度。平日发行 20 万份，星期日发行 24 万份。

复习思考题

1. 亚、非、拉美地区报业诞生最早的国家是哪些？发展中国家报业发展进程有些什么重要的共同点？目前报业的分布状况如何？

2. 发展中国家的报业体制有哪些类型？各国政府的管理方式有些什么不同？试举例说明之。

3. 亚洲发展中国家独立后的报业状况怎样？目前印度、印尼、新加坡的报业各有什么特点？

4. 非洲发展中国家独立后的报业状况怎样？目前埃及、尼日利亚、南非的报业各有什么特点?

5. 19世纪以来拉美各国的报业结构经历了哪些变化?目前墨西哥、巴西、阿根廷的报业各有什么特点?

第六章　新闻通讯事业的产生和发展

新闻通讯事业是指各类新闻通讯机构及其业务活动。这些新闻通讯机构一般称为新闻通讯社，也有的称为电讯社、图片社、特稿社，其主要职能是采集并向用户供应各种形式的新闻信息、新闻报道和新闻资料。它们是社会新闻流通的重要渠道，是各种新闻媒介以及许多企事业单位的重要新闻来源，人们常常称之为“消息的总汇”、“供应新闻的大动脉”。

新闻通讯社传播新闻一般有两种方式：(1)经报刊、广播电视等媒介采用后再向广大公众传播；(2)直接向订户(个人或团体)传送文字、图片、图像或其他信息资料。自从电脑网络兴起以后，新闻通讯社也直接向电脑网络用户传播新闻信息。由于它同时向许多媒介和用户发稿，因此影响相当广泛；又由于它往往得新闻之先，是许多媒介的新闻来源，因此又有着左右舆论的重大作用。

第一节　首批新闻通讯社的诞生和竞争

新闻通讯事业的萌芽，可以追溯到手抄新闻时代的新闻信。那时专门为远方的军政长官、王公贵族、税吏、巨商提供信息的新闻信，实际上是新闻通讯的滥觞。但是，作为专业机构的新闻通讯社则是19世纪中期欧美工业革命之后才诞生的。19世纪中期的情况是：(1)工业革命带来了经济的飞跃发展，资本主义世界市场逐步形成；经济发展又促进了社会变革，以1848年的民主革命为标志的政治动荡，席卷了欧洲大陆。这一切都使得人们对外地或外国信息的需要大为增长。(2)近代报业在工业革命后大为发展，报纸越来越多；廉价报纸的出现，使报纸由注重言论转变为注重新闻，它们对外地或外国新闻的需求大为增加。在这样的背景下，有人设立机构，专门收集外地和外国的经济政治新闻、各大城市的金融行情，出售给公司、银行和报社，充当经售信息的批发商，这就产生了最初的新闻通讯社。

还应指出，电信事业的兴起为新闻通讯社的产生提供了良好的物质条件，并极大地促进了它的发展。19 世纪 30 年代莫尔斯电报装置试验成功，1844 年世界上最早的电报线路(华盛顿到巴尔的摩)开始启用，随后欧美各国纷纷建立了国内电报通信系统。1851 年英法之间穿过多佛尔海峡的海底电缆铺设成功。此后 20 多年间电报线从欧洲延伸到北非、中东、印度、澳大利亚，欧美之间也铺设了越洋电缆(1866 年至北美、1874 年至巴西)，形成了连接全世界的电报通信网络。早期的新闻通讯事业正是随着电报线路的这种推进而逐步向世界各地扩展的。

首批创建的新闻通讯社主要有四家：法国的哈瓦斯社、德国的沃尔夫社、英国的路透社和美国的纽约港口新闻社。一般来说，哈瓦斯社和港口新闻社初建时就注重采集和报道新闻，向报社供稿；而沃尔夫社和路透社开始时侧重收集金融和商业信息，为银行界、工商界服务，以后才逐步转向报界。

一、哈瓦斯通讯社的问世

1835 年在巴黎问世的哈瓦斯通讯社(L' Agence Havas)，是世界上第一个取得成功的新闻通讯社。

哈瓦斯社的创办人为夏尔·哈瓦斯(Charles Havas，1783—1858 年)。他原先是个银行家，并在拿破仑特许经营的《法兰西报》中拥有股份，以后由于拿破仑政权垮台而陷入困境。1825 年起，他凭借自己的外文特长从事经售新闻的行当，把外国报刊上的消息和资料译成法文，出售给报社或商界订户。1832 年 8 月，哈瓦斯设立了编译事务所，专门经营翻译外报新闻的业务，并且兼并了加尼埃通讯供应社等几家竞争对手。随后他便在欧洲各大城市物色通讯员，逐步建立起自己的新闻采集网，各地的消息经邮局或专人送到巴黎，编译后分送各订户。1835 年 12 月正式成立了哈瓦斯通讯社，他是第一个把“Agence”这个词用于通讯社的人。

哈瓦斯社初办时的新闻稿是复写或用石印印行的，每日一次，后来增加到每日数次，自称为“报纸的报纸”。他的供稿原则是“迅速和优质”，为此他随着科技的进步不断改进传递新闻的方式。初期曾依靠快马传送。1837 年开始使用信鸽，这样，比利时或英国早报上的新闻，巴黎的晚报就可刊出，从而使巴黎几十家报纸以及许多机关、公司和个人，陆续成了他的订户。大文豪巴尔扎克曾经把哈瓦斯称为“控制法国报纸的巨头”，他在 1840 年的《巴黎杂志》上曾经写道：“一般人都认为巴黎有好多家报纸，但是严格说全巴黎只有一家报纸，那就是曾在卢梭大街上开过银行的哈瓦斯先生经营的‘哈瓦斯通讯社’编发的新闻稿。”可见哈瓦斯社当时的影响之大。1845 年该社在国内线上开始用电报传送新闻，同时又在布鲁塞尔、罗马、维也纳、马德里以及纽约等地设立分社。1848 年的二月革命使巴黎报业呈现繁荣景象，哈瓦斯社的业务也更兴旺。就在这一年，年轻的德国人沃尔夫、路透先后到这里来当译员，不久又先后离去，分别办起了自己的通讯社，成了哈瓦斯的竞争对手。进入 19 世纪 50 年代后，哈瓦斯社已经普遍使用电报向法国各地及欧洲许多城市的报纸供稿。19 世纪 70 年代，该社通过海底电缆把新闻业务扩展到了拉丁美洲。

哈瓦斯社的业务后来逐渐和广告联系起来。1857 年它和通用广告社合作，与 200 家地方报纸订立合同，用国内外新闻稿交换一定的广告版面，然后把这些版面卖给广告客户。这样将通讯与广告互相支持，极大地促进了业务的发展。

1850 年起，年迈的哈瓦斯将社务交给了儿子奥格斯特。1873、1874 年奥格斯特及其兄弟相继去世。至 1879 年，该社由巴黎的银行家爱兰奇接办，并改组为股份有限公司。

二、沃尔夫通讯社的建立

沃尔夫通讯社(Wolff Telegraphen Bureau)建立于 1849 年，是德国新闻通讯业的始祖。创办人贝纳德·沃尔夫(Bernard Wolff)是柏林一个银行家的儿子，1848 年来到巴黎，在哈瓦斯社当过译员。

同年回到柏林，创办《国家日报》。1849 年从柏林到边境城市亚琛的电报线开通，他便建立沃尔夫通讯社，利用电报收集和发布股票行情和经济信息，给报社提供经费。

沃尔夫社创建后业务发展顺利。1855 年起逐步增发政治新闻和其他非经济信息，成为德国报刊重要的新闻供应者。在国外，同哈瓦斯社和路透社有协作也有对抗。它在政治上同普鲁士政府关系密切，处处为政府的内外政策服务。1865 年随着沃尔夫引退，通讯社改组为股份公司；同年 5 月在政府支持下组建大陆电报公司，不过习惯上仍沿用沃尔夫的名称。以后普鲁士王朝统一德国，并且妄图称霸欧洲，于是沃尔夫同哈瓦斯社、路透社的关系也日趋紧张。

三、路透社的创办

路透社(Reuters Ltd.)1851 年正式创办于英国伦敦，并以此为基地发展为世界性的通讯社。

路透社的创办人保罗·朱利叶斯·路透(Paul Julius Reuter，1816—1899 年)原是德国籍犹太人。他早年当过银行职员，与人合伙开过书店。1848 年到巴黎谋生，曾在哈瓦斯社当过短期的译员。当他返回德国时，巴黎至布鲁塞尔、柏林至亚琛已分别架设了电报线，哈瓦斯社和沃尔夫社各据一端，经营新闻业务。鉴于亚琛和布鲁塞尔之间尚无电报可通，路透便于 1850 年在亚琛建立办事处，运用火车、马车、信鸽等手段沟通两地信息。一方面收集由柏林这条线传来的金融信息、商业行情，汇编以后在亚琛地区出售并传送给布鲁塞尔的订户；另一方面又从布鲁塞尔收集巴黎这条线传来的信息，转送去柏林。1850 年底亚琛和布鲁塞尔之间电报线接通，路透办事处的中转站作用随之消失。这时，路透获悉联结英伦三岛和欧洲大陆的海底电缆即将铺设完成，于是就转移到伦敦营业。1851 年 10 月在金融街皇家交易所租借了两个房间重设“路透办事处”。工作人员除了路透夫妇外，还有一名 12 岁的少年。

路透社初期的业务主要是把欧洲大陆传来的金融消息汇编成手抄的“路透社快讯”，向银行、公司、交易所、股票商出售。随后路透又利用种种关系在巴黎、柏林、维也纳、阿姆斯特丹、雅典等商业中心建立了通讯网络和“快讯”销售网，并且逐步增加了与经济形势息息相关的军事、政治、外交消息的报道，业务十分兴旺，几年下来就在国内外经济界建立了良好的形象。

但是路透社直到1858年，也就是建社7年之后，才把业务扩展到报界。因为伦敦各报当时只信任自己记者采写的消息。1858年10月，路透说服了《广告晨报》的总编，让他免费试用路透社快讯两个星期，接着又和其他几家报纸达成了同样的协议。由于路透社的报道迅速准确、价格便宜，各报试用后陆续同该社签订了订稿合同，后来连一向保守自负的《泰晤士报》也不得不接受路透社稿件了。

路透社在取得报业支持以后，便积极扩展海外业务，并且常常以富有时效的独家新闻在同行竞争中取胜。1859年法奥关系日趋恶化，整个欧洲都在密切注视着事态的发展。这年2月7日法国国会要举行会议，路透社记者事先从法国当局弄到了拿破仑第三在即将举行的国会上的演说词，其中表达了法国政府对奥地利的态度。当演说开始时路透社就通过电报线路向英国传送，从而第一个向世界传播了法国有可能对奥宣战的信息。这也是世界新闻史上第一次与事件进程同步传送的新闻。美国南北战争期间，路透社一次又一次抢在其他新闻单位之前发布了战况消息。1865年4月，美国总统林肯遇刺，路透社驻纽约记者麦克林，十分机敏地驾着快艇将新闻稿送上了已经离港的商船，从而使路透社比欧洲所有新闻媒介提前两天报道了这一震惊世界的突发事件。这些都给路透社提高了声誉。

19世纪60、70年代，路透社沿着当年大英帝国向外扩张的路线，逐步开辟中近东和远东的通信市场。1865年路透办事处改为路透电报公司，兴建经由德、俄、伊朗通往印度的电报专线，同时经营电报和通讯业务，1866年建立了孟买分社。1870—1872年线路延伸到新加坡、上海、长崎、横滨，沿途逐一设立分社。1873年、1874年，路透社又把业务扩展到了澳洲和南美。19世纪后期它已成了声名显赫的通讯王国。

路透本人于1857年加入英国籍，1871年受封为英国男爵，

1899 年去世。他毕生为大英帝国的霸业传播信息、鸣锣开道，立下了汗马功劳。

四、从港口新闻社到美联社

在大西洋海底电缆铺设之前，美国报纸的国外新闻一般都由外洋轮船带来。为了协调对外轮的采访活动，减轻费用负担，1848 年 5 月纽约《太阳报》等 6 家报纸成立了联合采访机构，1849 年 1 月正式组成港口新闻社(Harbor News Association)，规定 6 家报社共同负担经费，租用快艇向进入哈利法克斯(加拿大)和波士顿港的外轮采集新闻，并用专线发回纽约。1851 年《纽约时报》创刊后加入为第七个成员。

1857 年港口新闻社和当地另一家成立于 1850 年的“电讯与一般新闻社”合并，组成纽约联合新闻社(New York Associated Press)，并把业务扩展到国内其他地方的报社，参加的成员不断增多。对外则同路透、哈瓦斯、沃尔夫三大通讯社建立联系，交换新闻。纽约联合新闻社在向内地成员报社供应新闻时，往往采用集体签约的办法以减少电报费用，这就促使内地成员报社联合起来，陆续组成了西部、南部、新英格兰等地区性联合新闻社，作为纽约联合新闻社的附属机构。这些地区性新闻社和纽约总部在新闻供应上和收费问题上常有摩擦。纽约本地成员之间也有矛盾，至 1882 年有些成员甚至退出该社，另组一个名为合众社的新社(并非 20 世纪那个合众社)，致使总部机构四分五裂，无法开展正常的业务活动。

1892 年，位于芝加哥的西部联合新闻社宣布成立独立的公司，取名为美国联合通讯社(Associated Press)，推举梅尔维尔·斯通为总经理，并且重新同欧洲三大通讯社签订了交换新闻的合同，这就在实际上取代了已经陷于瘫痪的纽约联合新闻社。至 1895 年，美国联合通讯社的成员和订户达到 700 家，东部地区和纽约的报纸大多也加入了美联社。1900 年美联社再次改组，将总部迁到纽约，确立了作为全国性通讯社的地位。新的章程明确规定自己为合作性质的组织，由编辑部负责新闻的编发交流，费用由全体成员分担。

斯通仍任总经理(直至1921年)，掌管编辑部，他是美联社的重要奠基人。

五、其他通讯社的兴办

19世纪后期，世界各地陆续兴办了一些新闻通讯社，但是它们的活动范围一般都在国内。

其中较早的为斯蒂法尼通讯社，建立于1853年，为新闻记者利尔摩·斯蒂法尼在撒丁王国首相赞助下在都灵创办的。1861年意大利统一，该社扩大为股份公司。1881年总部迁往罗马。该社专门采访国内新闻，国际新闻则转发哈瓦斯社的稿件。

随后在欧洲出现的还有：奥地利国家电讯局(1860年)、丹麦通讯社(1866年)、西班牙法布拉通讯社(1867年)、挪威通讯社(1867年)、瑞典电讯社(1867年)、英国报联社(1868年)、英国交换电讯社(1872年)、法国富尔尼埃通讯社(1879年)、匈牙利通讯社(1881年)、西班牙门契塔通讯社(1882年)、芬兰通讯社(1887年)、瑞士通讯社(1894年)、俄国通讯社(1894年)，以及德国几家较小的通讯社。它们一般都同哈瓦斯社、路透社、沃尔夫社三者之一订立协议，以获得国际新闻。

日本在19世纪末出现过好几个小通讯社，但存在时间不长。其中时事通讯社(1888年)、新闻用达会社(1890年)后来合并成帝国通讯社(1892年)，成为当时日本最有影响的通讯社。大洋洲的新西兰在1879年成立了报联社，拉丁美洲的阿根廷在1900年成立了新闻通讯社。这些也都是国内通讯社。

六、早期的竞争和垄断

欧洲三大通讯社哈瓦斯、路透和沃尔夫，分别属于当时资本主义世界三个举足轻重的国家。它们在走向国际性通讯社的过程中，既有激烈的竞争和冲突，又有暂时的妥协和合作，而这种冲突和妥协又往往同这几个国家在政治经济上的冲突和妥协交织在一起。

从19世纪50年代起，三家通讯社就有过一些交换股票行情的双边协定。1859年达成协议，相互交换新闻，并大致规定各以本国为发行新闻的范围，互不侵犯。可是后来它们的业务日益越过国界，而且同殖民扩张的进程相联系，经过十来年的激烈争夺，把世界新闻市场基本分割完毕，为了确认既成事实和各自的垄断范围，1870 年 1 月 17 日签订了“联环同盟”(Ring Combination)协定。该协定以三大通讯社为主，美国的纽约联合新闻社虽然也参加，但不能插足美国以外的地区，所以通常称之为“三社四边协定”。

这个协定确定了各社采访和发布新闻的范围，并规定互换所采集到的新闻。具体划分如下：①

哈瓦斯社：法国、瑞士、意大利、西班牙、葡萄牙、埃及(同路透社共享)、中美洲、南美洲。

路透社：大英帝国、埃及(同哈瓦斯社共享)、土耳其、远东。

沃尔夫社：德国、奥地利、荷兰、斯堪的纳维亚、俄国和巴尔干各国。

纽约联合新闻社：美国。采集的新闻经由伦敦供给欧洲三社，欧洲三社发往美国的消息也只供给该社。

这样划分后，欧洲三大通讯社又把各自势力范围内的国内通讯社纳入自己的体系，有的国内通讯社还在组织上从属于它们。

但是这种垄断协定并没有消除彼此间的竞争，相互之间的明争暗斗仍在继续。协定签订后不久，普法战争爆发。哈瓦斯社和沃尔夫社因两国关系紧张而不能顺利地交换新闻，于是路透社成了它们的中介。路透社还时而同哈瓦斯合办某些业务，时而同沃尔夫秘密结盟，从中渔利。1892 年美联社取代纽约联合新闻社后，重新与三大通讯社缔约，取得了向加拿大、墨西哥、中美洲等地发展的自由，但在这些地区并没有专利。

总体来看，新闻通讯社从诞生时起就同本国资产阶级的政治经济需要紧密相关。正如《多种声音，一个世界》这份报告所说的：“通讯社对贸易和商业的进一步打开局面，把世界大大地缩小，起到了它独有的突出的作用。但同时，由于当时是殖民主义的全盛时

① 对该协定规定的势力范围说法不一，此处参见联合国教科文组织 1953 年编写的《各国通讯社介绍》(新华社 1957 年版)。

期，通讯社助长了殖民国家的利益，帮助了维持当时的政治和经济秩序，并且扩大了宗主国的商业和政治利益。”①一方面，它们积极为本国资产阶级的殖民活动效劳，提供信息、收集情报、制造舆论；另一方面，它们本身的业务又随着本国殖民扩张的进展而延伸，它们的地位也随着本国实力的消长而降升。这是几家主要通讯社早期活动的基本特点。

第二节　20世纪前期的兴衰演变

进入20世纪以后，由于资本主义经济发展的不平衡，由于帝国主义国家间矛盾冲突的发展，又由于十月社会主义革命的胜利，世界政治经济形势发生了重大变化。世界上的新闻通讯社也有了明显的兴衰更替。

一、美国通讯社的崛起

美国是新兴的帝国主义国家，1898年美西战争后国力日益强盛，报业发展已经后来居上，跃居世界前列。他们的新闻通讯事业也随之迅速发展。

首先，美联社不甘居于从属的地位，1912年宣告不受“三社四边协定”的约束，逐步在国外扩展势力。南美洲本是哈瓦斯社的势力范围，第一次世界大战期间当地报纸迫切需要欧洲新闻，可是哈瓦斯社无法及时供应德方的战况公报。于是美联社乘虚而入，向它们发布新闻。大战后美联社又积极向路透社的势力范围远东渗透，1926年起在日本和中国开展业务。至20世纪30年代，它已在不少国家建立了分社或派驻记者，1940年采用其稿件的国内外报纸有1400家左右。

其次，20世纪初美国出现了两家新的通讯社：合众社和国际新闻社。这两家通讯社和美联社不同，它们不是成员合作制机构，

---

① 联合国教科文组织：《多种声音，一个世界》，中国对外翻译出版公司1981年版，第12页。

因此国内报纸可以自由订稿；它们也不是“三社四边协定”的签约国，因此对外发展业务不受协定的约束。

合众社是1907年斯克里普斯报团所办。它的前身是1897年成立的斯克里普斯·麦克雷新闻社，当时主要为报团内的报纸采集新闻。以后斯克里普斯收买了其他两个小通讯社，一起组成合众社，任命罗伊·霍华德为首任经理，积极开拓，一面在国内同美联社竞争，一面积极向国外发展。它问世不久就在欧洲主要国家首都建立分社，并通过英国的交换电讯社向欧洲报纸提供新闻。1909年起向日本电报通讯社供应新闻。1915年起对南美报纸供稿。1921年起直接对欧洲和亚洲报纸供稿。20世纪二三十年代业务发展迅速，在某些领域还走到了美联社的前头，例如较早地播发新闻图片(1925年)，较早向电台供稿(1935年)。第二次世界大战爆发前的1939年，它已有分布于52个国家和地区的报纸、电台订户1750家。

国际新闻社是1909年赫斯特报团为向所属报纸提供新闻而创建的。以后也向报团外供稿，第一次世界大战期间同情德国、反对英、法，因而遭到英、法等国的抵制。1914年有订户300家，30年代起开展国外业务，1940年国内外订户达900家。

二、路透社的调整

路透社在20世纪，前期逐步失去了它以往在欧美通讯业中的盟主地位，不过实力仍强于其他通讯社。1880年创办人路透退休(1889年去世)后，社务由其子赫伯特主持。1915年赫伯特因妻子病故而自杀身亡。赫伯特的儿子休伯特当时正在军队服役，无意接替社务(第二年又死于战场)。经过一番混乱后，路透社主要负责人会议推举原开普敦分社社长罗德里克·琼斯主持社务。第二年起，路透社从独资公司改组为股份有限公司。1925年代表地方报业的：英国报联社成为路透社的控股者。此后路透社主要从事国际新闻采集和报道，国内地方新闻由报联社提供。1941年社长琼斯引退，路透社再次改组。同年，代表英国全国性报纸的报业主联合会参股，和报联社共同拥有路透社股权，相互达成协议，要使该社成为英国新闻界共有的机构，始终保持“公正、独立和自由精神”。

三、哈瓦斯社的瓦解

进入 20 世纪，哈瓦斯社的业务继续发展，在 20 年代已同世界上 20 多家通讯社交换新闻，报纸订户也不断上升。1921 年哈瓦斯社兼并了法国通用广告社，成为法国广告业的最大控制者，拥有全国报业广告总收入的 80%以上。可是，20 年代后期随着经济危机的到来，它的财政趋于恶化，亏空日益严重。于是越来越依靠政府补助维持(包括直接补助和政府所属机构的订稿)，新闻播发日益明显地体现官方意向，被人们视为半官方的通讯社。1934 年有报纸订户 2000 多家。1940 年 6 月，德军侵占法国，哈瓦斯社随之瓦解。一部分被傀儡政府控制，改组为他们的宣传机构；许多爱国职工则离开该社，在国内外建立了四个反法西斯的通讯机构：法国独立新闻社(1940 年，伦敦)、法非新闻社(1942 年，阿尔及利亚)、新闻资料通讯社和自由法国通讯社(在国内)。

四、沃尔夫社的衰亡

第一次世界大战爆发后，沃尔夫社与路透社、哈瓦斯社的联系中断，它被迫中止了在德国以外的业务。德国政府为冲破英法等国的新闻封锁，于 1915 年另外开设官方的海通社(Transocean)，用无线电波对外播发新闻，一天几个小时，由德国驻中立国的大使馆抄收以后分送当地报社(海通社后来成为希特勒的御用工具，1945 年停办)。第一次世界大战以德国一方的失败而告终，战后沃尔夫社降格为国内通讯社。1933 年希特勒登台后将它接管，并把它同胡根贝格报团的联合电讯社(1913 年设立)一起改组为德国通讯社(Deutsches Nachrichtenburo)。历史悠久的沃尔夫社就此告终。而德国通讯社这个希特勒的宣传工具，也在 1945 年随希特勒的垮台而解散。

自第一次世界大战后，早先瓜分世界新闻市场的“三社四边协定”就已名存实亡。1934 年 11 月各通讯社代表在拉脱维亚首都里加集会时正式宣布取消这一协定，接受了美国提出的在任何地方任何人都可以自由发布新闻的原则。从此以后由四家通讯社划区垄断的局面宣告结束，代之以依靠实力相互竞争并争取新的垄断的时代。

五、塔斯社的创建

第一次世界大战后在苏联出现了世界上第一个社会主义的通讯社。这是世界新闻通讯史上极为重要的事件。革命前的俄国曾经有过几个通讯社，如 1894 年至 1904 年间的俄国通讯社等。1904 年沙皇政府创办了圣彼得堡电报通讯社，1914 年改称彼得格勒通讯社。十月革命胜利后列宁签署法令将它接管为全俄苏维埃政府的中央通讯机构。1918 年，全俄苏维埃中央执行委员会将它同中央执行委员会所属的新闻局合并，组成俄罗斯电讯社，简称“罗斯塔”。社内分设新闻和鼓动两个组，负责发布政府公报，报道新闻，向报纸提供宣传资料。在各共和国、边疆区和州设立分支机构。1922 年 12 月苏维埃社会主义共和国联盟成立，“罗斯塔”随之成为整个苏联的通讯社。

1925 年 7 月 10 日，经苏联中央执行委员会主席团和苏联人民委员会的批准，成立苏维埃社会主义共和国联盟电讯社（Телеграфное Агентство Советского Союза），简称塔斯社（ТАСС），统管全苏的新闻通讯工作。① 塔斯社受苏联人民委员会领导，负责在全苏联和国外收集和发布新闻。它在国内新闻发布上居垄断地位，国内报纸的所有重大新闻都由它提供。至 1938 年，塔斯社已在苏联各大城市设立了 50 个分社，在国外也有众多的分社和记者，除向国内报刊供稿外，也向国外发稿，逐步向国际性通讯社前进。塔斯社的成长发展，是对资产阶级通讯社垄断世界新闻市场格局的重要突破。

第二次世界大战期间，塔斯社大批记者走上前线，报道战事，

---

① 塔斯社成立后，俄罗斯电讯社仍在俄罗斯联邦内从事新闻通讯业务，至 1935 年 3 月正式取消。参见傅显明、郑超然：《苏联新闻史》，新华出版社 1994 年版，第 271 页。

每天发 200 条国内消息、2000~3000 行国外消息。塔斯社还出版了 1500 多幅政治宣传画，在莫斯科和各大城市设点张贴，被称为“塔斯之窗”，对于鼓舞人民抗击侵略者发挥了重要的作用。

六、国内通讯社的发展

除了上述国际性通讯社外，这一时期又有一些国家创办了自己的国内通讯社。据联合国教科文组织的材料，从 1901 年至 1944 年新创办的国内通讯社有 58 家，但分布情况很不平衡(欧洲 29 家，美洲 10 家，亚洲 15 家，澳洲和非洲各 2 家)。欧洲和北美仍然是新闻通讯事业最发达的地区，亚非、拉美广大地区还没有摆脱殖民地、半殖民地的处境，仅有的几家通讯社影响都很有限。

国内通讯社中创办最早的意大利斯蒂法尼通讯社，在 1922 年墨索里尼登台后就受到法西斯政府的监督，成为半官方通讯社，所有国外电讯都由它统一向国内传播。1935 年起，政府负担费用增设了若干国外分社，以加强国际宣传。1945 年该社随法西斯的倒台而解体。20 世纪初日本最大的通讯社仍是帝国通讯社。1901 年电报通讯社成立，1914 年国际通讯社成立，形成三足鼎立局面。帝国通讯社于 1929 年破产，以后为电报通讯社和联合新闻社(1926 年国际通讯社改组而成)二强对抗。日本军国主义掌握政权后，于 1936 年将两家合并为同盟通讯社，作为其御用工具，并且随着侵略战争的推进，在占领区广设分支机构，使之为日本军国主义的全球战略服务。譬如在中国就先后设立了东北的“满洲通讯社”、北平的“华中通讯社”、上海的“中华联合通讯社”，作为其分支机构，进行军国主义的宣传。1945 年日本投降后同盟社被解散。

第三节　20 世纪后期的发展变化

第二次世界大战中，美、苏、英、法等同盟国的通讯社曾经协调行动，为反法西斯战争的胜利而努力。这次战争过后，世界上曾经出现过几十年东西方对峙的冷战局面。在此期间，发达资本主义国家的通讯社有了新的调整变化，社会主义国家的通讯事业有过重大发展，亚、非、拉大批发展中国家也陆续办起了通讯社。于是，整个世界的新闻通讯事业出现了新的格局。

一、发达资本主义国家通讯社的变化

第二次世界大战后，美国成了资本主义世界的盟主，并且不断对外扩张，妄图称霸世界。美国三家主要通讯社都已发展成国际性通讯社，积极为美帝国主义的全球战略服务。其中美联社发展顺利，业务兴旺，成为西方世界最大的通讯社。合众社和国际社在1958年合并为合众国际社，股权的95%属于斯克里普斯报团。合并后业务虽有发展，但是财政情况始终不佳，为此曾多次易主。1982年6月合众国际社被卖给威廉·盖斯勒等人组成的美国新闻传播公司，1985年11月又被转卖给墨西哥报业主马里奥·巴斯克斯·拉尼亚(拉纳)和他的合伙人乔·拉索，1988年2月它又被卖给世界新闻电信集团公司。由于历任买主都未能扭转其长期负债的局面，合众国际社曾两次申请破产保护。1992年经联邦破产法院同意，设在伦敦的中东广播中心公司又将它买下。中东广播中心公司为沙特阿拉伯国王的妹夫瓦利德·易卜拉欣所有。买下以后，易卜拉欣自任该社董事长，更换了该社领导，采取措施增加投资，努力振兴合众国际社。

英国的路透社除了原有的英国报联社和报业主联合会两家集体股东(各占40.5%的股权)外，战后又吸收了澳大利亚新闻联合社和新西兰报联社入股(共占16%的股权)，成了一家跨国公司。它们之间有一项“信用协议”，规定路透社不能为任何一个利益集团或派别所控制，任何时候都必须“公正、独立和自由”。1984年起，该社向社会公开出售部分普通股股票，不过这并不影响四家握有优先股的集体股东的所有权。从政治上看，路透社仍在很大程度上受到英国政府的影响。

法国政府在第二次世界大战后将战争期间四家反法西斯通讯机构合并，使之接管原哈瓦斯社的旧址，于1944年9月组成法国新闻社(法新社)，作为官方通讯社，经费由政府拨给，社长由政府任命。以后在1957年1月，法国议会通过法案，重新确定了法新社的法律地位，规定其为独立的公共企业。它的董事会由 8 名新闻机构代表、7 名国营机构客户代表组成。董事会任命社长主持社务。此外有个由知名人士组成的高级委员会负责监督法新社章程的实施，有个专门的财政委员会监督该社的财务状况。这一做法使法新社摆脱了官方机构的形象。不过，董事会中国营机构客户代表通常由政府部门指派，法新社的财政赤字也由政府各部门分担。所以它仍然具有半官方性质，经常反映政府的立场。

德国战败后由盟军分别占领。美、英、法占领区分别出现了各自的新闻社，1949 年 9 月 1 日，在这三个新闻社的基础上成立了德意志新闻社，简称德新社。它是各报社、电台联合组成的股份有限公司。不过同年 9 月德意志联邦政府成立后每年都给这家通讯社以经济支持。

战后意大利 12 家主要日报于 1945 年 1 月 13 日以合作形式创建了安莎社(全国报业联合社)，以取代已经解体的斯蒂法尼通讯社，并且逐步进入国际通讯社的行列。

在日本，美军占领当局在 1945 年 9 月下令解散原有的同盟通讯社。同年 11 月 1 日，在当局支持下成立了两个新的通讯社：一个是共同社，由报社、电台以合作形式组成的综合性通讯社；另一个是时事通讯社，股份公司性质的以播发经济新闻为主的通讯社。

此外，西班牙、澳大利亚、新西兰、加拿大等国的通讯社也有了新的发展。特别是西班牙的埃菲通讯社已成为 20 世纪后期一家新兴的国际通讯社。

二、社会主义新闻通讯事业的演变

第二次世界大战后，苏联官方通讯社塔斯社的业务不断发展，规模不断扩大，技术设备不断完善，成为世界上最重要的通讯社之一。它在 1971 年被确定为部级机构，社长由部长会议任命，下设国内、国际、社会主义国家、对外、图片 5 个总编辑部，人员达 5000 人。它在俄罗斯有 3 个分社、72 个记者站。俄罗斯以外的 14 个加盟共和国的通讯社都是塔斯社的分社，既向塔斯社提供本共和国消息，又将塔斯社播送的新闻译成本民族文字提供给当地新闻媒介。另外，塔斯社在120多个国家设有分社和记者站。该社采用俄、英、法、德、意、西、葡、阿拉伯8种文字发稿，每天发稿量约150万字，国内用户有4000多家，国外用户有1000多家，还为2万多用户提供专稿，为广播电视台提供声像新闻。它拥有先进的电子信息处理系统，其规模和影响都位居世界各通讯社前列。

苏联在1961年还创办了苏联新闻社，这是由苏联新闻工作者协会、作家协会、工会中央理事会、对外友协、知识普及协会等团体办的“社会性通讯机构”，以非官方身份从事宣传报道，向国内外媒介提供新闻，尤其侧重于提供特稿。它的国外部用56种文字向110多个国家发稿，定期发行200多种新闻稿和50多种报刊。它的出版社每年用30种文字出版200多种书籍，在国际上颇具影响。

第二次世界大战后欧亚有些国家先后走上社会主义道路，它们分别创建了通讯社。这些通讯社均为官方所办，国有国营，对外宣传本国政府的政策和政治经济情况，对内提供各种新闻。这些国家的国家通讯社分别为：

德意志通讯社，1946年10月由德国的苏占区一些报刊、电台联合创建，1953年4月民主德国政府将其收为国有，社址柏林。在两德统一前，该社有工作人员1200多人，每天发稿10多万字。

南斯拉夫通讯社，1943年11月创办于南斯拉夫人民解放武装力量统帅部所在地亚伊策，解放后成为国家通讯社，社址贝尔格莱德。南斯拉夫实行自治制度后，改由劳动人民社会主义联盟领导，社务委员会由南共联盟、社盟、政府、社会团体和本社职工代表组成。工作人员曾达1000多人，每天发稿1000多条。

东欧地区还有：波兰通讯社，1944年成立；罗马尼亚通讯社，1949年建立，前身为1919年创办的拉多尔通讯社；匈牙利通讯社，创建于1881年，解放后1950年收归国有；捷克斯洛伐克新闻通讯社，成立于1918年，解放后改建为国家通讯社；保加利亚通讯社，成立于1898年，1944年改建为国家通讯社；阿尔巴尼亚通讯社，成立于1944年。

其他地区有：蒙古通讯社，建于1921年，1957年改为国家通讯社；朝鲜中央通讯社，1946 年 12 月成立，1948 年 10 月起用现名；越南通讯社，1945 年 9 月成立，1950 年起用现名；拉丁美洲通讯社，古巴的国家通讯社，创建于 1959 年 4 月。

自 1989 年起，东欧地区政局发生了重大变化，这里各国先后离开了社会主义轨道，它们的新闻通讯事业也发生了质的变化。取代共产党上台的各国新政权都对国家通讯社进行了改组，更换其领导，改变其方针，使之成为自己的宣传机构。有的通讯社更换了名字，如罗马尼亚通讯社 1990 年改名为罗马尼亚新闻社。有的通讯社因国家分裂而分解，如捷克斯洛伐克通讯社分解为捷克通讯社和斯洛伐克通讯社；南斯拉夫通讯社则改属南斯拉夫联盟共和国；从南斯拉夫联邦分离出去的国家，先后成立了克罗地亚通讯社、斯洛文尼亚通讯社、马其顿通讯社。民主德国于 1990 年 10 月并入联邦德国，德意志通讯社改为独立的股份公司继续经营，但规模和影响已大为缩小。

苏联在 1991 年解体，塔斯社的主体部分为俄罗斯联邦继承，改组为俄罗斯通讯社。原先的苏联新闻社改为俄罗斯新闻社。其他独联体国家也都在原有的加盟共和国通讯社的基础上成立了自己的国家通讯社。

与此同时，独联体各国以及东欧地区，陆续出现了一批民办通讯社，有团体经营的，有私人经营的，纷纷进入新闻市场，相互竞争激烈。在俄罗斯境内 1994 年就有各类通讯社 300 家，其中有 16 家具有全国规模。较有影响的几家是：①追溯通讯社，1989 年 5 月由一些年轻记者创办，现有职工 400 多人，设有 30 多个分支机构，每天通过电子网络、文传、电传、邮寄等方式向各地新闻媒介和商业用户发稿；②国际文传电讯社，1989 年 9 月由国家广播电视公司的一些记者发起成立，主要向外国使馆、公司、银行、企业家和记者播发独立采写的新闻，苏联解体前后一直是外国媒体在俄罗斯的重要新闻来源；③莫斯科新闻社，有职工 200 多人，主要为地方新闻媒介发稿；④全景新闻社，1991 年成立，有 200 来人，主要发经济新闻。这几家社址都在莫斯科。

三、发展中国家新闻通讯事业的兴起

亚、非、拉美众多的发展中国家，在第二次世界大战前一直是被西方通讯社控制的新闻市场，只有少数国家拥有本国的通讯社，这些通讯社又往往不同程度地依附于西方通讯社。战后随着民族解放运动的发展，这些通讯社一般都为民族独立政府接管或改组，成为国家通讯社。而原来并无通讯社的国家，则陆续兴办自己的新闻通讯事业。据统计，亚、非、拉美地区(不包括社会主义国家)战后至20世纪50年代兴办的主要通讯社有17个，60年代有31个，70年代有43个，80年代17个(见书后附表)。现在发展中国家的通讯社占世界主要通讯社总数的一半以上，是国际新闻通讯事业中的一支重要力量。

发展中国家的通讯社，大多是国营的官方通讯社，私营的很少。一般来说，规模不大，实力不强，条件较为简陋，大多只采写国内新闻，面向国内用户，国际新闻则转发其他通讯社的电讯。还有一部分通讯社虽已宣告成立，但是人员设备长期不到位，业务活动时断时续，未能正常运作。为了克服人力、财力和技术设备诸方面的困难，这些国家的通讯社，一方面开展互助合作，通过双边或多边协议，互相交换新闻；另一方面组成地区性通讯组织，建立国际性的新闻交换网(详见下节)。这些活动的蓬勃发展，已成为当代新闻通讯事业中的一番新景象。

第四节　新闻通讯事业的现状

一、一般状况

目前世界上大部分国家都有通讯社，有些国家大小通讯社很多。但是还有30多个国家没有自己的新闻通讯社。现有通讯社大致可分为国际通讯社与国内通讯社两类。国际通讯社，也称世界通讯社。它们在世界范围内采集和发布新闻，在许多国家设有分社或派驻记者，向遍及全世界的订户大量发稿。目前主要的国际通讯社

有美国的美联社、合众国际社，英国的路透社，法国的法国新闻社，俄国的俄罗斯通讯社，中国的新华社、德国的德意志新闻社，意大利的安莎社，西班牙的埃菲社，日本的共同社等。其中前五家一般称为五大通讯社，实力尤为雄厚，它们都在100多个国家设有分支机构，每天日夜不停地使用多种语言向100多个国家和地区的几千家新闻机构发稿，影响相当巨大。

国内通讯社一般以采集和发布本国新闻为主。至于国外新闻，通常是向国际通讯社订购，或者根据协议以自己采写的本国新闻去交换；有时也同关系密切的其他国家的国内通讯社互换新闻。有些大的国内通讯社间或自设某些收集国外新闻的机构，在某些国家驻有记者，并在一定规模上向国外发布新闻。

国内通讯社又有三种：第一种是全国性的，称为国家通讯社，多为官方或半官方性质；第二种是地方性的，包括地方报纸合作组建的通讯机构、报团设立的为所属报纸服务的通讯社等；第三种是专业性质的，如经济新闻社、体育新闻社、图片资料社以及提供特稿、漫画、专栏文章的特稿社等。

20世纪末期，世界新闻通讯事业的业务范围呈现明显的扩大趋势。

不论从新闻通讯事业的总体上看，还是从某个通讯社的个体来看，业务范围都在不断拓宽，服务项目在不断增多。这些业务，一部分仍然属于新闻报道范畴，但是报道的品种和形式日益增多。常见的有快讯、简讯、详讯、摘要、述评、新闻资料、新闻要目、报刊文摘、专家评论、一周回顾、一月综述、一年大事，等等。这些业务的另一部分并不属于新闻报道的范畴，而是社会生活所需的各种信息。例如商业行情、证券行情、外汇牌价、金融信息、科技信息、服务业信息、经济报表、统计资料、天气预报、新书目录、社会调查、民意测验、旅游指南、节假日交通情况，等等。这种业务范围拓宽的趋势是和社会信息化发展相适应的，它表明新闻通讯社正在日益成为社会生活中的重要信息中心。

在各种业务中，影响最大、前景最为广阔的要数这两种，一种是经济信息。这是许多通讯社的重要业务，尤其是路透、美联等国际通讯社都有专门的机构和设施，日夜不停地向用户播发世界各大经济中心的证券、期货、外汇和商品实时行情，对各国金融界和工商界关系重大。这项业务不仅越来越成为通讯社的重要财源，而且正在使通讯社越来越深入地介入社会的经济活动，成为社会经济运作的重要组成部分。另一种是广播电视新闻。许多通讯社设有专门机构，采制声像新闻，供电台、电视台使用。有的通讯社还同广播电视公司合建电视新闻社，共同采制声像新闻。例如，路透社和英国广播公司、美国全国广播公司曾经长期共同经营的维斯新闻社(1992 年改为路透社电视部)便是其中最为著名的一家。通讯社采制声像新闻，不仅拓宽了新闻通讯的领域，而且开创了新闻通讯和广播电视传播互相汇聚结合的全新局面。

20 世纪末期，世界新闻通讯事业的技术手段出现了新的重大的飞跃。

新闻通讯社，尤其是国际性通讯社，必须日夜不停地面向世界所有地区传播新闻信息，这种传播是不受时间和距离限制的。新闻通讯社从它诞生之日起就一直处在激烈的业务竞争之中，一直在为更快、更多、更好地传播新闻，扩展新闻市场，提高自己的影响力而竞争。这种业务特点，驱使着新闻通讯社永不停歇地竞相采用先进的技术手段，永不停歇地为提高传播效率而拼搏。

20 世纪七八十年代，随着信息革命的兴起和扩展，电子计算机和卫星通信手段越来越广泛地运用于新闻通讯领域，这是继电报通信、无线电通信之后又一次重大的技术飞跃。当今的国际通讯社和某些国内通讯社，已经经由电子计算机和卫星通信将记者、分社、总社和客户紧密连接起来。现场采访的记者普遍使用录音机、移动电话机、便携式电脑和图片传送机，采写并随时向编辑部传送稿件或图片。分社和总社之间经由地面或卫星线路保持双向传递。在编辑部里，普遍使用电脑接收、撰写、删改和编辑稿件，编审完毕可自动播发，同时将底稿输入数据库储存备查。播发的稿件经由各地面或卫星线路又能直接传送到报社、电台或其他用户的电脑终端机上，从而使任何重大新闻都能在瞬息之间传遍全世界。

20 世纪 90 年代，随着信息高速通道的建设和国际互联网络的扩展，新闻通讯事业纷纷走上网络传播之路。美联、合众国际、路透、法新、德新、安莎等各大通讯社都已在互联网上设立网站或数据库，日夜不停地通过电脑网络传送新闻，播发稿件，提供背景资料，从而极大地提高了传播的时效，增加了传播的数量，拓宽了传播的范围。这场传播方式的变革目前还在发展之中，可以预期，它必将把世界新闻通讯事业带入一个前所未有的新时代。

二、重要的新闻通讯社

（一）美联社（Associated Press，AP）

全称美国联合通讯社，是由各成员单位（社员）联合组成的合作型企业。社务为社员大会产生的董事会主持，董事会任命社长兼总经理领导日常工作，经费由社员以股款形式分担。第二次世界大战前只吸收报纸为社员，并且只向社员供稿。战后（1947 年）社员范围扩大到电台、电视台，而且允许非社员订购稿件。目前该社社员有本国报社 1556 家，电台、电视台 6000 多家。

美联社总部在纽约。据 1994 年材料，全社有职工 3100 多人，还雇有许多兼职记者。国内有 6 个总分社、143 个分社和记者站，国外有 3 个总分社（伦敦、东京、布宜诺斯艾利斯），90 个分社。国内采用其新闻的单位（包括社员和订户）近万家，国外订户有 8500 多家，分布于 100 多个国家和地区。

该社的编辑部门分设：总编室，编审国内分社来的新闻稿及国际部初审过的国外新闻，向国内报刊发稿；国际部，编审国外分社来稿；对外部，将重要的国内、国际新闻编写后向国外不同地区播发；经济新闻部，编写国内外来的经济专稿，编发股票、商品行情；体育新闻部；图片新闻部；特稿部，播发特写、专栏、知识性娱乐性材料；广播新闻部，为电台、电视台提供每小时一次的文字新闻，提供现场报道和录音材料。1994 年起又新设电视部（APTV），工作中心设在伦敦，通过亚洲、拉美、北美和全球服务四条专线，向全世界电视订户提供声像新闻。

美联社用 6 种文字发稿，英文、西班牙文由纽约总社播发，法文、德文、瑞典文、荷兰文则在欧洲翻译播发。发稿方式集中和分散相结合，一方面有总社统一经营的线路(全日夜工作)，另一方面国内分社对自己所在的州、国外总分社对自己所在的地区，又可以自行发布本地区的新闻。播发内容除文字新闻外，还有图片、图表、特稿，还有金融、商业、体育、气象等信息(包括实时信息以及定时综合分析)。每天各线合计发稿量约400万字，图片120多张。

美联社拥有覆盖全球的包括地面线路和卫星传送在内的通信网络。总社、分社和散布在世界各地的记者和用户，通过电子计算机系统和各种先进的传输手段紧密连接起来，日夜不停、迅速快捷地传送各种信息和新闻。

美联社上述主体业务收入约占总收入的80%，其他实业经营约占20%。它还同道·琼斯公司合作，办了美联-道·琼斯专业新闻社，向国内外提供经济新闻和信息，订户遍及几十个国家。

(二)合众国际社(United Press International，UPI)

合众国际社是一家商业性公司，总部设在纽约。战后多次易主，原有职工2000多人，由于经济困难，一再裁员，1992年后固定职工约剩500多人。在美国国内有53家分社，国外48个分社，在90来个国家派有记者。国内外新闻媒介订户2500多家，还有一些非媒介订户。

该社编辑部门的设置以及各部职能和美联社基本相同，有总编室、国际部、拉丁美洲部、对外部、经济新闻部、体育新闻部、特稿部、图片新闻部、口语新闻部等。图片新闻部的创设早于其他通讯社，1987年又率先建成全数字彩色新闻图片网，这种设备把底片转化为一系列电子信号，5分钟内可传送6张彩照，接收者当时即可收到优质的照片。该部的图片资料室收藏有1000多万张底片可为用户服务。口语新闻部每小时向国内外电台、电视台提供一套配有实况录音的口播新闻，早晚还提供经济新闻和体育新闻，它还负责编发供电缆电视网采用的文字新闻。

该社每天用英、西、葡、阿拉伯文发稿，方式也是集中和分散相结合，有国内线和北美、欧洲、拉美、亚洲四条国际线路，每天各线合计发稿量约为300万字、图片100多张。它也拥有全球性的通讯网络，新闻的采集和传输已广泛使用电子计算机和卫星通信技术。

合众国际社还经营多种业务。它通过美国遥感计算公司兴办数据库，向机关、企业、学校、图书馆和私人的计算机终端提供各类新闻资料。它同商品新闻社合办合众-商品新闻社，向国内外商界提供经济新闻。它在伦敦设立的国际体育新闻社，专门报道重大国际比赛，订户遍及许多国家。

(三)路透社(Reuters Ltd，Reuter)

路透社总社在伦敦。全社职工 14000 多人，其中编辑部有 3000 余人，还在国外雇用 1000 多名当地的兼职记者或通讯员。它的通讯网络主要在国外，共设 6 个总分社：伦敦(主管欧洲)、香港(主管亚洲、大洋洲)、纽约(主管北美)、巴林(主管中东)、内罗毕(主管非洲)、布宜诺斯艾利斯(主管拉美)，下辖 174 个分社和记者站。20 世纪 70 年代以来，路透社执行权力分散的方针，各个总分社可以集中本地区的新闻稿，编发给本地区的订户，并且挑选有重大影响的新闻给总部向全世界播发。总部设有伦敦、纽约、香港三个编辑中心，分别掌管一天中 1/3 的时间，轮流工作，以保证全日夜发稿。

路透社的新闻稿主要为国际新闻，包括一般新闻和经济新闻两大类。采用英、法、德、西、日、意和阿拉伯文等十多种文字，每天发稿约 500 万字。订户有几千家，遍及世界 160 个国家和地区。除了文字新闻外，80 年代中期开始发展图片业务，目前每天发图片 120 张。1990 年起推出新闻图表业务。该社 1964 年起通过合营的维斯新闻社播发声像新闻。1992 年它买下了维斯新闻社的全部股权，改为自己的电视部，如今在 100 多个国家有 900 多家广播电视公司及其附属台订购它的声像新闻。1993 年它开始在国际互联网上传播新闻，1997 年初平均每天就有 350 万人次访问。

除了新闻业务外，路透社还经营多种经济业务，一是提供市场实时信息。使用电子计算机装置日夜不停地向用户终端机提供世界各大城市和金融中心的行情变化，包括外汇、黄金、股票、证券以及石油、橡胶、食糖、粮食、金属等各类商品的期货现货行情。这项业务始于1973年，是各大通讯社中最早开办的。目前散布于世界各地的用户超过20万。二是办理证券期货交易。用户可通过它的电脑系统进行外汇、股票、证券、黄金等项交易。三是出售电子技术设备。四是提供各种信息检索，包括世界各国的政治经济信息、各大公司的报表资料、各国报刊的文章材料等。路透社从创办伊始就依靠向工商、金融界提供经济信息起家，150年后的今天它仍是世界经济信息的最大供应者，上述经济业务占公司总收入90%以上，其中实时信息服务就占到65%。这些收入使得路透社年年盈利，财政情况好于其他任何通讯社。

路透社一贯重视改进传播手段。目前它的全部业务都依靠先进的技术装备进行。全社1万多人中工程技术人员就有4000多人。它拥有完备的国际通讯网络，有6个卫星通信网络和5000个卫星接收站，各种卫星和地面的电传线路连通了世界大多数国家和地区。它在伦敦、东京、纽约设有三个一级技术中心，其中伦敦电子技术中心就安装了70多台电子计算机和17000条左右的线路，从而把分社、总社和世界上几十万家用户联结起来。

路透社和英国报联社在业务上互相协作。路透社的国内地方新闻由报联社提供，经选择编辑后对外播发；而路透社的国际新闻则交给报联社编发给英国地方报纸。但是路透社可以直接将新闻发给伦敦出版的全国性报纸。

(四)法新社(Agence France Press，AFP)

全称法国新闻社，总部在巴黎。全社有职工近3000人(其中编辑记者1000多人)，另外在世界各国雇用大量兼职人员。国内有7个分社和80个记者站，国外在166个国家和地区有分社、记者或兼职报道员，其中设分社的112个。订户12500多家，遍及100多个国家和地区。

法新社巴黎总部设有采写部、编辑部、摄影部。采写部按活动领域分设6个大组：政治、外交、财经、社会、一般新闻和体育。编辑部按语种和发稿对象分成若干线路，主要有：①国内线(法文)；②欧洲、北美线(法文)；③中东、北非、黑非线(法文)；④欧洲、北美、远东、中东、黑非线(英文)；⑤欧洲德语区域(德文）；⑥拉美线（西班牙文）；⑦开罗线（阿拉伯文）；⑧巴西、葡萄牙线（葡文）。这些线路都要供应国际国内各方面的新闻，但要根据对象地区的差异有所侧重或增减。此外，还有经济、金融、体育、文化等专线，以满足特殊需要。除了巴黎总部以外，法新社还在华盛顿（英语）、香港（英语）、波恩（德语）、尼科西亚（阿拉伯语、英语）、里约热内卢（葡语）设立编辑部，用各自语种采编所在地区新闻，供给总社，并转发总社发来的新闻。各条线路 6 种文字每天累计发稿约 300 万字、照片 250 张、图表 20 幅。

法新社的资金来源有三：政府机构订费占 55%、报刊用户订费占 25%、企业用户订费占 20%。法新社的财政情况长期不佳，所以政府机构订费实际上是政府的变相津贴。但是该社一直在努力扬长避短，与美联、路透等社积极竞争。在战略上，它重视亚、非、拉美地区，仅在非洲就设了 18 个分社，对拉美除了西文外，还专辟葡文线路，这都是不同于其他通讯社的。在技术上，从 20 世纪 70 年代起大力更新设备，现在全部稿件都已采用电子计算机处理，总社、分社和用户通过 7 颗通信卫星、1500 座卫星地面站、2000 台电脑终端相互联结。在业务上，注意提高稿件质量，力求准确迅速，重视采制独家新闻，注意系列报道的运用。这些年又积极拓展服务领域：1984 年 10 月设立视听部，提供广播新闻和声像产品；1985 年起加强图片新闻供应，继而又开发图表新闻；20 世纪 80 年代以采创建信息库，开展电脑信息咨询服务；1991 年起同英国一家金融公司合办英文经济信息专线，吸引了不少用户；1994 年起与电视三台合作，向用户提供电视节目。总的来看，进入 20 世纪 90 年代后处境有明显改善，已逐步扭亏为盈。

（五）俄罗斯通讯社（Информационное Телеграфное Агентство России）

俄罗斯通讯社，又称俄通社-塔斯社（NTAP-TACC，英语为 ITAR-TASS），是俄罗斯的官方通讯社，是前苏联塔斯社的继承者。1992 年 1 月，俄罗斯总统签署命令，将塔斯社和苏联新闻社合并组建成这家通讯社（新闻社后来分了出去），直属俄罗斯政府。1993 年又以法令形式规定它行使国家中央通讯社的职能，具有国有企业的性质，用俄通社-塔斯社的名义发稿。1994 年 5 月，俄国政府总理签署了俄罗斯通讯社的章程。章程进一步肯定了通讯社的上述性质，规定了通讯社的任务、活动内容和方式、资金和财产，以及管理形式。根据章程，俄罗斯政府是通讯社的主办者，任命正副社长领导全社工作。通讯社设立社务委员会，以便制定报道政策及规划，解决有关通讯社的发展和经营问题，其组成人员包括社内领导人员以及有关单位、企业和机关的代表，由社长任命。

俄通社-塔斯社组建以后，对原塔斯社的机构作了调整。目前主要业务部门有国内部、国际部、对外部、商业信息部、咨询和科技信息部、电视新闻部、摄影部、刑事新闻部。通讯社除了传统的新闻报道外，着重发展下列新的业务：①商业信息，设有 6 条专线，以满足用户的具体要求；②信息咨询，建有先进的数据库，内容覆盖经济、科技、体育、政治时事各个领域；③提供电视图像新闻；④刑事新闻服务，提供国内外刑侦部门的各种数据信息、档案材料。此外，还为企业家提供中介服务，自己也兴办了一些经济实体，以开辟财源。俄通社-塔斯社的经费 2/3 由国家拨款，其余靠自己筹集。由于经费紧张，通讯社只好压缩编制，现有职工已减为 3500 多人，其中采编人员和工程技术人员各有 1300 人左右，其余为行政人员。该社在俄罗斯各地仍保留 70 多个分社和记者站。同独联体其他国家的通讯社保持传统的业务关系，互相交换新闻。在独联体之外，俄通社-塔斯社大致保持了过去的分社和记者站的数字，但是记者人数已减少了一半。

俄罗斯通讯社在国内外有数千家订户，但它已不像过去的塔斯社那样可以垄断全国的新闻发布活动。由于私营通讯社的涌现以及西方通讯社大量雇用俄国记者进行采访活动，它面对的市场竞争十分激烈。不过它拥有政府的支持，拥有庞大的机构和设备，从总体上看，在国内新闻市场上仍居主导地位。

俄国还有另一家国家通讯社，即俄罗斯新闻社。该社前身是苏联新闻社，1991 年苏联“8 · 19 事件”后归俄罗斯联邦管辖，改用现名。1992 年一度并入俄通社，两年后重又独立出来。1994 年 5 月俄罗斯政府批准了俄新社的章程，规定该社是以国营企业形式建立起来的国家通讯社，主办者为俄罗斯联邦政府，它的领导人为理事会主席、副主席，由政府任命。俄新社的任务是：客观报道俄罗斯国内外社会经济和政治生活领域的重大事件，引导国内外舆论界正确理解俄联邦的内外政策，促进俄国同其他国家在信息、文化和其他领域的联系，提高俄国在国际上的威信。它的业务，除了提供各种文字或图像新闻产品外，还出版各种新闻简报、时事通讯、信息类刊物、月刊杂志，根据订户需要提供特稿、图片、合制影视节目，此外还经营多种服务项目。该社有 70 多个分社，1500 多人。

(六)德意志新闻社(Deutsche Presse Agentur，DPA)

德意志新闻社是联邦德国的主要通讯社，为 100 多家报社、电台、电视台组成的股份公司，并得到政府的经济资助。总社在汉堡，领导机构为股东大会选举产生的董事会，董事会任命正副社长和总编辑，主持全社工作。业务部门有国内新闻部、国际新闻部和新闻图片部。全社工作人员约有 780 名，在国内外还聘有近 2000 名自由撰稿人。在国内，首都波恩设联邦分社，其他各州均设分社。国外在 82 个国家和地区设分社或派驻记者。

该社国内各州分社可直接向当地用户发稿。对外则由总社分欧、亚、非、拉美、中东和海外 6 条线路发稿，所用的文字有德、英、西和阿拉伯文。各条线路都针对各自的对象编写稿件，并采用相应的文字。据 80 年代材料，该社每天向国内外 1000 多家订户发稿约有 20 万字，还有 80 来张图片。播发新闻强调及时、迅速、准确，为此采取了一系列措施，对各类稿件的处理都有严格的时间限制。1979 年该社完成了强大的电子计算机处理系统的安装，把编辑部的电脑终端机及发报系统同国内外各分社、订户连接起来，从而大大提高了工作效率，加快了向国际通讯社前进的步伐。

德新社还是德国联合经济新闻社的主要成员。德国联合经济新闻社(VWD)成立于 1949 年，是一家股份制企业，股东有报社、电台、电视台以及工商联合会、外贸及批发商联合会等。社址在法兰克福市郊，国内外有 23 个分社，每天通过电脑系统或印刷文稿，向国内外 1000 多家金融机构、工商企业、新闻媒体以及政府机构提供全球经济信息，业务十分兴旺。

（七）安莎通讯社（Agenzia Nazionale Stampa Associata，ANSA）

安莎社全名为意大利全国报业联合社，是意大利最大的通讯社，为50多家报社合作组成的公司，但又具有半官方性质。根据规定，它有责任报道政府机关和议会的活动情况，并向驻外使馆提供新闻；而政府则负责在国外推销和分发它的国际新闻稿，并向它提供可报道的新闻。

安莎社总社在罗马，现有职工1200多人，其中记者400多人，技术人员300多人。主要业务部门有政治、经济、外事、社会、文化、对内、对外、体育、摄影等编辑部和电脑资料储存中心。它有国内分社18个，国外分社和记者站92个，在布宜诺斯艾利斯设有唯一的总分社，拉美地区的新闻一般可由总分社向本地区用户编发。该社每天用意、英、法、葡、西班牙5种文字播发国内外新闻约30万字，供稿对象国内有600多家，国外有300多家，另外还有5000家用户订购它每周编发的新闻稿。

安莎社的新闻业务有两个特点，一是政治报道强调客观、公正、独立，对重大事件不作评论，这一点还写进了通讯社的章程。这是同意大利国内党派林立、争斗激烈的情况有关，通讯社只能以超党派身份出现才能立足。二是注重发展中国家的报道，这反映了本国政府和企业界重视同发展中国家合作的意向。其中尤其着重对拉美地区的报道，因为阿根廷、巴西等拉美地区意大利侨民很多。

20世纪80年代以来，安莎社进行了重大的技术革新。编辑部已电脑化，并能采用各种地面和卫星线路迅速及时地向国内外发稿。所有与之联网的用户都能十分快捷地随时接收通讯社发布的新闻信息，调阅各类专稿材料。它的电脑资料中心存储有1975年以后该社所发的全部广播新闻和1990年以来的全部地方新闻。

（八）埃菲通讯社（La Agencia EFE，EFE）

埃菲社创建于1938年10月，是西班牙语系国家中规模最大的通讯社。它是一家股份公司，其中有大量国家资本，所以实际上是半官方的通讯社。它在报道上要与官方立场相配合，并负责转发政府的公报和法令，但不代表政府发表评论。

埃菲社在很长时间内业务面向国内。20世纪60年代起随着本国经济的起飞、民主体制的发展，该社开始大力发展国外业务。1965 年在阿根廷开设了第一个驻外分社，1973 年开始用电子计算机处理信息，并与中美洲各国新闻单位合作，创建了总部在巴拿马的中美洲通讯社，向中美洲各国转发通过卫星线路传来的消息。1976 年总社编辑部实现了电脑化，80 年代使用的国际卫星线路增加到 16 条，电传线路达几十万公里。80 年代初成立了电视新闻部，采制并播发声像新闻。1988 年建成新闻资料库，用户可通过电脑随时查阅各种资料。与此同时，该社还加强了经济信息报道，服务内容不断拓宽，分支机构和用户也不断增加。

目前埃菲社已成为具有相当国际影响的通讯社。它的总社在马德里，全社工作人员(包括雇员)有 2200 多人。国内有 14 个分社和众多的记者站，国外有 80 多个分社或记者站，订户有 1600 多家。每天用西、英、法、阿拉伯文向国内外发稿约计 60 多万字，另外还有许多图片、电视新闻片。

埃菲社在发展过程中把重点放在拉美地区。因为西班牙在语言、文化和种族上都与这一地区有较深的渊源关系。该社全力在这里与四大通讯社抗争，建立了 28 个分社，投入驻外记者半数的人力，并且获得了 900 多家订户，影响正在继续扩大。

(九)共同通讯社(Kyodo News Agency，Kyodo)

共同社是日本最大的通讯社，1945 年成立，根据规定是“全国报社、广播电台采取合作形式组织的、以收发新闻为目的的共同组织”。正式参加该社的新闻机构(即加盟社)有 61 家，绝大多数是地方报纸，还有日本广播协会。该社为非营利性组织，社务费用由加盟社分担，它负责向加盟社供稿，各加盟社也向它提供地方新闻。另外，该社还向社外的 16 家报纸和 134 家商业电台、电视台根据合同供稿。社外供稿收入约占年度经费 20%，其他 80%的经费来自加盟社。

该社成立之初，各全国性大报都是正式成员。后来全国性报纸和地方报纸竞争激烈，《朝日新闻》《每日新闻》《读卖新闻》三大报依仗自己具有完备的通讯网络，认为留在社内得不偿失，于 1952 年宣布退出该社。目前三大报只订购该社的国际新闻。

共同社同政府关系密切，一般认为具有半官方性质，其报道往往反映政府的意向。它按规定向总理府、内阁调查室、外务省等十多个政府部门提供信息服务，并受外务省委托向日本驻外使馆提供电讯稿。这些业务是它的重要经费采源之一。

共同社的总社设在东京，领导机构为理事会。总社下设编辑局(负责新闻报道业务)、国际局(主管对外英文广播和对航行中的日本船只广播)、广播电视局(1986 年起提供口语新闻、录音报道、录像新闻)以及其他行政机构。国内有 5 个支社，管辖 47 个支局(分社)；另设一个总局，主管关东地区的报道。在国外向 40 来个城市派驻记者。全社工作人员约有 2000 人。

共同社从 20 世纪 60 年代开始技术更新，80 年代已实现全面电脑化。现在除了向国内外用户供稿外，还通过亚太新闻交换网向本地区 23 个通讯社发布英文消息，并向世界许多报社供稿。它每天用日文和英文发稿约 60 万字，图片 170 张左右。此外还出版《共同消息》新闻稿以及《海外论说速报》、《世界年鉴》等定期刊物。

该社 1974 年启用速报东京、大阪证券行情的电脑系统，1980 年起向东京用户提供实时金融行情。以后专门设立了国际金融局，金融信息的用户扩大到香港、新加坡、悉尼等亚太地区许多城市。

(十)交流新闻社(Inter Press Service)

交流新闻社也称第三世界通讯社(Third World News Agency)，1964 年 11 月成立于罗马。它不是某个国家的通讯社，而是一批欧美新闻记者发起组成的国际合作组织。初创时意在架设拉丁美洲和欧洲之间的“新闻桥”，以后报道范围逐步扩大，把加强对第三世界的报道、改变世界新闻传播中的不平衡倾向作为自己的宗旨。30 年来，已逐步发展为有影响的国际性通讯社。

该社的行政总部设在意大利的罗马，但注册登记于巴拿马城，编辑总部设在荷兰的阿姆斯特丹。最高领导机构是董事会，由代表不同地区的 11 名代表组成。现有 6 个地区总分社：非洲地区的哈拉雷、亚洲地区的马尼拉、加勒比地区的金斯顿、拉美地区的圣何瑟、北美地区的纽约、欧洲地区的罗马。在阿拉伯地区的突尼斯也有分支机构。在世界上 70 多个国家派有记者。同不结盟国家通讯社组织、阿拉伯通讯社联盟、拉美和加勒比新闻交换系统以及第三世界40多个通讯社互换新闻。每天用西、英、法、德、阿拉伯等11种文字发稿16万字，出版各种期刊、简报20多种，用户达1000多家。

1980年该社在罗马安装了新的电子计算机系统，通过卫星线路将整个新闻网络与总社连接。同时，它又利用这设备为不结盟国家通讯社、阿拉伯通讯社联盟、拉美和加勒比新闻交换系统以及其他第三世界通讯社提供技术服务。

（十一）印度报业托拉斯(Press Trust of India，PTI)

印度报业托拉斯简称印报托，是印度最大的通讯社，为印度报业主合股经营的企业，凡采用它的新闻的印度报刊、电台、电视台均可购买该社的股票。它的前身是1905年建立的印度联合通讯社(该社1919年后成为路透社的附属机构)。1947年印度独立后，印报托开始筹建，经过协商，接替了印度联合通讯社和路透社在印度的业务，于1949年2月正式发稿。

印报托总社设在孟买，在国内有50多个分社，国外有伦敦、纽约、莫斯科、北京、加德满都等分社，还在联合国和一些国家的首都派有记者。工作人员共1000多人，聘有兼职记者200多名。该社用英文和印地文向国内200家报刊、20来家电台以及各政府部门、外国使馆供稿，国外也有部分订户，合计每天发稿10多万字。它还向工商金融界提供商业和金融信息，并且垄断国内证券行情的实时播发，收入可观。

（十二）中东通讯社(Middle East News Agency，MENA)

这是埃及的国家通讯社，1956年2月创立，原为民办，1960年收归国有，现在是阿拉伯世界最有影响的通讯社。

中东社总社设在开罗，工作人员约有1400人。国内有26个分社，国外有17个分社或记者站，大多集中在中东和北非各国。它与西方通讯社订有合同，抄收它们的稿件而后转发给订户。它自己每天用英、法和阿拉伯文发新闻稿，着重报道埃及和阿拉伯国家事务，宣传埃及政府政策。每天发稿量为8万字左右。另外还向国内外提供新闻图片和电视片，出版《开罗报刊综述》电讯稿以及《中东经济新闻》《经济评论》等刊物。

(十三)美洲通讯社(TELAM)

这是阿根廷的国家通讯社，1945 年 4 月成立。社址在布宜诺斯艾利斯，直属总统府新闻和宣传国务秘书处，职工约有 1000 人。它向总统府、政府和各部以及各军总部等机构派驻记者，在内地各省市设立 28 个分社，在国外向联合国、西欧、巴西、秘鲁派驻记者。主要播发本国新闻，少量编发国外通讯社消息，用户主要在国内。

三、重要的地区性通讯组织

第二次世界大战以后，特别是发展中国家开展建立世界新闻传播新秩序的斗争以来，亚、非、拉美出现了一批地区性新闻通讯组织。它们一般都是较为弱小的国家通讯社根据平等联合的原则组建起来的机构，联系紧密程度不一，但是目的都在于加强本地区的新闻合作，共同抵制大通讯社的控制和垄断，以便建立较为均衡合理的新闻传播秩序。

(一)不结盟国家通讯社联盟(POOL)

不结盟国家通讯社的合作组织。1975 年 1 月由南斯拉夫通讯社发起，10 多个不结盟国家首先开始交换新闻。1976 年 7 月在新德里举行的不结盟国家新闻部长和通讯社社长会议决定正式成立通讯社联盟，以加强新闻合作，报道不结盟国家的真实情况，打破大国对新闻传播的垄断。以后参加联盟的成员增加到 102 个，这些成员通讯社一般将稿件发给区域中心(南斯拉夫、印度、古巴、突尼斯、印尼、墨西哥)，然后再转发出去。1985 年该联盟的成员又合办了不结盟国家经济通讯联营社，专门提供经济和商业信息。

(二)亚洲-太平洋通讯社联盟(OANA)

亚洲-太平洋地区各国通讯社的合作机构。该组织原名为亚洲通讯社组织，创建于 1961 年 12 月。1981 年该组织在吉隆坡召开的大会上决定建立亚洲-太平洋新闻交换网和技术小组，加强本地区的新闻交换，从此该组织改用现名。1982 年元旦起，这个新闻交换网开始运转，全地区设立 6 个新闻交换中心，分别抄收和转发成员组织发来的新闻，各交换中心之间也互转新闻。亚洲-太平洋通讯组织现有成员 25 个(包括我国的新华社)，每四年举行一次成员大会，选举新的执委会。执委会设立秘书处，办事地点随执委会主席的更换而变动。

(三)泛非通讯社(PANA)

泛非社是根据 1979 年举行的第 16 届非洲统一组织首脑会议决定创办的，目的是要按非洲人的思想、用非洲人的语言来报道非洲的信息，捍卫非洲人民利益，促进非洲国家的独立、团结和统一。它在 1983 年 5 月正式建成发稿。目前有成员通讯社 40 多个，总社设在塞内加尔首都达喀尔，在拉各斯、金沙萨、的黎波里、卢萨卡和喀土穆设有 5 个地区性分社，在亚的斯亚贝巴设有记者站。泛非社的消息除了一部分由总社记者采写外，主要由各成员通讯社提供；各成员通讯社又抄收泛非社的稿件转发给本国的新闻机构采用。

(四)阿拉伯通讯社联盟(FANA)

阿拉伯各国通讯社的合作组织。1975 年 1 月创建，总部设在黎巴嫩首都贝鲁特，成员有 17 个国家通讯社。宗旨是加强各成员之间的业务联系，尽可能广泛地互相提供新闻，并确保其新闻进入外部世界。它通过亚洲、拉美、欧洲的通讯社向外转发新闻。

(五)拉丁美洲特种新闻社(LASFI)

又称拉丁美洲特稿社，1983 年 10 月正式成立。由 10 个拉美国家和 3 个拉美地区组织共同创建，总部设在墨西哥城，在拉美主要城市以及纽约、巴黎、波恩等市派有记者。该社着重报道拉美和加勒比地区的发展成就，以维护拉美大陆一体化、独立、自决与和平作为自己的宗旨。

(六)加勒比通讯社(CNA)

它是根据加勒比共同体政府首脑会议决定，于 1976 年 1 月建立的，宗旨是促进共同体社会、经济、文化的发展，特别是帮助那些新闻事业落后的共同体成员。该社由共同体主要国家的 17 个新闻机构投资，总社设在巴巴多斯首都布里奇敦。它在共同体 13 个成员国派有记者或兼职记者，每天向各成员国订户用英文播发总数约 2 万字的新闻。

复习思考题

1. 新闻通讯事业诞生的历史背景怎样?

2. 世界上首批新闻通讯社是怎样创办和发展起来的? 什么是“三社四边协定”?

3. 20 世纪以来，西方各大通讯社出现了什么兴衰变化? 当前发达资本主义国家有哪些重要的通讯社?

4. 社会主义国家新闻通讯社是怎样创办和发展起来的? 20 世纪 80 年代末以后发生了什么重大变化? 目前俄罗斯联邦的新闻通讯事业情况是怎样的?

5. 发展中国家新闻通讯事业是怎样成长起来的? 目前有哪些重要的国家通讯社?

6. 当前新闻通讯社一般有哪些类型? 20 世纪末期世界新闻通讯事业有哪些重要的发展动向?

第七章　广播电视事业的产生和发展

第一节　概　　说

广播电视是20世纪发展起来的大众传播媒介。它们是顺应社会政治经济的需要而产生的，而它们的出现又极其深刻地改变着人类社会生活的面貌。广播电视传播的内容十分广泛，而新闻时事历来是其中的主干。广播电视的出现，使人类的新闻传播产生新的飞跃，由印刷传播为主的时代，进入印刷传播和电子传播相互促进、并驾齐驱的时代。

一、广播的诞生和发展

广播的出现是许多国家科技人员长期研究实验的结果。其间大致经历了这些过程：

(1)无线电波的发现。早在1864年，英国理论物理学家马克斯威尔发现了电磁学基本原理，提出了放射性电波可以无线传送的论断。1884年起德国科学家海尼·赫兹依照马克斯威尔的理论从事实验，终于发现了产生、发射与接收无线电波的方法，并发明了测量电磁波波长的科学方法。

(2)无线电传送信号成功。1895年意大利人马可尼和俄国科学家波波夫，在不同的地方分别进行无线电传送信号的试验，获得了同样的成功。1896年马可尼在英国取得了专利，并且组建公司从事无线电报器材的生产。1899年他成功地拍发了英国至法国的无线电报，1901年完成了越洋电报的收发，从此无线电通信进入实用阶段。

(3)无线电传送声音的实现。在无线电通信的基础上，人们研究并逐步解决了运用电波负载声波的种种技术问题。1906 年美国科学家李·德福雷斯特制成了电子三极管，在传送声音方面取得了进展。同年圣诞前夕，匹兹堡大学教授雷金纳德·费森登，在马萨诸塞州的实验室里作了简短的节目广播，效果良好。以后不少人做了类似的实验广播。

(4)电台广播的诞生。正式的电台广播开始于 1920 年的美国。当年 11 月 2 日西屋电气公司办于匹兹堡的 KDKA 电台开播。这是第一个向政府领取营业执照的电台，一般认为它的开播标志着世界广播事业的诞生。

广播事业问世以后的发展，大致上可分为四个阶段：

(1)20 世纪 20 年代，是它的初创阶段。这时期许多国家相继建立了无线广播电台。1922 年苏俄莫斯科中央广播电台、法国国营电台、英国广播公司先后开始播音。1923 年德国、1924 年意大利、1925 年日本也建立了电台。至 20 年代末，北美和欧洲各国大多有了自己的广播。

(2)20 世纪三四十年代，是它的大发展阶段。随着第二次世界大战的迫近和爆发，广播电台传播新闻、进行宣传的功能突出起来，各国朝野对它倍加重视，公众也把它作为获得国内外信息的重要途径。于是欧美、大洋洲以及拉丁美洲的广播事业蓬勃发展，亚洲、非洲不发达国家也相继出现了一批电台。

(3)第二次世界大战以后，广播事业在全世界趋于普及。大批新独立的国家纷纷兴办广播，为巩固民族独立、发展经济文化服务。发达国家和拉美地区的广播事业继续发展，一方面向城乡各个角落普及，另一方面电台又分门别类日趋专门化。从技术上看，20 世纪 70 年代以后调频广播广泛兴起，80 年代以后卫星传送技术逐步推广，接收设备在不断优化、简化、多样化，广播传送的质量、效率、距离都有了空前的进步。

(4)20 世纪 90 年代，广播事业开始了新的飞跃。随着信息革命的不断深入，信息技术的突飞猛进，传统的模拟广播正在向数字音频广播过渡。1995 年 9 月英国广播公司率先进行全国性的数字音频广播，随后瑞典、丹麦、法国、德国、荷兰、瑞士、美国等发达国家先后开办数字广播。与此同时，传统的无线广播正在同电脑网络相结合，向网上广播发展。1998 年全世界已有 100 多个国家的 1550 多个电台在网上建立了网站，凭借电脑网络传送各种节目，使传统的地面和卫星传送方式同网络传播结合起来。这一过程目前还处于发展阶段，若干年后必将给广播事业带来全新的面貌和革命性的变化。

二、电视的诞生和发展

电视的诞生稍晚于广播，它同样是许多国家科技人员长期研究实验的结果。

（1）电视技术的准备。19 世纪某些科学家发现光线照射在含硒的物体上会产生电子放射现象，由此而进行的对化学元素硒的光电效应研究，为人们提供了电视传播的基本原理。1884 年德国工程师保罗·尼普科发明了机械扫描图盘，通过光电转换，人们可以在接收器上看到导线传送过来的图像。20 世纪初英国和俄国一些科学家提出了电子扫描原理。1923 年美籍俄裔工程师左瑞金发明了光电管，用电子束的自动扫描组合画面，为电视摄像机的设计作出了贡献。

（2）实验性的电视播映。1926 年英国科学家贝尔德采用电视扫描盘，完成了电视画面的完整组合及播送，并在伦敦公开表演，引起了轰动。1928 年美国通用电气公司的纽约实验台播映了第一个电视剧。1929 年到 1935 年，英国广播公司与贝尔德合作多次进行实验性电视广播，包括有声舞台剧的播映。1935 年德国柏林的实验电视台曾经播放过电视节目，但清晰度很差。1936 年 8 月奥运会在柏林举行，该台又曾向公众播送过几小时实况节目，扫描行数仅为 180 行，不久发射机烧毁，实验中断。

（3）正式的电视播送。1936 年英国广播公司建立电视发射台，11 月 2 日起定时播出电视节目，扫描行数已达 421 行。一般认为这是世界电视事业的正式开端。苏联 1938 年在莫斯科和列宁格勒相继建立电视台，第二年正式播送节目。美国 1939 年全国广播公司转播了纽约世界博览会盛况，1941 年第一批商业电视台获准开业。

（4）电视发展的中断和恢复。第二次世界大战影响了电视的发展。除了美国有 6 家电视台继续播映外，其他各国的电视研究、生产和播映全部中断。大战结束后，英、法、苏、德等国电视事业逐步恢复，日本、加拿大等国也相继兴办。20 世纪 50 年代以后，发达国家的电视发展十分迅速，随着电视机的广泛生产和销售，电视日益成为重要的大众传播媒介。

随着技术的进步和更新，战后电视媒介不断从低级向高级、从单一向多样化发展。先后出现的电视传播样式有：

（1）彩色电视。20 世纪前期人们已经对彩色电视作了许多研究。1946 年美国无线电公司推出 NTSC 彩电制式（恩式），1953 年获得政府批准正式生产。1954 年美国全国广播公司率先采用这一制式播送彩电节目，其他公司相继跟上。以后日本（1960 年）、苏联、英国、法国、西德（均为 1967 年）也陆续采用了彩色制式，并且又出现了 SECAM（塞康）、PAL（帕尔）两种不同制式。现在彩电已在许多国家普及。

（2）卫星传播。1962 年 7 月美国发射了“电星一号”通信卫星，并且进行了同西欧之间的越洋电视传播，1963 年 2 月美国发射了第一颗同步通信卫星“辛康姆一号”，1964 年通过“辛康姆三号”卫星转播了东京奥运会的实况。随后苏、英、法、西德、日、加等国的同步卫星相继升空，完善了各自的电视传播系统。1965 年 4 月“国际通信卫星组织”发射了第一颗商用同步通信卫星“国际通信卫星一号”，以后又发射了几十颗通信卫星，分别置放在大西洋、印度洋、太平洋上空，担负着全球通信任务，并使国际间电视新闻交换经常化。从地面微波传送到卫星传送，这是个重大的飞跃。地面微波传送是一种接力方式的传播，每隔 50 公里左右就要设立一个中继站，因而传送环节多，建设费用昂贵。卫星传送比地面微波传送的环节少、覆盖面大、信号质量高、投资少，而且不受地形的限制，这就极大地促进了电视的普及和国际化。

（3）卫星直播电视。通信卫星是多用途的，可供电视传输的信道有限，而且发射功率很小，只有技术设备很高的地面站才能接收到，然后依靠地面传输将电视图像传送到各地。为此，70 年代起又有专门的广播卫星出现。广播卫星上的转发器功率大，普通的电视机用户安装简单的接收装置(包括小型碟式天线等)就能直接收看卫星传送来的节目，这便是卫星直播电视。美国 1974 年运用这一方式向阿拉斯加等边远地区播放教育电视。苏联 1976 年起用广播卫星向西伯利亚地区播送电视，供农村俱乐部、公寓大楼或个人直接收看。1984 年 1 月日本发射实用广播卫星 BS-2a 后，日本广播协会专门创办卫星直播频道供全国收看。20 世纪 80 年代以后，卫星直播电视广泛使用于跨越国界的电视传播，成为国际电视的重要传播和接收方式。

(4)有线电视，也称电缆电视。最早出现在 20 世纪 40 年代末的美国，当时为了提高偏远地区的收看效果，人们在山头竖起接收装置，将收到的电视信号用电缆传送到用户家中。70 年代它被推广到城乡各地，众多的电缆电视系统将电视台传来的信号转送给用户。由于它图像清晰，抗干扰性强，频道多，因而很受观众欢迎。80 年代发达国家的有线电视订户已占全部电视机用户的一半以上，90 年代全世界办有有线电视的国家和地区已达 66 个，普及率最高的比利时已超过全国用户的 96%。现在这种电视通常同卫星传播结合起来，将卫星传送来的信号转送给用户。

(5)数字电视。传统的电视是采用模拟的方式，处理、传输、接收和记录电视信号的。新兴的数字技术则把模拟电视信号转变为数字电视信号并进行处理、传输、接收和记录。数字技术能够大大压缩电视节目，使得原来传输一套节目的频道可以传输多套节目，从而大大增加受众可收看的节目数量。数字技术能够大大提高信号处理和传输的质量，从而极大地改进接收效果，电视画面会比模拟电视清晰一倍以上(成为高清晰度电视)，音响效果可以同电影院和剧场媲美。20 世纪 90 年代以来，欧美发达国家都在积极发展数字电视。

数字化涉及地面电视、有线电视和卫星电视三大领域，其中尤以地面电视的数字化难度最大，因而成为当前的主攻方向。1995

年 8 月英国发表了《关于数字地面电视的政府议案》，决定 1997 年正式开始数字电视广播，计划用 10～15 年的时间实现从模拟电视到数字电视的转变。1997 年 4 月美国联邦通信委员会发布了数字电视实施进程表，计划到 2006 年淘汰模拟电视，全面转为数字电视。1997 年 3 月日本邮政省宣布要在 2000 年前开始地面电视的数字化。在卫星电视和有线电视领域，数字化进展更为显著。1996 年起欧洲卫星组织等机构发射了专供传输数字电视的卫星，法国新频道电视台 1996 年春季就通过卫星传送数字电视。美、英、日、加拿大和其他西欧国家也都办起了一批数字卫星电视公司，一些著名的有线电视节目公司纷纷办起了数字频道。目前，数字电视机和能在现有电视机上收看数字电视的机顶盒(解码器)已经上市。人们认为，数字电视将是彩电问世以来电视领域的又一次重要变革。

(6)电脑电视，或称多媒体电视。20 世纪 90 年代以来，美国、西欧、日本等发达国家和部分发展中国家，积极推进信息基础结构建设，大力发展计算机信息网络，并且实现国际连接。这种以卫星和光缆、电缆为基本通道、以电子计算机和个人电脑为基本载体的网络传播具有多媒体的性能，集文字、语言、音响、图像、数据传播于一体，也为电视信号的传送开辟了新的天地。现在各国著名的广播电视台都已在互联网上建立了网站，传送自己的电视节目。随着数字技术、多媒体技术和网络技术的发展和推广应用，随着多媒体电脑和新型电视机的发展和相互兼容，人们将会越来越广泛地通过电脑网络传输和接收电视节目，传统的电视传播有可能向电脑网络的电视传播发展。这种方兴未艾的趋势，将会带来电视发展史上一场意义重大的飞跃和革命。

三、世界广播电视业的一般状况

目前广播电视正在全世界趋于普及。根据 1998 年前后的统计，世界上 201 个国家和地区都已办有广播，已办电视的有 193 个。有些未办电视的国家也可以接收邻国的电视节目。下面是世界各洲开办广播电视的情况：

世界各洲开办广播电视情况表

地区	国家数	已办广播	已办电视	彩色电视制式		
				NTSC	PAL	SECAM
全世界	201	201	193	46	98	53
亚洲	46	46	45	7	31	11
大洋洲	18	18	15	5	7	2
欧洲	46	46	44	0	28	17
非洲	53	53	51	1	27	23
美洲	38	38	38	33	5	0

本表引自《世界广播电视参考》1999 年第 9 期。其中材料主要来自《联合国教科文组织统计年鉴·1997》，以及《世界广播电视手册·1998》《国际电视年鉴·1998》《欧洲有线电视与卫星电视》(1998.1)。表中未办电视的国家和地区有 8 个，即：亚洲的不丹，大洋洲的所罗门群岛、图瓦卢、马绍尔群岛，欧洲的梵蒂冈、列支敦士登，非洲的科摩罗、马拉维。有关彩电制式，凡同时使用两种制式的，表中重复计入。

全世界使用的收音机，总数约为 20 亿台，平均不到三个人拥有一台，但是分布很不平衡。下面是各洲历年收音机增长情况(数字单位为百万台)：

世界各洲收音机数字增长情况表(单位为百万台)

数字 \ 年份 地区	1965	1970	1975	1980	1988	1992	1998
全世界	524	672	931	1140	1752.5	1975.1	2038.31
亚洲	42	58	108	169	613.6	622.1	648.70
非洲	10	16	28	35	79.9	103.7	134.08
欧洲	184	233	277	335	377	490.7	453.36
大洋洲	3	8	13	19	24.3	25.5	28.42
美洲 (北美) (拉美)	285	357	505	581	657.7	733 (584.7) (148.2)	773.79 (590.06) (183.74)

本表中 1988、1992、1998 年数字引自《世界广播电视参考》，其他来自联合国教科文组织 1981 年年鉴。表中提及的北美是指拉丁美洲以外的北美发达国家，包括美国、加拿大和格陵兰、百慕大地区。1998 年欧洲数字的减少，是由于苏联解体后其亚洲地区各共和国计入了亚洲数字内的缘故。

根据上述1998年的数字计算，全世界每千人拥有的收音机约为351台。各洲的千人平均数分别为：亚洲186.8台，非洲172.5台，欧洲610.3台，大洋洲986.6台，北美洲1989台，拉丁美洲380台。相比之下，北美的数字为非洲的11.5倍。

全世界使用的电视机，总数约为11.6亿台，平均五个人拥有一台，其分布情况更加不平衡。下面是各洲历年电视机增长情况：

世界各洲电视机增长情况表(单位为百万台)

数字 年份 / 地区	1965	1970	1975	1980	1988	1992	1998
全世界	181	266	374	471	735.2	847.5	1163.04
亚洲	19	27	37	50	197.5	265	443.61
非洲	0.6	1.2	2.5	6.7	13.6	19.3	32.45
欧洲	75	125	169	219	234.3	270.7	265.64
大洋洲	2.4	3.5	5.5	6.5	8.1	9.5	10.95
北美洲	76	92	133	151	226.1	213.5	319.46
拉丁美洲	8	17	27	37	55.5	69.3	90.92

本表中1988、1992、1998年数字引自《世界广播电视参考》，其他来自联合国教科文组织1981年年鉴。表中北美洲也是相对于拉丁美洲而言的。

根据上述1998年的数字计算，全世界每千人拥有电视机200台。各洲的千人平均数分别为：亚洲127.7台，非洲41.7台，欧洲357.6台，大洋洲380.2台，北美洲1076.9台，拉丁美洲188.2台。北美的数字竟为非洲的25.8倍，可见差距之大。

四、世界广播电视业的政治分野和体制类型

各国广播电视事业如同其他大众传播事业一样，因社会政治制度的不同而有不同的性质和特点。发达资本主义国家的广播电视，是为资产阶级特别是垄断资产阶级的政治和经济需要服务的，它同

现代资本主义报业一样，具有高度商业化和垄断化的特征。社会主义国家的广播电视，是为社会主义和劳动人民的根本利益服务的。但是自20世纪80年代末期起，苏联和东欧地区发生了重大政治变化，这些国家的广播电视已经离开了社会主义的轨道。发展中国家的广播电视，由于各国社会发展水平的不同、政治经济制度的不同而显得千差万别，但是总体上都是为维护国家独立、经济发展、满足本国人民的信息和娱乐需要运作的。

各国广播电视事业的体制有着很大的差异。这里所说的体制有两层意思：一是就广播电视机构本身而言，指它的所有制和经营管理机制；二是就整个国家而言，指全国广播电视的格局以及国家进行法律和行政管理的方式。

从广播电视机构本身而言，目前主要有如下几种体制类型：

(1)国有国营。这是由国家拥有并直接经营的电台、电视台。其主要特点是：资产为国家所有；政府直接领导和管理；领导成员由政府任命，业务方针由政府规定，业务活动受政府的监督；经费大部分靠国家拨款，有的辅之以受众缴纳的视听费以及广告费。实行这一体制的有：社会主义国家、多数发展中国家、少数发达资本主义国家中的国营台。

(2)国有公营。这是国家所有但由公司自主经营的电台、电视台。主要特点是：资产为国家所有，但电台、电视台保持相对独立性，作为“特殊法人”存在和运作；根据法律规定，组成董事会或管理委员会进行领导管理，其成员来自社会各界并具有较为广泛的代表性；政府依法加以规范和监督，但具体业务由电台、电视台自主进行；经费来自视听费、国家拨款，有的辅以广告收入。发达资本主义国家以及发展中国家许多公共台实行这一体制。

(3)社会公营。可分两种：一种是社会各界筹办并经营管理的另一种是某个公众团体经办并经营管理的。它们一般都是独立的法人单位，以服务社会为宗旨，在法制范围内独立地进行业务活动和经营管理，经费靠视听费或各界资助、政府补助，个别的辅以广告收入。国家依法在宏观上进行调控管理。发达资本主义国家和发展中国家的某些公共台实行这一体制。

(4)私有私营。这是私人独资、合资或组成股份公司经营的广播电视企业。其资产为私人所有；在法制范围内自主经营，自行决定业务方针，国家只在宏观上加以调控管理；通常以赢利为目的，实行商业化经营，广告为其主要经济来源。发达资本主义国家和发展中国家都有许多这样的私营电台、电视台。

(5)公私合营。这是国家和私人合资或合办的广播电视机构。所谓合资，是指共同出资组成股份公司经营管理；所谓合办，通常是由国家兴建并经营广播电视设备，私方制作节目而后租赁这些设备播送。经费一般来自广告收入。不论合资或合办，国家通常处于主导的地位。某些发达国家和发展中国家存在这种体制。

上述国有国营、国有公营、社会公营的机构，通常被称为公共广播电视；私有私营、公私合营机构，通常被称为商业广播电视。一般来说，公共广播电视比较重视社会效益，注重节目的教化功能和文化品位；但是经营管理缺乏活力，财源不旺，甚至常常出现经济困难。商业广播电视谋求商业利润，千方百计地改进经营管理、进行商业竞争，出现了一些实力雄厚的广播电视集团；但是普遍存在媚俗倾向，节目品位不高，色情、暴力以及其他庸俗内容较多。

从整个世界来看，各国广播电视的格局和管理方式也很不相同。社会主义国家实行的是单一的国有国营体制(前南斯拉夫例外，实行社会公营制)，广播电视台是一种事业单位，政府对它们的管理是直接的、行政化的。发达资本主义国家有两种传统：美国一贯以私营的商业广播电视为主；西欧各国一直是公共广播电视的天下，许多国家长期不允许开办私营的商业台。但是20世纪80年代以来，情况有了重大变化，西欧各国纷纷开放商业广播电视，以扩大资金来源，引进竞争机制，满足社会多方面的需要。所以，现在发达资本主义国家是多种体制并存、公私并存的格局。在这里政府的管理是宏观的、间接的。国家制定相应的法律法规，建立(或指定)相应的管理机构，负责颁发营业执照(经营许可证)，按照规定的标准监审节目或广告内容，处理违法违规行为，限制过度的兼并垄断等。至于发展中国家，有些实行单一的公有体制(如非洲以及亚洲某些国家)，有些实行公私并存的做法(如拉美以及亚非另一些国家)，管理的方式各有千秋，管理的宽严程度往往同社会发展水平特别是政治民主化程度相关。

第二节　美国广播电视业

一、历史梗概

20世纪初，美国就有一些科学家和无线电爱好者开始从事无线电广播的试验。1906年匹兹堡大学教授费森登在圣诞节前夕进行简短广播(朗读了圣经，演奏了小提琴)取得成功。1910年李·德福雷斯特从纽约大都会歌剧院转播了歌唱家的演出。1919年威斯康辛大学WHA广播台试播了市场行情及气象情况。1920年8月20日，《底特律新闻》报社楼上的电台开始每天播送音乐、讲话和新闻。这是德福雷斯特的名为8MK的实验台，1921年改称WWJ电台。最早获得营业执照的是西屋电气公司在匹兹堡办的KDKA电台，1920年11月2日正式播音，当天就报道了哈定击败考克斯当选为总统的消息。这是美国和世界广播事业的开端。

进入20世纪20年代后，美国的广播事业迅速发展起来。发展的主要动力来自工商界，特别是那些从事电器制造和通讯业务的大公司，十分热心于兴办广播，目的在于扩大无线电设备的市场；另外，许多报社、公司、旅店、剧院也把兴办广播作为招徕顾客、推销商品的手段。1921年广播电台才有30座，1923年就达到556座；1921年收音机有5万台，1925年就达到475万台。

1926年，美国无线电公司(RCA)创立了全国广播公司。第二年它将所拥有的两个联营性的广播网命名为红色广播网和蓝色广播网，到1934年时共拥有127座电台，遍布美国各州。1927年，美国16家电台联合组成独立电台联营公司，后来为哥伦比亚唱片公司接管，改称哥伦比亚广播公司。第二年烟草商威廉·佩利取得了控制权，采取措施，扩大实力，至1934年发展到97座电台，得以同全国广播公司相抗衡。

以上两家广播公司到20世纪30年代末已控制了全国半数以上

的电台，为社会各界所关注。1941 年联邦通信委员会制定了“广播联营条例”，限制广播事业的垄断。根据这一条例，1943 年全国广播公司被迫将蓝色广播网出售，以后该网改建为美国广播公司。从此出现了全国广播公司、哥伦比亚广播公司和美国广播公司三足鼎立的局面。与此同时，美国还陆续形成了一些较小的广播网，如 1934 年成立的相互广播公司；另外还有一些地区性的广播网。

20 世纪三四十年代是美国广播事业成长的黄金时代。第二次世界大战以后美国广播在同电视的激烈竞争中扬长避短，内容趋于对象化、专门化，电台更为地方化、小型化，数量继续增长。就商业电台来看，增长情况如下：1921 年，30 座；1930 年，612 座；1940 年，815 座；1950 年，2819 座（含调频台 733 座）；1960 年，4134 座（调频台 678 座）；1970 年，6503 座（调频台 2184 座），1980 年，7714 座（调频台 3155 座）。几十年来，美国也陆续创办了许多非商业性的电台，但商业电台一直是美国广播业的主体。这些年美国电台总数的增长情况为：1970 年 6745 座（含调频台 2476 座），1980 年 8748 座（调频台 4190 座），1990 年 10631 座（调频台 5665 座）。

美国在 20 世纪 20 年代后期开始电视播映的试验，30 年代已有二三十家实验性电视台，一些大的电气制造公司是电视实验的重要推动者。1939 年 4 月全国广播公司播映了纽约世界博览会的开幕式以及罗斯福总统的讲话，以后还多次播映体育比赛。1941 年 6 月，全国广播公司和哥伦比亚广播公司在纽约的电视台分别获得联邦通信委员会签发的执照，成为美国第一批商业电视台。同年珍珠港事件爆发，美国正式参与第二次世界大战，电视发展陷入停顿。战争期间全国只有 6 家电视台继续经营，每天播放 2~3 小时，电视机约为 1 万台。

战后电视业重获发展，联邦通信委员会陆续批准了一批电视台营业，电视机销售量也迅速上升。20 世纪 50 年代初，全国共有电视台 108 个，1960 年增长到 617 个，1970 年 872 个，1980 年 1013 个，1993 年为 1505 个。黑白电视机 50 年代末就已普及多数家庭。

美国在 20 世纪 40 年代就开始研究彩色电视。1953 年 12 月美国无线电公司的彩色系统(NTSC制式)经联邦通信委员会批准作为全国统一标准投产。第二年起全国广播公司率先播放彩色节目，其他广播公司相继跟上，使全国较快实现了彩电化。70年代末大部分家庭有了彩电，80年代彩电已在全国普及。

20世纪60年代以后随着空间技术的发展，美国的电视传播就同卫星通信结合起来。70年代起，卫星转播又同地面电缆传送相结合，促进了有线电视的迅速发展。80年代起，美国卫星直播电视进入实用阶段。目前美国电视业同许多发达国家一样，由地面微波传送的无线电视、地面电缆传送的有线电视和卫星直播电视这样三个体系组成。

美国广播电视长期实行私有私营体制，20世纪60年代后期公共广播电视有所发展，但是不占主导地位。美国国会在1934年通过、以后经几次修订的《联邦通信法》是有关广播电视及无线电事业的基本法规。根据这一法律设立的联邦通信委员会(FCC)是负责制定电信和广播电视政策并监督实施的最高管理机构。FCC由7名(后改为5名)委员组成，委员由参议院提名、总统指定并经参议院批准，主席由总统在委员中指定。《联邦通信法》最近的一次修订是在1996年。修订以后的法律放宽了广播电视公司拥有电台、电视台数量的限制，允许有线电视公司和电话公司可以交叉拥有，也可以跨行业合并、联营或合资经营等。这些修改，为电话业、电脑业与电视业之间的跨行业经营、互相渗透开了绿灯，为美国广播电视业加速向多媒体方向发展铺平了道路。

目前美国是世界上广播电视最为发达的国家，1997年全国有电台12001座(含调频台7095座)，其中商业台约占85%。无线电视台有1569座，商业台1202座，约占77%。1998年前后全国居民使用的收音机有55900万台，平均每千人2097台；电视机有29839万台，平均每千人1119台。彩电为NTSC制式。①

① 本章所述各国收音机、电视机数字，均依据《世界广播电视参考》(北京)1999年第9期汇编的材料，统计时间在1998年前后。

二、商业广播电视

美国大部分电台电视台实行商业化经营，并且通过各种方式联结成网。目前最大的全国性商业广播电视网，分别由全国广播公司、哥伦比亚广播公司、美国广播公司、福克斯广播公司(只经营电视)为核心组成，它们是广播电视领域最大的垄断组织。这些大的广播电视公司都有直接经营的广播电视台，称为直属台；另外还有相当数量的广播电视台同这些大公司签订合同，转播它们的节目(含广告)，并从这些大公司取得补偿费用，被称为附属台。目前同这四大公司联网的附属台约占全国商业台的80%。除此之外，还有一些不参加任何广播电视网的独立台。

全国广播公司(National Broadcasting Company，NBC)，1926年11月建立，几十年来依靠它的母公司美国无线电公司的财政实力和技术设备的优势，一直在广播电视方面居于领先地位，并把业务扩展到图书出版、唱片磁带等领域。1985年美国无线电公司和通用电气公司合并，更增强了它的经济后盾。1995年有直属电视台6座，附属电视台208座，直属电台8座，以及少量附属电台。1996年该公司同美国微软公司联手创办一套24小时播出的新闻频道(MS/NBC)，同时在互联网上播出。该公司还积极发展国外业务，创办了对欧洲的有线电视CNBC，对亚洲的商业新闻频道AN-BC和对拉丁美洲的西班牙语新闻频道，这些都通过卫星传送。

哥伦比亚广播公司(Columbia Broadcasting System，CBS)，1927年2月建立，几十年来实力不断壮大，现在兼营广播电视、唱片和出版业务。素以高收视率的新闻节目和出色的节目主持人称誉美国电视界。1995年有直属电视台7座，附属电视台200座，直属电台14座，以及少量附属电台。1995年8月，西屋电气公司将它收购，成为它新的主人。

美国广播公司(American Broadcasting Company，ABC)，在NBC分出来的蓝色广播网基础上建立，1945年6月正式用现名。1953年同联合派拉蒙剧院公司合并，增加了节目制作能力。1985年为大都市媒介公司收购，组成大都市/美国广播公司。1995年7

月又为著名的迪斯尼公司买下。1995 年拥有直属电视台 8 座，附属电视台 220 座，直属电台 13 座，以及少量附属电台。

福克斯广播公司（Fox Broadcasting Corporation，FBC），成立于 1986 年 10 月，国际传播巨头鲁伯特·默多克将他当年购买的 6 家电视台联合而成。几年间发展迅速，1993 年已有直属电视台 8 座，附属电视台 128 座。1996 年 6 月该公司同美国最大的有线电视经营商美国电信公司（TCl）合办全日夜有线电视新闻节目。1997 年 1 月购买了新世纪通信集团的全部股权；1997 年 9 月又部分控制了另一家拥有大量电影和电视剧资料的公司，实力不断壮大。

以四大网为代表的商业广播电视的内容，主要包括新闻、娱乐和广告三个部分。

1. 新闻

广播新闻兴起于 20 世纪 30 年代。在此之前的电台主要播放音乐和娱乐节目，少量转播一些通讯社提供的总统竞选之类的新闻。30 年代罗斯福任职期间很重视利用广播宣传他的“新政”，电台才有了自己的记者采写的新闻。第二次世界大战期间是广播新闻的鼎盛时期，当时三大公司都派记者去热点地区采访，报道重大外交事件和战地消息。由于广播新闻时效快、播送灵活、收听方便，现在许多电台仍很重视新闻节目，把它作为全部节目的主干，吸引听众的重要内容。

正式的电视新闻节目开办于 20 世纪 40 年代末期。1948 年 CBS 创办了第一个定期的电视新闻节目，随后 NBC、ABC 也相继开办，节目时间逐步延长。50 年代以后，各电视网陆续增加了晨间、午间、晚间、夜半等时间段的新闻，以及各种专题新闻，从而使新闻节目成了电视节目的骨干。在周末又有许多杂志型的专题报道节目，其中以 CBS 1968 年开办的《60 分钟》最受观众喜爱，20 年来历久不衰。进入 90 年代，各大公司都开设了专门的新闻频道，每天 24 小时向附属台或有线电视台传送新闻节目，其中包括大量的现场实况报道。

在电视新闻发展的过程中，各大电视网建立了自己的记者队伍，活跃在国内外热点地区，随时采集和传送新闻。新闻节目一般实行采编播合一的主持人制，这些主持人都是广播电视界颇有声望的明星。如 CBS 的爱德华·默罗、道格拉斯·爱德华、沃尔特·克朗凯特、丹·拉瑟，NBC 的切特·亨特利、戴维·布林克利、汤姆·布罗考，ABC 的巴巴拉·沃尔特斯、彼得·詹宁斯，都是各领风骚多年、备受观众推崇的人物。

电视新闻在美国社会生活中影响巨大。新闻节目的质量直接关系到电视网的声誉，收看率的高低直接影响电视网的广告收入。因此在这方面的竞争向来十分激烈，各公司都十分重视新闻节目，竞相投以巨资，提高节目水平，更新设备和技术，尤其不惜重金网罗人才，以便不断提高新闻节目收看率，追逐更高的利润。

2，娱乐

广播电视的大部分时间播送的是娱乐节目和体育节目。商业台的娱乐节目注重迎合一些受众的需求，媚俗倾向严重，格调低下的甚多。美国一些有识之士认为，暴力和色情内容是商业电视中的突出问题。据一些研究者的统计，商业电视网的剧目中每 10 个就有 8 个涉及暴力，当一个孩子中学毕业时就从电视上接触到 15 万次暴力行为，其中暴力死亡的达 25000 个。这种情况严重败坏了社会风气，直接助长了犯罪行为、特别是青少年犯罪，人们纷纷呼吁加以制止。但是这种批评和呼吁收效甚微，因为这些问题植根于资本主义制度本身。一方面，暴力节目是社会犯罪的一种反映；另一方面，商业电视的一切都是为了追逐利润，只要能赚钱，就不会去顾及节目的社会效果。

3. 广告

广告是商业广播电视最为看重的内容，因为经营商业广播电视的最终目的就是靠广告赚钱。美国商业台的广告五花八门，次数频繁，节目演播时时会被广告打断。广告的收费标准是根据各个节目的视听率而定的。有一些专门从事视听率调查的公司，它们通过抽样调查，定期公布各台每个节目的收视或收听率，这就成为广告收费的依据。所以商业台的各个节目都要千方百计地提高视听率，以便吸引广告，增加广告收入。

广告既是商业广播电视的经济命脉，当然就无时无刻不在影响着广播电视的业务，大的广告商也会或明或暗地施加压力，影响节目的内容。例如CBS早期著名主持人默罗主持过的几个专题节目，由于触及了一些社会政治问题，受到来自广告商的强大压力，先后被公司停办。默罗认为电视已成为“造钱机器”，在1961年愤然离职。

三、公共广播电视

美国还有一部分非盈利性的广播电视台，其中电台1570座(1993年)，电视台367座(1998年)。根据《联邦通信法》规定，它们的宗旨是为公众提供教育或服务，因此被称为公共广播电台或电视台。这些台的主办者大致有四类：州政府，地方教育部门，高等学校，非营利性公共团体。这些台不播广告，经费来源为：国会拨款，经办单位出资，企业界赞助，受众捐助，以及自行开辟的其他财源，如出售节目、发行节目报等。

美国的公共广播起源于20世纪20年代的教育广播，公共电视起源于50年代的教育电视，起初都是高等学校或教育机关经办，以后才出现多种公共法人团体经办的电台电视台。1967年国会通过了《公共广播法》，决定对此加以扶植，并于1968年成立了公共广播公司(CPB)，作为管理公共广播电视的全国性机构，其理事会成员由总统提名并经参议院同意任命。CPB的主要职责是管理联邦预算拨给公共广播电视的款项，协调公共系统各台间的关系，促进公共广播电视的发展。1969年由它组建了公共电视网(PBS)，负责组织各公共电视台教育文化节目的制作和交流(它本身不制作节目)。从那时起，PBS已开播了三个公共电视频道，经由卫星传送给各州的公共电视台，内容有新闻报道、新闻杂志、科学节目、文艺节目、儿童节目以及各种知识性、服务性节目。1971年CPB又组建了公共广播网(NPR)，专门负责公共广播电台之间的业务联系。

公共广播电视播出的节目内容比较健康，与商业台形成鲜明的对比，因而深受各界(特别是知识界)的欢迎。现在每周电视观众超过9600万，经常观看其节目的儿童有3000万、教师有200万。

在公共广播网中每天播放的时事节目《早晨新闻》《包罗万象》，在公共电视频道长期播放的儿童节目《芝麻街》、科学节目《自然》、文艺节目《美妙的演出》、纪实节目《前线》，都已脍炙人口。但是在这个高度商业化的社会里，公共台始终面临着经费匮乏的困扰，每年都要费尽力气向各界募捐集资。为了取得某些企业的资助，经办者还必须注意回避种种敏感的公共事务问题。所以名为公共广播，实际上仍然无法摆脱金钱势力的制约。

四、有线电视和卫星直播电视

20 世纪 70 年代以来，美国的有线电视有了长足的发展。这种电视开始时从属于地面无线电视，只是转播无线电视台的节目；以后专门的有线电视节目公司兴起，有线电视才成为独立的产业。

美国的有线电视业包括有线电视节目传输和有线电视节目供应两大部分。

有线电视节目传输部分，主要是由有线电视系统的经营商在各地经地方自治机构批准兴建的有线电视系统组成。截至 1998 年，这种系统有 10854 个，连接的电视用户有 7350 万家，占全国电视家庭的 72.9%。这种系统提供的节目可分两类：一是基本节目，凡缴纳入网费的用户均可收看；二是付费节目，需要另外缴费才能收看的电影、体育等特定节目。节目的来源包括有线电视节目公司提供，当地和远处地面电视台的再发送，以及有线电视系统自己的制作。这些节目通常都附有广告。经营这种有线电视系统的经营商实力不等，拥有 5 万以上用户的经营商现有 200 多家，其中最大的为时代/华纳公司、美国电信公司、考克斯有线传播公司等。

有线电视节目供应部分，除了上面提到的当地和异地无线电视台之外，主要的是一批专门的有线电视节目公司。现在全国有 200 多家这类公司，它们通常经由卫星向全国各地的有线电视系统传送节目，其中有基本节目也有付费节目，有面向一般观众的频道也有面向特定观众的专门频道，总的趋势是频道越来越多并且日趋专门化，供观众任意选择收看、订阅。节目公司的收入一部分来自有线电视系统经营商支付的费用，另一部分来自节目中附加的广告。

美国开办最早而且颇有影响的有线电视节目公司是“家庭影院”(Home Box Office, HBO),主要提供电影和体育节目(均为付费节目)。该公司建于1972年,开始时依靠地面微波线路传送,1973年成为时代公司的子公司,1975年起通过卫星转播,用户不断增加,20世纪80年代超过1000万户,1991年时已有1760万户。1989年时代公司同华纳公司合并后,HBO成为时代/华纳公司的子公司。它的总部设在纽约,它自己组建的三星电影公司,许多年来一直大量拍摄电影、电视节目。

目前美国影响最大的有线电视节目公司是有线电视新闻广播公司(Cable News Network, CNN;也译有线电视新闻网)。它的母公司特纳广播公司(TBS)早在1976年就向有线电视系统播送电影和体育节目。1980年6月CNN创办,全日夜向国内和拉美地区有线电视网播送新闻。1982年CNN又增办第二套“标题新闻”节目,专门播送简明新闻,半小时更新一次。以后业务逐渐向欧洲、亚洲和世界各地发展,频道也不断增多。至20世纪90年代末,共设有8个频道:国内、国际、财经、标题新闻、体育、西班牙语、机场频道和CNN互联网络。此外,还有个CNN Radio,将电视新闻改编成广播新闻;CNN还通过它的新闻资源机构向全球500多家电视台提供记者采集的国际新闻和有影响的美国新闻。现在它通过卫星、电缆以及互联网,日夜不停地向国内外约1亿7000万用户播送各种新闻(参见第九章)。CNN的总部设在亚特兰大,它拥有实力雄厚的采编队伍,全套自动化的信息处理系统,遍及全球的信息收集和传播网络。1995年8月它随母公司特纳广播公司并入时代/华纳公司。

除了以上两家,现在影响较大的有线电视节目公司(台)还有:娱乐和体育电视台(ESPN,1979年创办,总部在纽约,主要播送体育新闻和体育实况节目)、公共事务有线电视台(C-SPAN,1979年,华盛顿,议会实况和政府活动)、表演时代公司(Showtime,1980年,纽约,付费电影节目)、音乐电视台(MTV,1981年,纽约,音乐新闻和节目)、气象频道公司(Weather Channel,1982年,亚特兰大,气象节目)、发现频道(Discovery Channel,1985年,自然、历史、科学、探险纪录片)、家庭购物频道(HSN，1985 年，克利尔沃特，商品销售)等。

有线电视的发展是对传统的无线电视网的重大挑战。现有的商业电视以及公共电视网长期经营的是传统的无线电视。20 世纪 80 年代以来，各大商业广播电视网纷纷进入有线电视领域。一方面通过卫星把节目传送到各地的有线电视系统播送；另一方面努力控制或筹建有线电视节目公司，例如 ABC 已经控制了 ESPN 台 80%的股份，又如上面提到的 FOX 同美国电信公司合办有线电视新闻节目、NBC 同微软公司联手举办有线新闻频道等。

美国的国内卫星直播电视发展不快。联邦通信委员会曾于 1982 年公布了有关卫星直播电视(DBS)的规定，并向一些电视媒介颁发了 DBS 的经营许可证。1984 年美国联合卫星通信公司租用了加拿大通信卫星的转发器，向美国东北部的电视观众进行卫星直播，后因亏损严重而中止。目前存在的卫星直播公司大多为 20 世纪 90 年代所办，主要有：直播电视公司(1994 年)、普赖姆斯塔公司、埃科斯塔公司等，用户有 800 万左右，他们使用直径 45 公分的碟形天线直接收看卫星转发的众多频道的节目。

五、广播电视的数字化和电脑网络化

进入 20 世纪 90 年代，美国在广播电视领域加紧采用数字信息技术，并且逐步把广播电视同电脑网络结合起来，从而极大地提高广播电视传播的效率和质量。

广播数字化目前只是在卫星传送过程中实现，常规的地面广播的数字化尚在开发之中，联邦通信委员会没有提出具体的方案和时间要求。

电视的数字化，体现在卫星直播电视、地面无线电视和有线电视三个方面。

卫星直播电视方面，在 90 年代中期几家主要的卫星直播公司在开办时就采用了先进的数字技术，供装有特定接收装置的用户收看。数字技术极大地增加了频道设置，有材料说美国直播电视公司、埃科斯塔公司等都有 100 多套节目。

有线电视业在20世纪90年代已经开始采用数字技术传送节目。著名的有线电视节目公司如音乐电视频道、发现频道等已专门办了数字频道，有线电视新闻广播公司国际台(CNNI)已通过数字卫星系统传送节目。著名的有线电视系统经营商美国电信公司(TCI)已在某些州开办数字电视业务，时代/华纳公司、考克斯公司等也已试办或筹办。另外，有线电视网由光纤和同轴电缆构成，具有比一般凭借电话线连接的电脑网络宽得多的频带和高得多的信息传输能力，这就形成了有线电视网和电脑网汇合的强劲势头。一些有线电视经营商正在凭借自己的设备优势，同互联网联结，把音像节目的传播同其他信息服务汇合在一个网络之中。另一些有线电视经营商则同电脑企业合作，开辟电视网与互联网相结合的新途径。譬如美国电信公司与微软公司合作，将特制的机顶盒接入微软的操作系统，用户可经由电视机享受上网信息服务。

地面无线电视的数字化进程较为复杂，因而成为联邦通信委员会关注的重点。联邦通信委员会1997年制定了地面数字电视实施进程表，要求2002年1月1日前所有商业电视台必须播出数字节目，2003年1月1日前所有公共电视台必须开播数字节目，2006年1月1日全面实现地面电视数字化，终止传统的模拟电视方式。根据这一进程表，1998年11月四大商业广播电视公司属下的41家电视台，率先在洛杉矶等10大城市开播数字节目。目前数字电视接收机以及供现有电视机接收数字信号的机顶盒(解码器)已投放市场。

美国广播电视同电脑网络相融合的步伐也在加快。重要的广播电视台都已在互联网上设立网站，借助互联网传播广播电视节目，特别是新闻节目。广播方面，至1997年为止，已有85%的电台上了网。电视方面，CNN早在1995年8月就设立了网站，NBC、ABC、CBS、FOX等公司的网上内容各有千秋。它们在网上提供的信息量极大，如NBC同微软合建的MS/NBC每周有1000万~1400万网页，CNN有2500万网页，FOX有700万网页。它们还按接收者的地区和语言的不同，将新闻栏目细分为若干支栏，进行针对性传播。此外，同网络技术相结合的交互式电视、家庭购物电视、点播收费电视等新的传播形式也在陆续推出和发展。

第三节　英国广播电视业

一、历史梗概

英国是世界无线电事业的发源地。自从1897年马可尼在英国创办无线电公司以后，无线电通信在军事和航海领域得到了广泛运用。1920年起，马可尼公司又积极进行无线电广播的实验。1922年12月，马可尼公司联合其他5家无线电企业，组建了民营的英国广播公司(British Broadcasting Company)，揭开了英国广播事业的历史。

几年以后，英国议会鉴于广播事业的重大影响，决定采用公共企业的形式来经营，使之既不为私人所占有，又不为政府所控制。根据议会决定，1927年元旦英王颁发“皇家特许证书”，将已建的民营公司改组为公营的英国广播公司(British Broadcasting Corporation，BBC)，授予它在全国经营无线电广播的特权。此后30年间，英国广播电视一直是公营的BBC的独家天下。

BBC改为公营后，积极在国内各地建立地方台，很快形成了完备的国内广播网，居民拥有收音机并领取使用执照的数字逐年增加，由1923年的12.5万台上升至1927年的227万台，1937年又增至830万台。1932年起开办对外广播，并且随着国际形势的变化和战争的临近，陆续增加语种，扩展播送范围。

英国于1926年就开始电视研究和实验。1936年BBC建立了电视台，11月在全世界率先定时播放电视节目，每周播放13小时。1937年进行第一次户外电视实况转播，播映了英王乔治六世的加冕典礼。1939年，电视播映时间增至每周24小时，当时全国约有电视机2万架。

第二次世界大战期间，英国实行战时体制，BBC改归政府宣传部领导，国内外广播坚持进行，但电视播映暂时中断。战后BBC恢复原有机制，广播事业进一步发展，1955年开始调频广播，

1967 年起兴建地方电台。居民拥有收音机 1947 年为 1088 万台，1956 年为 1426 万台。战后政府积极推进电视发展计划，在各主要城市建立电视发射台，至 1957 年底全国电视网初步形成，覆盖总人口 90%。居民拥有电视机数字，1950 年为 34.4 万台，1956 年为 574 万台。

战后英国各界对广播电视的独家垄断问题发生了争论，历经数年，持反对意见者逐渐占据上风。1954 年 6 月议会决定允许开办商业电视，并组建独立电视局（ITA）负责管理，1955 年 9 月第一家商业电视台（伦敦电视台）开播。1964 年，BBC 开设电视二台，1967 年用 PAL 制式开播彩色电视。1972 年，议会又决定开放商业广播，并将独立电视局改名为独立广播局（IBA），同时管理商业电视和广播。1973 年第一家私营电台（伦敦广播公司）开播。从此以后，BBC 独家垄断电视和广播的局面先后被打破。然而英国的私营广播电视都受 IBA 管辖并且租用 IBA 的设备播放，它们在行政上、设备上、业务上受 IBA 的多方制约；而且各私营台是按地区批准设立的，一旦获得经营执照，就在各自地区形成事实上的垄断。所以人们把这种格局称为 BBC 和 IBA 的“双头垄断”。

20 世纪 80 年代后期，西欧各国出现了广播电视商业化的趋势，原先公共广播电视一统天下的局面，纷纷被公私并存的新体制所取代。英国朝野要求全面发展商业竞争的呼声也不断高涨。在这一背景下，1988 年 11 月，英国政府发表了有关变革广播电视体制的白皮书，1989 年 12 月向议会提交了新的广播电视法案。这个名为《1990 年广播法》（Broadcasting Act 1990）的法案于 1990 年 10 月经议会通过，并于 1992 年起正式施行。

新广播法的基本意图是要放开广播电视市场，创设更为自由的竞争环境，以促进广电事业的繁荣，同时也要求切实保证节目质量。根据这一法案，原有的独立广播局和有线电视局均已撤销，代之以独立电视委员会和无线广播局。独立电视委员会负责管理商业电视（包括电缆电视和卫星电视），有权颁发电视台许可证，颁布某些行政法规，对违反法规或节目标准的给以制裁。无线广播局负责管理商业广播，有权颁发电台许可证、制定有关广播的行政法规并监督其执行。根据这一法案，原有的全国性商业电视(第三频道、第四频道)都改为独立经营的公司，并且开办新的全国性商业电视(第五频道)、商业电台，发展地方商业电台。这些商业台都将以招标方式，通过平等竞争选定经营者，经营期满后再次通过招标竞争产生新一轮经营者。

新广播法并未涉及 BBC，但是由于对原属 IBA 系统的私营广播电视体制作了重大变更，原有的“双头垄断”格局已被打破，实际上已为公共广电和商业广电并存发展的局面所替代。目前英国广播电视分属三个系统：①英国广播公司，拥有全国性电视频道 2 个、全国性电台 5 个、地方电台 39 个；②独立电视委员会，管辖商业性的地面电视频道 3 个(第三、四、五频道)、卫星电视(英国空中广播公司等)、有线电视；③无线广播局，管辖商业性的全国电台 2 个、地方电台 150 个。

1998 年前后，英国居民拥有收音机 8320 万台，平均每千人 1415 台；电视机 2360 万台，平均每千人 401 台。彩电为 PAL 制式。

二、英国广播公司

英国广播公司(British Broadcasting Corporation，BBC)是英国广播电视事业的中坚，也是西方世界最大的公共广播电视公司。

BBC 是个国有公营的机构，关于它的法律地位和管理方式，主要由两个法律文件加以规定，一个是国王颁布的“皇家特许证书”(Royal Charter)。这是有一定有效期的文件，首次颁布于 1927 年，以后又重新颁布过 6 次，但内容变动不大，最近一次是 1996 年修订颁布的。另一个是每次“皇家特许证书”发出后，该公司与政府主管部门订立并经议会批准的“执照协定”(Licence and Agreement)。政府主管部门最早是邮政部(后改邮电部)，1974 年改为内务部，1992 年 4 月起改为新设的民族遗产部。

根据文件，BBC 是特许经营广播电视的公共企业。最高领导机构是理事会，其成员包括社会各界代表，以及苏格兰、威尔士、北爱尔兰地区代表，由政府提名，国王任命。理事会决定公司的方针、政策，并任命总经理等主要领导成员组成经营委员会，主持日常工作。政府主管部门受议会委托监督公司的经营政策和节目内容，负责向公司签发执照，审查公司的年度报告，并就特定的情况或技术问题发布指令。BBC 的经费来源主要是受众交纳的收音机、电视机执照费(1977 年以后，收音机不再收费)，由政府主管部门代收，收费标准由议会决定。对外广播经费则由国家财政预算拨给。另外，出版书刊、教材、节目指南，发售录音录像带，出租技术设备等也是重要的经费来源。文件禁止 BBC 做商业广告或播送任何付费节目。

上述规定使 BBC 在行政和财政方面受政府和议会的制约。但是它在文件规定的范围内又有自主经营的权利和业务上的独立性，政府对于业务问题一般不加干预。虽然文件规定政府有禁止播出特定节目的保留权限，但是 70 多年来这一权力只使用过一次(1988 年撒切尔政府禁止播出有关组织支持北爱尔兰武装活动的声明)，而且在这种情况下 BBC 有权公开政府的禁播通知，让公众了解分歧所在。

BBC 的业务可分为国内和国外两部分。有关国外部分将在下一章叙述。

在国内方面，设有四个全国性电台、两个全国性电视台。在苏格兰、威尔士、北爱尔兰设有地区总部，主办地区广播电视台和社区电台；在英格兰设有南、北、中三个地方总部，主办地方电视和地方电台。这些地区台和地方台，一面转播全国台的节目，一面播送本地新闻和自制节目，有些节目也提供给全国台播放。它们同样不播广告，经费由 BBC 总部拨给。

BBC 的几个全国台的内容各有侧重，相互补充。广播方面，第一、二、三台的绝大部分时间播放音乐，分别占到播音总时数的 94.5%、85.3%、75.9%，但是音乐的种类不同：第一台以现代音乐为主，辅以新闻时事和娱乐节目；第二台以轻音乐为主，辅以新闻时事、娱乐和宗教节目；第三台主要播放古典音乐，经常转播各种音乐会和音乐活动，还播出新闻时事、广播剧、体育和宗教节目；第四台是综合台，新闻时事、纪实节目占 75%左右，其他还有音乐、广播剧、娱乐、宗教和体育节目；第五台是直播台，着重提供新闻和体育方面的直播报道，如奥运会和其他体育大赛、国内大选、美国总统竞选等，也播送音乐、广播剧、娱乐节目，还担负对学校和儿童的广播。电视方面，第一台(频道)、第二台(频道)都实行综合性编排，相对而言第二台的时事纪录片更多，还担负议会实况转播和对学校播出的教学节目。自 1997 年 11 月起，BBC 新办了一个面向国内观众的全日夜电视新闻频道(BBC News 24)，依靠分布于国内外的记者队伍，及时采制最新消息，使观众任何时候打开电视机都能看到最新的新闻时事。此外，BBC 正在陆续开设一些收费频道，以满足观众多方面的需求。

有关 BBC 的法律文件规定 BBC 的宗旨是提供信息、教育和娱乐，其节目应兼顾各方面的需求和兴趣，而且必须是“健康的、良好的”。基于这些，它在长期的业务实践中形成了自己的某些特点。譬如，在新闻节目中，它惯用客观报道手法，尽量回避带有感情色彩的主观评论。每逢大选，BBC 要对各政党作机会对等的安排，使它们都可以在规定的时间内免费广播，发表政见。它的娱乐节目比较正统，它有一支较好的编导队伍，编制的广播剧、电视剧颇具特色；它的交响乐团以演奏古典音乐而闻名。但是，这些年来为同商业台争夺观众，BBC 也较多地播放流行音乐、侦探片、恐怖片，品位有所下降。

BBC 具有注重教育节目的传统。从 20 世纪 20 年代起它就制作并广播专供学校采用的节目，许多中小学都定时接收，作为课堂教学的补充。70 年代起，BBC 和政府教育部门联合开办广播电视大学，进行广播电视教学。这个大学有 6 个系，开设 170 多门课程，BBC 每年为它制作 300 个节目，每周安排数十小时播放。80 年代后，这个大学改以函授为主、广播电视为辅，但 BBC 仍然承担大量的工作，包括制作教学录像、磁带，出版书籍等。

BBC 一贯重视受众反馈研究。它从 1939 年起对广播、1952 年起对电视定期收集反映，几十年从未间断，1980 年它同独立广播局成立了一个联合调查机构“英国广播受众调查处”(BARB)，通过记录器、家庭日记、问卷等方式，长期调查各种节目的收视、收听率以及受众反映，每周(电视)或每月(广播)提出一份报告，作为改进工作的依据。

三、公私合营广播电视

英国从1955年起开办商业电视，1973年起开办商业广播。这些商业广播电视在1992年前都由独立广播局(IBA)管辖，独立广播局拥有发射设备，并向私营的节目公司颁发使用发射设备的经营许可证，从而成为公私合营性质的广播电视系统。新广播法颁布后，自1992年起独立电视委员会和无线广播局取代独立广播局。

独立电视委员会(ITC)、无线广播局(RA)和IBA一样，是依法组建的国家管理机构，由政府的主管大臣掌管。两个机构均由若干名委员组成领导班子，决定业务方针，并任命行政主管主持日常工作。领导班子成员包括各界各地代表，由政府主管大臣任免。两个机构的职责主要有二：一是建造和经营广播电视发射设备；二是通过颁发经营许可证对私营广播电视公司进行管理。这些私营公司有全国性的、也有地区性的，它们通过公开招标竞争，分别经ITC或RA批准获得播放广播电视的许可证，然后租用国家设备播放节目。由于它们只管制作和播放节目，所以又称为节目公司。节目公司在制作节目时接收广告委托，收取广告费作为经费来源，并且依据合同向ITC或RA缴纳设备使用费。而ITC或RA则在审批许可证、出租设备的过程中，对这些公司的业务方针、节目内容、广告制作等方面进行监督，如果这些公司的节目和广告不符合规定，ITC或RA可以提出纠正，直至取消许可证。

独立电视委员会管辖的地面电视，包括3个全国性频道和14个地区性电视。这三个全国性频道分别由第三频道公司、第四频道公司、第五频道公司(Channel 3、4、5)主办。第三频道公司原来称为独立电视网，形成于50年代，现在由16个电视节目公司组成，这16个电视节目公司分布在全国14个地区，其中伦敦地区有3家：平日电视节目公司、周末电视节目公司、晨间电视节目公司。这些电视节目公司联结成全国电视网，即第三频道，全日夜播送新闻、电视剧、娱乐和体育节目(其中包括早餐时段的晨间节日）。这些电视节目公司又分别在14个各自所在的地区播出地方新闻等自制节目。第四频道公司原来是第三频道公司的一个子公司，创办于1982年，1993年起改为独立法人，用自己的广告收入经营。广播法规定第四频道节目要具备“独特的个性”，着重播出第三频道所没有的内容，以适应观众的其他兴趣和需要。第五频道公司成立于1995年，经营者是通过公开招标确定的一家跨国集团。1997年3月正式开播，全日夜播送新闻、娱乐和体育节目，声称要做到“现代和主流”，力求在内容和形式上独树一帜。

无线广播局成立后，进一步发展地方广播，使地区广播电台增加到150座左右；与此同时，先后开设了3家全国性的商业广播电台。这些不属于BBC系统的电台，通常称为独立广播电台。

商业电视公司和电台的收入几乎全部来自广告。现行法规对广告有明确的规定和限制：广告必须与节目明显有别；广告应安排在节目之间，不得在节目进行过程中穿插广告；电视广告每小时不得超过7分钟，广播广告每小时不得超过9分钟；学校、王室、议会以及庆典活动的节目不得播送广告等等。尽管如此，私营节目公司总要千方百计地吸引更多的广告，为此就竞相制作和播送吸引受众的节目。所以它们的节目比BBC的更富娱乐性，但是品位不高、庸俗低下的也更多。

四、有线电视和卫星电视

在英国，转播地面电视节目供用户接收的有线电视早就出现。但是专门的有线电视行业则在20世纪80年代才有发展。1984年英国议会制定了《有线电视法》，政府设立了有线电视局，负责电缆建设，按地区向有线电视经营者颁发执照，并对之进行监督管理。新广播法生效后有线电视局撤销，这项业务改由独立电视委员会统一管理。英国的有线电视经营者可以转播地面电视台和卫星电视台的节目，也可以自制节目。为了促进有线电视发展，政府不仅鼓励国内电话公司参与有线电视建设，同时也允许有线电视系统经营电话业务，此外还可以经营互联网络、家庭电视购物等业务。但是截至90年代，有线电视仍未广泛深入家庭，其用户仅占电视观众的22%左右。

相比起来，英国的卫星电视发展较快。20世纪80年代初，英国政府决定发展卫星电视，曾分配给BBC和IBA各两个卫星频道，但是BBC并未利用，IBA则招标设立了英国卫星广播公司，并于1990年4月开播。1983年默多克集团收购了一家私营的卫星电视公司，改名为空中电视频道，向西欧各国有线电视网和地面电视台发播节目。1989年改称空中电视台(Sky TV)。1990年11月该公司兼并了英国卫星广播公司，成立英国空中广播公司(BSkyB)，扩大规模，增加频道。现在办有新闻、电影、娱乐、体育等十多个基本频道和收费频道，采用卫星直播和有线电视网转播两种方式，在英国和其他欧洲国家获得大量观众，仅在英国和爱尔兰就有688万订户(1998年)。

五、广播电视数字化和电脑网络化

英国政府于1995年8月发表了著名的《关于数字地面电视的政府议案》，正式启动了电视数字化的进程。随后政府积极采取措施，分配频率资源，规划实施步骤。1996年6月英国广播公司公布了该公司的实施计划。独立电视委员会则对分配给商业电视的频带进行了公开招标。1997年6月英国数字广播公司(BDB，由两家地区性节目公司和BSkyB联手组成)中标获得了3个多路复用频带的经营权，1998年第四季度该公司率先推出了30个频道的地面数字电视节目。1998年10月，英国空中广播公司(BSkyB)正式开播了卫星数字电视，这年年底已获得用户35万。在有线电视领域，最大的三家有线电视经营商(Telewest、NTL、CWC)已先后在1999年推出数字业务。受英国政府委托进行专门评估的全国经济研究会，已经提出在10~15年内英国要彻底实现从模拟电视到数字电视的转变。

英国广播数字化也在推进之中。1995年9月起，BBC的五套全国性广播节目有四套同时使用数字技术广播，成为世界上最早正式进行全国性数字音频广播的电台。

英国广播电视正在同电脑网络相结合。这几年BBC不断加强和改进了它在互联网上的网站“英国广播公司在线新闻”(BBC, News Online)。BBC 还开办了网上信息服务项目 BBC Inform，互联网用户可以随时从中获得新闻、体育、天气、旅游等方面的信息。BBC 新设的“选择频道”(BBC Choice)也提供部分网上服务。

第四节　法国广播电视业

一、历史梗概

早在 20 世纪初，法国就有种种无线广播的实验。1903 年，广播业的先驱德福雷斯特在巴黎的埃菲尔铁塔上设过广播实验台。1922 年法国邮电部正式在埃菲尔铁塔设立电台，定期播放节目，开始了法国广播事业的历史。以后的发展大致可分为三个时期：

(一) 国营为主、允许私营时期(1922—1944 年)

广播诞生后，私营电台纷纷出现。1923 年国会通过法案，规定广播事业为国家专利，私人只有经邮电部特许方可经营，并且不得妨碍国营广播和公共利益。根据这一方针，邮电部设立了专门机构，扶植和发展公共广播，在各地兴建发射台网，同时限制私人电台数量。1933 年开始征收收音机执照费，为国营广播筹集资金。同年又把最大的私营台巴黎电台收买并改组为国营台。

这一时期，法国广播事业有了初步发展。至 1937 年，国营系统有全国台 3 个，地方台 18 个，私营系统有 12 家，居民使用的收音机有 400 多万台。1931 年，开办了对海外殖民地广播。

1935 年法国开始电视试播，1938 年定时播放少量的电视节目。但是，1940 年德军入侵法国，打断了法国广播电视业的正常发展，电视停办，广播电台都成了法西斯军队和傀儡政权的御用工具。

(二) 国家垄断时期(1945—1981 年)

第二次世界大战结束后，戴高乐政府接管了国内所有的广播设施。1945 年颁布法令，取消私营电台特许经营制，不再允许私人经营广播，从此开始了长达 30 多年的国家垄断体制。但在垄断管理的形式上，曾有过多次的变化，第一，1945—1964 年，由法国广播电视公司(RTF)统一领导全国电台、电视台。RTF是国营的公共机构，由政府新闻部掌管，负责人由政府总理任免，经费主要依靠受众交纳的执照费，并列入国家财政预算。第二，1964年，议会通过广播电视法案，将RTF改为ORTF，即法国广播电视管理局。ORTF是个具有工商企业性质的国营机构，直属政府，局长由内阁会议任命，局的管理委员会由国家和公众代表组成(各占一半)，不过这些成员也都由政府委任。第三，对于广播电视的垄断体制，法国各党派历来有争议，加之ORTF官僚习气严重，经营不善，各界纷纷呼吁改革。1974年德斯坦当选总统后，经议会同意取消ORTF，将它的业务分散给7个国营公司，即法国广播发射公司、法国制片公司、全国视听研究所、法国广播电台、电视一台、电视二台、电视三台，以便实现"国家垄断下的分工与竞争"。不过这7个公司的领导成员都由内阁任命或批准，政府总理统一协调各公司的事务，经费由政府根据它们的工作质量等因素进行分配。

以上三次管理形式上的变化，并没有改变广播电视国有国营的基本体制。在这种体制下，历届政府都保持着对广播电视的直接控制，几乎每届政府上台都要迅速改组广播电视机构的领导，安排自己的支持者。广播电视在政治上和业务上的独立性是难以同其他西欧国家相比的。

这一时期法国广播电视事业的规模有了重大发展。在20世纪40年代末广播业就已超过战前水平，50年代广播网已覆盖全国，收音机已经普及。1945年正式设立电视台，恢复电视播放。1964年开办电视二台，1967年用SECAM制式开播彩色节目，1972年增设电视三台。居民拥有电视机60年代初为100万台，70年代初增至1200万台。为了弥补资金不足，1967年议会同意开放电视广告。到1970年广告收入已达到ORTF总收入的1/4。

(三)国营私营并存发展时期(1982年以后)

在国家垄断体制下，法国广播电视业存在许多难以解脱的矛盾。例如，国营机构缺乏经营活力，效率不高，人浮于事，经济情况始终不佳；广播电视内容单调，难以满足受众需求，法国受众纷纷转而接收境外广播电视；广播电视业务的自主性差，行政干预严重，从业人员和社会舆论颇为不满。鉴于各方面的压力，1981年密特朗就任总统后便着手体制方面的变革。1982年7月议会通过新的广播法《视听传播法》，允许民办广播存在。此后一年间，全国就有1000多家私营电台获得了执照。1985年1月政府又宣布开放商业电视，在此前后，私营的全国性电视"新频道电视台"以及电视五台、六台相继开办。1986年希拉克上台后继续推进这一进程，再次修改法律，通过了《传播自由法》，1987年将规模最大的国营电视一台大部分股票出售给私人。此举不仅发展了公私并存的格局，而且使私营电视的总体实力超过了国营电视。

目前，法国广播电视的最高管理机构是视听最高委员会(CSA)，该委员会由总统、两院议长各推荐3人，共9人组成，主席由总统指定。委员会的职责是按照自由、多元的声像传播方针，对广播电视事业实行管理和监督。其权限包括制定各种法规条例，对频谱进行分配，为商业广播电视经营者发放经营许可证，对违规行为进行制裁，任免公共广播电视机构领导成员等。另外，政府的文化部也承担部分对广播电视的行政管理事务。

法国现有面向全国的国营广播网1个，播送6套节目。商业广播网10多个，联网电台700家；另有独立的商业台450家，非营利性电台380家。全国性地面电视台6个，其中公共电视3家，商业电视4家。截至1998年，法国居民拥有收音机5200万台，平均每千人891台；拥有电视机2147万台，平均每千人368台。彩电为SECAM制式。

二、公共广播电视

法国公共广播电视经过几十年的演变，现在已形成几个相对独立的公司，采取国有公营的体制，依法产生领导机构并自主开展业务。各公司领导机构均为管理委员会，管委会的人数、选任办法、职责权限都由广播法规定。多数公司的管理委员会有12名委员，其中国会议员2人(参众两院各选1人)，政府任命的代表4人，视听最高委员会遴选的社会人士4人，本单位代表2人。主席兼总经理由视听最高委员会从遴选的委员中指定。管委会决定本公司的业务方针、工作纲要、财务计划，聘任高级管理人员，监督各项工作的实施。公司的经费主要来自电视收看费（收费标准由国会审定、由政府财政部门收缴并分配）、广告收入和少量国家拨款。广播法对广告的内容、形式和时间，都有一定的规定和限制。譬如，广告必须和节目明显有别，禁止播出烟草和含酒精饮料的广告，每天播出时间平均每小时 6 分钟，公共台的广告只能安排在节目之间而不得在节目进行中途插播广告等。

公共广播主要由法国广播电台（Radio France，RF）经营，下面分设四个台：①国内台，这是个综合台，日夜播音，每小时都有正点新闻；②文化台，以文化教育节目为主，也有新闻和时事专题；③音乐台，立体声调频广播，日夜播放；④新闻台，每天 24 小时连续播送新闻时事节目，每半小时更换一次，滚动式播送。

法国广播电台还领导各地有单独编制的地方广播电台。法国全境分为若干广播区，每区有公营的中心台和其他地方台。这些台和法国广播电台联结成网，定时转播后者的节目；另外，又自行编播地方节目。

公共电视主要为电视二台（F2）、电视三台（F3），它们同属法国电视台（France Television）领导。两台各办一套全国性的综合节目。节目安排有所分工，各有侧重，二台强调群众性，三台突出创新特色。电视三台还负责领导管理各地播出自办节目的地方电视台。公共电视还包括混合公司性质的电视五台（La Cinquieme），这家公司 56%的股份属于国家，其余为其他电视台、视听研究所和民间资本，主办一套文化、社会和职业教育节目。电视五台同欧洲文化电视台共用一个频道（彼此划分时段）播送节目。欧洲文化电视台是法国几家广播电视机构和德国合资开办的电视机构，也在法国播送节目。

公共广播电视还包括：法国国际广播电台，主办国际广播并对侨居法国的外国人广播；法国海外领地广播电视公司，总管海外省和海外领地的广播电视台，并提供广播电视节目；法国广播发射公司，主管广播电视发射网、发射频率，经营公共广播电视的发射业务，还拥有并经营广播卫星；法国视听节目制作公司，这是由国家资本、商业银行以及电视二台、三台、一台共同出资组建的公司，专门制作和销售各种音像制品、广播电视节目；此外，还有一个负责广播电视业务研究的机构视听研究所。

自从开放商业广播电视以来，公营台面临着严峻的挑战和激烈的竞争。这固然带来了新的动力，促使它们改进业务和管理；但是另一方面这些公共台也出现了“自我商业化”的倾向，为了追求市场效益，不断出现降低节目品位和媚俗的现象。

三、商业广播电视

法国的商业广播是1982年开放的。在此之前，许多法国人感到国营广播单调乏味，不愿收听，便把目光转向国境之外。于是一些法国资本家在靠近法国的邻国领土上开办电台，向法国听众广播，这便是所谓的“外围电台”。以后这些台的业务还从广播扩展到电视。1982年商业广播开放后，国内私营台大量涌现，现在已形成一些全国性广播网，还有不少独立的电台，总的市场占有率已超过公共电台。原先在境外播送的“外围电台”也获准在法国设台，如西德的欧洲一号电台，现在同时在德国和法国广播，卢森堡广播电视台现在分别在卢森堡和法国广播，原来设在摩纳哥公国的蒙的卡罗电台，现在也在法国境内设台广播。

商业电视萌生于1984年。这年11月，民营的新频道电视台(Canal Plus)获准开办，它是由公私合营的哈瓦斯广告集团和另外一些私人股东合资建立的。这是收费电视台，也称第四频道，通过地面和通信卫星同时传送信号，用户须每月交纳一定的费用并在电视机上安装解码器才能收看节目。播送内容主要是电影和体育节目，尤其有大批上映不久的电影片(每年约有四百部新影片)颇受观众欢迎。现在新频道电视台已有国内外订户近千万家，是欧洲最大的收费电视台。1996年新的营业执照规定它每天播出一定时间的免费节目，让法国大多数家庭都能收看。

其他商业电视台有两个，一是法国电视一台(Television Francais 1，TFl)。这是法国最大的全国性电视台，建于1945年，

1974 年成为独立的国营企业。经议会批准，1987 年 4 月向私人出售股权，现在主要股东是本国的布依格集团、自来水总公司等。该台覆盖全国人口 90%以上，市场占有率为 40%左右。二是电视六台(Metropole Television)。1985 年开办，以播送音乐节目为主，也称为音乐六台。股份主要掌握在卢森堡广播电视公司、里昂自来水公司等企业之手。

商业广播电视的经费主要来自广告。为了追求商业利润，它们也同其他国家的商业台一样，存在种种弊端，这些已引起舆论界的关注和不满。

四、有线电视和卫星直播电视

法国有线电视网的建设始于 20 世纪 80 年代。1982 年政府颁布了《有线电视发展规划》，大型电缆系统由国家建设和经营，地方小型电缆系统由私营公司开办经营。1995 年，能够提供 15 套以上节目的宽频带有线电视网有 380 个，最大的三家经营者为里昂传播公司、自来水总公司、电信公司，每家都经营 20 多个网络。入网用户约占电视机家庭 20%以上。

按规定，有线电视网有义务转播公共电视台的节目。除此而外，转播的节目来源有商业电视台、外国地面电视台、卫星电视以及地方电视台。

法国的卫星电视主要使用法国广播发射公司、法国电信公司的卫星以及某些欧洲卫星进行传播。法国所有的公共广播电视和商业广播电视都已上了卫星。落地的方式一是通过有线电视网，一是用户直接接收(卫星直播)，后者用户约为 100 多万。

法国广播电视的数字化和电脑网络化也在逐步推进之中。1996 年 4 月，新频道电视台率先进入数字电视领域，开办了数字卫星频道，提供 50 套数字节目。随后法国电视台、电视一台以及其他台也着手利用欧洲的卫星进行数字化传播。1997 年 1 月法国电视台上了互联网络，开始通过电脑网络传送它的节目。

第五节　德国广播电视业

一、历史梗概

德国在 1903 年设立无线电报公司，开办海岸电台，开始将无线电通信用于航海活动。第一次世界大战期间，无线电通信不仅广泛使用于军事目的，而且成为德国向国外传播新闻的主要途径。1923 年 10 月，在柏林创建了第一座广播电台，主要用于播放音乐和娱乐节目。随后，公营和私营的电台陆续在各大城市出现。1929 年 8 月，政府开办了对外广播，用于向海外领地播音。

1933 年希特勒登台，随后德国广播业就完全为法西斯政府控制，由国民教育和宣传部直接掌握。就在这一年，法西斯政府设立德国广播协会，作为全国性的广播机构，并且下令没收所有私营电台，停办一切地方电台，实行高度的舆论控制，利用广播宣传法西斯主义，鼓吹对外侵略。随着德国军队向其他国家推进，被占领国家的电台相继被纳入德国的广播网络，统一转播柏林的声音，并向当地居民推销专门收听德国广播的收音机。德国本土的收音机也从 1933 年的 400 万台，上升到 1941 年的 1500 万台。

德国的电视实验开始于 30 年代初，1934 年柏林建立了实验电视台，1935 年起经常播送节目，但清晰度低，收看也有限制，除特定官员外，一般平民只能到指定的地点集体收看。1936 年 8 月该台曾转播过在柏林举行的奥林匹克运动会的实况，引起很大轰动，街头集体收看的人数曾达 15 万。但是，随后发射机烧毁，直到 1938 年德国才建起正式的电视台定时播放节目，并在邮政总署的安排下生产和销售统一规格的电视机，供一般居民收看。战争后期，电视发展陷入停顿。

第二次世界大战后，英、美、法、苏四国盟军占领德国，各占领当局没收了原有的电台，组建了临时广播机构。1949 年联邦德国和民主德国先后成立，随后出现了长达 40 年的东、西德两种体制并行发展的时期。

在西德，即原联邦德国，宪法规定广播电视是各州的事业，各州自行制定法律进行管理；各州之间或全国性的广播电视事务，由有关各州或全国各州签订协议加以规定。依据上述宪法规定，各州陆续建立了自己的公共广播机构。这些由一州或几州联合组建的地区电台，既不属于政府也不属于个人，由社会各界共同管理，承担为公众传播新闻、提供娱乐、提供教育的责任，通常称为社会公营体制。1950 年 8 月，这些地区电台联合起来，成立了德国公共广播联盟(ARD)，加强相互间的合作。后来各地区电台办起了电视，彼此联结，在 1954 年组成了全国性的电视网，名为德国公共广播联盟电视台，简称也是 ARD，这便是现在的电视一台。这些地区电台还先后组建了两个全国性的电台：一个是德意志广播电台(DLF)，对东西德广播；另一个是德国之声电台(DW)，对世界各国广播。这两个电台后来经 1960 年通过的联邦广播法确认为独立的“具有法人资格，行使自主管理权”的“公用公司”。它们也加入德国公共广播联盟成为成员。所以，当时德国公共广播联盟共有 11 个成员，包括 9 个地区性广播电视台、2 个全国性电台。

联邦德国各州政府为了给公众更多的选择，后来又联合筹办了第二套电视节目。1961 年各州政府总理签署协议，开办一个新的“公用公司”，即电视二台(ZDF)。该台于 1963 年开播。

从 20 世纪 80 年代起，联邦德国逐步出现私营广播电台，1984 年又出现了私营的有线电视台。当时各州正在制定新的广播法，在这一问题上意见很不一致，尤其是下萨克森州新广播法载入了有关私营广播电视的条款，更加引起争议。但是随后联邦宪法法院裁定，上述条款不违反宪法，从而为私营广播电视正式开了绿灯。1987 年 4 月各州政府达成共识，签订了新的州际广播协议，确认经州政府许可，可以建立私营广播电视机构。协议还规定经过州政府批准，可以在有线电视系统中转播所有能够收到的公营或私营电视节目。从此以后联邦德国正式走上了公私并存的广播电视双轨制的道路。

东部德国在苏军占领期间就已形成了两个广播网。民主德国成立后广播电视实行国有国营的体制。1952 年政府设立国家广播委员会，领导和管理广播事业。1968 年 9 月改设国家广播委员会、国家电视委员会，分别管理广播和电视。和其他社会主义国家一样，民主德国的广播电视是党和政府的宣传工具，承担着向人民进行思想和文化教育、提供娱乐和服务的责任。

此后 40 年间，民主德国的广播电视有过相当大的发展。截至东西德合并时，共有 4 个中央级电台、11 个地方电台、1 个国家电视台。

民主德国的中央级电台是：①德意志民主共和国电台（Radio DDR），负责对内广播，有两套节目，还同地方台组织定时的联播；②德意志民主共和国之声电台（Stimme der DDR），对民主德国以外的德语听众广播；③柏林广播电台（BR），面向东柏林居民广播；④柏林国际广播电台（RBl），是面向世界的对外广播机构，创立于 1955 年。

民主德国的国家电视台是 20 世纪 50 年代建立的，1956 年正式定时播映，1969 年起播放彩色节目（塞康制式），有两套节目，当时电视普及率已超过法、意、比、荷等西欧国家。另外，民主德国约有 2/3 的地区可以收看联邦德国的电视节目。

1989 年起，民主德国政局发生激烈动荡。1990 年 3 月基督教民主联盟替代德国统一社会党执掌政权。1990 年 8 月 31 日东西德政府签署《德国统一条约》，其中第 36 条是关于广播电视的条款，规定到 1991 年 12 月 31 日为止是个转换期，这一期间民主德国的国家电台和电视台合并，成为独立于政府之外的广播机构，转换期结束后自行解散，由各州单独或联合设立的“公共广播机构”经营广播电视。

1990 年 10 月两德实现统一。统一后不久民主德国的国际电台率先并入联邦德国的德国之声电台。随后民主德国的国家电台、电视台相继被原联邦德国的德广联（ARD）和电视二台接管，原先的塞康制式都改为帕尔制式。原来的民主德国地区被划分为 5 个州，经过各方面协商讨论，设立了相应的“公共广播机构”，并加入德广联（ARD）成为成员。这样从 1992 年元旦起东、西两德广播电视正式一体化。

统一后的联邦德国沿袭原联邦德国的体制模式。广播电视业基本上由各州自行立法并管理；涉及两州以上的业务则由当事各州签订协议加以规定和管理；涉及全国的业务则由全德各州签署协议加以规定并管理。根据各州的立法和全国的州际协议，现在德国实行公共广播电视和商业广播电视并存的体制。各州都有相应的广播电视管理机构。全国的联邦邮电部负责广播电视节目的传送、转播，通信设施的建设、管理，包括电缆的铺设、卫星广播电视接收设备和通信卫星的研制运营等。

在两德统一前，西部德国居民拥有收音机 2625 万台，平均 2.3 人一台，电视机 2301 万台，平均 2.7 人一台。东部德国有收音机 600 万台，平均 2.8 人一台，电视机 618 万台，平均 2.7 人一台。两德统一以后，1998 年全德有收音机 3766 万台，千人平均为 460 台，电视机 3364 万台，千人平均为 411 台。彩电一律采用 PAL 制式。

二、公共广播电视

战后联邦德国长期实行社会公营的广播电视体制，现在公营台仍占重要地位。这些社会公营广播电视台依法自主经营，一般设有三套机构，一是广播委员会，这是最高决策机关，由各界社会团体代表、州议会各党派代表组成，决定大计方针，选举管理委员会，任免总经理，批准预决算。二是管理委员会，这是广播委员会的常设机构，负责监督业务活动，同总经理签订合同并监督其执行，检查预决算实施情况。三是总经理(台长)，总管全台业务工作，任免部门负责人，确定节目计划，负责财务实施。这样的管理体制保持了广播电视的相对独立性，但是，各州执政的党派一般仍能通过各种方式发挥主导作用。

公共广播电视的经济收入一般来自两个方面，第一，听众和观众每月交纳的收听费、收视费，具体数额由州际协议规定，并由各州联合设立的收费中心征收。征收的款项在向国家缴纳技术设备使用费后，由德广联主持按一定比例在各台之间分配(电视二台取得收看费的 30%)。第二，广告费。各台均有广告，但须遵守有关规定。如广告必须同节目内容明显有别；内容只限于介绍商品和服务，不得进行政治、宗教、意识形态的广告；广播广告每天不超过60分钟，电视广告每天不得超过20分钟；不得在节目进行过程中插播等。

广播法规要求公共广播电视向公众提供广泛而充分的信息，认真负责地报道新闻和公共事务，尊重公众不同的思想和信仰，考虑各方面的兴趣和需要，并保证各政党、团体、教会都能平等地使用广播电视。政府可以通过电台、电视台发布正式通告，但无权提供节目或干预节目制作。

现有的公共广播电视台情况如下：

(1)地方广播电视台。原联邦德国地区有9个：巴伐利亚台(位于慕尼黑)、黑森台(法兰克福)、北德意志台(汉堡)、南德意志台(斯图加特)、西南台(巴登巴登)、不来梅台(不来梅)、萨尔台(萨尔布吕肯)、西德意志台(科隆)、自由柏林电台(柏林)。原民主德国地区2个：中德台(莱比锡)、勃兰登堡台(波茨坦)。这些地方台都是德广联的成员。它们的广播一般有4~5套节目，并且和全国性电台定时播放联播节目。它们的电视，一方面播映电视一台(ARD)的全国联播节目，另一方面各有面向本地的自办节目频道。

(2)全国性广播电台。一个是德意志广播电台(DLF)，1960年在联邦德国各州电台共同经营的德国长波电台基础上建立，面向东西德国和邻近欧洲国家。两德统一后，把“里亚斯柏林电台”、民主德国的全国性广播并了进来，改组为新的德意志广播电台，作为面向国内的全国性公共电台，播送两套节目。另一个是负责对外广播的德国之声电台(DW)。这两个台的经费由联邦财政预算中拨给。

(3)电视一台(ARD)。是德国公共广播联盟各地方台合作组成的电视台，1954年11月起正式开播。1967年以后播映彩色节目。总部在汉堡，发射中心在法兰克福。领导人由地方台选举产生，节目大部分由地方台提供，实行全日夜24小时播送。另外在汉堡北德意志台设立新闻中心，统一采制和播发新闻节目。新闻中心在国内外拥有自己的记者队伍和现代化通讯网络，有关世界各地的重大事件都能及时报道。

(4)电视二台(ZDF)。1961年各州协议创办的第二套全国性电视频道，1963年4月开播，总部设在美因茨。它的最高机构电视委员会成员广泛，包括联邦政府、各州政府、联邦议院各政党的代表，各宗教团体、工会组织、雇主协会、报界组织、慈善机构以及社会各界代表，共70多人。管理委员会成员较为精干，有各州代表5人、联邦代表1人、电视委员会遴选的8人组成。电视委员会任命台长，管理全台日常工作。该台拥有自己的新闻采编和节目制作队伍，在世界各主要国家均派有记者。它也是全天24小时播送。

三、商业广播电视

自从20世纪80年代初开放商业广播电视以来，德国的私营电台电视台有了相当大的发展，尤其在电视领域，市场份额有超过公共台之势。公共台的优势在于：长期覆盖全国受众，拥有收看费和广告两个方面的收入，业务和技术队伍齐全，又得到政府的实际支持。但是私营台的优势也十分明显：它们的业主都是一些实力雄厚的财团或公司；它们机构精干、善于经营，而且往往拥有影片制作公司等作为后盾，在娱乐节目、体育节目方面格外见长；它们的广告较少限制，每天播出时间可达总时间的20%。所以，私营台颇有发展潜力，进入90年代以来，私营台和公营台的竞争更趋激烈。

德国的私营电台目前已有几百座，均为地方性的。私营电视以有线电视为发端，扩展到卫星电视和地面无线电视，现在已有10多家面向全国的商业电视台，其中卢森堡广播电视台(RTL)和卫星电视一台(SAT 1)已成为德广联(ARD)和电视二台的劲敌。投资商业电视原来有三大集团：出版巨商贝特斯曼集团、电影巨商基希集团、邻国卢森堡的国际性企业卢森堡广播公司。1996年4月，贝特斯曼集团的子公司乌发电影公司与卢森堡广播公司合并，促成了这两大集团的联合，从而形成了贝特斯曼/卢森堡公司与基希集团两相对峙的局面，双方都在多家商业电视台拥有股份。目前主要的商业电视台为：

1. 卢森堡广播电视台(RTL)

1984 年初开始从卢森堡向德国播送节目，称为 RTL-PLUS。以后总部迁到德国的科隆，收视率不断攀升，营业额不断增长，1993 年起收视率连续多年居全国首位。该台是以娱乐节目为主的综合台，全天 24 小时播放，重点播出电影、连续剧、体育比赛，近年来也加强了新闻报道节目。一般通过卫星传送到有线电视网用户，或卫星直接入户，在大城市也用地面微波发送。它的股权属于卢森堡广播公司(47.9%)、贝斯特曼集团的乌发公司(39.1%)、西德意志汇报(11%)。

2. 卫星电视一台(SAT 1)

1985 年创办，台址在美因茨。该台也是以娱乐节目为主的综合台，大量播放电影、电视剧和体育节目，近来也在加强新闻时事报道。全天 24 小时播送，传送方式以卫星为主，地面为辅。股权属于基希集团的 PKS 公司(43%)、APF 公司(20%)、施普林格出版社(20%)等。

3. 电视七台(PRO 7)

它的前身是 1986 年开办的新闻信息频道，以后改变了业主，改用现名。目前以电影、连续剧等娱乐节目为主要内容，全日夜播送。传送方式与上述两个台相同，台址在温特费林，业主为阿克曼出版社(49.5%)、托马斯·基希(47.5%)等。

以上几家商业电视台均已进入 90%左右的德国电视家庭，并且在奥地利、瑞士等国拥有观众。此外，较大的商业电视台还有卢森堡广播电视二台(RTL 2)、卢森堡广播电视超级台(Super RTL)、德国体育电视台(DSF)、沃克斯电视台(VOX)等。

四、有线电视、卫星电视、数字电视

联邦德国的有线电视和卫星直播电视，同英、法等国相比显得更为发达。这里的商业电视正是依托着有线电视和卫星直播电视而发展起来的。

德国有线电视网的建设和经营由联邦邮电部监控管理。网络的干线由邮电部铺设，入户线路则由私营公司承担。事实上早在 20

世纪 70 年代邮电部就已着手这项工程，1978 年各州总理会议进一步商定了发展有线电视的步骤，1984 年起有线电视便陆续开办。

德国目前使用自己发射的通信卫星和电视卫星转播电视节目，节目经由有线电视入户或直接入户。通过卫星传送节目的有部分公共台和大部分商业台。截至 1998 年，在全国 3273 万电视用户中，有 53.2%收看有线电视，27.5%用自备的卫星天线收看卫星直播电视，余下的 19.3%收看地面无线电视。

德国的广播电视数字化也在积极推进之中。1996 年 6 月，基希集团率先开办了数字卫星电视台 DF-1，提供 30 个频道节目，已获得几十万用户。1997 年 10 月，德国电信公司率先开办了数字化的有线电视网，随后各州都出现了数字有线电视试运营。德广联和电视二台近年也分别试办了卫星数字频道。德国政府已经根据“数字广播电视推进委员会”的研究报告，正式宣布要在 2010 年前全面实现广播电视的数字化。

第六节　日本广播电视业

一、历史梗概

日本的广播事业诞生于 1925 年，当年出现了东京、大阪、名古屋 3 个电台。第二年政府为了加强控制，指示三家电台合并成立日本广播协会，受邮政省监督。以后 20 年间，日本广播业一直是政府控制的垄断事业。

日本广播协会成立两年后就形成了全国广播网。1931 年“九一八”事变以后，日军大举侵入中国。日本国民十分关切战局的发展，而日本政府也要加强侵略扩张的宣传，所以广播的发展十分迅速，而且十分重视新闻节目，文娱节目只是附属品。但是广播协会本身并没有采访机构，消息来源基本上靠通讯社。

在军国主义统治期间，广播一直是军国主义的重要宣传工具。日本广播协会受内阁情报部和邮政省双重领导，编辑方针、节目安排、广播内容都由它们审定，一切要为“国民精神总动员”即战争宣传服务。新闻节目每天有十多次，还随时插播重要消息和战况报道。有固定的“政府时间”“陆军时间”“海军时间”，播送军政首脑的讲话或官方文件；有“告国民”“战时国民读本”“国民的誓言”等专题节目，播送情报部的宣传文章或各种支持战争的叫嚣。在国外，日本政府指使傀儡政权成立“朝鲜广播协会”（1932 年）、“台湾广播协会”（1931 年）、“满洲电信电话股份有限公司”（1933 年），定时播送东京的节目。以后随着战争的进展，陆续在所侵占的中国和东南亚各大城市设立电台，为其军事行动鸣锣开道。

第二次世界大战结束后，进驻日本的联合国占领军立即对广播进行监督管理。1945 年 12 月指令日本广播协会改组，更换领导机构，改革节目内容，重建广播记者队伍，从此广播协会的面貌发生了重要变化。

1950 年 4 月，日本国会根据盟军总部的意见通过了有关无线电管理的三项法案，即“电波三法”。其中“电波管理委员会设置法”规定设置一个相对独立的委员会，全面指导和管理广播活动（1952 年该委员会撤销，广播活动改由政府直接管理）；“广播法”则对日本广播协会和民间私营广播（被称为“一般广播事业者”）的性质地位、业务范围、经营管理等作出了规定；“电波法”则对电波和广播的技术问题作出了相应的规定。“电波三法”共同确立了战后日本广播事业自主经营和广播自由的原则，确立了公营和私营并存的双轨体制。从此以后，日本广播事业在新的条件下日益发展。1951 年 4 月，第一批私营电台获准营业，并组成了“日本民间广播联盟”。随着私营电台、电视台的增多，公私并存共荣的局面正式形成。

日本的电视，早在 1925 年就有过试验，1939 年日本广播协会技术研究所作过实验播映，以后由于战争扩大而中止。战后日本广播协会建立了东京电视台，1953 年 2 月开始电视播放；同年 8 月私营的“日本电视广播网”（NTV）也在东京开播。进入 60 年代后，随着经济的起飞，日本电视业有了飞跃发展。居民拥有电视机数字 1958 年为 198 万台，1961 年上升为 1022 万台，1965 年为 1822 万台，1970 年为 2282 万台，家庭普及率达 94.8%。私营电视公司

1960年为39家，1965年48家，1970年增至71家。与此同时，日本广播协会的地方台也不断增加。1960年9月第一批彩色电视开播，1975年彩色电视在全国普及。1963年日本首次利用通信卫星转播了美国的电视，不久又实现了双向互转。1964年10月东京奥运会的卫星转播更是盛况空前，随后这种卫星转播趋于经常化。

目前，日本广播电视业十分发达。1998年前后全国有收音机12634万台，平均每千人1005台；电视机3650万台，平均每千人290台。彩电为NTSC制式。

二、日本广播协会

日本最大的广播电视机构，罗马字拼写为"Nippon Hoso Kyokai"，简称NHK。1926年创建，战后重新改组。1953年开播电视以前一直经营广播，现在主要力量已转向电视。

NHK是个公营机构，依据广播法设立的特殊法人。广播法为它规定的宗旨为"出于公共利益的需要，在日本全国普及和推动广播电视事业发展"。协会的最高决策机构为经营委员会，其成员由政府总理经国会同意后任命。经营委员会任命会长，并由他经过经营委员会同意后任命副会长和理事，组建理事会，负责NHK的日常业务工作。政府责成邮政大臣具体监督NHK的活动，例如，协会的章程要经邮政大臣批准；协会每年的收支预算、事业规划、资金计划要提交邮政大臣，再由内阁交国会批准；协会每年要向邮政大臣提交业务报告，并经内阁转报国会；邮政大臣得指令协会进行国际广播并规定有关事项，等等。所以NHK实际上是政府领导的公营企业。

但是NHK又依法自主经营，具有一定的独立性。它的经营委员会成员来自社会各界，需"具有广博的知识和经验、能够对公共利益作出正确判断的人"，不得有政府公务员、政党负责人、广播器材制造商、新闻机构负责人。它在承担法律规定的职责和义务的同时，享有编辑自由、表达自由，任何人不得对广播内容进行非法限制和干涉。它的一般费用靠用户交的收视费、收听费维持(1968年以后收音机用户不再交费)，经济基本自立。它不能播放广告，不得从事以赢利为目的的业务活动。

NHK 的总部设在东京，机构庞大，分工细密，设备先进，专业人才众多。在全国各地设有众多的发射台和转播台，以保证节目的有效传送。国内各道、府、县设有 53 个地区广播电视台，转播全国性节目并制作地方节目。国外在伦敦和纽约有独立的编辑部，在其他国家派驻了几十个记者站和摄制组，从事采访报道。

NHK 的广播有三个台，播送三套节目。广播一台以新闻时事为主(占 40%以上)，其次是文化和娱乐节目；广播二台以知识教育为主(占 70%)，其次是文化和新闻时事；调频广播电台以音乐和文化娱乐为主，也有新闻时事。

NHK 的地面电视有两个台：一个是综合电视台，以新闻时事为主，兼有文化及娱乐体育节目；另一个是教育电视台，这是进行终身教育的频道，内容以知识文化节目为主，也有少量新闻。

在 NHK 的广播电视中新闻节目的地位相当重要，大致占全部时间的 1/4 到 1/3。播出的次数频繁，形式灵活多样，时效性极强，对重大突发性事件，特别是重大灾害消息，往往争分夺秒进行速报，即使在停机期间也要立即开机播送。除了新闻以外，对教育、文化、娱乐体育节目都有协调安排。NHK 有自设的节目制作中心，制作的广播剧、电视剧质量较高，格调也较商业广播电视健康。广播法对 NHK 的节目内容规定了一些必须遵循的原则，例如“无害于公共安全和良好的风俗”“报道不要歪曲事实”“有争议的问题要阐明各方面的观点”等。NHK 本身也订立了“节目编辑标准”进行自我约束。协会还设有中央和地方节目审议会，经常就节目安排、节目内容提供意见。

NHK 还有两个卫星电视台、一个国际广播电台，将在后面另行叙述。

三、商业广播电视

日本的商业广播电视通常称为民间广播电视，一般由私人投资，采用股份公司体制，实行商业运作，收入几乎全部依靠广告。自从 1951 年开办商业广播、1952 年开办商业电视以来，经过半个世纪的发展，总体实力已超过 NHK，受众数量大致同 NHK 平分秋色。到 1995 年底，这种民间商业台共有 265 座，其中地面广播电视台 248 座(广播电台 125 座、电视和广播兼营台 123 座)、卫星广播电视台 17 座。

民间商业广播电视台分布于全国各地，基本上每县都有中波电台、调频电台和若干个电视台，并且在此基础上联结成地区性或全国性的广播电视网。这种联网关系是通过业务协定确立的。一般包括三个方面的合作关系，一是新闻联网，各台按一定比例出资作为采集新闻的基金，采集的新闻在联播网中共同使用。二是节目联网。各台除自办节目外，以一定的时间转播中心台的节目。三是广告联网。节目中的广告由中心台收费，扣除制作费用后，将纯收入按收视率等情况在各台间分配。

民间商业广播电视以赢利为目的，娱乐节目的比重大，其内容良莠不齐。有些台为了招徕受众，常常充满低级庸俗、色情暴力之类东西，制作质量也比较粗糙。一些大的广播电视网也相当重视新闻节目，特别是几家全国性的广播电视网，都有大量新闻报道人员在国内外采集新闻，入网的台也积极提供地方新闻，以扩大影响。广告是商业广播电视的基本财源。采用的方式有两种：一是广告主购买播映时间做广告；二是广告主出资制作节目，借此宣传自己。一些财力雄厚的大企业更乐于采用后一种方式做广告宣传，例如东芝公司几十年来一直在东京广播公司播映它出资制作的星期日电视剧，每周花费 1 亿日元，已连续播出 2000 多集，影响广泛。同其他国家一样，日本的商业台无不挖空心思，努力增强节目的吸引力，以提高收听收看率，从而增加广告收入。滚滚而来的广告费，又把私营广播电视同工商企业联系在一起，互相制约、互相利用。

日本政府的邮电省负责依法对商业广播电视进行行政管理。民间广播电视的行业性组织是日本民间广播联盟。

目前日本的商业广播主要有两大系统，多数电台加入这两个广播网。一个是日本广播网(JRN)，以东京广播公司为中心台，联网台 33 个。另一个是全国广播网(NRN)，以文化广播电台和日本广播电台为中心台，联网台 38 个。另外还有 34 个调频台，联结成日本调频广播网(JFN)。

日本的商业电视大部分同东京的五大广播电视公司联结成网。这五大广播电视公司分别属于五大报系，形成跨媒介的垄断。它们是：

1. 东京广播公司(TBS)

属于《每日新闻》系统，是日本最大的商业广播电视公司，成立于1951年5月，同年开办广播，1955年4月开播电视。总部设在东京，在大阪、名古屋、横滨等地有分支机构，在国外许多城市派有常驻记者。它同33家地方电台结成广播网，同28家地方电视台结成新闻电视网(JNN)。

2. 日本电视广播公司(NTV)

属于《读卖新闻》系统，成立于1952年10月，次年开播电视，是日本最早开播电视的私营公司。社址东京，在大阪、名古屋等地有分支机构，在国外许多城市有常驻记者。它同30家地方电视台组成日本新闻电视网(NNN)。

3. 全国朝日广播公司(ANB)

属于《朝日新闻》系统，原为1957年成立的教育电视网公司，1973年改为综合电视台，1977年用现名。社址东京，在大阪、京都、名古屋、神户等地有分支机构，在国外许多城市驻有记者。它同25家地方电视台组成全日本新闻电视网(ANN)。

4. 富士电视公司(Fuji TV)

属于《产经新闻》系统，成立于1957年11月，1959年播出电视。社址东京，在大阪、名古屋等地有分支机构，国外许多城市派有记者。同26家地方电视台组成富士新闻电视网(FNN)。

5. 东京电视台(TV Tokyo)

属于《日本经济新闻》系统，1964年4月开播，原名东京十二台，1981年改用现名。在大阪、名古屋、神户、横滨、京都有分支机构，国外也有少量记者。规模较小，只和6家地方台联网，称为TX电视网(TXN)。

四、有线电视、卫星直播电视和数字电视

日本有线电视最初也是为了解决边远地区收看电视困难以及大中城市电视信号受干扰的问题而开设的。1972 年国会通过了《有线电视广播法》，此后有线电视纳入法制轨道，由邮电省负责管理。经过多年的发展，目前民间经营的大小不等的有线电视网共有 6 万多个，其中有的只转播节目，有的兼播自办节目。有线电视用户 1000 多万，占全部电视用户的 1/4。随着信息技术的发展，不少有线电视网络向多媒体方向发展，正在开发电话业务和电脑联网业务。

日本自 1984 年起已发射了多颗广播卫星，依托这些卫星已办有 10 多个卫星电视频道，信号直接入户(卫星直播)是其主要传送方式。其中主要的卫星电视台有三个：

(1)NHK 卫星电视一台。1987 年开办，全天 24 小时播送，以国际新闻(包括金融和商业行情)和体育新闻为主，另有部分音乐和特别节目。

(2)NHK 卫星电视二台。1989 年开播，每天播出 23 小时以上，内容以文化娱乐节目为主；并且采用时差广播和集中编播的方式，解决边远地区收看困难问题。

(3)日本卫星广播公司(JSB)的 WOWOW 台。JSB 是个民营商业公司，1990 年 11 月开办这套卫星直播电视，全天 24 小时播送，节目内容主要有电影(占 60%)、音乐、体育、娱乐、购物等。

以上三家至 1995 年时已有将近 900 万用户。

日本的广播电视数字化正在加紧推行。这一进程在卫星电视领域发展较快。1997 年初日本第一家数字卫星电视台完善电视台(Perfec TV)开始运作，提供 63 个付费或免费频道的节目。1997 年 12 月，另一家数字台直播电视台(Direc TV)开播，频道数与前者相似。与此同时，1997 年日本空中广播公司(J Sky B)宣告成立，这是由默多克的新闻集团同索尼公司、富士电视公司、软件库公司合资创办的数字卫星电视台；1998 年 5 月它同完善电视台合并，组成“空中完善电视台”(Sky Perfec TV)，准备提供 140～160 个频

道的数字节目。与此同时，日本广播协会的世界电视台，从 1998 年 4 月起将对亚太地区的电视节目由模拟式转为数字式，同年 10 月扩大到世界其他地区，形成全球性的数字卫星网。共有两个频道：一个是面向一般观众的普通频道；另一个是加密的付费频道，专门为签约的电视台和有线电视经营者提供节目。这是卫星电视方面的情况。

另外，按照邮政省宣布的计划，日本的地面电视要在 2000 年前开始从模拟向数字转变，2000 年要发射数字广播卫星，整个数字化进程大致在 2010 年实现。

第七节 俄罗斯地区广播电视业

俄罗斯地区的广播电视业经历了两个截然不同的时期。1991 年前的苏联时期，广播电视是共产党领导下的社会主义文化事业，是教育和鼓舞全体人民建设社会主义的现代化工具。实行国有国营的体制，私人不得经营广播电视。政府设有专门的机构统一管理，中央和地方分级办台，形成统一的广播电视网。1991 年苏联解体后，社会主义的广播电视体制相应瓦解。在俄罗斯和独联体国家，国营电台、电视台为取代共产党而起的政治力量掌握，私营广播电视又陆续兴办，广播电视业已经离开社会主义轨道，内容和网络趋于多元化。

一、苏联时期的广播

早在 19 世纪末的沙俄时期，俄国科学家波波夫就成功地进行了无线电传送信号的试验。但是由于沙皇政权的腐朽保守，新兴的无线电技术始终没有得到重视和应用。

1917 年十月社会主义革命进行期间，以列宁为首的革命军事委员会十分重视无线电的重大作用，11 月 6 日通过阿芙乐尔号巡洋舰上的无线电信台向起义军人发布命令，11 月 7 日清晨又通过这个无线电信台用电报形式向全世界宣告了武装起义取得成功的消息。革命胜利后，苏维埃政府就积极进行无线电广播的研究、实验。1918 年 8 月在下新城设立了无线电实验所。年底该所制成了第一台无线电话发射机，可以通过无线电传送人的语言，列宁曾写信祝贺，称之为“不要纸张、没有距离的报纸”。1922 年 5 月 27 日，莫斯科中央广播电台(当时称为无线电话台)试播，8 月 21 日起这个只有 12 千瓦功率的简陋的电台正式播音，11 月 7 日该台被命名为“共产国际广播电台”。当时播送的内容包括新闻、讲演、评论、气象消息以及音乐演出等，1923 年起播出内容逐步扩大，并且还专为地方报纸播送新闻。

20 世纪 20 年代起苏联党和政府多次通过决议，积极在全国各城市建立广播电台，组织广播宣传，发展收音机生产。1924 年 10 月成立无线电广播股份公司统管这方面的工作。1928 年 6 月在邮电人民委员部下面设立全苏广播委员会以替代股份公司，1933 年 1 月将全苏广播委员会改为直属苏联人民委员会的机构，由它领导各级地方广播委员会，逐步形成由全苏广播电台和地方电台组成的广播网，广泛宣传社会主义建设，推动劳动竞赛。与此同时，苏联还十分重视发展城乡有线广播，建造居民住宅时就安装好线路，只要接上特制的喇叭，就可自动选择收听电台节目。这也是苏联广播建设的特点之一。据统计，全国广播电台 1926 年为 29 座，1937 年为 77 座，1940 年达 100 多座。1935 年收音机和广播喇叭合计为 230 万台，1940 年收音机增至 100 多万台，广播喇叭增至 600 万个。

1941 年 6 月，反对德国侵略的卫国战争爆发。苏联广播事业立即转上战时轨道，成了团结人民、打击敌人的有力武器。就在德军入侵的当天，外交部长莫洛托夫便代表苏联政府发表了谴责敌人进犯的广播演说。7 月 3 日斯大林通过广播发表告苏联人民书，号召全民动员，迎头痛击法西斯侵略者。整个战争期间，许多党政领导的讲话和号令、塔斯社的新闻、军方的战报、来自前线的通讯、沟通前方和后方的大量群众来信，都是通过广播迅速及时地传向广大军民的。据统计，战争期间全苏电台(苏联的中央广播电台)共播出 2000 多份战报、2300 多条最新消息、8000 多封信件以及 7000 多篇战地通讯，有力地鼓舞了全国军民同仇敌忾地抗击敌人。苏联首都莫斯科的保卫战进行了三个多月，列宁格勒受到敌军围困长达900天，就在这种遭受敌人残酷围攻、轰炸和炮击的艰苦日子里，这些城市的广播始终没有中断过。广播是整个战争期间苏联军民获得精神力量和必胜信心的重要源泉之一。

第二次世界大战结束后，苏联人民迅速恢复和重建遭到严重破坏的广播设备。1945年，政府决定把50年前波波夫发明无线电的日子，即5月7日规定为无线电节，显示了党和政府发展广播事业的决心。1946年，广播设施和居民收音机数量已超过战前水平。1947年列宁格勒、基辅、明斯克、里加等大中城市相继建立了广播电台，全苏电台又在全国各地设立辅助电台，进一步发展了全国性的广播网。20世纪50年代中期，广播电台已发展到130座，收音机有740万台。60年代中期，电台达407座(已有调频台)，收音机1350万台，广播喇叭3050万个。70年代收音机和广播喇叭数字分别上升至5000万和7000万。至80年代末，全苏有地方电台176座、转播台6270座，同全苏广播电台一起组成庞大的、用71种民族语言播音的完善的国内广播网。居民拥有接收工具18740万台，平均每千人653台；其中10480万台是有线广播喇叭(一般可选择收听电台播出的三套节目)。

苏联广播事业的中枢是全苏广播电台。它位于首都，分别使用长波、中波、短波和超短波(调频)进行广播，80年代有5套基本节目：第一套是综合节目，包括新闻时事、政治经济、科教、戏剧、音乐、体育等内容，复制四套，按照各地不同的作息时间通过卫星分别对远东地区、东西伯利亚、西西伯利亚、中亚地区播送。① 第二套又称灯塔广播电台，全日夜播送新闻和音乐。以上两套节目按规定各地方台都要转播。第三套是文艺、音乐节目，并复制三套，对东西西伯利亚和中亚播放。第四套是面向莫斯科地区的音乐调频节目。第五套也是综合节目，主要为海员、渔民、探险工作者以及其他境外苏联人服务。全部节目安排中，新闻和音乐具有

---

① 苏联国土跨11个时区，1980年起划分为5个广播区，每个广播区包括两个时区，只有最东部的广播区包括三个时区。

重要的位置。上述基本节目5套，复制重播7套，加起来12套，每昼夜实际播音230多个小时。

二、苏联时期的电视

20世纪30年代初期，苏联就开始进行电视实验。1938年莫斯科电视中心和列宁格勒电视中心分别开始试验性播映，1939年起两地正式定期播放电视节目，当时莫斯科的图像扫描为343行，列宁格勒为240行。第二次世界大战爆发后电视中心停播，电视发展中断。1945年12月，莫斯科电视中心在全欧率先恢复播放，但当时每周只播两次，全市电视机也只有420台。

从20世纪50年代起，在党和政府的关怀推动下，苏联电视业有了较快发展。1951年莫斯科电视中心改建为中央电视台，向全国播放节目。各地也大力兴建电视台，发展电视机生产。电视台1954年为10座，1958年增为67座，1965年达400多座（含转播台）。居民拥有电视机1954年为70万台，1958年300万台，1965年1300万台，1970年达3000万台。

20世纪60至70年代，苏联实现了电视卫星转播和节目彩色化。1965年成功发射了“闪电一号”通信卫星，1967年第一个卫星转播系统投入使用。1975年起又建立“荧光屏”“莫斯科”“地平线”三个卫星系统，使电视基本上覆盖辽阔的全苏国土。彩色电视是1967年起开办的，使用SECAM制式，至1982年中央台及大部分地方台实现了彩色化。80年代中期苏联正式开办卫星直播电视，用于解决边远地区观看电视的问题。与此同时，有线电视也积极兴办，1990年有200多个城市、150万用户入网。

苏联中央电视台是全国电视网的中心，有基本节目4套，复制节目8套，共12套，每天播映159个小时。第一套是综合性节目。第二套是为文化较高的观众编排的新闻时事、文艺、体育节目。以上两套各复制四套，通过卫星向不同广播区播送。第三套节目面向莫斯科地区，并有广告。第四套是教育电视，分别为各类学校的学生以及广大成年人安排系统的教学节目。在全部电视节目中新闻时事是骨干，第一套的晚间新闻《时代》是全国电视台都要按时转播的最具权威性的新闻节目。文化教育节目也很受重视，一般注意思想性、知识性、趣味性的结合。娱乐节目比较健康，绝大部分为本国摄制的，由中央台的“银幕制作中心”、国内务电影厂家以及地方台共同提供。电视台还经常转播各种文艺演出和体育比赛，以丰富节目内容。中央电视台的莫斯科技术中心是世界上最大的广播电视中心之一，建成于1980年，发射塔高536米，仅次于加拿大蒙特利尔电视塔，功能齐全，设备先进。

截至80年代末，全苏中央和地方有电视台120座，转播台5500座，形成统一的微波、电缆、卫星传送交织的网络，覆盖全国95%左右的人口，其中大部分可看到两套节目。居民拥有电视机3500万。

总的来看，苏联的广播和电视一直是在苏联共产党的领导下，由国家统一管理和经营的，实行国有国营的体制，业务上忠实贯彻苏共的宣传方针，充当党和政府的喉舌。整个体系由中央、加盟共和国、地方(边疆区、州)三级广播电视台组成。第二次世界大战以后，中央领导机构几经变化，至1957年成立部长会议直属的国家广播与电视委员会(1970年更名为国家电视与广播委员会)，作为部级机构，统一领导地方各级的广播与电视委员会，统一管理全国广电事业。广播电视的经费靠国家拨给，中央台一贯不播广告，地方台也只有少量广告收入。

三、政局变化时期的广播电视

1986年苏共二十七大提出全面改革的路线后，苏联的广播电视业发生了重大变化。这种变化开始是在社会主义框架内的一些革新，其表现为：扩大新闻报道面，增加信息量；增加沟通各方面观点的对话节目；增加批评性报道，大胆揭露社会弊端；更新演播方式，更多地采用主持人主播、现场直播的做法。这些革新曾经给广播电视带来一番活跃景象，受到公众的欢迎。

但是，随着时间的推移，整个改革进程越来越偏离社会主义方向。在戈尔巴乔夫“改革新思维”的错误引导和怂恿下，各种社会思潮，包括种种反共反社会主义的言论纷纷出笼，新闻界、舆论界思想日益混乱。在这一背景下，广播电视界对传统的媒介体制议论纷纷，有些人力图摆脱党和政府的领导，要求打破国家统一经营广播电视的局面，举办“可供选择”的电台电视台。1990 年苏共二月全会决定放弃共产党的领导地位后，国内形势急转直下。1990 年 7 月 14 日戈尔巴乔夫总统发布《关于苏联电视和广播民主化和发展的命令》，指令各级党组织放弃对广播电视的领导，让电台电视台独立行事，“不许任何政党、政治派别或集团对广播时间进行垄断，以及使国家的电视和广播变为其工作人员宣传个人政治观点的工具”。同年 8 月 1 日苏联新闻法出台，这又为开办私营广播电视开了绿灯。在此前后，一些私营的电台、电视台陆续在莫斯科、列宁格勒等地出现。

1991 年 2 月，戈尔巴乔夫又发布命令，解散苏联国家电视和广播委员会，成立全苏国家电视和广播公司，从而使苏联的广播电视事业完全和政府脱钩，并且进入了“非党化”的状态。与此同时，随着各民族分离倾向的加剧，一些加盟共和国已经自行其是，逐步摆脱全苏统一的广播电视系统。1990 年 5 月起，波罗的海沿岸三国爱沙尼亚、立陶宛、拉脱维亚先后将境内的广播电视置于自己的控制之下。1990 年 7 月，俄罗斯联邦也另立山头，成立了全俄国家电视和广播公司，先后开设了自己的电台电视台，从事与苏联台全然不同的报道和播映活动。1991 年 5 月列宁格勒市政府决定将列宁格勒电视台改组为独立的合股公司。于是，全苏统一的广播电视体系便迅速走向瓦解。

四、俄罗斯联邦广播电视

1991 年苏联解体以后，在俄罗斯境内留下了两个全国性的广播电视机构：一个是原苏联的全苏国家电视和广播公司，另一个是成立不久的全俄国家电视和广播公司。

1991 年 12 月，俄罗斯总统叶利钦颁令将前者改组为政府领导下的奥斯坦基诺电视和广播公司，主办两套广播和两个电视频道，覆盖原苏联各加盟共和国的疆域，“负责报道独联体国家的政治、经济和文化生活”，费用的 1/3 来自国家财政，2/3 靠广告和其他收入解决。但是改制以后几年间政府拨款严重不足，这家公司人才流失，债台高筑，陷入全面困境。1993 年 12 月，叶利钦颁令将负责对外广播的“莫斯科国际广播电台”从奥斯坦基诺公司分离出来，另行成立“俄罗斯之声国家广播公司”。1995 年 4 月，叶利钦又颁令把奥斯坦基诺公司的广播和电视分开，保留奥斯坦基诺广播电台的国有性质，而把电视部分改组为公私合营的“俄罗斯公共电视公司”，国家控制 51%的股份，其余股份分别出售给 12 家民间企业或公司。

这样一来，全俄国家电视和广播公司就成了唯一的全国性官方广播电视机构，由政府拨款经营。下面分设俄罗斯广播电台、俄罗斯电视台(第二频道)、“俄罗斯大学”电视台(教育台，第四频道)，与全俄国营的 80 个地方电视台、96 个地方电台联结成全国性的广播电视网。1997 年总统又下令将圣彼得堡的地方公共电视台改名为文化电视台，升格为另一家全国性的国营电视台。

苏联解体后，俄罗斯联邦境内私营的广播电视业发展迅速。截至 1995 年，获得经营执照的私营、民营以及同外资合营的电台、电视台有 300 来个，这些台一般都租用国营广播电视机构的设备播放节目。其中有的已成为颇有影响的全国性广播电视台。

经过十来年的分合变化，俄罗斯联邦目前主要的广播机构为：

(1)奥斯坦基诺广播电台。全天 24 小时面向独联体各国播送综合性节目。

(2)俄罗斯广播电台。全天 24 小时面向全俄罗斯播送综合性节目。

(3)灯塔广播电台。面向全俄罗斯播送综合性节目，每天 18 小时。

(4)青春广播电台。面向全俄罗斯播送，以音乐节目为主，每天 18 小时。以上均为国营广播机构。

(5)莫斯科回声广播电台。1990 年 8 月开播的私营电台，以莫斯科地区为对象，着重播报新闻时事，全天 24 小时播送，在知识界颇有影响。

另有对外广播电台，后面另行叙述。

目前主要的电视机构为：

(1)俄罗斯公共电视台(第一频道)。1995 年 4 月成立，以原苏联全境作为服务区域，播送综合性节目，每天播出 20 小时。该台为公私合营半官半民的机构。

(2)俄罗斯电视台(第二频道)。1990 年设立，1991 年 5 月正式开播，面向全国播送综合性节目，每天播出 17 小时。为国营机构。

(3)2×2 电视台(第三频道)。主要面向莫斯科地区的商业电视台，播送综合性节目，每天播出 15 小时。

(4)“俄罗斯大学”电视台(第四频道)。面向全国的教育电视台，每天播映 9 小时。为国营机构。

(5)文化电视台(第五频道)。原为圣彼得堡电视台，1997 年 11 月改为全国性的文化电视台，总部也迁往莫斯科。

截至 1998 年，俄罗斯联邦居民拥有收音机 5050 万台，每千人 342 台；有电视机 5600 万台，每千人 379 台。彩电为 SECAM 制式。

五、其他独联体国家广播电视

其他独联体国家的广播电视事业一般来说都比俄罗斯联邦落后，设备陈旧，经济困难，自制节目不多，播送时间不饱满。除此之外，它们还有几个共同的特点：

(1)苏联解体前的各加盟共和国的广播电视台，现在是这些独立国家的国家广播电视台，新政府保持着对这些台的控制和管理。

(2)多数国家出现了民间私营的商业台，其中有些还有外国资本的参与。

(3)各国同俄罗斯联邦的广播电视事业仍然保持联系，并且都在转播俄罗斯的广播电视节目。这既反映了这些国家同俄罗斯无法切断的联系，也是这些国家自制节目不足的必然结果。从独联体成立时起，各国广播电视机构负责人曾多次会晤，商讨建立跨国广播电视体系，并且设立了常设机构，但由于种种原因，这种跨国联合的计划迄今无实质性的进展。

各国的具体情况如下：

(一)乌克兰

国家电视和广播委员会主管广播电视事业。国营的乌克兰电视台主办两套全国性节目，另有一套转播俄罗斯公共电视台节目。乌克兰广播电台主办三套全国性节目，其中第三套有专门时段转播俄国灯塔电台节目。另外还有专门的长波发射机转播奥斯坦基诺电台的节目，专门的中波频率转播英国广播公司、美国自由广播电台的节目。首都和其他城市已有20多家商业性的电台、电视台。全国居民有收音机4430万台，每千人867台；有电视机1755万台，每千人344台。

(二)白俄罗斯

国家电视和广播公司主管广播电视业。国营的白俄罗斯电视台主办一套电视节目，另外转播俄罗斯公共电视台、俄罗斯电视台、圣彼得堡电视台的全部节目。白俄罗斯广播电台主办两套节目，另外转播俄国奥斯坦基诺电台、俄罗斯电台、灯塔电台、青春电台的全部节目和俄罗斯之声的部分节目。另有几家本国或外资经营的商业电台。全国有收音机295万台，每千人288台；有电视机235万台，每千人229台。

(三)摩尔多瓦

由国家电视和广播公司主管。下设的摩尔多瓦电视台主办一套节目，另外设有转播罗马尼亚电视台和俄罗斯公共电视台的频道。摩尔多瓦广播电台有两套节目，同时用中波或调频转播罗马尼亚、乌克兰、俄罗斯和美国自由广播电台的部分节目。首都有5家私营电台、1家私营电视台。全国有收音机310万台，每千人731台；有电视机121万台，每千人285台。

(四)哈萨克斯坦

由共和国电视和广播公司主管。国营的哈萨克电视台播出一套节目，另外在主要城市有转播俄罗斯公共电视台和俄罗斯电视台节目的转播台。国营的哈萨克广播电台有三套节目，另外转播俄罗斯之声、美国之音、自由广播电台的部分节目。已有若干商业电台和电视台开办。全国有收音机645万台，每千人390台；有电视机

430万台，每千人260台。

（五）吉尔吉斯斯坦

由国家广播电视公司主管。国营的吉尔吉斯电视台自办一套节目。通过转播台可收看俄罗斯公共电视台、俄罗斯电视台、乌兹别克电视台、哈萨克电视台以及土耳其电视台的节目。吉尔吉斯广播电台有两套节目，还转播俄罗斯之声和自由广播电台部分节目。现有几家私营电视台，主要业务限于转播国外的节目。全国有收音机51万台，每千人111台；有电视机15万台，每千人33台。

（六）塔吉克斯坦

由国家电视和广播公司主管。国营的塔吉克电视台自办两套节目；另有转播台转播俄罗斯公共电视台以及土耳其、伊朗的电视节目。塔吉克广播电台播出三套节目；还转播俄罗斯之声和奥斯坦基诺电台的部分节目。全国有收音机85万台，每千人144台；拥有电视机数量不详。

（七）乌兹别克斯坦

由国家电视和广播公司主管。国营的乌兹别克电视台有两套节目：首都设有俄罗斯公共电视台、俄罗斯电视台的转播台；还有一个频道转播哈萨克、吉尔吉斯、塔吉克和土耳其的电视节目。乌兹别克电台有两套节目，还转播奥斯坦基诺电台的部分节目。全国有收音机185万台，每千人81台；有电视机435万台，每千人190台。

（八）土库曼斯坦

由国家电视和广播公司主管。国营的土库曼电视台除自办节目外，还转播俄罗斯公共电视台、俄罗斯电视台和土耳其电视台节目。土库曼广播电台自办两套节目，并转播奥斯坦基诺电台和俄罗斯之声的节目。全国有收音机33万台，每千人72台；有电视机73万台，每千人161台。

（九）阿塞拜疆

由政府邮电部主管。国营的阿塞拜疆电视台有一套节目；另设有俄罗斯公共电视台、俄罗斯电视台、土耳其电视台的转播台。阿塞拜疆广播电台有两套节目，并转播俄罗斯之声和自由广播电台的部分节目。全国有收音机 15 万台，每千人 20 台；有电视机 25 万台，每千人 33 台。

(十)亚美尼亚

国营的亚美尼亚电视台有两套节目；另有转播俄罗斯公共电视台和俄罗斯电视台的专用频道。亚美尼亚广播电台有三套节目，其中第二、三套部分时间转播奥斯坦基诺电台和其他俄罗斯电台的节目。首都有几家私营的电视频道。全国收音机数量不详，有电视机 81 万台，每千人 217 台。

(十一)格鲁吉亚

国营的格鲁吉亚电视台有两套节目，另有转播台转播俄罗斯公共电视台和俄罗斯电视台的节目。格鲁吉亚广播电台有两套节目，并转播奥斯坦基诺电台和俄罗斯之声的部分节目。已有几家民间的独立电视台开办，其中有一家向全国播送节目。全国有收音机 300 万台，每千人 555 台；有电视机 255 万台，每千人 471 台。

第八节　发展中国家广播电视业

发展中国家的广播电视事业，一般来说诞生较晚，基础薄弱，普及率低。不过各国情况也有很大的差异。拉丁美洲的广播电视开办得早，目前多数国家已形成完整的网络。亚洲有少数国家第二次世界大战前就有广播，现在广播电视发展的程度不一。非洲国家广播电视基本上是第二次世界大战后才兴办起来的，目前仍不普及，有些国家还没有电视。

20 世纪 60 年代以来，各国都加快了发展广播电视的步伐，特别是收音机拥有量有了较大增长，从 1960 年到 1976 年，非洲增加了七倍多，亚洲增加了五倍多，拉丁美洲增长了四倍多。在许多国家，由于报纸难以深入到农村地区，加之许多人不会读报，广播成了最为重要的传播信息和宣传教育的工具。但是各国发展中面临的困难很多，例如资金不足、专业和技术人员缺乏、无力自制更多的节目，等等。电视发展还牵涉到农村缺乏电源、居民无力购买电视机等问题，所以许多国家至今只能在城市或郊区看到电视。

在管理体制上，亚洲和非洲多数采取国有国营为主的体制，政府控制较严。不过，20世纪八九十年代，私营或公私合营体制有所发展。拉丁美洲各国大多采用美国模式，以私有私营为主。

一、亚洲发展中国家广播电视业

亚洲发展中国家开办广播较早的是印度（1926年）、土耳其（1927年）等国。目前除了不丹没有创办电视外，其他各国都有广播电视，其中较为发达的为新加坡、韩国、马来西亚以及西亚几个产油国。平均每千人拥有收音机最多的是韩国（1010台），最少的是不丹（16台）；每千人拥有电视机最多的为阿曼（630台），最少的是尼泊尔（5台）和不丹（5.5台）。

（一）印度

印度是亚洲第二大国，在南亚地区更是举足轻重。印度的广播事业诞生于1926年，当年有一家私营的印度广播公司创建，第二年起分别在孟买、加尔各答正式播音。但是1930年该台由于经济原因倒闭，为英国殖民政府接管，1936年更名为全印广播电台（AIR）。

1947年印度宣告独立，这家广播电台收归国有，隶属印度政府的新闻和广播部，垄断国内广播事业，并负责对外广播。从此以后，印度广播业有了较快的发展，1947年全国只有6个电台，至20世纪70年代末增至84个，80年代又有新的发展，1981年通信卫星上天，借助于卫星，广播得以基本覆盖这个幅员辽阔的国家。进入90年代，印度又大力发展调频广播，在各地兴建了100多座调频电台。

目前全印广播电台已发展为庞大的广播网络，下辖124个电台，形成国家、地区、地方三级办广播的格局。全印广播电台办有四套节目，使用印地语、英语等23种语言和200多种方言，向全国播出。国内划分为东、南、西、北、东北五个广播区，分别由五个地区电台负责。地区台、地方台除了转播全国性节目外，还自办本地的节目。

印度的电视业也由国家经办。1959年9月全印广播电台试播电视，1965 年正式开办电视节目，1976 年单独成立印度电视台（DDI），隶属新闻和广播部。在此前后，孟买、加尔各答等主要城市也设立了电视台。20 世纪 80 年代起电视发展步伐逐步加快，各地增建了一批发射台和转播台，并且积极推行卫星广播计划，使用卫星转播来提高覆盖率。至 90 年代，转播台增至 500 来个，覆盖人口 80%以上。特别是 1993 年香港卫星电视台开办印地语频道并大力向印度传送节目以后，促使印度电视台不得不采取对策，努力增加频道、添置设备、更新技术。

目前印度电视台办有三个地面电视频道：第一套为“全国电视网”，是面向全国的综合性节目，与各地台站结网联播；第二套为“大都市频道”，主要面向城市观众；第三套是面向全国的教育频道。印度电视台办有 5 个卫星电视频道，还有 13 个卫星频道正在筹办中。这些卫星电视节目通过地面设施向全国各个不同时区转播，居民可以通过有线电视或碟型天线收看。

全印广播电台、印度电视台的经费，来源于国家拨款、收听收视费和广告收入。1998 年这两家广播电视机构上了互联网，受众可以在网上获得它们的主要节目。

20 世纪 80 年代后期，商业电视逐步在印度兴起。商业经营先是在有线电视领域蔓延。各地陆续出现了许多私营的规模不等的有线电视系统，至 1995 年国家出台《有线电视法》力图加以规范整顿之时，这种有线电视系统已达 10 万左右（以后经过兼并减少了 3 万家）。它们大量转播或自行播放外国的电视节目，和国内节目争夺观众，影响日益扩大。据统计，1997 年有线电视用户已有 1500 万。与此同时，印度还有近百万卫星直播电视用户，他们通过碟型天线，直接接收卫星电视信号，特别是直接收看外国电视节目。进入 90 年代，商业性电视继续发展，各地都有一些用印地语、英语或民族语言播送的商业电视频道出现，其中有本国公司办的，有外国公司办的，也有本国与外国合资办的。其中最著名的是 ZEE 多媒体公司（也称 ZEE 电视台），它是印度最大的卫星兼有线电视企业，已开办 9 个卫星频道，用户近年已达 1860 万，市场份额、广告收入不断增长，已成为国营电视台的劲敌。

1998 年前后印度居民拥有收音机 7550 万台，平均每千人 80 台；有电视机 4700 万台，每千人 50 台。

(二)新加坡、马来西亚

新加坡和马来西亚是东南亚地区发展较快的国家。第二次世界大战前它们同为英国殖民地。1935 年英国人经营的马来亚广播公司办起了第一家广播电台，次年正式播音。1940 年殖民政府收购了这家公司。1946 年公司改组，成立了总部设在新加坡的马来西亚广播电台。1959 年马来西亚广播电台将总部迁往吉隆坡，另外分离出一家新加坡广播电台。此后随着新马分家，两国分别发展自己的广播事业。1963 年两国同时开办了电视。

新加坡广播电视事业长期由国家经营。新马分家后于 1965 年成立了国营的新加坡广播电视台，它既办广播又办电视。1980 年新加坡广播电视台改组为新加坡广播公司(SBC)，由文化部任命的经营委员会管理，经费来自视听费、广告收入和国家投资。1994 年实施新的广播法，新加坡广播公司分解为四家独立的公司，由新成立的新加坡广播电视局管理，经费来源依旧。这四家公司分别是：①新加坡广播公司(RCS)，原有 10 套广播节目，分别用汉、英、泰米尔、马来语播出；1998 年增办了两家调频台，分别播送英语和日、德、法语新闻节目。②新加坡国际广播电台(RSI)，负责对外广播。③新加坡电视公司(TCS)，原有一个汉语频道、一个英语频道，1999 年又增办了“亚洲新闻频道”，这是以新闻时事和商业信息为主的新的英语频道，每天 24 小时播送。④第十二频道电视台(TV12)，这是用英语等多种外语播送的文化频道，主要播送引进的文化教育节目。

新加坡的有线电视由新加坡有线电视公司(SCV)经营，该公司是由四家企业合资组建的集团，被政府授权铺设连接全岛 89 万个家庭的电缆线，并且经营有线电视。目前电缆铺设已经竣工，公司已经向用户提供 40 多个频道的基本节目和付费节目，其中包括新加坡、马来西亚的地面电视节目，以及来自世界各国的卫星传送的新闻、娱乐、体育等节目。新加坡不允许居民直接用碟型天线接收外国电视信号，这家有线电视公司将按照广播法和广播电视局颁布的节目准则对外来电视进行过滤和把关。同时，这个有线电视系统也是政府“2000年信息技术计划”的组成部分，它将为全国电脑互联网络、高速信息传输、交互式多媒体服务奠定基础。

马来西亚广播电视事业也是长期由国家经营，至今国营的马来西亚广播电视台(RTM)仍占主体位置。RTM由政府新闻部领导，经费来源是广告收入和国家拨款。RTM办有6套广播节目，分别用马来语、英语、汉语和泰米尔语播出；另有对外广播“马来西亚之声”。RTM办有两套电视节目，电视一台主要播送本国节目；电视二台专播外语节目(包括香港的中文节目)。借助卫星传送，现在两台都已覆盖全国。

马来西亚80年代起开办了商业台。现在主要有三家：私营的电视三台(TV3)，1984年开播；都市电视台(Metro Vision)，1995年开播，政府与民间合办，以首都吉隆坡及其周围地区为对象；私营的全国电视台(NTV)，1997年开播，总部在沙捞越州的吉古市。

马来西亚的有线电视由公私合资的梅加电视台(Mega TV)主办。该台1995年开播，现有五个频道，主要转播外国卫星电视的新闻、体育和娱乐节目，以便对国外电视进行过滤，使之符合本国的节目标准。另外自己也播放一些国产和外国的影视节目。

1996年马来西亚成立了自己的卫星电视机构全亚卫星电视和广播公司(ASTRO)，利用本国卫星Measat 1号向全马来西亚以及周边国家播送节目。这是一个数字电视机构，现已经营23个电视频道、8个广播频道，其中有的播放自制节目，有的转播RTM的节目，多数则是转播国外卫星电视的节目。

马来西亚坚持“以亚洲的价值观传送亚洲的信息”(首相马哈蒂尔语)的主张，对外来节目都要按照自己的节目标准进行严格的审查，特别对含有暴力、恐怖、性和反主流文化的节目更为注意，发现不妥之处必须经过加工处理方能播出。对本国节目也实行审查制，这项工作由政府新闻部主管。马来西亚国土分散，因此并不禁止接收卫星信号的碟型天线的使用，但是其尺寸以接收Measat卫星的特定频段为限。

目前新加坡居民拥有收音机200万台，平均每千人658台；电视机120万台，平均每千人395台。马来西亚居民拥有收音机870万台，每千人423台；有电视机330万台，每千人160台。

(三)印度尼西亚

印度尼西亚也是个人口众多的国家，由17000多个岛屿组成，东西宽约5000公里。这种特殊的地理条件，使得广播电视在社会生活中更加具有重要性。

印度尼西亚的广播电视事业主要由国家经营，由政府新闻部管理。国家电台为印度尼西亚共和国广播电台(RRI)，成立于1945年9月，总部设在雅加达，办有三套节目：第一套为全国性节目，第二套对首都地区广播，第三套为调频立体声节目。此外还用"印度尼西亚之声"的呼号对国外广播。国家电台在全国设有五个地区中心台，下面还有众多的地方台，所以，除首都之外，全国各地一般都能收到三套广播：全国性节目、地区性节目，以及地方台播出的当地节目。印度尼西亚政府十分重视对农村广播，在农村广泛组织收听组，以扩大广播的影响。

国家电视台为印度尼西亚共和国电视台(TVRI)。该台1962年第四次亚运会期间曾经试播，1963年正式开播，当时只有爪哇岛能收到。1976年国内通信卫星"帕拉帕一号"启用后接收范围扩大到全国，但偏远地区仍因缺少接收设备和电源，收看困难。1977年11月开办彩色节目。该台目前办有两套节目，一套针对全国，另一套针对首都地区。在国内10个城市建有分台，在全国各地有155座转播台，形成全国电视网。

根据广播法，国营广播电视不能播广告，其经费来源于视听费，并由国家从商业台收益中提取15%作为补贴。

印度尼西亚有商业电台约600座(调幅台500座，调频台100多座，有的兼办调幅调频)，大多集中于主要城市。印度尼西亚的电视长期为国营台独家经营。面对外国电视的渗透，舆论迫切要求解除对商业电视的限制。至1989年，首家私营电视台获准开办，以后私营台不断增多。目前主要的私营台有雄鹰电视台(1989年办)、太阳电视台(1990年)、印尼创新教育电视台(1991年)等。这些台除面向本地外，还通过帕拉帕卫星向全国播放。

印尼政府采取“天空开放”政策，允许外国电视公司使用帕拉帕卫星向其境内播送节目，也允许本国居民使用碟型天线自由接收外来电视。所以国外著名的跨国电视公司竞相在这里传送自己的节目，夺取市场份额。

目前全国有收音机2950万台，每千人150台；有电视机1300万台，每千人66台。

(四)土耳其

土耳其是西亚文明古国，也是开办广播最早的西亚国家。早在1927年就有了私营广播电台，1936年实行了国有化。第二次世界大战后各省都建起了发射台或转播台。1963年制定广播电视法，1964年成立国营的土耳其广播电视公司(TRT)。1968年开办电视，1982年开始播送彩色电视节目。

长期以来，土耳其广播电视公司独家经营全国广播电视业，现在它仍然是土耳其广播电视业的主体。这家公司是国家控股公司，51%的股份属于国家，其余股份属于私人。经费来源为收听收看费、广告收入和国家拨款。

在广播方面，土耳其广播电视公司有四套基本节目，分别由一、二、三、四台播送。另外还有旅游电台、对外电台(“土耳其之声”)。在安卡拉、伊斯坦布尔等8个城市还办有地区性电台。

在电视方面，土耳其广播电视公司共有六套节目：第一、第二套节目从安卡拉向全国播出。第三、四套节目从伊斯坦布尔向全国播放。第五套为国际频道，主要面向居住在欧洲、中亚、高加索地区的土耳其人。第六套“土耳其南部工程节目”，是专为东南部贫困地区播映的地区性节目。

20世纪90年代起土耳其开放了商业电视，现在已有10多个私营电视台。其中主要的有魔盒电视台(1990年开播，设有两个频道)、展示电视台(1992年)等。土耳其有线电视业由国营的土耳其电信公司控制。从1996年起陆续向私营企业拍卖有线电视系统，已有6家公司中标并获得了经营执照。土耳其对于境外电视基本上不加限制，目前欧美电视频道纷纷进入土耳其电视市场，赢得了不少观众。

土耳其居民现有收音机 1000 万台，平均每千人 159 台；有电视机 1500 万台，每千人 239 台。

二、非洲广播电视业

第二次世界大战以前非洲地区只有南非、埃及等极少数国家办有广播。战后随着民族解放运动的发展，各国都很重视兴办广播，因为非洲文盲多，交通又不方便，广播的传播效果远比报刊为好。目前各个独立国家都有广播，绝大部分还办了电视。一般都是国有国营体制，经费靠国家拨款、收听收视费和广告。但是，广播机构普遍财力有限，制作力量薄弱，电视节目大部分依靠进口，接收工具也远未普及。全非洲收音机数字只占世界总数的 6.2%，电视机数字只占世界的 2.5%，而人口却占世界的 1/8。地区和国家之间也不平衡，北非地区要比撒哈拉沙漠以南发达一些。收音机千人拥有数最高的是只有 8 万人口的岛国塞舌尔(500 台)，最低的是布几纳法索(26 台)；电视机最高的是毛里求斯(219 台)，最低的是科摩罗(0.6 台)、厄立特里亚(0.3 台)。

(一)埃及

埃及是阿拉伯世界举足轻重的国家。它的广播电视创办较早，目前也比较发达。埃及的广播创办于 1928 年，1952 年七月革命以后为革命政权控制，作为动员人民推进革命、抵御侵略的重要宣传工具，并且在促进阿拉伯和非洲的民族独立运动中有过重要影响。埃及的电视开办于 1960 年。

现在广播电视都由埃及广播电视协会(ERTU)经营。该协会是个国营机构，隶属于政府，经费来源于国家拨款、广告收入以及节目销售收入。目前办有 8 套广播、9 套电视，同各城市的地方台、转播台联结成全国广播电视网。

广播方面，第一套为 24 小时播送的综合节目，第二套为青年和教育节目，第三套是音乐文化节目，第四套是可兰经广播，第五套是对中东地区广播，第六套为“阿拉伯之声”，面向整个阿拉伯世界，第七套用希伯来语对以色列广播。另外设有埃及国家广播电台，负责面向世界的国际广播。

电视方面，有2套全国性节目、4套地方性节目、3套对首都开罗的节目。90年代开办了两个卫星电视频道：一个是“埃及太空频道”，1990年起用阿拉伯语向非洲播送节目；另一个是尼罗河电视台，1994年起用英、法、德、俄语向欧洲播送节目。1997年埃及自制的通信卫星升空，埃及广播电视协会正在依托它筹办更多的卫星频道。目前埃及有线电视网也在建设之中。

埃及广播电视协会还大量制作阿拉伯语的文化娱乐节目。它是阿拉伯世界广播电视节目的主要提供者，它的节目还远销亚洲地区的伊斯兰教国家（如马来西亚、印尼）和欧洲地区的阿拉伯语广播电视机构。随着开罗市郊兴建的规模宏大的“媒介制作城”在2000年交付使用，埃及的影视制作将会踏上一个新的台阶。

目前埃及居民共有收音机1940万台，平均每千人320台；有电视机685万台，每千人113台，居非洲各国前列。

（二）尼日利亚

尼日利亚是非洲人口最多的国家。它的广播是在1936年英国殖民统治期间开办的，当时是殖民当局传达殖民法令、维护政府权威、实行殖民主义统治的工具。1960年国家独立后收归国有。1978年成立全国性的尼日利亚联邦广播公司（FRCN），总台设在原首都拉各斯。目前办有三套节目，分别用英语、豪萨语和其他民族语言向全国广播；下面有4个地区分台、30多个州办的地方台，组成全国广播网。1962年该公司开办了对外广播“尼日利亚之声”。

尼日利亚的电视开办于1959年。1962年尼日利亚电视公司（NTA）成立，目前有三套面向全国的电视节目。它还将全国划为6个电视区，并同各州的地方电视台联结成网。

尼日利亚联邦广播公司和尼日利亚电视公司都是国有国营的机构，隶属于联邦政府新闻部。用户缴纳的收听收视费全部上交国库，广播电视机构的经费由国家拨款供给。

长期以来，尼日利亚广播电视业一直处于政府严格控制之下。随着政治、经济变革的推进，为了减轻政府在广播电视服务方面的经费负担，为了缓解同国内各种政治力量在广播电视参与方面的矛盾，尼日利亚政府在1992年作出了开放私营广播电视的决定。几年间，陆续有20多家私营电视台获准营业，从而推动了广播电视领域的竞争。与此同时，政府也要求私营电视台规范自己的节目内容，例如增加国产节目的比重、避免引起宗教矛盾、禁止暴力和色情节目等。1997年11月，由民间企业DAAR通讯公司创办的卫星电视台“非洲国际独立电视台”开播，首先用英语播放，随后将增加法、西、葡、斯瓦希里、豪萨等语种节目。这是继南非之后非洲大陆创办的第二家国际卫星电视台，也是尼日利亚广播电视事业跨出的重要一步。

尼日利亚人口众多，接收机平均占有率不高。收音机总数为2200万台，每千人146台；有电视机610万台，每千人41台。

(三)刚果(金)

在非洲法语地区，刚果民主共和国(首都金沙萨)的广播电视业具有一定的代表性。这里的广播开办于1939年比利时殖民统治时期，1960年独立后收归国有，电视开办于1966年。目前都由广播电视局经营管理。这是个政府领导的国营企业，局长由总统直接任命，在全国10个省设有分局。业务机构包括人民之声电台和刚果电视台两部分。人民之声每天24小时对国内播音，以法语为主，并辅以各种民族语言，另外每周三次对国外广播。刚果电视台平时每天播放两次节目，每逢周日时间延长，内容也更为丰富。各省都有地方广播电视台，多数只能转播中央台节目。多年来刚果广播电视一直是执政党和政府的宣传工具。

刚果民主共和国同法国关系较为密切。广播电视局所在的首都广播电视中心(原名“扎伊尔之声城”)是在法国援助下于1976年建成的，安装有各种现代化的广播电视设备。该局还同法国广播发射公司合作，每天通过卫星接收并选用巴黎播发的电视新闻。1990年改为法国广播发射公司直接向金沙萨等城市播送法国国际台的电视节目。

刚果(金)居民拥有收音机445万台，每千人95台；有电视机10万台，每千人2台。

(四)南非

南非的广播出现得很早，1923年时就有了约翰内斯堡电台，

1924年开办了开普敦电台和德班电台，1927年这几家合并为非洲广播电台。1936年在此基础上组建全国性的南非广播公司，为国家所有的公共机构，长期垄断南非的广播电视业(1970年开办电视)。

南非联邦原为英联邦成员，1961年退出英联邦，成立南非共和国。但是白人政府长期奉行种族隔离政策，南非广播公司一直是维护和宣传这种反动政策的工具。经过进步力量长期的斗争，1989年南非开始了政治改革进程，1994年举行首次不分种族的大选，组成了以非洲人国民大会为主要力量的新政府，彻底废除了种族隔离制度，广播电视事业也有了重大调整和新的发展。

目前公营的南非广播公司(SABC)仍然是广播电视业的主体。这家公司的性质同英国广播公司类似，但是允许播送广告，经费靠收视费和广告费维持，总部设在约翰内斯堡。广播方面，它使用11种语言，办有三类基本节目：全国性节目(中波5套、短波5套)、地区性节目(10套)、民族语言节目(8套)。电视方面，它使用8种语言，办有3套节目。另外，它还以“非洲广播电台”呼号进行面向非洲的国际广播，以“非洲电视频道”的名称播送国际卫星电视节目。

南非的商业电视出现于20世纪80年代后期。1986年南非政府批准设立经营收费电视的电子媒介电视网，打破了南非广播公司长期独家垄断的局面。1994年新政府组成后设立了独立广播局，负责管理广播电视事业，签发营业执照，分配频率频道，从而为私营广播电视的发展铺平了道路。该局成立后对南非广播公司进行了调整和改革，裁减人员，加强节目制作，将该公司6个地区台出售给私人，一个地面电视频道让给商业电视网，并且陆续发放了一批商业台营业执照。

目前主要的私营广播电视机构为：电子媒介电视网(M-Net TV)，1986年成立的地面收费电视网，目前有4套节目，部分节目通过卫星向非洲10多个国家传送；多选择电视公司(Multi-choice)，1995年开办的卫星电视台，现有30多个频道，其中有16个数字频道；普莱梅地亚广播公司(Primedia)，它是最大的商业广播公司，办有三家广播电台。到20世纪90年代末，南非共有14家私营的商业电台，88家获得一年期执照的非营利性社区电台。

南非居民拥有收音机1310万台，平均每千人309台；有电视机450万台，平均每千人106台。

三、拉丁美洲广播电视业

拉丁美洲多数国家的广播电视比亚洲、非洲兴办得早。巴西、墨西哥、阿根廷、智利、秘鲁等国早在20年代就有了广播，巴西、墨西哥、阿根廷在50年代初就有了电视。目前该洲多数国家有了完备的广播电视网，广播电视受众远远超过报纸受众。除了古巴等个别国家外，经营体制大多为公私并存但又以私营为主。

拉丁美洲各国每千人平均拥有收音机最多的是巴巴多斯(870台)，最少的是海地(51台)；每千人拥有电视机最多的是萨尔瓦多(672台)，最少的是海地(4.7台)。

(一)墨西哥

墨西哥早在1923年就有商业广播电台开办，至20世纪30年代广播业已初具规模。目前全国有广播电台1023家，几乎全都是私营的商业台。其中最有影响的是拉丁美洲之声，创建于1930年，总部设在首都，由30多座直属台和附属台组成全国性广播网。非商业性电台一般为政府或社会机构经办，其中最有代表性的是墨西哥自治大学办的“大学广播电台”，主要播送文化、教育、音乐、艺术及儿童节目，不播广告。

墨西哥的电视开办于1950年。现约有电视台540家，绝大多数是私营的商业台，其中有全国影响的是特莱维萨电视公司和阿兹特加电视公司。特莱维萨电视公司(Televisa，S. A.)的实力和规模最大。它的前身是1955年由三家最早的电视台组建的墨西哥电视网，1973年墨西哥电视网和墨西哥独立电视台合并而为特莱维萨公司。经过几十年发展，目前该公司不仅是墨西哥而且也是西班牙语系影响最大的广播电视机构，拥有电视台约300座(其中60来座为部分拥有)，广播电台17座，节目制作公司3家，墨西哥最大的有线电视系统1家，报刊若干家，而且在美国和其他拉丁美洲国家的广播电视机构中拥有股份。它的电视网有 4 套节目(全国性的 3 套)，都是以娱乐性节目为主的综合频道，拥有全国 80%以上的观众。它的电视新闻节目“回声”全日夜报道世界各地新闻，并通过卫星传送到美、欧、非洲 40 多个国家。该公司的有线电视网传送 22 个频道的节目，用户 20 多万。该公司还参与数字卫星直播台拉丁美洲空中台的创办(见巴西一节)，并且向西班牙开拓业务。特莱维萨公司还是个重要的节目制作中心和销售商，每年拍摄几十部电视剧、制作 5 万多小时各类节目，远销世界上 70 多个国家。这家公司的大部分股份属于拉美首富阿斯卡拉加家族。

墨西哥非商业性电视台数量很少。只有教育部的第 22 频道、文化部的第十频道、墨西哥工科大学的第十一频道等几家，主要播送教育节目。

根据墨西哥广播法，政府内政部负责对广播电视机构的监督指导，交通电信部负责执照发放、频率分配，教育部负责发展教育广播电视。政府除了掌握少量的公共广播电视台外，从 1969 年起要求全国的商业广播电视台每天提供 12.5%的时间代替部分税款，用来播送政府准备的宣传报道和教育文化节目。这些节目由内政部广播电视节目制作中心提供。这是国家为了改变美国节目泛滥、推动国民教育而采取的积极而颇具特色的措施。

1998 年前后墨西哥居民拥有收音机 2400 万台，每千人 248 台；拥有电视机 2000 万台，每千人 207 台。

(二)巴西

巴西的广播电视创办较早，目前又相当发达，特别是广播电台数量位居世界各国前列。

巴西的广播始办于 1922 年，至 20 世纪 90 年代有 2695 家电台，大部分是私营的商业台。商业台中规模最大的是环球广播公司所属的环球广播电台(Radio Globo)，它使用中波和短波向全国播音。非商业台只有几十家，主要为联邦政府、州政府以及一些学校、教会、社团所办。1976 年联邦政府以其所办的布拉斯广播电台为中心将这些非商业台组建成全国性的公共广播网“布拉斯广播网”，每天 24 小时连续播送节目。这些联网的电台有的原来就是国营台，依靠国家拨款经营；有的是政府收购的商业台，仍以广告为收入来源。布拉斯广播电台还担负对外广播的任务。

巴西的电视创办于1950年，至20世纪90年代电视台约有247家，其中政府和社会机构办的20家，其他都是私人所办。全国性的电视网有4个，其中最大的是环球广播公司所属的环球电视网（TV Globo），1965年开办于里约热内卢，现有9个直属台和68个附属台，覆盖90%的国土，拥有60%以上的观众。环球广播公司还是个著名的电视剧制作中心，它生产的节目远销世界80多个国家，遍及欧美、亚洲和太平洋地区，有着广泛的国际影响。

巴西历来重视广播电视教育，办有许多教育节目。1957年设置了全国教育广播的综合协调机构，将广播教育普及到全国各州。现在各州政府设立的电台都必须安排6小时播出识字教育等节目，没有电台的州政府则向商业台购买广播时间来播出教育节目。电视教育在20世纪50年代也已开始。1972年起，设在里约热内卢的"巴西中央教育电视中心"独立经营和播出了两套教育电视节目，并和各地十来家非营利的教育电视台结成了覆盖面甚广的教育电视网。

在卫星和有线电视领域，巴西主要有两大系统：一个是环球集团控制的巴西有线电视网（Net Brazil），1997年已有170万用户；另一个是阿布里尔出版集团控制的四月电视网（TVA），1997年有53万用户。它们都通过卫星并经由电缆将节目传送到用户家中。这相互竞争的两大系统正好分别参与了泛拉美地区的两家数字卫星直播电视台的角逐。这两家卫星直播电视台先后问世于1996年，一家叫拉丁美洲空中台（Sky Latin America），由默多克集团、特莱维萨集团、环球集团等合股创办；另一家叫拉丁美洲银河台（Galaxy Latin America），由委内瑞拉的媒介巨头、巴西的TVA、墨西哥的多视频公司等合伙创建。它们分别采用数字方式传送多频道的节目，目前业务尚在发展中。

巴西现有收音机6350万台，平均每千人402台；有电视机3500万台，平均每千人222台。

（三）阿根廷

阿根廷的广播始办于20年代，电视开播于1951年。

长期以来，阿根廷政局多变，军人与文人交替执政。1976年军人政变后，对广播电视控制甚严，私营台或是收归国有，或是置于军政府监控之下。1983年民选政府上台后情况有所改变，解除了对广播电视的控制和干预，重新恢复新闻自由。依据新广播法，政府通信署所属的广播事业局在首都可以经营电台、电视台各一座，在各省和直辖地区可以经营电台各一座。另外，省、地方自治单位及大学有一些广播电台。除此而外，全国大部分电台、电视台都恢复私人所有、商业经营。国营和公营台经济上主要依靠主办单位的财政拨款，私营台的收入依靠广告。广告时间每小时可达12分钟（电视）或14分钟（广播）。

目前全国有广播电台160多家，2/3以上为私营，主要的私营台集中在首都布宜诺斯艾利斯附近。主要的国营台为全国广播电台（RN），在首都向全国播音。对外广播电台是阿根廷国际广播电台，也由政府经办。

全国有电视台70多家。位于首都并向全国播送的有5家，其中阿根廷彩色电视台（ATC，第七频道）为国营的，另外4家均为私人企业经营。有线电视系统很多，基本上是私营的，不仅转播地面电视台的节目，而且大量转播卫星传来的欧美各国的电视节目。

阿根廷全国使用的收音机2350万台，平均每千人667台；有电视机760万台，平均每千人216台。

（四）智利

智利也是拉美地区开办广播电视较早的国家。1922年就有广播，1959年天主教大学在政府支持下率先开办了电视。

现在全国有326座广播电台，绝大部分为私营，收入主要靠广告。国营的智利全国广播电台（RNC）于1969年开播，在全国有14个直属台、11个发射台，可以有效地覆盖全国。大学经营的电台有7座，主要播送教育节目。在总统发表讲话或政府发布重要事项时，国营台和私营台都必须同时广播。

智利有4家全国性电视台，其中国营的1家，名为智利全国电视台(TNC，第七频道)，信号覆盖全国和南美邻近国家。私营的3家，实行商业经营。此外还有4家大学电视台，其中天主教大学电视公司(第十三频道)覆盖大部分国土，是最受公众欢迎的电视频道。智利的有线电视自80年代创办以来一直在发展之中。

智利全国有收音机495万台，平均每千人343台；有电视机305万台，平均每千人212台。

复习思考题

1. 广播事业是怎样诞生的？它的发展经历了哪些阶段？

2. 电视事业是怎样诞生的？半个世纪以来电视的传播样式有哪些发展变化？

3. 当前世界上存在哪些不同的广播电视体制？试加以比较和分析。

4. 简述美、英、法三国广播电视事业的历史状况、当前的体制特点以及主要广播电视机构的情况。

5. 德国和日本战前的法西斯政权是如何控制广播的？目前它们广播电视体制是怎样的？有哪些主要的广播电视机构？

6. 苏联广播电视事业是怎样建立发展起来的？苏联解体后发生了怎样的变化？目前俄罗斯联邦广播电视状况是怎样的？

7. 亚、非、拉美发展中国家广播电视的发展情况是怎样的？简述印度、埃及、巴西等国的广播电视体制和最主要的电台、电视台。

第八章　国际新闻传播的发展和斗争

第一节　概　　说

如前文所述，新闻事业是在 17 世纪初随着资本主义商品经济的兴起而来到世上的。资本主义商品经济是一种开放性的经济，它突破地区和国家的界限不断发展，带动了各个地区和各国之间的实务交往和信息交流。从 18 世纪后期到 19 世纪，经过工业革命，商品经济进一步发展，统一的世界市场正式形成，“一切国家的生产和消费都成为世界性的了”(《共产党宣言》)。进入 20 世纪后，随着各项电子技术和卫星通讯技术的发展，随着信息革命的兴起，世界经济日趋交融，整个世界已成为名副其实的地球村。和上述进程相适应，各国的新闻事业也越来越具有国际的性质，新闻传播也越来越超越国界趋于国际化。

其实在新闻事业诞生之初，就有国际传播的萌芽。从报刊到通讯社，从广播到电视，以至今天的电脑网络，随着传播媒介的步步演进，国际新闻传播一直在步步发展。如今世界上任何国家都不可能置身于国际新闻传播之外，任何国家都不可能不受到外来新闻传播的影响，也不会不对国外作相应的新闻传播。国际新闻传播已是国与国交往必不可少的纽带，已是世界新闻事业以至整个人类文明事业的重要组成部分。

纵观几百年国际新闻传播的发展历程，可以看到几个规律性的特点：

第一，国际新闻传播同国际政治经济关系密切。国际政治经济交往频繁或是斗争激烈，都会推动国际新闻传播的兴盛；而国际新闻传播又会给这种交往或斗争以重大影响，它往往为这种交往或斗争服务，成为各自国家参与这种交往或斗争的工具。前者如1848年前后的报刊和通讯社，后者如第二次世界大战时期的国际广播，都是明显的例子。

第二，国际新闻传播同传播技术的发展紧密相关。由于空间距离较远，国界限制严格，因而传播技术状况对国际新闻传播的影响远远大于对国内传播的影响。国际传播的客观需要不断催促着传播技术的更新，而传播技术的进步又不断增添或更新着国际传播的样式，为它开拓着前进的道路，带来新的重大飞跃。

第三，国际新闻传播的总体走向是：传播时效越来越强，传播内容越来越多样化，渗透力越来越大，扩散面越来越广。这是不以人的意志为转移的历史大趋势。随着世界经济的全球化、世界政治的多极化，这种趋势还在增强。对各国人民和新闻界来说，这既是一种机遇，也是一种挑战。

第四，国际新闻传播的发展始终贯穿着矛盾和斗争。少数强国、富国往往在国际新闻传播中处于优势地位，按照它们的政治需要和价值观念采制的报道和评说往往在世界上广为传播，甚至操纵世界舆论，构成对其他国家的威胁或损害；而广大弱国、穷国，为了维护国家主权、社会稳定和传统文化，不得不对这种外来传播加强管理甚至抵制，并且努力发展自己的对外传播与之较量和抗衡。于是规范国际新闻传播，建立公正合理的世界新闻传播新秩序，就成为国际新闻传播发展过程中长期的重要课题。

第二节　报刊、通讯社的国际传播

近代报刊诞生之时，就不是囿于一地一国的。人们对外地，特别是外国信息的需求，是促使报刊问世的原因之一。于是，一方面，报刊上登有不少异国他乡的新闻；另一方面，报刊又常越过国界流传，促进新闻的国际交流。16世纪和17世纪之交的尼德兰地区便是新闻的国际集散地，这儿的新闻印刷品不断流向英国、法国和西欧各地。英国第一份定期报刊《每周新闻》的全名便是《来自意大利、德意志、匈牙利、波希米亚、法兰西和低地国家每周新闻》，内容大部分来自尼德兰的新闻印刷品。法国第一份定期报刊《报纸》的情况也大同小异。

在绵延二百多年的欧美资产阶级革命过程中，报刊的国际传播起了极为重要的推波助澜的作用。欧洲的民主自由思想经由报刊传到北美大陆，北美的独立战争新闻又牵动着英国和欧洲的舆论。法国大革命的消息成了《泰晤士报》的紧俏产品，而《泰晤士报》的言论又常使欧洲小国为之震颤。待到 1848 年欧洲革命浪潮中，报刊的国际大传播，更使这场革命席卷大半个欧洲，呈现出空前波澜壮阔的景象。但是，即使如此，在电报发明和普及以前，这种传播在时间上和空间上都还受到很大的限制。

通讯社诞生于 19 世纪中期。与报刊相比，通讯社的出现在更大程度上出于国际传播的需要。这点在哈瓦斯社、路透社、沃尔夫社的诞生过程中表现得十分清楚。一方面，当时正处在 1848 年欧洲民主革命浪潮的发动和高潮时期，这场运动为初生的通讯社提供了丰富的信息源和大显身手的舞台；另一方面，工业革命后欧洲各国的商贸交易、金融证券业的交往十分频繁，早期通讯社正好为此提供服务从而发展了自己。另外，通讯社的初创和电报的问世几乎在同一年代，借助于逐步延伸的电报线，这批早期的通讯社便把自己采集和传播新闻的网络布满全欧，并且延伸到中东、远东、澳洲、美洲和非洲。以后有了无线电技术，通讯社更加如虎添翼，一百多年来一直是国际新闻传播的主要力量。当然，19 世纪中期以后的 100 年间，各国重要的报刊也纷纷伸展自己的记者网和发行网，凭借电报、电话和无线电通讯，在国际传播中扮演着重要的角色。

20 世纪中后期以来，借助于新的信息技术，报刊的国际传播呈现出全新的态势。首先，竞相面向世界采集新闻。许多报刊在世界各地派有常驻记者，随时报道当地最新消息。譬如《纽约时报》《泰晤士报》这样的国际性大报，在国外的记者各有近百名，《基督教科学箴言报》除了自派精干的驻外记者外，还在各国聘请兼职记者好几十名。遇到举世瞩目的重大事件(如香港回归中国)或突发事件(如海湾战争)，各国报刊都会争先恐后地派遣记者，奔赴现场，以最快的速度采集和传报新闻。其次，竞相面向世界印刷发行。许多报刊通过卫星传版，在海外定点印刷，就地发行。例如《今日美国》就用卫星传版在新加坡印行国际版，《华尔街日报》在香港印行亚洲版，在布鲁塞尔印行欧洲版。这类做法已越来越普遍。再次，纷纷通过国际互联网采集和传播新闻。随着信息高速通道的建设和国际互联网的发展，报刊记者越来越多地通过国际互联网络获得新闻线索，进行新闻采访，补充背景材料。各国报刊纷纷在互联网上建立网站，转播本报的新闻或直接制作网上新闻。上网报纸的数字逐年递增，1994 年为 78 家，1995 年 855 家，1996 年 1920 家，1997 年 3622 家，1998 年 9 月底达到 4925 家。传统的印刷媒介，正借助于新兴的电子媒介，在国际新闻传播领域中再显身手，发挥新的作用。

20 世纪中后期以来，通讯社把传统的优势和新的信息技术结合起来，依然是国际传播的主渠道。特别是一些国际性通讯社，拥有广大的、组织完善的、覆盖整个世界的信息采集、传输、发布网络，这是报刊和其他新闻机构至今还未能企及的。如今各国新闻界采用的国际新闻绝大部分来源于新闻通讯社，其中西方四大通讯社就占到 80%。前面第六章所述通讯社业务活动的两个重要项目，在国际传播中表现更是十分突出，首先，通讯社正在成为国际经济、金融、商贸信息的重要传播者。正当世界经济越来越融为一体的时候，通讯社也越来越深地介入国际经济、金融、商贸的运行之中。其次，通讯社正和国际广播电视逐步结合起来，不仅传送文字和图片新闻，而且越来越重视在国际范围内传送声像新闻。

90 年代从事国际声像新闻传播的通讯机构主要有三家：

(1)路透社电视部(Reuters TV)。该机构前身为英国广播公司 1957 年创立的维斯新闻社(Visnews)，以后路透社、美国全国广播公司陆续参股其间，到 1964 年时路透社已拥有 1/3 股权，并出任该社董事长。1992 年路透社买下该社全部股权，将它改为路透社的电视部。该部不仅可以依托总社的网络，而且自身在世界主要国家首都建立了 70 多个分支机构，有 1000 多名编辑记者活跃在世界各地。该部每天向世界上 100 多个国家 900 多家用户提供声像新闻，其中包括美国的 NBC、CNN、FOX，英国的 BBC、ITV，日本的 NHK 等著名的广播电视机构。

(2)世界电视新闻社(WTN)。前身是合众独立电视新闻社(UPITN)，为合众国际社和英国独立电视新闻社 1967 年合股创建。1985 年合众国际社退出，美国广播公司加入，改用现名，但仍然保持新闻通讯社的功能。此后美国广播公司拥有 80%股份，独立电视新闻社和澳大利亚第九频道公司各占有 10%股份。社址仍在伦敦，在世界上有 15 个分社、50 多个记者站，各国用户有 1000 多家。该社除了提供一般动态新闻外，还着重制作新闻杂志节目，如《国际犯罪》《巡回报道》等，颇受用户欢迎。

(3)美联社电视部(APTV)。该部是 1993 年决定设立的，经过一番筹备、试播，于 1994 年 11 月正式投入运作。总部设在伦敦，美联社的各分社逐步设立电视新闻采编室，配备专业人员和技术设备，负责采制声像新闻。首批开辟 4 条供稿专线，即亚洲、拉美、北美和全球服务专线。前三条专线通过卫星每天早晚各传送一次新闻(突发事件随时传送)，全球服务专线除卫星路线外，还进行地面传送。这个电视部在三四年间就赢得了 200 多家用户，其中也包括美国的 NBC、CNN、FOX、CBS、MSNBC 等大的广播电视机构。

但是以上情况后来发生了变化。1998 年 6 月，美联社购买了世界电视新闻社的全部股权，并将它和自己的电视部合并，成立美联社电视新闻社(APTN)。于是上述三家从事国际声像传播的通讯机构并成了两家，三足鼎立变成了两强争雄。新的美联社电视新闻社现已在 67 个国家设有 83 个记者站。

第三节　广播的国际传播

广播和电视诞生以后，相继加入了国际新闻传播的行列，成为这一领域重要的新兴力量。与报刊相比，广播电视借助于电波，传送迅速便捷，难以被行政手段阻隔，具有更为强大的穿透力和扩散力。与通讯社相比，广播电视直接面对受众，不需要其他中介，并且具有声音或声像感染力。鉴于这些特点和长处，各国在发展国内广播电视的同时，往往另外举办对外广播或电视，也就是以国外听众为主要对象的国际广播，或以国外观众为主要对象的国际电视。这种国际广播和国际电视现在已成为整个广播电视业中一个相对独立的分支。本节先谈国际广播。

一、发展历程和斗争

（一）20 世纪 20 年代诞生

国际广播诞生于 20 世纪 20 年代。它是国际政治斗争的产物，通常由各国政府举办，为各自国家的内外政策服务，作为争取国际舆论、开展对外斗争的重要手段。

西方最早开办对外广播的国家是荷兰，1927 年荷兰政府便开始向东印度（即印度尼西亚）等海外殖民地进行广播。以后德国（1929 年）、法国（1931 年）、英国（1932 年）也相继向各自的殖民地广播。这些广播通常使用本国语言，转播国内广播的节目内容，供海外侨民收听，也兼作对当地公众的殖民宣传。随着国际形势的发展，这些广播逐步扩展到其他国家，并且陆续增添语种、增加宣传内容。与此同时，苏联为了打破帝国主义的封锁，向世界人民宣传和平外交政策，于 1929 年设立了专事对外广播的“莫斯科广播电台”，陆续采用德、法、英语播音，至 1933 年播音语种已有 9 种。

（二）第二次世界大战期间的发展和对峙

随着第二次世界大战的临近和爆发，世界各国逐步形成两大阵线，双方纷纷开办或加强对外广播宣传。

德、意、日结成的轴心国阵线在这方面率先行动。日本 1931 年发动侵华战争后，在朝鲜和我国台湾、东北设立傀儡政权电台，1934 年起指令它们定时转播日本广播协会的军国主义宣传。以后随着侵略军的推进，在中国各地和东南亚各国照此办理。1936 年日本广播协会开办对北美广播，至 1944 年对外广播语言达 24 种。德国在希特勒上台后就加强对外广播，1939 年已有 7 种语言，以后随着战事的进展，把所侵占的各国广播都纳入名为“欧洲广播联盟”的法西斯宣传体系。意大利 20 世纪 30 年代积极向中东地区扩张，1935 年入侵埃塞俄比亚，在此前后向阿拉伯人免费发放只能收听意大利广播的收音机，开展了一场反对英法的广播战。

面对敌人的宣传攻势，同盟国方面奋起反击，20 世纪 30 年代后期起纷纷加强了反法西斯宣传。英国广播公司在战争爆发前后不断增加新的对外播音语种，1939 年对德宣战后全部业务转入战时体制，至 1944 年使用 39 种语言，每周对外广播 763 个小时，居各国之首。由于报道战况及时、准确，它成了西方世界声誉最高、影响最大的国际广播电台。苏联的莫斯科广播电台在严酷的战争环境中不断发展，1944 年时有 29 个语种，每天播音 59 小时，并且按照敌对国、同盟国、中立国、德国占领区四种对象地区，分别安排内容，进行针对性广播。它真实地报道战况和苏联人民的英雄业绩，有力地揭露了敌人的罪行和欺骗宣传，极大地鼓舞了世界人民战胜法西斯的信心。美国在 1940 年开始对拉丁美洲广播。太平洋战争爆发后于 1942 年 2 月成立“美国之音”电台，相继用德语和其他语言播音，至战争结束时增加到 34 种语言，每周播音 833 小时。

总的来看，第二次世界大战期间是国际广播大发展的年代。据统计，1939 年战争爆发时办有对外广播的国家有 27 个，到 1945 年大战结束时翻了一番，增加到 55 个。

(三)第二次世界大战后的“电波战”及其影响

1945 年第二次世界大战结束以后，国际广播在继续发展。主要发达国家的广播规模一再扩大，新兴的社会主义各国和发展中国家也纷纷开办对外广播。这些大大小小的国际电台，发射出成千上万条电波，传播种种不同的信息和观念，力图影响更多的异国听众，从而形成了西方报刊所说的“世界上所有大国和许多小国都积极参加的世界范围的电波战”。

战后不久，国际上就出现了社会主义的东方和帝国主义的西方的对峙，世界进入“冷战”时期，其间还不断出现朝鲜、越南等局部地区的“热战”。以美国为首的西方国家，利用对外广播不断掀起反共浪潮，为其侵略扩张政策服务。美国政府一再增加对美国之音的拨款，明确规定它的主要任务是“利用广大的无线电网与共产主义作斗争”(总统艾森豪威尔语)，“用更有力的心理战武器来对付日益扩大的共产主义威胁”(总统杜鲁门语)，把矛头对准苏联、东欧和中国。1949 年 12 月美国又在慕尼黑建立针对东欧的自由欧洲电台，1953 年 3 月增设针对苏联的解放电台(1963 年改名为自由电台。1976 年和自由欧洲电台合并，改名为自由欧洲/自由广播电台。东欧剧变和苏联解体后，1995 年 6 月该台总部迁往布拉格)。侵朝战争爆发后，美国之音加强了对华广播，开设了多种汉语方言和藏语节目。与此同时，逐步减少以至取消了对日本和欧洲盟国的广播，把所有设备对准社会主义和民族独立国家，进行反共反苏反华宣传。英国、法国、联邦德国等的广播也紧随其后，帮腔附和。当时，面对美国和西方的反共宣传，苏联和其他社会主义国家以及一些新独立国家的对外广播，站在一条战线上进行了反击。

20 世纪 60 年代前后，国际形势发生了明显的变化。一方面，美国和西方国家的侵略扩张政策一再受挫，国际局势出现了缓和的趋势。1972 年美国总统尼克松访华，1979 年中美正式建交。另一方面，苏联随着政局的变化，和中国发生分歧和对抗，同时又积极推行扩张主义和霸权主义政策，在全球范围内同美国争霸。于是，世界上出现了美、苏、中三种政治力量鼎立的态势。

同国际形势的变化相适应，美国和西方国家对外广播的方针策略有所变化。它们改变过去赤裸裸的反共宣传方式，采取比较隐晦的宣传手法，除了以貌似客观的姿态报道和评述时事外，更多地宣扬资本主义的社会制度、生活方式和价值观念，以争取人心，促进社会主义国家的和平演变，竭力让国际广播发挥“破城槌”的作用(总统里根语)。至于苏联，一方面不断扩充对外广播的实力，1964 年以民间组织的名义增设了“和平与进步广播电台”，各加盟共和国的 10 个边境城市也分别开办了对外广播，以加强宣传力度。另一方面又大力干扰别国的广播，在各大中城市设立 2500 多个干扰台，耗费巨资(所花金额比国内广播的费用还多)，阻挠西方国家广播的渗透。与此同时，中苏关系破裂以后，苏联还加强了对华广播，许多年间一直进行不友好宣传，并且长期干扰我国的对苏广播。这一情况至 20 世纪 80 年代初才有所改变。

20 世纪 80 年代后期，苏联和东欧开始了全方位的改革。它们分别解除了对西方广播的干扰，并且在思想领域放弃了对西方宣传的抵制，听任西方广播电台在其境内采集和传播新闻，于是西方的政治观念和意识形态就随着广播在这里长驱直入、广为传播。以后苏联和东欧的改革日益偏离方向，国内政局混乱，更使得西方广播有机可乘；而西方广播乘机推波助澜，煽动群众不满情绪，为各种反社会主义言行鼓噪，这又加速了东欧的政局变化和苏联解体的进程。

二、近期状况和主要的国际电台

“冷战”结束以后，国际广播领域剑拔弩张的状况有所缓和。国际广播的信息功能明显增强，它越来越成为国际间信息交流、文化交流以及增进经济联系的重要渠道。但是，国际间政治思想领域的斗争仍在继续，不同国家都在千方百计地扩大自己在这一领域的影响。少数西方大国仍然把国际广播作为宣扬西方价值观念、推行霸权主义的工具，利用它来为侵略扩张、称霸世界的战略利益服务。所以，世界各国在国际广播方面的竞争依然激烈，斗争和较量仍在延续。

为了扩大国际广播的影响，世界各国(特别是大国)这些年采取的措施主要有：

一是增加发射设备，增强发射功率，强化短波信号的传送。短波信号传送是国际广播的传统手段，为使短波信号更清晰、传得更远，历年来各国不断增添和更新设备。据不完全统计，在20世纪70年代的10年中，各国对外广播所用的200千瓦以上的短波发射机由405部增至1183部，其中500千瓦以上的有229部。至1988年时，200千瓦以上的发射机增至1824部，其中500千瓦以上的增至600多部。此后美、英各国进一步投放巨资增添设备，到20世纪90年代发射能力又上了个新的台阶。

二是通过境外建台、租机播放、互转节目、卫星传送等方式，扩大中波和调频的覆盖面。美、英等大国历来在世界各地设立众多的发射台或转播台，传输方式既有短波，又有中波。进入20世纪八九十年代，各个大国纷纷租用其他国家广播机构的设备播放节目，或者同其他国家广播机构签订协议，互相转播对方的节目。这些节目通常采取寄送、电话传输、卫星传送等方式提供，然后在对象国用中波或调频播出，其效果比短波更胜一筹。目前至少有10个国家在国外租机转播，10多个国家与外台互转节目。

三是增加语种，特别是亚、非、拉美各民族的语种。目前美俄英德等国对外广播的语种都在40种左右，其他国家的语种也在陆续增加。

四是增加播音时间，尤其竞相开办全日夜的“环球广播”(world service)。环球广播是昼夜不停、面向全球的广播。它的内容以新闻时事为主，滚动式更换，从而使新闻时效大大加强，影响力全面扩大。早在20世纪60年代，美、英、日本就分别开办了英语或日语的环球广播，70年代苏联用英语、俄语，80年代德国、法国分别用德语、法语开办。至90年代开办环球广播的国家已有18个。

五是采用最新的信息传输技术，特别是通过国际互联网传送节目。20世纪90年代以来，国际广播纷纷上网，为网络提供节目，或者直接在线广播。受众可以随时在网上浏览、检索、接收，不仅能听到声音，还可看到文字和图片。有的台还通过电子邮件向受众传送新闻。到1999年，进入互联网的国际电台已有55个。

目前国际广播的总体规模还在发展。90年代末，全世界有105个国家和地区开办了对外广播。国际电台总数有160多座，播出语种140多个；每周播音总时数为25000多小时，使用的短波和中波频率2000多个；总发射功率达到30多万千瓦，用于传送节目的卫星线路约有450条。这些国际广播电台一般为政府所办，也有一些是宗教团体和商业机构办的。按照使用语种、播出时数、发射功率这三个方面综合考察(这三者历来被认为是衡量一个国际电台实力的标准)，实力最强的五家是：美国之音电台、俄罗斯之声电台、中国国际广播电台、英国广播公司、德国之声电台。另外各洲都有一些影响较大的国际电台。现分别叙述如下：

1. 美国之音电台(VOA)

1942年2月创建，当时隶属美国战时情报局，1953年起归美国新闻署领导，总部在华盛顿。经过几十年的建设，它是当前世界上规模最大、实力最雄厚的国际广播电台。据1999年的材料①，该台使用43种语言，每天播音111小时，其中包括一套昼夜不停的环球英语广播，听众约为1.3亿人。发射设备功率，本土为16300千瓦，海外在17000千瓦以上。它在境外10多个国家设有发射台或转播台28个。另外，它还用同步传送的方式，把节目提供给对象国的电台，由它们播放。有材料说，目前它已有一半的语种采用这类转播方式，有103个国家的2300家广播电台采用并播放它的节目。

美国之音一直是美国政府主要的对外宣传工具和喉舌。它的台长由总统任命，各部门和语言组的主要负责人由外交官员担任。台内分节目、工程技术、行政管理三大系统。节目系统下设新闻和英语广播部、地区语言部，新闻和英语广播部下面有新闻、时事、英语三个分部，地区语言部下面按世界各地区设6个分部。第二次世界大战后它一直锋芒毕露地进行反共宣传。20世纪70年代美国政府逐渐改变了对外宣传的策略，美国之音也改用较为隐晦的方式宣传美国和美国的政策。此后它的节目内容趋于广泛，形式更为多样，包括新闻、时事分析、评论、新闻专题、音乐、艺术、科学、体育以及各种英语教学节目，尽量在各国听众中潜移默化地树立美国的良好形象，宣扬美国的社会制度、生活方式和价值观念。但在重大国际事件面前它的政治倾向始终十分鲜明，不仅它的社论一向公开声明代表政府意向，而且各种报道、解释、评述，也都体现美国政界的主流倾向。正如美国国会一份文件中所说的，美国官方始终把它看作是“推行对外政策最宝贵的工具”，“是颠覆社会主义制度的唯一手段”。

美国之音于1994年1月上了互联网，是世界上第一个上网的国际电台。

2. 俄罗斯之声电台(Голос России)

它的前身是苏联时期的莫斯科广播电台。莫斯科广播电台创办

---

① 本节所述各台的有关数字，主要引自《世界广播电视参考》(北京)1999年第10期。

于1929年，受苏联部长会议下设的国家电视和广播委员会领导，在宣传苏维埃国家的建设成就和对外政策，特别是在卫国战争期间的反法西斯宣传中，发挥过重要作用。苏联解体前使用75种语言，每天播音270小时，使用的发射机在200部以上(其中500千瓦的就有32部)，当时的综合实力居世界之首。除了莫斯科之外，它还通过各加盟共和国的电台转播节目。它的广播内容面向三个方面：发展中国家、资本主义国家和社会主义国家，分别占播出时间的45%、30%和25%。各个语种播出的时间长短不一，最长的环球英语节目是昼夜不停地广播的。节目内容以新闻为主，还有时事评论、专题节目、音乐、体育、俄语教学等，听众遍及160个国家和地区。

苏联解体后，该台归俄罗斯联邦政府领导，由于经费不足，规模和实力大减。1993年12月，根据总统令，改用现名。据1999年材料，该台现用语种30个，每天播音仅60小时，但本土发射功率仍有43970千瓦。在国外租用德国和部分独联体国家的11家电台设备转播节目。听众约为1亿。另外，它的设备也有部分租给德、英、法、加拿大以及美国的自由广播电台使用。在广播内容上，俄罗斯之声和苏联时期的莫斯科电台有很大的不同，宣传色彩大为淡化，着重报道经济、文化、科技信息，并有一定数量的广告。该台自称要提供全方位的信息，但在对外政策上，仍然强调要反映国家立场，维护国家利益，实际上就是要反映政府的立场、观点和态度。

俄罗斯之声已于1996年7月1日上了互联网，现在用13种语言在网上传播新闻。

3. 英国广播公司(BBC)

英国广播公司的对外广播开办于1932年，1936年起归英国外交部管理，直接为政府对外政策服务。第二次世界大战期间广播规模不断扩大，语种不断增多(最高时为46种)，播音时间曾达到每天125小时，位居世界第一。战后有所调整，但从60年代开始政府重新加强国际广播的建设。几十年来不断拨款增建、扩建大量发射和转播设备，使广播的覆盖面不断扩大，收听效果大幅度提高。

目前BBC从事对外广播的机构为世界广播电台。据1999年材料，该台使用37种语言，每天播音102个小时。本土发射功率约为13250千瓦，境外在20多个国家有转播台27座，境内外合计功率在29000千瓦左右。另外还租用美、澳、德、日、俄等10多个国家的设备转播。合计听众约为1.4亿人，分布于140个国家。它也将节目传送给部分对象国的电台播放，这样的电台已达521家。

该台广播包括三个方面，即对欧广播、对海外广播以及昼夜不停的环球英语广播。内容主要是新闻和评论、音乐、戏剧、各种专题，以及在世界上享有盛誉的英语教学节目。它的新闻讲究时效和准确，标榜客观公正，政治倾向性较为含蓄，但是基本任务还是要"反映英国的观点，维护英国的生活方式和文化"，也就是为英国的对外政策服务。它的所有语种都在互联网上推出了网络版。

4. 德国之声电台(DW)

该台创立于1953年，位于科隆市，是依法享有自主管理权的公共机构，但由政府拨款支持。据1999年的材料，该台使用29个语种，每天播音79小时15分。本土发射功率为13200千瓦。在境外设有6个转播台，并租用比利时、俄罗斯、加拿大等国的设备转播节目。在北美、欧洲一些国家，它的节目也在当地电台播送。

德国广播法规定该台的职责是："使国外听众对德国的政治、文化和经济生活有所全面了解，向他们介绍和解释德国对重大问题的态度。"这里所谓德国的态度当然是德国政府的态度。它的节目内容除了新闻时事外，还涉及社会生活许多方面，注重"新闻性和娱乐性、服务性相结合"。德国之声的节目也已上互联网。

5. 法国国际广播电台(RF1)

法国在1931年开办对殖民地的广播，1936年扩展到其他国家和地区。1940年法国被纳粹德国占领，对外广播中断，至二战后重新恢复。20世纪50年代已有坚实的基础，规模仅次于美、英、苏三国，但以后发展缓慢，70年代掉到世界第17位。80年代起，法国政府下决心振兴国际广播，1982年把原属法国广播电台的国际台独立出来，并加大投入，实施5年振兴计划，到90年代初才使国际广播重新赶上其他大国。

据 1999 年材料，该台目前使用 15 个语种，每天播音 52 小时 45 分。本土发射功率 13800 千瓦，在海外还有若干转播台。与此同时，它同中国、日本的广播机构建立了互转节目的关系；它在非洲大部分法语国家的首都建立了广播网，每天 24 小时不间断地播送节目，使影响更加扩大。该台的节目也已上了互联网。

6. 日本广播电台(NHK)

日本的对外广播开办于 1934 年，第二次世界大战时曾有高度发展，积极为侵略战争宣传鼓噪。战后一度停办，自 1952 年起恢复，按照广播法规定由日本广播协会(NHK)经办，经费由国家预算拨给。广播内容由两个系统组成：一个是面向全球的一般性广播，即英语和日语环球广播；另一个是针对不同对象地区编播的地区性广播。据 1999 年材料，目前使用 22 种语言，每天播音 59.5 小时。本土发射功率为 2500 千瓦，境外在英国、加拿大、新加坡、加蓬等 7 个国家有转播台，功率超过 3000 千瓦。它的节目已上互联网。

7. 澳大利亚广播电台(RA)

创建于 1939 年，当时主要对日本和欧洲广播。现在这个台属于澳大利亚广播公司(ABC)，该公司是 1983 年成立的公共广播机构，主要经费来源是政府拨款，经营委员会由总督任命。据 1999 年材料，澳大利亚广播电台现在每天用 6 种语言播音 42 小时 48 分，其中包括环球英语新闻广播。发射总功率约为 2500 千瓦。节目内容大致上新闻时事占 25%，专题节目占 25%，娱乐性内容占 50%。该台已进入互联网。

8. 全印广播电台(AIR)

这是印度的国家电台。印度对外广播开办于 1939 年，第二次世界大战期间曾有相当大的发展。印度独立后对外广播由全印广播电台经办，致力于反帝反殖斗争，并且积极为国外的印度人服务。广播对象主要为亚洲地区，兼及中东、非洲、欧洲，内容侧重于宣传印度的发展、政府政策和印度文化。据 1999 年材料，该台每天用 24 种语言(包括 7 种印度语言)播音 68 小时 43 分，发射功率约为 9000 千瓦(部分与对内广播共用)。节目已上互联网。

9. 埃及国际广播电台(ERTU)

为埃及政府经办的埃及广播电视协会(ERTU)的对外广播电台，1953年开办，在反对新老殖民主义、推动非洲和阿拉伯世界的民族独立运动中有着重大影响，曾被称为“革命的布道坛”。20世纪70年代以来，由于阿拉伯国家的矛盾纷争，这种影响有所减弱，但仍为非洲规模最大的国际电台。据1999年材料，该台用32种语言每天播音123小时(部分为内外兼顾节目)，对象主要是阿拉伯地区和非洲，兼及亚、欧、美洲，发射功率约为6000千瓦。节目已上互联网。

10. 哈瓦那广播电台(RHC)

创办于1962年，现在由隶属于古巴政府新闻部的古巴广播电视台经办，为拉丁美洲较有影响的国际电台。据1999年材料，该台用9种语言每天播音约28小时，对象主要是美洲、欧洲和地中海地区，总功率约为500千瓦，规模在拉丁美洲各国中居于前列。已上互联网。

第四节　电视的国际传播

一、发展情况和特点

国际电视兴起于20世纪80年代。在此之前，自60年代起国际间已经有了电视信号的交换和互转。1962年7月，北美和欧洲国家之间利用“电星一号”通信卫星，互相传送反映本地居民生活的电视节目，这是最早的越洋电视传播。1969年7月19日，美国宇航员登月成功，全球许多电视台通过“国际通信卫星一号”收转了登月实况，这是一次面向数亿观众的国际电视大传播。但是以国外观众作为目标对象定时播放节目的国际电视台，却是出现于1980年。这年6月，美国亚特兰大市特纳广播公司创立的有线电视新闻网(CNN)开始通过卫星向邻近国家的电缆电视系统播送新闻，这就标志着国际电视业的正式诞生。

此后20多年间，国际电视台不断涌现，国际电视业有了很大的发展。至20世纪末，世界上已有30来个国家开办了官方、半官方的国际电视台，商业性的国际电视台更有上百个之多。同国际广播相比，国际电视的发展进程有两个明显的特点，一是民办先行，官办后上。几十年的国际广播，几乎都是各国政府掌管的宣传机构。而国际电视却是民办的商业台首先兴起，至今它们仍是这一领域的主力。政府掌管的国际电视机构是以后才出现的。二是新闻节目和娱乐节目并举。国际广播通常以新闻时事为主，少量的音乐文娱节目只是串联陪衬而已。国际电视则不然，新闻节目固然影响巨大，娱乐节目更是丰富多样，还有不少专播娱乐、电影、体育的频道，文化传播的比重比国际广播大得多。

国际电视的传送方式，除少量直接由地面微波传送外，大部分要靠通信卫星或广播卫星作为中介，电视信号先上行至卫星，再由卫星上的转发器下行传向地面。目前的接收方式有三种：①备有特定接收装置(主要是碟形天线)的用户，可直接接收；②由设备齐全的电缆电视网接收，同步传送给用户；③由一般的地面电视台接收转播(录播或直播)。随着传播技术的进步，上述方式中的第一种，即用户直接收看(通常称为卫星直播电视)的比重正在不断增大。总之，尽管国际电视的传播过程较为复杂，但是依靠卫星的帮助，简直无远勿届、无往不至，而它声形并茂的优势，更是国际广播和其他大众传播媒介所望尘莫及的。

进入20世纪90年代以后，欧美发达国家积极发展数字电视。数字技术可以使同样的频带，传送更多的频道和节目，而且传输质量、音响效果、画面清晰度大为提高。而卫星电视的数字化一般又走在地面电视的数字化之前。1996年起，欧洲卫星组织等机构开始发射专供传输数字电视的卫星。与此同时，日本、美、加、德、法、英、荷、奥、意、西、澳大利亚等国都已办起专门的数字卫星电视台，原有的国际电视机构也在争相采用数字技术，以增加节目频道，提高节目质量。可以预期，21世纪初国际电视将普遍数字化。

二、各洲重要的国际电视台

国际电视的发展进程，是先欧美而后全球、先发达国家而后向发展中国家延伸扩展的。

北美是国际电视的发源地。在美国先后兴办的国际电视机构有：

1. 有线电视新闻网(CNN)

如前章所述，该台1980年率先向北美和拉美国家播放电视新闻。1982年又增办第二套全日夜标题新闻。随后它就跨越大西洋，很快赢得了一批欧洲用户。1986年它现场直播了美国挑战者号航天飞机升空不久即爆炸的场面，1989年它连续播报了苏联和东欧政局动荡的场景，影响日增。1991年海湾战争爆发，它留守在巴格达的3名记者从现场发出的迅速及时的战况直播，曾经是各国首脑有关战争进程的第一手资料，从此该台声名大振，成了世界大多数电视台的国际新闻的主要来源，引得世界传播界刮目相看，认为它能“在同一时刻给世界提供同一信息”，促进了全球“向无国界世界的演变”。至90年代，CNN有8个频道，1700多名从业人员，国内外设有20多个记者站，每天向137个国家几百家电视台网提供新闻。据1996年材料，全世界已有1.7亿个家庭经常收看其节目。1995年8月起在互联网上设站，传送部分节目。

2. 世界电视网(World Network)

这是美国新闻署1984年11月创办的世界上第一家官方的国际电视台。1985年4月起每天向欧洲提供2小时新闻和娱乐节目，以后节目时间不断增加，至20世纪90年代初，用户已扩展到128个国家的190个城市。世界电视网起初由美国新闻署的电视电影处经办，任务和宗旨与美国之音相同。1990年与美国之音合并为一个机构，按照美国新闻署署长的说法，是“为了把美国之音的长期成功的经验同世界电视网的技术设备相结合”，“大大提高向世界报道美国情况的能力”，更好地“对世界各国的听众和观众施加影响”。

3. 其他商业电视网

包括家庭影院电视网（HBO）、娱乐和体育电视网（ESPN）、音乐电视台（MTV）、发现电视台（Discovery），以及NBC、ABC、CBS等电视公司。这些商业电视公司从20世纪80年代末期起也纷纷在美、欧、亚洲设立分支机构，租用卫星转发器，播放国际电视。娱乐与体育电视网1989年3月就开办了拉美国际频道，用英、葡、西语播放体育节目，以后范围不断扩大，目前已有20个不同地区的频道，使用21种语言向182个国家播放。90年代初，音乐电视台已设立了欧洲、日本等5个分台，用户超过6000万。发现电视台办了欧洲发现频道、拉美发现频道、亚洲发现频道等10多个对象地区频道，使用10多种语言，向65个国家播送，共有9000多万用户。全国广播公司（NBC）先后办了对欧洲的有线电视频道（CNBC）、对亚洲广播的商业新闻频道（ANBC）和对拉美广播的西班牙语新闻频道。

欧洲国际电视的兴办稍晚于北美，但发展势头颇为迅猛。这是因为：第一，西欧多数国家20世纪80年代实现了广电体制的转轨，开放了民营的商业电视，不少传播集团所办的商业台越过国界，形成了国际规模；第二，西欧有线电视比其他各洲创办得早、发展得快，这是转播国际电视的良好条件；第三，20世纪80年代末，西欧加快了一体化进程，欧洲共同体关于电视无国界的决议于1992年3月正式生效，从此西欧各国间实现了电视自由传播。在这样的背景下，西欧出现了许多国际电视台，使用阿特拉斯卫星、国际卫星、欧洲卫星等进行传播，其中影响大的有：

1. 英国空中电视台（Sky TV）

1983年默多克集团在伦敦收购了一家私营的卫星电视公司，创办空中电视频道，向西欧各国有线电视网和地面电视台播送节目。1989年改名为空中电视台。1990年11月该台兼并了英国卫星广播公司，成立英国空中广播公司（BskyB），扩大规模，增加频道。主要面向欧洲各国，设有新闻、娱乐、电影、体育等10多个基本频道和几个收费频道，观众不断增多。

2. 卢森堡广播公司（CLT）

这是卢森堡国内根据广播法独家经营广播电视的机构，也是欧洲有重要影响的国际性广播电视企业。它除了开办国内广播电视外，还以邻近国家为对象，播出法语、德语、荷兰语电视节目共10套，广播节目13套。德语节目面向德国、奥地利、瑞士的德语观众；法语节目面向法国、比利时的法语观众；荷语节目通过卫星向荷兰提供。(以上两家可参阅第七章)。

3. 英国世界电视台(BBC World)

英国广播公司世界广播部创办，1991年4月起向欧洲地区广播，1991年11月起通过香港卫星电视台向亚洲和中东广播新闻节目，1992年通过南非商业电视台向非洲报道新闻，同年11月起又通过加拿大广播公司有线电视台播送新闻节目。1994年它与实力雄厚的皮尔逊公司合作开办了专门的世界新闻频道和娱乐频道。1995年进入美国，专门为美国观众编播每天6小时电视节目。现在该台由BBC的环球服务中心经营，全天24小时向141个国家播出。

4. 法兰西国际电视(CFI)

为国家控股的法国广播金融公司(SOFIRAD)，1988年创办，宗旨是宣传法国的形象。自1989年5月开始通过卫星向非洲法语地区每天传送4小时节目，包括新闻、科技、娱乐和体育等内容。法国政府专门拨款为非洲一些电视台安装现代化接收设备，再通过这些台把节目送到千家万户。1990年时已有24个非洲台收转它的节目，1992年扩大到非洲33个国家。以后又用法、英、西、阿拉伯4种语言向欧洲、拉美等地区播送电视节目。

5. 德国之声电视台(DW-TV)

根据联邦德国政府“实行对外广播和对外电视并举”以提高德国国际地位的决定，德国之声电台于1992年1月起开办的对外电视，当时每天用德、英、西语播送6.5小时节目。1995年租用亚洲2号卫星向亚太地区每天播送24小时德、英、西语节目。以后几年发展很快，目前已覆盖欧洲、亚洲、北非、西非、北美以及拉美部分地区。

6. 欧洲新闻台(Euro News)

为欧洲广播联盟开办的国际电视台，1993年元旦起用英、法、德、西、意五种语言向欧洲地区全日夜广播，以新闻为主，节目内容由欧广联成员共同提供。

进入20世纪90年代以后，亚太地区的国际电视勃然崛起。亚洲拥有全世界3/5的电视观众，经济正处于上升时期，伴随着经济的发展，人们对信息、文化生活、广告的需求都在增长，这就昭示着亚洲的电视市场和广告市场潜力无限、前景诱人。于是90年代以后这里日益成为国际电视竞争的主战场。上述欧美发达国家的官办或商办国际电视台，竞相在这里设立分支机构，租用卫星转发器传播自己的节目；亚洲和太平洋地区国家也不甘落后，纷纷创办自己的国际频道。到1997年这里已有300个电视频道，大多使用香港经营的亚洲卫星系统和印度尼西亚的帕拉帕卫星系统传送信号。

亚太本地区重要的国际电视机构有：

1. 澳大利亚广播公司国际电视台(ATVI)

1993年2月起用帕拉帕B2P卫星每天播放16小时新闻和娱乐节目，使用语种有英语、华语、印尼语等，覆盖东南亚地区。1994年8月起又租用新发射的亚太一号卫星，把节目送到更广的范围。

2. 亚洲经济新闻台(ABN)

1993年11月起使用帕拉帕B2P卫星每天播放18小时商业新闻和其他新闻。该台由新加坡广播公司、新西兰电视公司、美国电信公司、香港商业新闻网等联合经营，总部设在新加坡。

3. 日本广播协会世界电视台(NHK World TV)

从1995年4月开始向北美、欧洲播出国际电视，而且通过卫星向亚太地区的有线电视系统提供节目。1998年4月起向亚太地区开播两个频道的数字化节目，同年10月进一步扩大到世界其他地区，使用英语和日语进行广播。1999年5月起在互联网上提供英语新闻服务。

除了上述几家外，泰国(1993)、菲律宾(1994)、新加坡、文莱(1994)、印度(1995)、韩国、马来西亚(1996)陆续办了国际电视频道。我国中央电视台也在1992年10月1日起开办国际频道。现在亚洲许多国家的国内卫星电视也往往越出国境，博得不少邻国的观众。

三、国际电视的影响

国际电视的兴起为国际新闻和文化传播增添了新的内容和样式，进一步增进了各国间的信息和文化交流。如今世界上的重大新闻、国际间的重要会议、经济活动的重要信息、各种突发事件或天灾人祸，都能通过国际电视及时将现场情景传遍全世界，从而密切了国家和地区间的联系。世界各地丰富多彩的生活方式、风土人情、文学艺术、传统文化，都能通过国际电视生动形象地展现在各国人民面前，从而有助于推动整个人类文明的进步。

但是在国际电视发展过程中也始终贯穿着矛盾和斗争，存在着种种负面的影响。因为各种国际电视台都在按照自己的政治需要、思想观点、价值观念、伦理标准取舍信息、编制节目，以此来吸引和影响异国他族的观众。这就必然造成政治思想和文化领域的摩擦、较量和冲突。尤其是西方国家的国际电视，凭借其物质技术优势，正如天马行空般地向世界各个角落扩展和渗透。它们在政治上总是为霸权主义和侵略扩张鸣锣开道，在思想文化上一贯宣扬资本主义的生活方式、价值观念和行为准则，这就给对象国家，特别是发展中国家带来严重的挑战和威胁。1994 年《基督教科学箴言报》有篇评述这一现象的文章，曾经援引印度作家理查德·克拉斯达的话说："卫星电视使印度人感到，印度的一切都是不好的，而西方文化都是那么美妙。传统的社会价值观正在被摧毁。"对此，新加坡一位新闻官员认为，"我们必须制止不受欢迎的电视节目进入新加坡，任何含有性、色情或暴力等内容的节目都有害我们亚洲的和睦和安定。我们是一个多民族社会……如果播出这些节目，就难免激起民族关系紧张和混乱"。

面对西方电视的这种负面影响，许多国家特别是发展中国家正奋起抵制。一方面，积极发展自己的国际电视，努力传播自己采制的新闻和娱乐节目，弘扬本民族的思想文化；另一方面，加强对外来电视信号的管理，有些国家严格限制进口、制造或安装卫星接收设施，有些国家设立专门机构，审查外来电视，然后有选择地纳入本国有线电视传播渠道。总之，国际电视领域这种政治思想、意识形态之争，始终十分激烈，今后也必将持续进行下去。

第五节　电脑网络的国际传播

一、兴起过程和特点

电脑网络传播是指通过电子计算机网络所进行的信息传输和交流。这是一种以地空合一的信息高速通道作为传输渠道，以功能齐全的多媒体电脑作为收发媒体的极具开放性的传播活动。这种电脑网络传播正式进入国际新闻传播领域是在 90 年代初期。

电脑网络传播的实现，有赖于三个方面的技术发展。

一是计算机技术。自从 1946 年世界上第一台计算机问世以来，经过 50 多年的发展，这项技术有了高度发展。尤其是 1981 年推出第一台个人计算机(PC 机)后，这一高科技产品迅速进入千家万户普通家庭，渗透到社会生活的各个领域。经过几代更新，如今的个人计算机已能以极快的速度处理巨量的多媒体信息，也就是说，可以接收、处理、储存、输出、传播大量的包括文字、图片、声音、图像在内的各种样式的信息。

二是通信技术。20 世纪后期通信技术突飞猛进，微波、卫星、光缆成了当今信息传输的三大支柱。如今各国的微波线路四通八达，太空中各类通信卫星星罗棋布。欧美发达国家国内中继干线已完成由同轴电缆向传输容量更大、速度更快的光缆的转换。国际间的海底光缆、越洋光缆也在不断铺设。

三是网络技术。通过一系列应用软件和技术手段，把散布各处的电子计算机联结成网，实现信息的广泛分享和交流。当今世界上覆盖面最大、应用最为广泛的计算机网络便是互联网(Internet)。互联网起源于 1969 年美国国防部创办的阿帕计算机网(ARPA net)，开始只有 4 台计算机互联实验，以后联结的计算机不断增多。与此同时，美国其他机构也陆续使用与阿帕网相同的技术协议，建立计算机网络。1986 年美国国家科学基金会(NSF)建立的网络连接全国所有的大学及研究机构，很快扩展为全国性的广域网。随后欧洲、日本等地的计算机网络也相继发展起来。在此基础上逐渐形成跨国界、跨文化的互联网。1993 年互联网对公众开放，并在世界范围内迅速扩张。至 1994 年便有 154 个国家和地区与互联网相连，上网用户有 3500 万户。到 1999 年上网人数增至 1.5 亿人，从而使得这一网络成了世纪之交最为先进、最有发展潜力的国际信息传播渠道。

电脑网络传播信息的方式很多，目前最常用的有三种：

一是网络浏览(或信息检索)。就信息接收者而言是浏览、检索；就信息传播者而言则是传送、传播。现在网上已有大量提供信息的信息源，它们每时每刻都在向网络输送信息，受众可以根据需要随时随地去浏览检索。这些信息源，是各种机构、公司、团体以及各类媒介在网上设立的网站或数据库。浏览或检索的手段主要是万维网(World Wide Web)，这是美国国家超级计算机应用中心 1993 年开发并逐步加以完善的超文本、超媒体浏览工具。借助于它，用户可以自如地从一个文本转换到另一个文本，从文本资料转向声像资料，从而快捷方便地从网上浏览、搜索、采集、复制各种信息。

二是电子邮件。职业或非职业的传播者都可以通过互联网像寄信一样把信息传送给某个人或某些人。传送方式可以是点对点的，也就是传向特定对象的。现在不少大众媒介用这种方式直接向用户传送新闻，如美国之音中文部从 1997 年 10 月 1 日起，每周一到周五通过电子邮件向需要的用户提供每天最新的中文讯息。传送方式也可以是点对面的，也就是传向某些群体成员的。现在有不少社会团体、学术团体、协会、研究会用这种方式同时向其成员传送信息。

三是电子论坛。这是在网上设立的各种交流信息和观点的场所。具体名称又有新闻讨论组(Usenet News)、电子公告板(Bulletin Board System)等，往往是某些机构、团体设立的自由传播信息或观点的场所，用户可以从中获知他人发布的信息或见解，也可以通过它发布自己的信息或见解。另外还有不少个人设立的网上园地、聊天屋，供网友们谈天说地、交换看法。这些可以说是高科技条件下的“海德公园”或“民主墙”，是一种不受时空限制的“观点的自由市场”。

电脑网络传播，有许多不同于传统新闻媒介的特点，其中主要的有：

一是高度的综合性。网络传播既有传播形式的综合性，又有传播形态的综合性。首先，它将文字、口语、音响、图表、图片、图像等各种传播形式汇于一体，而且可以根据需要自如地从一种形式转换到另一种形式，或者让几种形式并举，做到图、文、声、像并茂。其次，它将人际传播、群体传播、组织传播、大众传播等各种传播形态集于一身。它不仅像一般的大众媒介那样可以向全社会进行开放性的传播，而且可以作人际传播（如点对点的电子邮件）、群体传播（如讨论组、聊天屋）、组织传播（如点对面的电子邮件，以及各单位内部的局域网）。

二是高度的交互性。在电脑网络传播中，传受双方存在很大的交互性，它们的角色位置可以方便地、频繁地交替互换。网上的传播者也会充当受传者，受传者也往往充当传播者，此时此地是传播者，彼时彼地又是受传者。在网上设立网站或数据库的机构、媒体或个人，固然是传播者；但他们为了传播，往往通过网络进行采访、询问、调查、检索，这时的他们便是受传者。在网上浏览、检索的一般用户，固然是受传者，但他们和传统新闻媒介的受众大不相同。他们不仅有很大的寻觅信息的主动权，而且他们随时都能充当传播者。他们可以通过电子邮件向别人传送信息或观点，他们可以向新闻讨论组、公告板传送信息或观点，他们还可以设立个人网页，发布信息或观点，吸引他人来访问。正如麻省理工学院教授尼葛洛庞蒂所说的：“在网上，每个人都可以是一个没有执照的电视台。”

三是高度的灵活性。网上传播和接收信息都极具灵活性。凭借一台联网的电脑，传播者可以随时随地传送信息，受传者也可以随时随地选择收看或调阅任何已进入网络的信息。这就是电脑网络传播的“5W”：Whoever，Whenever，Wherever，Whomever，Whatever。即：任何人在任何时间、任何地点都可以同其他任何人交流任何信息。

四是高度的渗透性。随着科学技术的发展，新闻传播的渗透性在不断提高。广播电视的渗透性明显高于报刊传播，但是广播电视仍然受到各种自然因素和人为因素的阻挡，从而影响其渗透能力。而电脑网络，除非不与国际网络联结，一旦与国际网络相连，各种信息就会滚滚而来，它们将无视国界的存在，所有与网络联机的人都能自由浏览、检索、下载、转发，并且在网上作出反应。行政管理和干预当然仍可进行，比如封锁某些信息来源，或者采取某种过滤技术，专门识别或阻止某些有害信息的进入。但是网上信息源太多，搜索的通道极为繁杂，令人堵不胜堵，迄今为止阻挡外来信息还十分困难。

基于电脑网络传播的上述特点和优势，它在问世之后便备受各国政府的重视和关注。如今它已成为国际新闻传播领域极为重要的新兴力量。

二、当前发展态势、问题和前景

当前，世界范围的信息革命正在不断前进。欧美发达国家纷纷投入巨资，大力推进国家信息基础设施建设。某些发展中国家也不甘落后，努力跟上。这种信息基础设施建设是电脑网络传播发展的强大物质基础。

在这方面走在前头的还是美国。1993 年美国政府正式提出《国家信息基础结构行动计划》(NII，俗称信息高速公路计划)，宣称要建设一个能给用户随时提供大量信息的，由通信设施、计算机、数据库以及日用电子产品组成的“完备网络”，使所有美国人能在任何时间和地点，通过声音、数据、图像和影像相互传递信息。这一计划为期 15 年，要求在 2010 年全面实现。目前美国正按照计划大力开发用于传递、储存、处理和显示各类信息的物理设备，同时大力开发信息处理软件，发展网络化和数字化技术，建设各种应用和服务系统并使之集约化。1994 年美国又在国际电信联盟世界发展会议上提出了“全球信息基础结构”(GII)的设想，并于 1995 年 2 月正式发表了题为《全球信息基础结构：合作日程》的文件，积极提倡和推动全球信息网络建设。在此前后，其他发达国家也相继行动。1993年欧洲联盟提出了“创建欧洲信息社会，迎接21世纪挑战”的战略纲领，专门成立了信息基础结构工作小组研究行动方案。接着欧洲委员会制定了《欧洲走向信息社会之路：行动计划》，作出了具体规划。日本于1994年5月先后提出了《通信基础结构计划》等两份报告，并制定了信息网络基础设施建设的时间表，决定分三步实施，最终于2010年覆盖全体居民。某些发展中国家如新加坡、韩国等也作出了信息化规划。新加坡早在1992年4月就已作出《信息技术2000年计划》，要求在2007年实现信息化目标，把新加坡建成世界上第一个“智慧岛”。

随着各国信息基础设施建设的贯彻实施，电脑网络传播如虎添翼，更加迅速发展。目前世界上大多数国家都已在互联网上联结，上网总人数不断增长。据统计，1994年7月网络用户为3500万户，1997年底增至9996万户。到1999年1月，据欧洲一家网上咨询公司的材料，全世界上网人数已达15325万人。各地区的分布情况如下（单位百万人）：亚太地区，26.55；非洲，1.14；中东，0.78；欧洲，33.39；美国和加拿大，87；南美，4.5。有关专家预计，到2001年上网人数还会翻一番，达到3亿人以上。

当前互联网上的信息源（数据库、网站）数以百万计，提供的信息量十分巨大，而且还在不断地增加。除了一般的信息提供者（包括政府机构、政党组织、社会团体、公司企业、事业单位、宗教团体、各种群体或个人）外，在网上专门传播时事新闻的职业新闻传播者，大致有两类：

一类是专门提供网络新闻的网站或网上刊物。例如美国的南多新闻网（Nando Net），就是专门的新闻网站，它全日夜地传送新闻，特别注重提供全球要闻和工商新闻。又如在美国的中国留学生办的网上刊物《华夏文摘》，这是1991年4月创办的世界上第一家全球性的网上中文刊物，在海外华人中颇有影响。

另一类是在网上设站的传统大众媒介。传统的大众媒介一般都拥有完善的新闻采集、制作、编播队伍，具有丰富的新闻传播经验，也具有相当的知名度和影响力，因此当它们同新兴的网络技术相结合便很快成为网上新闻传播的主力。前面几节已分别提到了全世界报刊、广播、电视、通讯社上网的数字。现在这些传统媒介不再只是把自身的报道摘编或改编后放到网上传送，它们越来越趋于专门为网站采集和制作新闻，以便适应网络传播的特点，发挥网络传播的优势。

就报刊而言，截至1998年底，已有4925家上网，这些报刊的网上传播各放异彩。如《泰晤士报》采用滚动式发稿模式，及时传播最新新闻，遇有重大新闻还先发提示信息，吸引用户注意。《华尔街日报》常把纸质报纸不便刊登的政府经济报告、行业前景预测等在网上全文播发，便于用户查阅参考。新加坡《联合早报》专门编排的网络版，内容丰富而又简洁明快，每月浏览人次1998年就超过1400万人次，尤其是海外读者众多，占全部读者90%左右，正是借助于互联网的威力，该报成了很有国际影响的报纸。

就广播电视而言，到1998年已有100多个国家在互联网上建立了1550多个网上电台；世界上100多个国际广播电台已有55个建立了自己的网站；世界上著名的电视机构也多半在网上设有网站。这些广播电视网站已能传送音频、视频信号，用户只要有相应的软件就可收听收看，尽管目前声音和图像的质量还不尽如人意。美国的VOA是最早(1994年1月)上网的电台，1997年已有23种语言在网上广播。CNN于1995年8月起在网上设站，传播部分图像。NBC同微软公司结盟在1996年7月开播全日夜有线新闻频道后，同时在网上以MS-NBC的名称设站，现在每天提供4000个网页的信息。美国其他各大电视公司每天提供信息的网页也数以千计。这些内容往往按照欧洲、亚太、非洲、中东、拉美等不同地区，设立分支栏目，进行有针对性的传播。英国广播公司的网站新闻的特点是配有大量的背景材料，并与有关站点联结，用户可以通过超媒体联结获取相关信息。

世界上各大通讯社也都在网上设站，美联社、路透社还传播图像新闻。通讯社的国际新闻传播过去必须借助报刊、广播电视等媒介才能在对象国“落地”，现在通过互联网已能直接同广大公众见面，例如路透社网站1997年平均每天有350万人次访问，这种影响相当深广。

如今电脑网络的国际传播仍然方兴未艾，可以预期，随着世界信息化步伐的加快，它的规模和影响还将迅速增长。由于它本身具有高度的综合性、交互性、灵活性和渗透性，很可能在融合各种传统媒介的基础上，成为 21 世纪国际新闻传播的主要方式，并且开辟国际新闻传播的崭新时代。

但是，电脑网络的国际传播也存在不少矛盾和问题。首先，由于各国社会经济和科技发展水平的悬殊，世界上电脑网络建设的发展极不平衡。当发达国家大张旗鼓地向信息化进军的时候，世界上还有不少国家连最基本的信息建设都还没起步。美国、西欧、日本等国家已有接近或超过半数的家庭拥有电脑，可是在发展中国家普及率很低，在贫困国家电脑还是十分稀罕的奢侈品。据美国电脑工业年鉴材料，1997 年底全球互联网用户有 9996 万户，其中美国、日本、英国、加拿大、德国、澳大利亚、荷兰、瑞典、芬兰、法国、挪威 11 个国家就占到 90%，美国位居第一，占到 54.7%。前面提到的 1999 年上网人数 1.5 亿人中，占世界人口 1/4 的北美和欧洲，上网人数为世界其他各地总和的 4 倍，其悬殊可见一斑。其次，网络传播同国际广播电视一样，在促进国与国之间信息和文化交流的同时，也带来甚至加剧了政治思想领域的摩擦和冲突。特别是西方媒体和网站，凭借它们的技术优势，在网上源源不断地传播它们对世界大事的观点和价值观念，操纵着世界舆论，对发展中国家，特别是弱小国家，带来很大的危害。第三，网络传播极具开放性，任何人都可以在没有检查控制的情况下在网上传播信息，因而为种种有害信息的传播带来极大的方便。于是，在网上散布虚假消息、谣言传闻者有之，编造故事、诽谤诬陷者有之，宣扬迷信、传播邪教者有之，煽动民族仇恨、挑动种族歧视者有之，至于传统媒介上常见的色情内容更是大行其道，成为网络传播的一大公害。总之，传播技术的新发展、国际新闻传播的新飞跃，既能推动人类的交流和文明进步，同时又相伴而来种种负面影响，有待新闻界和传播界的正视和解决。

第六节　围绕国际新闻传播的斗争

一、存在的问题和矛盾

新闻传播日益国际化，这是历史发展的必然趋势。但是，由上文所述可以看到，在国际新闻传播发展过程中，一直存在着种种矛盾和冲突，这些矛盾和冲突正是各个历史时期国际政治经济斗争的反映。第二次世界大战以后，在这一领域既有帝国主义和社会主义的对峙，又有发达国家和发展中国家的矛盾。随着冷战的缓和结束，后面一类矛盾更加凸现出来，人们越来越意识到，在国际新闻传播领域，发达国家和发展中国家之间存在严重的不平衡、不合理、不公正的现象。

首先，发达国家和发展中国家的新闻传播力量悬殊，发展极不平衡。据联合国教科文组织20世纪80年代初的材料，占世界人口1/4的发达国家拥有世界报纸发行量的3/4，而占世界人口3/4的发展中国家却只有报纸发行量的1/4。发达国家集中的北美和欧洲，广播发射台的数量占世界总数的75%，而发展中国家集中的亚洲和非洲只占世界总数的13%。北美、欧洲占有世界收音机总数的78%、电视机总数的82%，而亚洲和非洲一起仅占15%和11%(广播电视业的悬殊情况还可参见第八章第一节)。发达国家几乎都有新闻通讯社，有的国家甚至有几十个，它们建立了覆盖全球的庞大通讯网络，可是发展中国家还有30多个没有自己的通讯社。发达国家占用的全球无线电频谱和卫星运行轨道的份额达90%，来自那里的电波充斥全球上空，而发展中国家的声音，其他地方却很难收到。这种悬殊的传播实力，必然使国际新闻传播的状况极不平衡。

其次，发达国家和发展中国家间新闻信息的流向不合理，基本上是前者流向后者，而由后者流向前者的却微乎其微。很长时期以来，西方四大国际通讯社播发的国际新闻占到全世界国际新闻报道的80%，而其中只有10%～30%的内容是关于发展中国家的报道。

西方几家大的国际广播机构(美国之音、英国广播公司、德国之声电台等)、国际电视机构(美国有线电视新闻网、美国世界电视网、英国世界电视台等)的电波信号，犹如天马行空，传遍全世界。发达国家的电视片充斥国际市场，仅美国就占到世界电视节目流量的75%。至90年代初，美国的文化产品(主要是影视产品)已成为仅次于飞机的第二大出口创汇产品。

最后，国际新闻传播的内容存在种种不客观、不公正、不健康的现象。西方新闻机构总是按照西方的政治观点、价值观念、文化传统来筛选、采制新闻，于是播发的新闻报道往往带有严重的主观偏见。比如，它们往往渲染发展中国家的阴暗面，着意报道那里的危机、暴力、灾荒、动乱，给人以毫无希望的印象；它们往往从霸权主义、民族沙文主义的立场出发，随心所欲地对发展中国家的事务说三道四、指手画脚。这些都影响着发展中国家的社会稳定和发展，因而理所当然地遭到当地社会的反对。伴随着西方新闻传播而来的文化传播，则含有许多不健康的因素。正如《纽约时报》1994年一篇文章所述的："在美国文化的出口中，大量宣传色情、暴力的影视片源源不断地流向其他国家。从曼谷到贝鲁特，从巴黎到德黑兰，不少有识之士痛心疾首，予以猛烈抨击。人们担心，在这种文化渗透的冲击下，各国自己的文化将毁于一旦，它们各自传统的价值观将逐步消亡。"

二、建立世界新闻传播新秩序的斗争

对于上述情况，发展中国家和国际进步新闻界一直持批评态度，要求予以改变，并且开展了争取建立世界新闻传播新秩序的斗争。20世纪七八十年代是这场斗争发展的高潮。

这场斗争比较集中地表现在联合国教科文组织和不结盟国家会议这两个国际舞台上。

早在1970年召开的联合国教科文组织第16届大会上，一批发展中国家的代表就提到新闻传播媒介分布不平衡的问题，要求建立更加公正、更加均衡的世界新闻传播体系。

1973年9月在阿尔及尔召开的第四次不结盟国家首脑会议，

在讨论政治经济问题的同时，也十分关注新闻传播问题。会议达成了互相交换新闻的协议，一致同意加强各自的新闻传播，以“消除殖民时代的有害影响”。

1976年3月，在突尼斯举行了不结盟国家传播问题讨论会。这次会议第一次明确提出了建立国际新闻传播新秩序的口号。同年7月在新德里举行的不结盟国家新闻部长会议通过的宣言，尖锐地指出“目前全球新闻信息流动的最大特征是严重的不充分和不均衡”，并且正式倡议建立世界新闻传播的新秩序。同年8月，在科伦坡举行的有86个国家参加的第五次不结盟国家首脑会议，在《政治宣言》中郑重指出：“在情报和大众传播领域内建立国际新秩序同建立国际经济新秩序同等重要”，从而明确地把这场斗争同争取国际政治、经济新秩序的斗争联系起来。

也正是在1976年，联合国教科文组织在内罗毕举行的第19届大会，根据多数代表的要求，责成教科文组织总干事根据国际关系新发展审查当代社会在传播过程中存在的全部问题。为此，当时的总干事阿马杜-马赫塔尔·姆博(塞内加尔人)成立了一个由世界上16位著名学者组成的“国际交流问题研究委员会”，并由诺贝尔奖金和列宁和平奖金获得者、爱尔兰学者肖恩·麦克布赖德担任主席。该委员会经过3年的工作，进行了广泛的调查研究，向1980年在贝尔格莱德举行的教科文组织第21届大会提交了一份详尽的报告——《多种声音，一个世界》。报告以大量材料论证了世界新闻传播确实存在不均衡、不合理的状况，支持建立新的传播秩序，并且提出了82条具体建议。教科文组织第21届大会据此通过了决议，决定制订“国际传播发展计划”，并且设立指导机构，以促其实现。

以美国为首的少数西方国家，对于建立新闻传播新秩序的努力十分不满。它们以保护信息的自由流通为理由，反对改变现存的不平等状况，以维护它们在国际新闻传播中的优势和支配地位。于是，在历次教科文组织会议上总是贯穿着激烈的争论和斗争。在教科文组织通过麦克布赖德委员会的报告后，西方20个国家的代表1981年5月在法国塔卢瓦尔集会并发表宣言，一再声称“消息和意见的自由流通”是世界人权，“极力反对干涉此一基本权利”。1982年教科文组织布加勒斯特会议强调要维护各国平等的传播权利，第二年一些西方代表便在它们控制的国际新闻学会年会上加以反对。由于西方的观点多次在教科文组织中受挫，1985年美国竟宣布退出该组织，并停止交付原来分担的费用(约占该组织经费的1/4)，随后英国也退出了这一组织。

此后几年，教科文组织的议题有所转移，减少了对新闻传播新秩序的争论。1987年总干事换届，改由西班牙人马约尔担任。在姆博任内制定的教科文组织中期规划(1984—1989年)中列有一项：“交流为人类服务：普及交流权利、建立世界新闻交流新秩序和发展新闻交流。”而马约尔任内制定的中期规划(1990—1995年)在“交流为人类服务”项下的提法已改为“新闻的自由流通与互助；交流为发展服务；新交流技术的社会文化影响”。至于不结盟运动方面，1987年6月在哈拉雷举行的有120多个国家出席的不结盟国家新闻部长会议，再次呼吁不结盟国家和其他发展中国家加强传播领域内的合作，继续为争取建立世界新闻传播新秩序而斗争。尽管以后举行的不结盟国家首脑会议或部长会议较少专门讨论新闻传播问题，但是实际生活中广大发展中国家对这一问题的关注并未改变，国际传播领域的斗争仍然在继续，发展中国家的政府和公众一直在为加强自身的传播实力、抵制有害的外来传播而努力。

三、斗争的目标、进展和现状

纵观上述历次会议的决议、宣言，发展中国家和进步新闻界争取的目标可以概括为以下几个方面：

其一，按照国与国之间和平共处、互不干涉内政的原则，从事国际新闻传播活动，反对国际新闻垄断，反对运用新闻传播工具为侵略扩张服务。

其二，促进全世界新闻传播媒介的均衡分布，发展中国家要加强合作，积极发展自身的新闻事业，发达国家在这方面应该予以帮助。

其三，新闻交换应该遵循尊重主权、平等互利的原则，信息流动应该双向化、合理化。

其四，提倡新闻传播的积极作用。发展中国家的新闻事业要维护国家独立，促进社会的稳定和发展。一切新闻传播都要坚持真实性原则，反对主观偏见、歪曲诽谤。

其五，逐步制定为各国共同遵守的国际新闻法规和职业规范。

总之，这场斗争归根结底是为了反对国际新闻垄断与控制，反对文化侵略与渗透；为了维护国家主权与独立，保障社会稳定健康发展。它是广大发展中国家在政治经济领域里反对少数发达国家侵略扩张的斗争的延续，是争取建立公正合理的世界新秩序的斗争的重要组成部分。

经过广大发展中国家和国际进步新闻界几十年的共同努力，这场斗争取得了许多积极进展。主要表现在：

第一，国际社会已初步接受了世界新闻传播新秩序的原则。1978 年第 33 届联合国大会通过的 33/115 号决议就曾提道："需要在新闻自由流通及更广泛和更均衡地传播新闻的基础上，为加强和平和国际谅解而建立新的、更公正的、均衡的世界新闻和传播秩序"，并决定成立联合国新闻政策和活动审查委员会（次年改称新闻委员会）来处理这方面的问题。联合国教科文组织更就这一问题作过多次决议，并采取了某些具体措施。另外，针对广播电视越境传播带来的问题，联合国组织也有过干预。1982 年 11 月，联合国大会曾以多数票通过名为"指导各国将人造地球卫星用于电视直播的原则"的决议，其中写道："有意设立，或授权设立国际直播卫星电视服务的国家必须立即通知拟议中，或有意接收节目的国家。如果这些国家提出咨商的要求，也应立即依从。"

第二，发展中国家已经行动起来，一方面，加强管理，切实维护自身在新闻传播领域的主权，抵御外来新闻传播的不良影响。有些国家（如新加坡、马来西亚等）多次对外国记者的不实报道、诽谤攻击，采取过行政或法律措施。有些国家（如韩国、新加坡、印尼、伊朗、沙特阿拉伯、卡塔尔等）为抵制国际电视的任意传播，采取了禁止进口、销售和使用卫星接收天线的政策。另外有更多的国家则将外来电视纳入本国的有线电视渠道，只有经过审查和过滤的节目才能进入本国的传播流程。针对互联网带来的新问题，新加坡政府广播局从 1996 年起实施管制规定，把色情、暴力和足以引发种族与宗教冲突的信息列为受禁信息，网络服务商必须按照该局所列出的受禁网页，限制用户进入浏览。另一方面，纷纷采取措施，加快发展本国对内对外新闻传播事业，以便增强实力，更好地为本国的建设和发展服务。至 20 世纪 90 年代，绝大多数国家已建立或加强了自己的新闻通讯社；广播电视也有了较快发展，特别是拉美、东南亚和中东产油国家，普及率已大为提高。印度、韩国以及东南亚各国都办起了国际电视，增强了自身在国际传播中的地位。

第三，发展中国家纷纷加强双边或多边合作，建立了一批地区性的通讯机构和广播电视组织，在业务上互相交流，在技术上互相支持，以抵制西方新闻机构的垄断和控制。地区性的新闻通讯机构有：不结盟国家通讯社、泛非通讯社、阿拉伯通讯社联盟、拉丁美洲特种新闻社、加勒比通讯社、海湾通讯社(1976 年建)、石油输出国组织联合通讯社(1980 年建)等(参见第七章)。地区性广播电视组织有：亚洲太平洋广播联盟(1964 年成立，1984 年建立电视新闻交换网)、非洲国家广播电视组织联盟(1962 年)、阿拉伯国家广播联盟(1969 年)、加勒比广播联盟(1969 年)、伊比利亚美洲电视组织(1971 年)、伊斯兰国家广播服务组织(1975 年)等。这些组织定期交换新闻、定时互转节目，在增强发展中国家新闻传播的总体实力方面起了重大的作用。

应该认为，以上这些进展是可贵的，但又是初步的。目前世界新闻传播的现状仍然是复杂而严峻的。

首先，由于历史和现实的原因，发展中国家和发达国家在新闻事业的实力、规模、水平等方面至今仍然存有很大的差距。这就使得国际新闻传播领域中的不平衡、不合理、不公正的状况至今仍然严重存在，而且随着传播新技术的发展，这种状况在某些领域(如卫星电视、电脑网络)还在进一步加剧。发展中国家和发达国家在新闻传播方面的差距，归根结底是由各自的社会发展水平、综合国力的差距造成的。因此，要改变国际新闻传播领域的面貌，从根本上说，有赖于发展中国家加快发展自身的综合国力，发展自身的社会经济、科学技术和文化教育。只有社会经济和科教文化上去了，才能为新闻传播事业提供雄厚的物质基础和技术力量，才能从根本上改变国际新闻传播领域中的不平衡、不合理、不公正的状况。

其次，冷战结束以后，经济全球化、政治多极化已成为历史的大趋势。但是，在经济领域，以强凌弱、以富压贫、以邻为壑、靠剥削和掠夺他人以肥己的民族利己主义行为仍然严重存在。在政治领域，作为唯一的超级大国的美国总想称霸世界，纠集少数西方国家不断推行霸权主义，经常以“维护人权”“维护人道主义”为借口，仗势欺人，干涉他国内政。1999 年北约组织一些国家悍然发动对南斯拉夫的侵略，对南斯拉夫进行了持续 3 个月的野蛮轰炸，便是这种霸权主义的典型表现。西方国家的新闻媒介，顺应本国统治集团的政治经济需要，在国际上大量传播带有严重偏见的报道和言论，歪曲事实真相，欺骗各国公众，为霸权主义行径鼓噪呐喊。这是严重违背世界新闻传播新秩序的要求的。严酷的现实表明，世界新闻传播新秩序的实现，离不开世界政治经济新秩序的建立。只有国际政治经济关系真正纳入和平共处原则和国际法准则的轨道，新闻传播领域也才会有公正、合理、平等的局面。

今天，全人类正以坚实的步伐跨进 21 世纪。世界在斗争中前进，在动荡中飞跃。各国间的信息交流空前繁忙，日新月异的新兴传播媒介正在随时随地把各处发生的新闻同步传向整个世界。新闻的国际传播已是当代新闻事业最为显著的特征，已是当今人类传播领域波澜壮阔的大潮。这种传播的潮流是无法改变或阻挡的。但是新闻的国际传播必然伴随着观念的国际传播，各个国家、各个阶级、各种政治力量，都在利用这种传播扩大自己的政治影响，实现各自的意识形态目标。这又是任何一个地球村的成员都无法回避的。摆在社会主义国家、发展中国家以及世界进步新闻界面前的根本出路是团结奋起、迎接挑战。一要加快本国经济、政治、科技、文化的发展和社会的全面进步；二要坚持不懈地为建立公正合理的世界政治经济新秩序而努力；三要在上述基础上，尽快发展和改革自身的新闻事业，积极兴办并改进自己的各项对外传播活动。只有这样才能在竞争中取胜，并且把世界新闻传播真正引到健康合理的轨道上来。这是个伟大而崇高的目标，也是个任重而道远的目标。我们相信，新的世纪将是个大有希望、大有可为的世纪，经过人类长期艰苦的努力，随着世界政治经济新秩序的逐步形成，一种公正合理的世界新闻传播新秩序终将呈现在世人面前，世界新闻事业的历史终将谱写出崭新的篇章。

复习思考题

1. 国际新闻传播的发展有什么规律性的特点?

2. 简述国际广播的发展历程和当今最大的几家国际电台的情况。

3. 简述国际电视的发展状况和影响，列举各洲最主要的国际电视机构。

4. 简述网络传播的特点、现状、问题和前景。

5. 建立世界新闻传播新秩序的斗争是怎样开展起来的?斗争的目标、进展和现状是怎样的?

附　　录
世界各国主要通讯社一览表

创建(及停办)年份	通讯社名称	国别	总社所在地
1835—1940	哈瓦斯通讯社	法国	巴黎
1848	美国联合通讯社(成立时为港口新闻社)	美国	纽约
1849—1933	沃尔夫通讯社	德国	柏林
1851	路透社	英国	伦敦
1853—1944	斯蒂法尼通讯社	意大利	罗马
1860—1918	国家电讯局	奥匈帝国	
1866	丹麦通讯社	丹麦	哥本哈根
1867	挪威通讯社	挪威	奥斯陆
1868	报纸联合社	英国	伦敦
1872	交换电讯社	英国	伦敦
1879	新西兰报联社	新西兰	惠灵顿
1881	匈牙利通讯社	匈牙利	布达佩斯
1887	芬兰通讯社	芬兰	赫尔辛基
1894	瑞士通讯社	瑞士	伯尔尼
1898	保加利亚通讯社	保加利亚	索非亚
1905	雅典通讯社	希腊	雅典
1907—1958	合众社	美国	纽约

续表

创建(及停办)年份	通讯社名称	国别	总社所在地
1909—1958	国际通讯社	美国	纽约
1915—1945	海洋通讯社	德国	柏林
1917	加拿大通讯社	加拿大	多伦多
1918—1935	俄罗斯电讯社(罗斯塔)	俄罗斯苏维埃联邦	莫斯科
1918—1992	捷克斯洛伐克通讯社	捷克斯洛伐克	布拉格
1920	爱沙尼亚通讯社	爱沙尼亚	塔林
1920	阿纲多卢通讯社	土耳其	安卡拉
1921	瑞典通讯社	瑞典	斯德哥尔摩
1921.7	蒙古通讯社	蒙古	乌兰巴托
1925—1992	塔斯社(苏联电讯社)	苏联	莫斯科
1925	巴赫塔通讯社	阿富汗	喀布尔
1928	罗戈斯通讯社	西班牙	马德里
1931	新华通讯社(成立时为红色中华通讯社)	中国	现北京
1933—1945	德国通讯社	德国	柏林
1934	全荷兰通讯社	荷兰	海牙
1934—1979	波斯通讯社	伊朗	德黑兰
1935	澳大利亚联合新闻社(报联社)	澳大利亚	悉尼
1936—1945	同盟通讯社	日本	东京
1936	比利时通讯社	比利时	布鲁塞尔
1937	安塔拉通讯社	印度尼西亚	雅加达
1938	埃菲通讯社	西班牙	马德里

续表

创建(及停办)年份	通讯社名称	国别	总社所在地
1938	南非联合新闻社	南非	约翰内斯堡
1943	南斯拉夫通讯社	南斯拉夫	贝尔格莱德
1944	阿尔巴尼亚通讯社	阿尔巴尼亚	地拉那
1944	波兰通讯社	波兰	华沙
1945	共同通讯社	日本	东京
1945	时事通讯社	日本	东京
1945	乌拉圭通讯社	乌拉圭	蒙得维利亚
1945	安莎通讯社	意大利	罗马
1945	美洲通讯社	阿根廷	布宜诺斯艾利斯
1945	越南通讯社	越南	河内
1946. 10	德意志通讯社	德国	柏林
1947	奥地利通讯社	奥地利	维也纳
1946. 12	朝鲜中央通讯社	朝鲜	平壤
1947	印度报业托拉斯	印度	孟买
1949	罗马尼亚通讯社(1990 年改称罗马尼亚新闻社)	罗马尼亚	布加勒斯特
1949	德意志新闻社	德国	汉堡
1949	巴基斯坦联合通讯社	巴基斯坦	伊斯兰堡
1950	以色列联合通讯社	以色列	特拉斯夫
1950	土耳其通讯社	土耳其	伊斯坦布尔
1951	柬埔寨通讯社	柬埔寨	金边
1954	环球通讯社	智利	圣地亚哥
1955	哥伦比亚通讯社	哥伦比亚	波哥大

续表

创建(及停办)年份	通讯社名称	国别	总社所在地
1956. 2	中东通讯社	埃及	开罗
1956. 10	科威特通讯社	科威特	科威特城
1956	巴基斯坦国际新闻社	巴基斯坦	卡拉奇
1957	加纳通讯社	加纳	阿克拉
1958	合众国际社	美国	纽约
1959	马格里布阿拉伯通讯社	摩洛哥	拉巴特
1959	文莱新闻社	文莱	斯里巴加湾
1959	伊拉克通讯社	伊拉克	巴格达
1959	塞内加尔通讯社	塞内加尔	达喀尔
1959	印度联合新闻社	印度	新德里
1960	几内亚通讯社	几内亚	科纳克里
1960. 8	刚果通讯社	刚果(金)	金沙萨
1960	墨西哥新闻社	墨西哥	墨西哥城
1960	喀麦隆通讯社(1977 年改属喀麦隆新闻出版社)	喀麦隆	雅温得
1961	科特迪瓦新闻社	科特迪瓦	阿比让
1961	阿尔及利亚新闻社	阿尔及利亚	阿尔及尔
1961	马里新闻和广告社	马里	巴马科
1961	拉丁美洲通讯社	古巴	哈瓦那
1961	贝宁新闻社	贝宁	科托努
1961	突尼斯非洲通讯社	突尼斯	突尼斯
1961—1991	苏联新闻社	苏联	莫斯科
1962	黎巴嫩国家通讯社	黎巴嫩	贝鲁特

续表

创建(及停办)年份	通讯社名称	国别	总社所在地
1962	马达加斯加新闻社(1977年改称国家反映通讯社)	马达加斯加	塔那那利佛
1962	刚果新闻社	刚果(布)	布拉柴维尔
1962.4	尼泊尔民族通讯社	尼泊尔	加德满都
1962	加蓬新闻社	加蓬	利伯维尔
1963.7	缅甸通讯社	缅甸	仰光
1963	列支敦士登通讯社	列支敦士登	瓦杜兹
1963	肯尼亚通讯社	肯尼亚	内罗毕
1964.5	乍得通讯社	乍得	恩贾梅那
1964.11	交流新闻社(第三世界通讯社)		罗马、巴拿马
1965	索马里国家通讯社	索马里	摩加迪沙
1965	马来西亚国家通讯社	马来西亚	吉隆坡
1965—1977	阿拉伯革命通讯社	利比亚	的黎波里
1966	埃塞俄比亚通讯社	埃塞俄比亚	亚的斯亚贝巴
1966	马拉维通讯社	马拉维	布兰太尔
1966	阿拉伯叙利亚通讯社	叙利亚	大马士革
1968.1	巴特寮通讯社	老挝	万象
1968	墨西哥通讯社	墨西哥	墨西哥城
1968	也门通讯社(萨巴社)	也门	萨那
1968	马耳他通讯社	马耳他	瓦莱塔
1969.1	赞比亚通讯社	赞比亚	卢萨卡
1969	约旦通讯社(1981年改称佩特拉通讯社)	约旦	安曼

续表

创建(及停办)年份	通讯社名称	国别	总社所在地
1970—1990	亚丁通讯社(1990年并入也门通讯社)	南也门	亚丁
1971	沙特通讯社	沙特阿拉伯	利雅得
1971.7	巴勒斯坦通讯社	巴勒斯坦	
1971	苏丹通讯社	苏丹	喀土穆
1971	德意志电讯社	德国	波恩
1971	安卡拉通讯社	土耳其	安卡拉
1971	孟加拉国通讯社	孟加拉	达卡
1972.3	几内亚比绍通讯社	几内亚比绍	比绍
1972.9	厄瓜多尔通讯社	厄瓜多尔	基多
1972	中美洲通讯社(地区通讯社)	巴拿马	巴拿马
1973.3	菲律宾通讯社	菲律宾	马尼拉
1973	阿根廷通讯社	阿根廷	布宜诺斯艾利斯
1973	阿拉伯通讯社	黎巴嫩	贝鲁特
1974.5	中非通讯社	中非	班吉
1974	秘鲁新闻服务社	秘鲁	利马
1975—1987	葡萄牙通讯社	葡萄牙	里斯本
1975	卡塔尔通讯社	卡塔尔	多哈
1975	卢旺达新闻社	卢旺达	基加利
1975	毛里塔尼亚通讯社	毛里塔尼亚	努瓦克肖特
1975	多哥通讯社	多哥	洛美
1975	苏里南通讯社	苏里南	帕拉马里博
1975	安哥拉新闻社	安哥拉	罗安达

续表

创建(及停办)年份	通讯社名称	国别	总社所在地
1976. 1	加勒比通讯社	加勒比共同体五国	布里奇顿
1976	莫桑比克通讯社	莫桑比克	马普托
1976. 4	塞浦路斯通讯社	塞浦路斯	尼科西亚
1976. 6	布隆迪通讯社	布隆迪	布琼布拉
1976. 10	塔桑尼亚通讯社	坦桑尼亚	达累斯萨拉姆
1977. 4	泰国通讯社	泰国	曼谷
1977. 6	阿拉伯联合酋长国通讯社	阿拉伯联合酋长国	阿布扎比
1977	乌干达通讯社	乌干达	坎帕拉
1977	民众国通讯社(前身为阿拉伯革命通讯社)	利比亚	的黎波里
1977. 11	北塞浦路斯通讯社	塞浦路斯	尼科西亚
1978	海湾通讯社	巴林	麦纳麦
1978	斯里兰卡通讯社	斯里兰卡	科伦坡
1978	委内瑞拉通讯社	委内瑞拉	加拉加斯
1978	科摩罗通讯社	科摩罗	莫罗尼
1978. 10	尼日利亚通讯社	尼日利亚	拉各斯
1978. 12	柬埔寨新闻社	柬埔寨	金边
1979	伊朗伊斯兰共和国通讯社(前身为波斯通讯社)	伊朗	德黑兰
1979	巴西新闻公司(前身为巴西通讯社)	巴西	巴西利亚
1979	木棉树通讯社	赤道几内亚	马拉博
1979	塞舌尔通讯社	塞舌尔	维多利亚

续表

创建(及停办)年份	通讯社名称	国别	总社所在地
1979. 7	利比里亚通讯社	利比里亚	蒙罗维亚
1980	塞拉利昂通讯社	塞拉利昂	弗里敦
1980	环球新闻社	智利	圣地亚哥
1980	巴拿马通讯社	巴拿马	巴拿马城
1980. 10	津巴布韦非洲通讯社	津巴布韦	哈拉雷
1980. 12	联合通讯社	韩国	汉城
1981	博茨瓦纳新闻社	博茨瓦纳	哈博罗内
1981	海地通讯社	海地	太子港
1981	哥伦比亚新闻社	哥伦比亚	圣菲波哥大
1981	圭亚那通讯社	圭亚那	乔治敦
1983	莱索托通讯社	莱索托	马塞卢
1984	牙买加通讯社	牙买加	金斯敦
1984	布基纳新闻社(前身为上沃尔特新闻社)	布基纳法索	瓦加杜古
1985	圣多美和普林西比新闻社	圣多美和普林西比	圣多美
1986. 5	阿曼通讯社	阿曼	马斯喀特
1987. 7	尼日尔新闻社	尼日尔	尼亚美
1987	卢萨社(由葡新社和葡通社合并而成)	葡萄牙	里斯本
1987	太平洋通讯社	瓦努阿图	维拉港
1989	哈弗鲁新闻社	马尔代夫	马累
1989. 10	佛得角通讯社	佛得角	普拉亚
1990. 7	克罗地亚通讯社	克罗地亚	萨格勒布

续表

创建(及停办)年份	通讯社名称	国别	总社所在地
1990	摩尔多瓦新闻社	摩尔多瓦	基希讷乌
1990	波罗的海通讯社	爱沙尼亚	塔林
1991	立陶宛通讯社	立陶宛	维尔纽斯
1991	斯洛文尼亚通讯社	斯洛文尼亚	卢布尔雅那
1991	哈萨克斯坦通讯社	哈萨克斯坦	阿斯塔纳
1991	格鲁吉亚通讯社	格鲁吉亚	第比利斯
1991	吉尔吉斯斯坦通讯社	吉尔吉斯斯坦	比什凯克
1991	乌兹别克斯坦通讯社	乌兹别克斯坦	塔什干
1991	亚美尼亚通讯社	亚美尼亚	塔里温
1991	塔吉克斯坦通讯社	塔吉克斯坦	杜尚别
1991	白俄罗斯通讯社(1995 年更名为白俄罗斯电讯社)	白俄罗斯	明斯克
1991	拉脱维亚通讯社	拉脱维亚	里加
1991	乌克兰通讯社	乌克兰	基辅
1991	俄罗斯新闻社(前身为苏联新闻社)	俄罗斯联邦	莫斯科
1991. 9	厄立特里亚通讯社	厄立特里亚	阿斯马拉
1992. 1	俄罗斯通讯社(前身为塔斯社)	俄罗斯联邦	莫斯科
1992	土库曼斯坦通讯社	土库曼斯坦	阿什哈巴德
1992	阿塞拜疆通讯社	阿塞拜疆	巴库
1992	马其顿文传社	马其顿	斯科普里
1992	捷克通讯社	捷克	布拉格
1993	斯洛伐克通讯社	斯洛伐克	布拉迪斯拉发

续表

创建(及停办)年份	通讯社名称	国别	总社所在地
	国际信德通讯社	梵蒂冈	梵蒂冈
	巴布亚新几内亚国际通讯社	巴布亚新几内亚	莫尔斯比港
	纳米比亚通讯社	纳米比亚	温得和克

注：本表所列为截至20世纪90年代世界各国主要的通讯社(不包括较小的或专业性通讯社)。表中也收录了少数历史上著名的通讯社。参考材料有：联合国教科文组织出版的《各国通讯社介绍》(1953年)、《世界交流报告》(1989年)、新华出版社的《外国新闻界概况》(1982年)、甘惜分主编的《新闻学大辞典》(1993年)、《世界知识年鉴·1998/1999》，新华社新闻研究所的《新闻业务专辑》等。

参 考 书 目

1. 李瞻：《世界新闻史》，台北：三民书局，1985 年。
2. [法]彼·阿尔贝、弗·泰鲁：《世界新闻简史》，北京：中国新闻出版社，1985 年。
3. 张隆栋、傅显明：《外国新闻事业史简编》，北京：中国人民大学出版社，1988 年。
4. 陈力丹：《世界新闻史纲》，福州：福建人民出版社，1988 年。
5. 陶涵：《世界新闻史大事记》，北京：人民日报出版社，1988 年。
6. 程之行：《新闻传播史》，台北：亚太图书出版社，1995 年。
7. 张允若、高宁远：《外国新闻事业史新编》，成都：四川人民出版社，1996 年。
8. 中国社会科学院新闻研究所：《七国新闻传播事业》，重庆：重庆出版社，1988 年。
9. 张允若：《西方新闻事业概述》，北京：新华出版社，1989 年。
10. 王泰玄：《外国著名报纸概略》，北京：新华出版社，1985 年。
11. [美]威尔伯·施拉姆：《传播学概论》，北京：新华出版社，1982 年。
12. 潘吉星：《中国、韩国与欧洲早期印刷术的比较》，北京：科学出版社，1997 年。
13. [美]埃默里：《美国新闻史》，北京：新华出版社，1982 年。
14. [法]贝尔纳·瓦耶纳：《当代新闻学》，北京：新华出版社，1986 年。
15. [英]西蒙·詹金斯：《英国报业大亨内幕》，北京：新华出版社，1982 年。

16. [日]仓田保雄：《路透其人和路透社》，北京：新华出版社，1980年。
17. [日]山本文雄等：《日本大众传播工具史》，西宁：青海人民出版社，1984年。
18. 宁新：《日本报业简史》，北京：中国社会科学出版社，1981年。
19. 张国良：《现代日本大众传播史》，上海：学林出版社，1992年。
20. 傅显明、郑超然：《苏联新闻史》，北京：新华出版社，1994年。
21. 赵水福、傅显明：《列宁与新闻事业》，北京：北京广播学院出版社，1986年。
22. 闵大洪：《传播科技纵横》，北京：警官教育出版社，1998年。
23. 夏鼎铭：《马克思、恩格斯、列宁报刊理论与实践》，上海：复旦大学出版社，1991年。
24. 中国社会科学院新闻研究所：《马克思、恩格斯论新闻》，北京：新华出版社，1985年。
25. 杨春华、星华：《列宁论报刊与新闻写作》，北京：新华出版社，1983年。
26. 联合国教科文组织：《多种声音，一个世界》，北京：中国对外翻译出版公司，1981年。
27. 余家宏等：《新闻学词典》，杭州：浙江人民出版社，1988年。
28. 甘惜分等：《新闻学大辞典》，郑州：河南人民出版社，1993年。
29.《外国新闻界概况》，北京：新华出版社，1982年。
30.《世界各国广播电视概况》，北京：中国广播电视出版社，1997年。
31.《中国大百科全书·新闻出版卷》，北京：中国大百科全书出版社，1990年。
32.《中国大百科全书·外国历史卷》，北京：中国大百科全书出版社，1990年。

33. Frank L. Mott: American Journalism, New York: Macmillan Company, 1962.
34. Harold Herd: The March of Journalism, London: George Atten & Union Ltd. 1952.
35. Brian Lake: British Newspaper, London: Sheppard Press, 1984.
36. Dennis Griffiths: The Encyclopedia of the British Press, London, 1992.
37. World Press Encyclopedia, New York, 1982.
38. The New Encyclopedia Britannica, Chicago: Encyclopedia Britannica Inc. 1988.
39. Japan's Mass Media, Tokyo: Foreign Press Center/Japan, 1997.
40.《世界广播电视参考》，北京：中国国际广播电台、中央电视台研究室。
41.《国际新闻界》，北京：中国人民大学新闻学院。
42.《新闻大学》，上海：复旦大学新闻学院。
43.《新闻业务》，北京：新华通讯社新闻研究所。

后　　记

受全国高等教育自学考试指导委员会的委托，新闻专业委员会负责高等教育自学考试新闻专业教材的组编工作。

新闻学专业《外国新闻事业史》自学考试教材由浙江大学教授张允若任主编。中国人民大学教授程曼丽为本书撰写了第四章，张允若撰写了其余各章，并为全书定稿。本教材在编写过程中得到了各方面的关心和支持。美籍传播学者程之行教授、新华社高级记者刘心宁，《钱江晚报》副总编、主任记者江潜等曾为本书热心提供资料，在这里谨向他们表示衷心的感谢。

担任本教材主审的为中国人民大学教授郑超然。参加本教材审稿讨论并提出修改意见的有王泰玄(中国人民大学教授)、梁洪浩(暨南大学教授)、蔡先保(武汉大学出版社编审)。在此一并致以谢意。

全国高等教育自学考试指导委员会

新闻专业委员会

2000 年 1 月

附　录

全国高等教育自学考试指导委员会
高等教育自学考试

外国新闻事业史自学考试大纲

出版前言

为了适应社会主义现代化建设事业对培养人才的需要，我国在20世纪80年代初建立了高等教育自学考试制度，经过近20年的发展，高等教育自学考试已成为我国高等教育基本制度之一。高等教育自学考试是个人自学、社会助学和国家考试相结合的一种新的高等教育形式，是我国高等教育体系的一个组成部分。实行高等教育自学考试制度，是落实宪法规定的“鼓励自学成才”的重要措施，是提高中华民族思想道德和科学文化素质的需要，也是造就和选拔人才的一种途径。应考者通过规定的考试课程并经思想品德鉴定达到毕业要求的，可以获得毕业证书，国家承认学历并按照规定享有与普通高等学校毕业生同等的有关待遇。

从20世纪80年代初期开始，各省、自治区、直辖市先后成立了高等教育自学考试委员会，开展了高等教育自学考试工作，为国家培养造就了大批专门人才。为科学、合理地制定高等教育自学考试标准，提高教育质量，全国高等教育自学考试指导委员会（以下简称全国考委）组织各方面专家对高等教育自学考试专业设置进行了调整，统一了专业设置标准，全国考委陆续制定了几十个专业考试计划。在此基础上，各专业委员会按照专业考试计划的要求，从造就和选拔人才的需要出发，编写了相应专业的课程自学考试大纲，进一步规定了课程学习和考试的内容与范围，有利于社会助学，使自学要求明确，考试标准规范化、具体化。

全国考委根据国务院发布的《高等教育自学考试暂行条例》，参照教育部拟定的普通高等学校有关课程的教学大纲，结合自学考试的特点，组织制定了《外国新闻事业史自学考试大纲》，现经教育部批准，颁发试行。

《外国新闻事业史自学考试大纲》是该课程编写教材和自学辅导书的依据，也是个人自学、社会助学和国家考试（课程命题）的依据，各地应认真贯彻执行。

全国高等教育自学考试指导委员会

1999年8月

目　　录

Ⅰ　课程性质与设置目的

《外国新闻事业史》是一门学习和研究外国新闻事业历史和现状的课程。它是高等学校新闻专业必修的专业基础课，也是全国高等教育自学考试新闻学专业必考的专业课程。

设置本课程的目的要求是：使自学应考者比较系统地了解世界新闻事业（除中国以外）发展的历程和基本规律，了解当前不同类型国家新闻事业的概况、特点和发展趋势，从而开阔视野、鉴古察今，继承人类文明成果，借鉴国外经验教训，培养从宏观上把握新闻事业发展规律的能力，以便今后能更好地为建设具有中国特色的社会主义新闻事业服务。

本课程是新闻专业教学的有机组成部分，它同其他专业课程既有联系又有区别。本课程同中国新闻事业史课同属历史新闻学的范畴，一门研习外国，另一门研习中国，两门课程可以相互比较对照，以加深对历史规律的普遍性和特殊性的理解。本课程同新闻理论课关系密切，但是新闻理论课着眼于理论的阐述，史实或现实材料只是阐述理论时适当采用的论据；而本课程着眼于历史的叙写，只是在叙写历史的基础上作必要的理论概括。一门是从抽象到具体，一门是从具体到抽象，两门课程既有不同，也可以相得益彰。本课程同采访、写作、广播、电视、管理等业务课程也有一定的关联，但本课程是从宏观上研讨新闻事业的历史和现状的，它是事业发展史而不是业务发展史，虽然有时涉及业务方面的事例，但只是用以说明事业发展的宏观面貌的。对此，自学应考者也应加以注意。

Ⅱ　课程内容与考核目标

第一章　外国新闻事业的起源

一、学习目的和要求

通过本章的学习，了解人类古代新闻传播活动的发展轨迹，了解近代新闻事业从孕育到诞生的基本过程，理解近代新闻事业产生的历史必然性和客观规律性。

二、课程内容

第一节　古代的新闻传播

（一）口头新闻传播以及辅助口头传播的标记传播、声光传播、图式传播。

（二）手写新闻传播：产生的大致情况和意义；两种重要的形式——公告式和书信式手写新闻。

（三）印刷新闻传播：印刷术产生的年代和扩散情况；印刷传播的意义和影响；印刷术用于新闻传播的萌芽。

（四）古代新闻传播的一般特点。

第二节　16 世纪：手抄小报和新闻书

（一）16 世纪社会基本情况及其对新闻传播活动的影响。

（二）手抄小报发源的年代、地域、事例。

（三）新闻书出现的年代、地域、情况。

（四）这两种传播媒介的历史地位：近代报刊的雏形、向近代新闻事业的重要过渡。

第三节　17 世纪：从定期报刊到日报

（一）定期报刊的出现标志着近代新闻事业的诞生。

（二）定期报刊产生的年代、发源地、最早事例，以及向欧洲其他国家扩展的情况。

（三）日报产生的年代、最早的事例，以及欧美其他国家出现日报的情况。

（四）期刊杂志出现的年代、最早的事例。

第四节　新闻事业诞生的历史必然性

（一）新闻事业诞生的社会历史背景：资本主义商品经济兴起以及由此而来的社会变化所形成的对新闻事业的需要；和这种需要同时发展起来的社会和物质条件；这两者的结合形成的历史必然性。

（二）新闻事业诞生过程的矛盾和斗争。

三、考核知识点

（一）古代新闻传播。

（二）16 世纪的手抄小报和新闻书。

（三）17 世纪的定期报刊和日报。

（四）新闻事业诞生的历史必然性。

四、考核要求

（一）古代新闻传播。

识记：①古罗马的《每日纪闻》和新闻信；②谷登堡印刷工艺的产生及推广。

领会：古代新闻传播发展的三个里程碑及其意义。

（二）16世纪的手抄小报和新闻书。

识记：①威尼斯小报和富格尔通讯的流传；②早期新闻书的出现。

领会：①手抄小报和新闻书在新闻传播史上的地位；②古代新闻传播和近代新闻事业的不同特点。

（三）17世纪的定期报刊和日报。

识记：①外国最早的定期报刊；②最早的日报；③最早的期刊杂志。

领会：定期报刊出现的标志性意义。

（四）新闻事业诞生的历史必然性。

识记：新闻事业据以产生的社会需要和实际条件。

应用：从社会经济和政治的演变，分析新闻事业诞生的历史必然性。

第二章　发达国家近代报业的产生和发展

一、学习目的和要求

通过本章学习，了解主要发达资本主义国家近代报业（包括资产阶级报业和无产阶级报业）产生和发展的历史进程，了解这一进程中的重要事件、人物和报刊思想，认识这一进程的基本轨迹以及其中体现的共同规律。

二、课 程 内 容

第一节　概　　说

发达国家近代报业的总体情况（历史分期、社会背景、阶级分野）。

发达国家近代报业史的基本轨迹：

（一）资产阶级革命前备受封建压制。

（二）资产阶级革命过程中广泛兴办。

（三）资产阶级革命后随资产阶级民主政治的逐步实现而曲折发展。

（四）资产阶级革命后的政党报刊阶段。

（五）工业革命给报业发展以重大影响和新的推动。

（六）民营商业报刊（上层报纸和廉价报纸）逐步兴起。

（七）无产阶级报刊（工人报纸、无产阶级政治报纸）逐步成长。

（八）马克思主义报刊和无产阶级党报登上历史舞台。

第二节　英国近代报业

（一）在封建统治后期问世。

（二）在资产阶级革命进程中兴办。

（三）密尔顿以及他的出版自由观点。

（四）革命后的报业和政党报刊。

（五）报业领域的压制和反压制。

（六）独立报业的发展；《泰晤士报》的创办。

（七）围绕“知识税”的斗争。

（八）廉价报纸的兴起；《每日电讯报》的创办。

（九）工人报刊的成长；《北极星报》的创办。

（十）国际工人协会的几份机关报。

第三节　美国近代报业

（一）殖民地时期的报刊。

（二）独立战争中的报业和报刊活动家（亚当斯、托马斯、佩因）。

（三）杰弗逊以及他的新闻自由主张。

（四）壁垒分明的政党报刊时期。

（五）廉价报纸和独立报业的发展（《太阳报》《先驱报》《论坛报》《纽约时报》）。

（六）工人运动和工人报刊。

第四节　法国近代报业

（一）在封建统治后期出现。

（二）在资产阶级革命风暴中发展（马拉的《人民之友报》等）。

（三）19 世纪前期：官报和政党报纸统治报坛，报业历经顿挫。

（四）19 世纪后期：廉价报纸兴起（《新闻报》《世纪报》），出版自由法颁布实施。

（五）工人报刊出现：巴黎公社革命中的报刊。

第五节　德国近代报业

（一）近代报业的初创；德国（也是世界上）最早的周报和日报。

（二）在封建桎梏下缓慢发展。

（三）在民主浪潮中起伏前进；马克思和《莱茵报》。

（四）无产阶级报刊的出现；马克思、恩格斯和《新莱茵报》。

（五）国家统一前后的报业演变。

（六）无产阶级党报的成长；马克思、恩格斯和《社会民主党人报》

第六节　日本近代报业

（一）从官办新闻书到早期形态的报纸。

（二）明治维新对报业发展的影响；几家日报相继问世。

（三）明治维新后的政论报纸和政党报纸。

（四）通俗小报的出现和发展；报刊的企业本位趋势。

三、考核知识点

（一）发达国家近代资产阶级报业发展的基本轨迹和规律。

（二）发达国家近代无产阶级报业发展的基本轨迹和特点。

（三）英国近代报业的发展历程。

（四）美国近代报业的发展历程。

（五）法国近代报业的发展历程。

（六）德国近代报业的发展历程。

（七）马克思恩格斯几次重要的办报活动以及有关的报刊思想。

（八）日本近代报业的发展历程。

四、考核要求

（一）发达国家近代资产阶级报业的基本轨迹和规律。

识记：近代资产阶级报业的发展轨迹。

领会：①资产阶级革命前后报业和政治的依存互动关系；②工业革命兴起对报业的重要推动和影响；③资产阶级政党报纸、上层报纸、廉价报纸的性质、特点；④封建统治和保守势力的压制和资产阶级报业的反压制，是贯穿其间的基本矛盾。

（二）发达国家近代无产阶级报业的基本轨迹和特点。

识记：近代无产阶级报业的发展轨迹。

领会：①无产阶级报刊的共同特点；②资产阶级的压制和无产阶级报刊的反压制，是发展进程中的基本矛盾。

（三）英国近代报业的发展历程。

识记：①革命前封建王朝的压制：皇家特许制、星法院；②英国最早的周报《每周新闻》；③革命后报业领域压制和反压制的斗争；④“知识税”的征收和取消；⑤独立报业的代表《泰晤士报》；⑥廉价报纸的代表《每日电讯报》；⑦无产阶级政治报纸的代表《北极星报》。

领会：①上述几家报纸的主要特点；②密尔顿《论出版自由》演说的基本主张。

应用：评价密尔顿出版自由主张的历史地位和影响。

（四）美国近代报业的发展历程。

识记：①美国最早的报刊《波士顿新闻信》；②殖民地时期报业受压和“曾格案件”；③独立战争中的著名报刊活动家亚当斯、托马斯、佩因；④工业革命后兴起的廉价报纸《太阳报》《先驱报》《论坛报》。

领会：①上述廉价报纸的特点；②杰弗逊的新闻自由主张。

应用：评价杰弗逊新闻自由主张的历史意义和影响。

（五）法国近代报业的发展历程。

识记：①法国最早的周报《报纸》；②革命风暴中的马拉及其《人民之友报》；③革命以后报业经受的曲折顿挫；④廉价报纸的代表《新闻报》《世纪报》。

领会：①巴黎公社时期的报刊状况及公社新闻政策的教训；②《出版自由法》的内容、意义。

（六）德国近代报业的发展历程。

识记：德国最早的周报（《通告—报道或新闻报》《报道》）和日报（《新到新闻》）。

领会：德国近代报业发展缓慢的状况和原因。

（七）马克思、恩格斯的办报活动以及有关的报刊思想。

识记：①马克思主编《莱茵报》的概况；②《新莱茵报》的创办经过和内容特色；③《社会民主党人报》以及马恩对它的关心指导。

领会：马克思、恩格斯的主要报刊思想：①关于出版自由；②关于人民报刊和无产阶级报刊；③关于无产阶级党报。

应用：联系实际，思考马克思、恩格斯上述报刊思想的现实意义。

（八）日本近代报业的发展历程。

识记：①最早的日报《横滨每日新闻》；②政论报纸向政党报纸演变的梗概；③通俗小报《读卖新闻》《朝日新闻》的创办。

领会：明治维新对日本报业发展的影响。

第三章　发达国家现代报业的发展和变化

一、学习目的和要求

通过本章学习，了解主要发达资本主义国家现代报业形成和发展的历史进程，了解这一进程中的重要事件、人物，理解这种报业垄断化的原因、影响和规律，熟悉这些国家报业的现状和发展趋势。

二、课程内容

第一节　概　　说

（一）19 世纪末以来发达国家现代报业演进发展的一般历程：

第一阶段　近代报业演变为现代报业；演变的标志。

第二阶段　报业兼并集中走向垄断；市场性垄断和法西斯行政性垄断。

第三阶段　报业继续发展，垄断的加深；垄断的新特点和新形式。

（二）现代报业垄断的格局、成因和影响。

（三）现代报业的类别、特点。

（四）现代报纸的阶级分野，无产阶级报纸的特殊处境。

（五）现代报业新技术的应用和发展趋势。

第二节　英国现代报业

（一）现代报业的开端。哈姆斯沃思和《每日邮报》；报团的出现。

（二）两次世界大战之间的演变。报纸的兼并集中；报团的发展和垄断的形成；共产党报刊的兴办。

（三）第二次世界大战后的发展。垄断加剧和报团演变；共产党报刊的变化。

（四）近期状况。一般情况；报团和垄断情况；重要报纸；重要期刊。

第三节　美国现代报业

（一）现代报业的开端。普利策和《世界报》；赫斯特和《纽约新闻报》；奥克斯和《纽约时报》；斯克里普斯和早期报团。

（二）两次世界大战之间的演变。报纸的兼并集中；报团的发展；垄断格局的形成。

（三）第二次世界大战后的发展。兼并集中的继续；报团的兴替。

（四）近期状况。一般情况；报团和垄断情况；重要报纸；重要期刊。

第四节　法国现代报业

（一）现代报业的开端。商业报纸兴起；巴黎的四大商业性日报。

（二）两次世界大战之间的演变。各类报纸（包括共产党报纸）的兴替；报团的出现。

（三）第二次世界大战后的发展。报业的重建和演进；兼并集中和垄断的形成；共产党报刊的变化。

（四）近期状况。一般情况；报团和垄断情况；重要报纸；重要期刊。

第五节　德国现代报业

（一）现代报业的开端。商业报纸兴起；早期出现的三家报团。

（二）两次世界大战之间的演变。①魏玛共和时期，政党报刊影响重大，商业报刊和主要报团继续发展；②法西斯统治时期，法西斯政权对报业的垄断和控制。

（三）第二次世界大战后的发展。①盟军管制时期；②东西德分裂时期：原联邦德国报业的发展和垄断；原民主德国报业的发展和演变。

（四）近期状况。两德统一后的一般情况；重要报纸；重要期刊。

第六节　日本现代报业

（一）现代报业的开端。商业报纸兴起；最初的报系。

（二）20 世纪前期的演变。①第一次世界大战前后：报纸基本企业化，三大报鼎立局面形成，报界和政府间矛盾激烈；②军国主义统治时期：政府严厉控制报业，形成法西斯垄断。

（三）第二次世界大战后的发展。①占领阶段：报业处于美国占领军控制之下；②复兴阶段：报业复苏发展，全国五大报垄断格局形成；③高速发展阶段：报业随经济大发展而高速增长；④稳定阶段：规模趋于稳定，技术全面更新。

（四）近期状况。一般情况；垄断情况；重要报纸；重要期刊。

三、考核知识点

（一）发达国家现代报业发展的一般历程。

（二）发达国家现代报业的垄断。

（三）发达国家现代报纸的性质、类别和技术运用。

（四）英国现代报业的历程和现状。

（五）美国现代报业的历程和现状。

（六）法国现代报业的历程和现状。

（七）德国现代报业的历程和现状。

（八）日本现代报业的历程和现状。

四、考 核 要 求

（一）发达国家现代报业发展的一般历程。

识记：发达国家现代报业发展的三个阶段。

领会：①近代报业演进为现代报业的背景和标志；②两次世界大战之间英、美、法和德、日的不同发展模式；③第二次世界大战后报业发展的新特点。

应用：从 19 世纪末以来社会经济政治的背景，观察现代报业的演变。

（二）发达国家现代报业的垄断。

识记：报团、传播集团、联合企业等垄断形式及其含义。

领会：报业垄断的成因。

应用：分析和评价报业垄断化的影响。

（三）发达国家现代报纸的性质、类别和技术应用。

识记：①现代报纸的阶级分野；②现代报纸的主要类别。

领会：新技术对现代报业的强大推动及其发展趋势。

（四）英国现代报业的历程和现状。

识记：①英国现代报业发端阶段的主要报人、报纸、报团；②近期的一般状况和主要报团；③目前的重要报纸和期刊；④共产党报刊的演变。

（五）美国现代报业的历程和现状。

识记：①美国现代报业发端阶段的主要报人、报纸、报团；②黄色新闻的含义和特征；③近期的一般状况和主要报团；④目前的重要报纸和期刊。

领会：美国报业兼并进程是市场性垄断的典型；报业市场垄断化的主要标志。

（六）法国现代报业的历程和现状

识记：①法国现代报业发端阶段的主要报纸；②近期的一般状况和主要报团；③目前的重要报刊；④共产党报纸的演变。

（七）德国现代报业的历程和现状

识记：①德国现代报业发端阶段的三家报团；②第二次世界大战后两个德国报业并行发展的情况；③近期的一般状况和主要报团；④目前的重要报刊。

领会：德国第二次世界大战前的报业是法西斯行政性垄断的代表。

（八）日本现代报业的历程和现状。

识记：①第二次世界大战时期军国主义对报业的控制；②第二次世界大战后报业的复兴和发展；③近期的一般情况和报系垄断；④目前的重要报刊。

第四章 俄罗斯地区报业的发展和演变

一、学习目的和要求

通过本章学习，了解俄罗斯地区报业从近代到现代发展演变的基本过程，尤其要了解俄国无产阶级报业的成长、苏联社会主义报业的兴衰的历程，认识有关的报刊思想、体制和经验教训，并且对当今独联体各国报业的状况有所知晓。

二、课程内容

第一节 概　　说

（一）俄罗斯地区报业的历史分期：沙俄时期，苏联时期，独联体时期。

（二）俄罗斯地区报业发展的重大反复和曲折，历史进程的独特性。

第二节 沙俄时期的报业

（一）报业的诞生。以《新闻报》为代表的官报；《莫斯科新闻》及早期民办报刊；沙皇政权的报业管制；十二月党人和赫尔岑的报刊活动。

（二）资产阶级报刊的产生和发展。农奴制崩溃前后的报业发展；以车尔尼雪夫斯基为代表的革命民主派报刊；民粹派的主要报刊。

（三）无产阶级报刊的产生和发展。工人运动的兴起和早期工人报刊；列宁和全俄政治报《火星报》；俄国社会民主工党的分裂和布尔什维克报刊；群众性政治日报《真理报》；无产阶级报刊为十月革命胜利而斗争。

第三节　苏联时期的报业

（一）苏维埃政权初建阶段。取缔反动报刊；创办党和苏维埃报刊；新经济政策时期报刊政策的调整；革命胜利前后列宁的主要报刊思想。

（二）战前社会主义建设阶段。社会主义报业体系的形成；报刊在建设过程中的积极作用；阶级斗争扩大化以及苏联报刊的负面影响。

（三）卫国战争阶段。报刊宣传的光辉业绩和巨大作用。

（四）战后社会主义建设阶段。社会主义报业的进一步发展；报刊为贯彻苏共路线所作的种种宣传；苏联新闻体制的特点和弊端。

（五）从改革到解体。1985 年开始的政治改革和新闻改革；初期的积极变化；1988 年苏共代表会议后日趋混乱；1990 年苏共二月全会以及新闻法的颁布，新闻事业完全自由化；1991 年“8. 19”事件后社会主义新闻事业随苏联解体而瓦解。

第四节　独联体各国报业现状

（一）俄罗斯联邦报业。现行的报业体制；报刊的兴衰变化；目前的重要报刊。

（二）独联体其他国家的报业。各国报业的兴衰变化；目前的重要报刊。

三、考核知识点

（一）沙俄时期报业的诞生和资产阶级报刊的发展。
（二）沙俄时期无产阶级报刊的发展成长。
（三）苏维埃政权初建阶段的报业。
（四）列宁在革命前后的主要报刊思想。
（五）战前苏联报业体系的形成及其正反面影响。
（六）卫国战争阶段苏联报业的光辉业绩。
（七）战后苏联报业的发展和表现。
（八）苏联新闻体制的特点和利弊。
（九）苏联报业的改革和瓦解。
（十）独联体报业现状。

四、考 核 要 求

（一）沙俄时期报业的诞生和资产阶级报刊的发展。

识记：①俄国最早的报纸《新闻报》；②革命民主派的主要报刊。

领会：资产阶级报刊反对封建压制的曲折斗争。

（二）沙俄时期无产阶级报刊的发展成长。

识记：①由工人报刊到政治报刊到无产阶级党报的一般过程；②主要的无产阶级党报《火星报》《真理报》的情况、特点以及对革命运动的贡献。

领会：无产阶级党报团结革命人民同反动统治的斗争、同工人运动中各种机会主义的斗争是贯穿其间的基本矛盾。

（三）苏维埃政权初建阶段的报业。

识记：①取缔反动报刊、发展苏维埃报刊的重大举措；②新经济政策时期苏维埃报刊政策的调整。

领会：上述举措和调整的必要性和意义。

（四）列宁的主要报刊思想。

领会：列宁在革命胜利前后表述的主要报刊思想：①关于报刊的宣传组织作用；②关于党性原则；③关于出版自由；④关于为社会主义经济建设服务；⑤关于群众办报和舆论监督。

应用：上述思想的历史影响和现实意义。

（五）战前苏联报业体系的形成及其正反面影响。

识记：社会主义报业体系形成的一般过程。

领会：①报刊在社会主义建设中的积极作用；②报刊在阶级斗争扩大化中的负面影响。

（六）卫国战争阶段苏联报业的光辉业绩。

识记：战争阶段苏联报业的主要业绩。

领会：苏联新闻工作者在卫国战争中的爱国主义精神。

（七）战后苏联报业的发展和表现。

领会：战后苏联报业恢复发展的一般状况和错误倾向。

（八）苏联新闻体制的特点和利弊。

领会：苏联新闻体制形成的背景、基本特点。

应用：苏联新闻体制的功过利弊和历史评价。

（九）苏联报业的改革和瓦解。

识记：苏联报业从改革到瓦解的大致过程。

领会：①政治改革同报业改革的相互影响；②错误的路线使两者同归失败。

应用：这场改革失败的原因和历史教训。

（十）独联体报业现状。

识记：①俄罗斯联邦报刊的演变；②目前俄罗斯联邦重要报刊；③其他独联体国家报业概况。

领会：俄罗斯联邦现行的报业体制。

第五章　发展中国家报业的创建和发展

一、学习目的和要求

通过本章学习，认识发展中国家报业产生和发展的一般情况，了解亚洲、非洲、拉丁美洲以及其中主要国家报业发展的情况、特点和问题。

二、课 程 内 容

第一节　概　　说

（一）发展中国家报业发展的一般情况和特点。

（二）发展中国家报业的大致分布。

（三）发展中国家报业的体制类型及管理方式。

第二节　亚洲国家报业

（一）一般情况：随政情不同而形成的不同历程。

（二）印度报业：简要历史，现状，主要报纸（以下所列各国报业内容同此）。

（三）新加坡和马来西亚报业。

（四）印度尼西亚报业。

（五）土耳其报业。

第三节　非洲国家报业

（一）一般情况；独立后的发展变化。
（二）埃及报业。
（三）尼日利亚报业。
（四）刚果（金）报业。
（五）南非报业。

第四节　拉丁美洲国家报业

（一）一般情况：由殖民地报刊到政党报刊到商业报刊的变化。
（二）墨西哥报业。
（三）巴西报业。
（四）阿根廷报业。
（五）智利报业。

三、考核知识点

（一）发展中国家报业发展的一般特点。
（二）发展中国家目前的报业分布和体制类型。
（三）亚洲、非洲、拉丁美洲三地区的报业状况。
（四）印度、印尼、新加坡、埃及、南非、墨西哥、巴西的报业情况。

四、考核要求

（一）发展中国家报业发展的一般特点。
领会：发展中国家报业发展的共同特点。
（二）发展中国家目前的报业分布和体制类型。

领会：①各洲情况的不平衡性；②报业体制的三种不同类型。

（三）亚洲、非洲、拉丁美洲三地区的报业状况。

领会：①亚洲报业因政情不同而出现的不同历程；②非洲国家独立后的报业变化；③拉丁美洲报业由殖民地报刊到政党报刊到商业报刊的变化。

（四）印度、印尼、新加坡、埃及、南非、墨西哥、巴西的报业情况。

识记：①这七个国家报业的基本情况；②每个国家最主要的报纸。

应用：分析比较不同的经济政治状况对报业发展和报业体制的影响。

第六章　新闻通讯事业的产生和发展

一、学习目的和要求

通过本章学习，了解外国新闻通讯事业产生和发展的基本历程，了解新闻通讯事业的当前状况和发展趋势，熟悉世界各大通讯社的基本情况。

二、课 程 内 容

第一节　首批新闻通讯社的诞生和竞争

（一）新闻通讯事业诞生的历史背景。

（二）哈瓦斯、沃尔夫、路透、港口新闻社（美联社）等首批通讯社创建的经过。

（三）新闻通讯事业早期的竞争，对新闻市场的分割和垄断。

第二节　20世纪前期的兴衰演变

（一）美联、合众和国际新闻社的崛起。

（二）路透社的调整变化。

（三）沃尔夫、哈瓦斯社的先后消亡。

（四）塔斯社的创建、成长。

（五）众多国内性通讯社的出现。

第三节　20世纪后期的发展变化

（一）发达资本主义国家通讯社的更替变化；法国新闻社、德意志新闻社、安莎社等的兴办。

（二）社会主义国家新闻通讯事业的演变；从塔斯社到俄罗斯通讯社。

（三）发展中国家新闻通讯事业的广泛兴起。

第四节　新闻通讯事业的现状

（一）一般情况、类型和发展动向。

（二）重要通讯社情况：美联社、合众国际社、路透社、法国新闻社、俄罗斯通讯社、德意志新闻社、安莎社、埃菲社、共同社、交流新闻社、印度报业托拉斯、中东通讯社、美洲通讯社。

（三）重要的地区性通讯组织。

三、考核知识点

（一）新闻通讯事业诞生的历史背景。

（二）首批新闻通讯社的创建和竞争。

（三）发达国家各大通讯社的兴衰演变。

（四）塔斯社的发展演变。

（五）新闻通讯事业的现状和动向。

（六）世界重要通讯社的当前状况。

（七）发展中国家新闻通讯事业。

四、考核要求

（一）新闻通讯事业诞生的历史背景。

领会：工业革命后的社会变化、报业发展以及电讯业的兴起同通讯社诞生的关系。

（二）首批通讯社的创建和竞争。

识记：①哈瓦斯、沃尔夫、路透、港口新闻社（美联社）创建的时间、大体经过；②分割新闻市场的“三社四边协定”。

领会：首批通讯社顺应社会需要、把握时机、奋力进取的创业精神。

（三）发达国家各大通讯社的兴衰演变。

识记：20 世纪以来，美联、合众国际、路透、哈瓦斯-法新社、沃尔夫-德新社的兴衰演变的大体经过。

（四）塔斯社的发展演变。

识记：塔斯社创建、发展以及改组为俄罗斯通讯社的大体经过。

（五）新闻通讯事业的现状和动向。

识记：①当前新闻通讯社的分类；②国际通讯社、国内通讯社的含义。

领会：新闻通讯社业务范围不断拓宽、技术手段加速更新的动向。

（六）世界重要通讯社的当前状况。

识记：美联社、合众国际社、路透社、法新社、俄罗斯通讯社、德意志新闻社、安莎社、埃菲社、共同社的现状、名称、国别、体制、特点。

应用：从这些通讯社的状况透视世界新闻通讯业的发展动向。

（七）发展中国家新闻通讯事业。

识记：交流新闻社、印度报业托拉斯、中东通讯社、美洲通讯社的简况。

第七章　广播电视事业的产生和发展

一、学习目的和要求

通过本章学习，了解外国广播电视事业产生发展的一般过程、当前分布情况以及各种管理体制，熟悉主要发达国家和各地区发展中国家广播电视业的基本状况、特点和问题。

二、课程内容

第一节　概　说

（一）广播媒介诞生、发展的历程。

（二）电视媒介诞生、发展的历程。

（三）当前世界广播电视事业的分布状况。

（四）外国广播电视事业的体制类型、商业化趋势及其影响。

第二节　美国广播电视业

（一）历史梗概。

（二）商业广播电视；全国广播公司、哥伦比亚广播公司、美国广播公司、福克斯广播公司四大广播电视网的形成和现状。

（三）公共广播电视的发展和现状。

（四）卫星电视、有线电视；有线电视新闻网、家庭影院等重要的卫星电视公司。

第三节 英国广播电视业

（一）历史梗概。

（二）英国广播公司的性质、历史和现状。

（三）公私合营广播电视的开办和管理；商业电台，第三、四、五电视频道。

（四）卫星电视、有线电视；主要的卫星电视；英国空中广播公司。

第四节 法国广播电视业

（一）历史梗概：广播电视体制的演变。

（二）公共广播电视：法国广播电台、电视二台、电视三台、电视七台。

（三）商业广播电视：新频道电视台、电视一台、电视五台、电视六台。

第五节 德国广播电视业

（一）历史梗概：战前的法西斯控制，战后的重建、发展和统一。

（二）公共广播电视：全国性电台、电视一台、电视二台、地方台。

（三）商业广播电视：卫星一台、卢森堡台新频道、电视五台、电视七台。

第六节 日本广播电视业

（一）历史梗概：战前的军国主义控制，战后的重建、发展。

（二）日本广播协会的性质、历史和现状。

（三）商业广播电视。东京广播公司、日本电视广播公司、全国朝日广播公司、富士电视公司。

（四）卫星电视、有线电视。

第七节　俄罗斯地区广播电视业

（一）苏联时期的广播。

（二）苏联时期的电视。

（三）苏联广播电视体系由改革走向解体。

（四）当前俄罗斯联邦和独联体国家的广播电视状况。

第八节　发展中国家广播电视业

（一）亚洲广播电视业。

①印度。

②新加坡、马来西亚。

③印度尼西亚。

④土耳其。

（二）非洲广播电视业。

①埃及。

②尼日利亚。

③刚果（金）。

④南非。

（三）拉丁美洲广播电视业。

①墨西哥。

②巴西。

③阿根廷。

④智利。

三、考核知识点

（一）外国广播电视事业的发展历程。

（二）外国广播电视事业的体制类型。

（三）美国广播电视业。

（四）英国广播电视业。

（五）法国广播电视业。

（六）德国广播电视业。

（七）日本广播电视业。

（八）俄罗斯地区广播电视业。

（九）亚洲发展中国家广播电视业。

（十）非洲广播电视业。

（十一）拉丁美洲广播电视业。

四、考核要求

（一）外国广播电视事业的发展历程。

识记：①广播业、电视业诞生的年代，最早正式开播的机构；②广播业发展的一般历程；③电视传播样式的发展变化。

（二）外国广播电视事业的体制类型。

识记：①广播电视机构体制的五种类型；②广播电视格局的单一公有制和公私并存制。

领会：广播电视机构各类体制的特点。

应用：分析评价各种体制、格局的利弊。

（三）美国广播电视业。

识记：①美国最早开播广播、电视的年代和机构；②四大商业广播电视网的形成和现状；③公共广播电视网的组成和特点；④有线电视新闻网、家庭影院公司简况。

领会：美国广播电视业高度商业化的利弊。

（四）英国广播电视业。

识记：①英国最早开播广播、电视的年代和机构；②英国广播公司的创建和现状；③公私合营广播电视开办和管理情况；④英国空中广播公司简况。

领会：英国公共广播电视、公私合营广播电视各自的体制特点。

（五）法国广播电视业。

识记：①法国广播电视体制的演变历程；②目前主要的公共台和商业台名称。

（六）德国广播电视业。

识记：①战前的法西斯控制；②战后的发展梗概；③主要的公共广播电视台概况；④主要的商业台名称。

领会：德国社会公营广播电视的体制特点。

（七）日本广播电视业。

识记：①战前的军国主义控制；②日本广播协会的性质和现状；③主要的商业广播电视公司名称、所属报系。

领会：日本公私广播电视并存发展的特点。

（八）俄罗斯地区广播电视业。

识记：①苏联时期广播电视的体制，主要的广播电视台；②当前俄罗斯联邦广播电视业的体制，主要的广播电视台。

领会：苏联社会主义广播电视体系解体的过程。

应用：思考苏联社会主义广播电视体系解体的原因和教训。

（九）亚洲发展中国家广播电视业。

识记：①亚洲发展中国家广播电视业基本情况和特点；②印度主要的广播电视机构。

（十）非洲广播电视业。

识记：①非洲广播电视业基本情况和特点；②埃及主要的广播电视机构。

（十一）拉丁美洲广播电视业。

识记：①拉丁美洲广播电视业基本情况和特点；②巴西主要的广播电视机构。

第八章　国际新闻传播的发展和斗争

一、学习目的和要求

通过本章学习，了解国际新闻传播的历史、现状和发展规律，了解围绕国际新闻传播的矛盾和斗争，认识建立国际新闻传播新秩序、推进国际新闻传播健康发展的意义和对策。

二、课 程 内 容

第一节　概　　说

（一）新闻传播的国际化趋势。

（二）国际新闻传播发展的规律性特点。

第二节　报刊、通讯社的国际传播

（一）报刊的国际传播：由近代绵延至今的传统手段。

（二）通讯社的国际传播：继报刊而起的重要渠道。

第三节　广播的国际传播

（一）发展历程：20 世纪 20 年代兴起，第二次世界大战和冷战时期的电波战及其影响。

（二）近期状况和主要的国际广播电台。

第四节　电视的国际传播

（一）发展情况和特点：20 世纪 80 年代崛起。民办先行、新闻和娱乐节目并重。

（二）近期状况和各洲重要的国际电视机构。

第五节　电脑网络的国际传播

（一）兴起过程和特点：20 世纪 90 年代兴起的最具发展潜力的国际传播渠道，高度的综合性、交互性、灵活性、渗透性。

（二）当前发展态势、问题和前景。

第六节　围绕国际新闻传播的斗争

（一）存在于国际新闻传播领域的问题和矛盾。

（二）世界人民为建立国际新闻传播新秩序而斗争的目标、进展和现状。

三、考核知识点

（一）报刊、通讯社的国际传播。

（二）广播、电视的国际传播。

（三）电脑网络的国际传播。

（四）围绕国际新闻传播的斗争。

（五）国际新闻传播的发展特点和前景。

四、考 核 要 求

（一）报刊、通讯社的国际传播。

领会：①报刊在国际新闻传播中的历史地位；②通讯社在国际

新闻传播中的主渠道作用。

（二）广播、电视的国际传播。

识记：①国际广播电视的含义；②国际广播、国际电视各自兴起的年代；③外国最有影响的国际广播电台：美国之音、俄罗斯之声、英国广播公司、德国之声；④各洲重要的国际电视机构：有线电视新闻网、世界电视网、空中电视台、世界电视台、香港卫视。

领会：国际电视和国际广播发展的不同特点。

应用：评述国际广播电视在国际政治思想文化领域的重大影响。

（三）电脑网络的国际传播。

识记：①网络传播的含义；②网络传播的发展态势。

领会：①网络传播的特点；②网络传播的重大影响和发展前景。

（四）围绕国际新闻传播的斗争。

领会：①这一领域的问题和矛盾；②为建立新闻传播新秩序所作斗争的目标、进展和现状。

（五）国际新闻传播的发展特点和前景。

领会：国际新闻传播发展的规律性特点和前景。

应用：进步新闻界对待国际新闻传播应有的态度和对策。

Ⅲ　有关说明与实施要求

为了使本大纲的规定在个人自考、社会助学和考试命题中得到贯彻和落实，现对有关问题作如下说明，并提出一些具体要求。

一、关于考核目标

为使考试内容具体化和考试要求标准化，本大纲在列出课程内容的基础上，对各章规定了考核目标，包括考核知识点和考核要求。这样做旨在使自学应考者和社会助学者能够明确考试内容和要求，学习和辅导更有目的性；使考试命题范围更加明确，更能准确地安排试题的知识能力层次和难易度。

本大纲在考核目标中，按照识记、领会、应用三个层次规定其应达到的能力层次要求。

识记：能知道有关的名词、概念、历史或现实知识（人物、机构、事件、数据、时间、地点等）的内涵，并能正确认识和表达。这是基础层次的要求。

领会：在识记的基础上，能深刻理解有关的名词、概念、历史或现实知识，懂得它们的内在联系和外在影响，懂得其中体现的规律性东西，并能作出清楚的表述。这是较高层次的要求。

应用：在识记和领会的基础上，能够运用对历史的规律性认识，联系实际，由古及今，由外及中，阐发历史知识的现实意义、外国知识的借鉴意义。这是最高层次的要求。

应该指出，这三个层次是由低到高的递进等级关系，但是它们又是相互联系、相互促进和难以截然划分的。命题、自学和助学时可以作大体上的把握，但不宜作机械的分割。

二、关于自学教材

全国高教自考委员会组编教材:《外国新闻事业史》(重编本),张允若主编,武汉大学出版社出版。

全国高教自考委员会组编辅导书:《外国新闻事业史辅导》,郑超然主编,武汉大学出版社出版。

三、关于自学方法

自学应考者必须认真踏实地研读教材,把握历史脉络,领会历史规律,这是学好本课程的根本途径;任何侥幸取巧、为考试而考试的做法都是不可取的。

本课程的教材编写是按照下列三个原则进行的,自学应考者应该在自学的过程中加以领会,并把它作为自学时遵循和把握的重要方法。

(1)史实和观点的结合。史实是史书的躯体,观点是史书的灵魂。论从史出,史论结合,这是治史的基本原则。学习外国新闻事业史同学习各门历史一样,一定要认真刻苦地理清历史发展的基本脉络,记住重要的史实材料,这是必不可少的第一步。然后在此基础上分析思考,揭示贯穿于史实材料中的规律,形成观点,也即是对历史的理性认识。整个学习,都要注意把握这样两个方面,把史实和观点有机地结合起来,而不要偏废。

(2)一般和重点的结合。外国新闻事业史包含的内容丰富,材料浩繁,上下古今,东西南北,时间和空间的跨度都很大。学习时要懂得通观历史的全局、世界的全貌,又要注意研究教材提供的代表性国家或史实,从而加深对全局性知识的理解。就每个时段(近代、现代、当前)、每种媒介(报刊、通讯社、广播、电视)、每类国家或地区(发达国家、发展中国家,亚洲、非洲、拉丁美洲等),以至每个章节而言,都有一般和重点的关系,要善于将两者结合起来识记、领会和把握。

(3)历史和现状的结合。本课程侧重于研习历史知识,学习时要懂得纵览历史,重视历史的延续性和阶段性,注意重要人物、媒介、事件出现的时间、背景和它的历史地位，善于用历史的眼光看待一切。同时，本课程也要介绍外国新闻事业的现状，学习时要懂得环顾全球，重视世界的格局和分布，这又需要用世界的眼光看待一切。总之，要善于将纵向思维和横向考察结合起来。

四、关于社会助学

（1）社会助学者应认清本课程的性质、特点，明确本课程的目的、要求，根据本大纲规定的考试内容和考核目标，认真钻研指定教材，对自学应考者进行切实有效的辅导，防止自学中的各种偏向，把握社会助学的正确导向。

（2）上项所述关于自学方法的意见，同样适用于社会助学者。社会助学者可以参照这些意见，去分析和把握教材，并在学习方法上给自学应考者以指导。

（3）史实和观点的关系，是历史教学中的重要问题。社会助学者；一定要帮助应考者重视对史实的识记，因为没有史实的识记，一切理论和观点的概括都将失去依据，成为无源之水、无本之木。另一方面，社会助学者也要帮助应考者学会对历史知识的思考，学会对史实进行剖析，抽绎出规律性的东西，并且察古鉴今，用以分析和研究现实问题。这就能将识记、领会和应用联系起采，把历史知识转化为实际应用能力。当然，有关识记、领会和应用的要求，应该以大纲规定的范围为准，不要任意提高或降低这方面的要求。

（4）一般和重点的关系，已经在教材中作了安排，并且在考核要求中有所体现。社会助学者应该帮助应考者领会教材的思路，全面系统地学习教材，掌握全部课程内容和考核知识点，在此基础上参照考核要求的规定，适当作轻重之分。应该指出，课程内容有一般和重点的设计，但是考试内容是全面的，一般和重点都会涉及；所以不要脱离教材的设计和考核要求的规定，另外寻找什么重点，把自学应考者引向猜题押题的歧途。

五、关于命题考试

（1）本课程的考试命题，应根据本大纲所规定的课程内容、考核知识点和考核要求来进行，不要任意扩大或缩小考试范围，提高或降低考核要求。考试命题一般覆盖到各章（篇幅多的章应同时覆盖其上半章和下半章），并适当突出重点章节，体现本课程的内容重点。

（2）本课程在试题中对不同能力层次要求的分数比例，一般为：识记占35%，领会占35%，应用占30%。

（3）试题要合理安排难易结构。试题难易度可分为易、较易、较难、难四个等级。每份试卷中，不同难易度试题的分数比例一般为：易占20%，较易占30%，较难占30%，难占20%。必须注意，试题的难易度与能力层次不是一个概念，在各能力层次中都会存在不同难度的问题，切勿混淆。

（4）本课程考试试卷采用的题型，一般有名词解释题、单项选择题、多项选择题、简答题、论述题等。各种题型的具体形式参见本大纲附录。

（5）本课程采用闭卷考试的方法，考试时不得携带教材、辅导书、笔记本以及其他有可能提示试题答案的东西。考试时间按统一规定办理。

附录　题型举例

一、名词解释（以简洁的文字说明要点）

1. 密尔顿
2. 三社四边协定
3. 国际广播电视

二、单项选择题（在备选答案中只有一个是正确的，将其选出并把它的标号写在题后的括号里）

1. 法国资产阶级革命过程中，雅各宾派领导人马拉创办的著名日报是（　　）。

A. 《人民之友报》

B. 《杜歇老爹报》

C. 《箴言报》

D. 《世纪报》

2. 世界上第一家正式营业的广播电台是（　　）。

A. 美国 WWJ 电台

B. 美国 KDKA 电台

C. 法国巴黎广播电台

D. 英国广播公司

三、多项选择题（在备选答案中有二至五个是正确的，将其全部选出并把它们的标号写在题后括号里。错选或漏选均不给分）

1. 俄国十月革命前，列宁曾经亲自创办或指导过许多报纸，其中有（　　）。

A. 《红星报》

B. 《贫农报》

C. 《火星报》

D. 《莫斯科新闻》

E. 《真理报》

2. 工业革命后欧美各国先后出现了一批廉价报纸，其共同特点是（　　）。

A. 面向社会中下层发行

B. 注重地方新闻、社会新闻和各类软新闻

C. 不刊登社论或评论

D. 文字通俗，可读性强

E. 实行商业化经营

四、简答题

1. 简述外国新闻事业诞生的历史必然性。

2. 当前各国广播电视机构主要有哪些体制类型？简要说明之。

五、论述题

1. 从《新莱茵报》看马克思、恩格斯的办报思想。

2. 试论苏联新闻体制的利弊及其教训。

后　记

《外国新闻事业史自学考试大纲》是根据全国高等教育自学考试指导委员会有关文件和新闻学专业自学考试计划的要求制订的。

本大纲由浙江大学张允若教授执笔编写。参加本大纲审稿会议并提出宝贵意见的有：暨南大学教授梁洪浩，中国人民大学教授王泰玄、郑超然。

本大纲最后由新闻专业委员会委员郑超然教授审定。